泰澄和尚と古代越知山・白山信仰

堀 大介

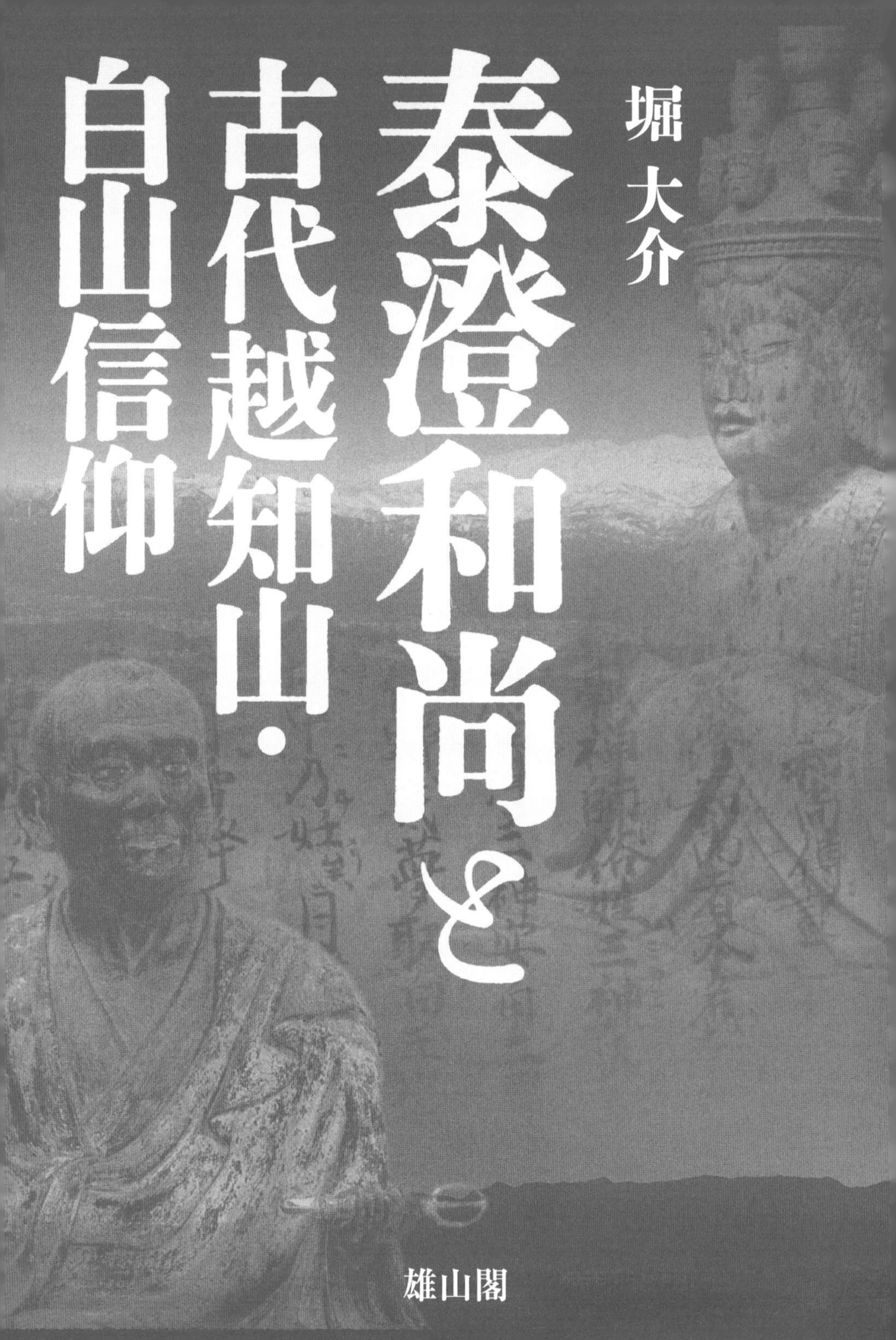

雄山閣

まえがき

白山信仰の祖、泰澄については『泰澄和尚伝記』（以下、『伝記』と略する）に詳しい。最古の写本である金沢文庫本によると、越前国の麻生津で生まれた（六八二年）あと越知山（福井県丹生郡越前町）で修行を始め、三六歳（七一七年）で白山に登り十一面観音を感得すると、天皇の病を治し十一面法で病を鎮めるなど都でも活躍し、晩年には大谷仙窟に蟄居し八六歳（七六七年）で入定したとある。しかし、『伝記』には平安後期・鎌倉期に盛行する文言を含むことからその成立は新しく、『続日本紀』などに登場しないことからその存在は懐疑的にみられている。神話さながらの伝承が非科学的で信憑性に欠け、伝説の多さや出身地の記述が異なるため、複数人の業績を集約したとする説も展開している。仮に複数のモデルがいたとしても、ひとりの業績として諸伝に記述されたことが重要で、文言の時代的な理由だけで奥書に示された天徳元年（九五七）の原泰澄伝（天徳本）の存在を単に付加とみるのは早計である。

本書では、まずは諸伝が述べるように複数の伝記があったのか、それとも一〇世紀成立の天徳本だけが存在したのか、浄蔵の口述なのかも含め『伝記』の成立とその過程を明らかにしていく。第一編は「『泰澄和尚伝記』と関係諸伝の成立過程」と題し、第一章では研究史の整理と先学の成果にもとづき諸本の検討をおこない、第二章では『元亨釈書』『真言伝』所収の泰澄伝を中心に『伝記』との前後関係と天徳本の存否を明らかにし、第三章では他の泰澄伝と関連史料から文言の時代性を特定する。第四章では第一章から第三章までの検討を踏まえたうえで原泰澄伝の成立から完成形に至るまでの過程を重視し、『伝記』段階的付加説の可能性について論じる。

次に『伝記』内容の信憑性を考えるうえで、泰澄の修行地である越知山と蟄居・入定の地である元越知山の大谷寺遺跡で発見された考古資料は重要である。越知山山頂採集の須恵器は泰澄が活動していた頃の遺物で、大谷寺遺跡は大規模な平坦面に大小の基壇状遺構や門跡などが展開し、墨書土器・転用硯・緑釉陶器の香炉など寺院関係遺物を伴う平安前期の山林寺院である。第二編は「古代越知山信仰の諸相」と題し、第五章では大谷寺遺跡の発見と分布調査成果にもとづく平成十一年（一九九九）当時の考察、第六章では平成十四年（二〇〇二）から十七年（二〇〇五）にかけて実施した大谷寺遺跡の発掘調査成果と周辺の宗教施設をもとに古代越知山信仰の様相について論じる。

さらに『伝記』には泰澄は越前国の麻生津生まれで母は伊野氏とあり、他にも福井県内外には泰澄開基の社寺やその伝承・伝説が広がる。荒唐無稽な伝もあるが、一部には語られるだけの歴史的素地があり、奈良・平安前期の遺構・遺物と関連づけられるものもある。泰澄は越知山から白山、白山から越知山へという回帰的な動きを示すが、九、一〇世紀にはそれを証する低山（越知山）から高山（白山）への移動を示す考古資料が認められる。越前国を代表する山林寺院が越知山と白山を結んだ線上に配され、神祀りもおこなわれたことから、原泰澄伝成立への影響も指摘できる。第三編は「古代白山信仰の成立と展開」と題し、第七章では越知山・白山を一体とみる信仰のあり方について、第八章では『伝記』の風景を考古学的に検討し越前国側からみた白山信仰について論じる。

最後に泰澄の実在論に迫る。奈良時代唯一の「泰澄」と記された史料が宮内庁書陵部所蔵の『根本説一切有部毘奈耶雑事』巻第二一であり、奥書に「天平二年庚午六月七日、為／上酬慈蔭、下救衆生、謹書写畢／泰澄」とある。天平二年（七三〇）六月七日に上は慈蔭に報い、下は衆生を救うという目的で書写されたが、越前国の泰澄か否かは意見が分かれている。終編は「泰澄は実在したのか」と題し、第九章では泰澄書写経の内容と奥書の検討から、それを書写した人物の思想と信仰について論じる。

なお、関連する資料紹介は附論として第二編の末尾に収録した。

◎泰澄和尚と古代越知山・白山信仰◎目次

終編　泰澄は実在したのか……291

第一編　『泰澄和尚伝記』と関係諸伝の成立過程

第一章　研究史と諸本の検討

はじめに

白山の開創者として奈良時代に活躍した泰澄については諸本に種々の伝が残されるが、その行状について具体的な内容が知られ諸研究の基礎資料として扱うのが『泰澄和尚伝記』（以下『伝記』と略する）である。なかでも最古の書写年代をもつのが金沢文庫本で、同系統のものに平泉寺本・尾添本・尊経閣文庫本・元和本などが存在する。他に金沢文庫本の書写年代と近い時期の成立である『元亨釈書』（以下『釈書』と略する）や『真言伝』など一三二〇年代の泰澄伝も存在する。『伝記』の末尾や奥書には天台宗僧の浄蔵が面談言説し門徒小僧の神興らが天徳元年（九五七）に粗記したとあり、また『釈書』の奥書にも伝を記すうえで参考とした「弊朽せる一軸」も天徳二年（九五八）の年紀で、『真言伝』も「天暦元年（九四七）」の伝が示される。

天徳本・天暦本を含めた原泰澄伝の存否、それに関連する『伝記』成立年代にかかる諸説、泰澄の実在の有無や実像ないしは虚像、その事跡にかかる真偽など諸説ある一方で、白山や泰澄のことを記した史料には年譜形式をとらない部分的な伝、説話にみられる創作性の高いものから国史などの史料に至るまで、かつ泰澄あるいは泰澄を思わせる人物を記した文献も知られる。白山開山一三〇〇年記念の年（二〇一七年）に、こうした泰澄関連史料を整理し改めて検討するなかで、現存する『伝記』とは整備された最終形態の伝であり、詳細な内容分析を試みるとある時期にまとめて記述された可能性は低いと判断し、加えて泰澄没後のある時期に原形ができはじめ、それから段階的に説話的な要素が付加し仕上げられたとの結論に至ったので、これまで複数あると想定される泰澄伝なるものの実態を探り、『伝記』成立に至るまでの過程と歴史的背景を明らかにするとともに泰澄の実相にせまるうえでの基礎データを提示したい。本章では研究史と『伝記』諸本の検討をおこなう。

第一節　研究史

『伝記』の成立や内容あるいは泰澄伝にまつわる研究で、一九五〇年代から二〇〇〇年代にかけて主要なものを時系列で取り上げる。

一　一九五〇～七〇年代

戦後に平泉澄により初めて紹介された『伝記』は、従来知られていた『釈書』所収の泰澄伝の原拠であるとの判断から、その関係する諸本をもとに校注・解説がおこなわれた[1]。特に、金沢文庫に収められた称名寺第二世の劔阿が正中二年（一三二五）に写本した奥書をもつ『伝記』に注目し、平泉寺白山神社などに残る諸本をもとに『伝記』の校訂をおこない、全文を掲載し世に出したということが最大の業績であった。なかでも奥書に示された天徳の旧記から、幸にして天徳の古伝は数百年の波瀾を越えて数部を今日に残したとし、数部の『伝記』のうち書写年が明確で最も古いものが金沢文庫本であり、劔阿や金沢文庫は泰澄に何らの利害関係もないため、この写本は潤色されていないものと判断している。また、天徳年間（九五七～六一）に浄蔵の口伝を神興が筆録した単行の完本とあるので、評価については奈良時代の事実を含む諸本があり、天徳年間に編纂された天徳本の存在を積極的に評価している。

『伝記』の本格的な研究は下出積與により進められる[2]。下出は『伝記』にある地名・人名などを検討するなかで、地理的・年代的にそのほとんどが矛盾しないので、天徳年間に成立したとする伝は内容的に奈良時代の史実を伝えたものと一応考えていいとしたが、仔細に検討すると簡単に断定できないところも多いとしている。特に地名の矛盾がないといっても口述者の浄蔵は白山で修行した僧で、筆記者の神興は大谷寺興隆の根本人で現地の地形に精通しているのは当然で、史料的には最大限平安中期を遡り得ないのであるから浄蔵当時の地名と解するのが穏当であり、逆に地名が古そうだからといってその内容が奈良時代の史実であることを積極的に主張する根拠にはならないと述べる。人名にしても年代的な矛盾のない点では、泰澄と中央の著名人たちとの交渉は事実らしくなるが、『続日本紀』があれば口授者は『伝記』に細工が容易にできるし、中央と密接な関係を有していたならば中央の文献や当時のものに片鱗でも反映していそうなものだという。しかし、当時の文献などに泰澄のことは皆無で、都の高僧の北陸への下向や泰澄の上京の記事は一方的な性質をもつ記述にすぎないので、『伝記』という唯一の史料だけでそれが事実であると断定できず、年代的な矛盾がないからといってその内容が史実だと主張する積極性に乏しいと結論づける。

『伝記』の史料性を検討すると、内容的に他の文献と一応の食い違いを生じないところもあるが、その信憑性を積極的に立証するものではなく、また問題となる数か所の検討は消極的にも支持できないばかりか、泰澄の事蹟は平安時代以後に作為されたもので、少なくとも奈良時代ではないとし、となれば『伝記』をもとに現在まで形成されてきた白山開闢の伝承は歴史的事実を離れるものと考えざるを得ないが、にもかかわらず泰澄が白山を開いたという伝えは、少なくとも一〇世紀以来事実として信じられてきたことを重視し、その伝を否定し去っても無視することはできないという。泰澄伝説は奈良時代の史実ではなく、平安時代中期以降の屈折を経て成形されたものとなるが、その時期にそれが事実であるかのような内容をもった伝承としてなぜ成立したのか、また泰澄は密教徒として描かれているが、実際はどういう性格の仏教徒として把握されていたのかということが重要だと問題提示する。泰澄が越前に生まれた民間仏教徒の一人であったということ以外に、その史実性を認めることは事実を誤らしめるものとし、奈良時代に関する事跡についていて信憑性は低いと評価しながらも、それが浄蔵により語られ神興によって筆記された天徳年間の伝であることについては積極的にそれを評価している。

二　一九八〇年代

小林一蓁は白山縁起と泰澄伝を検討するなかで、その伝を越知山の神興らが天徳元年（九五七）に浄蔵の面授言談を粗記したとする『伝記』系、大江匡房撰になる『本朝神仙伝』所収の泰澄伝、永正五年（一五〇八）成立の『白山禅頂私記』泰澄伝系に分類し、元和本を除く『伝記』系は越前馬場側の主張がみられ、後二本は加賀馬場側の主張が読みとれるとし、元和本については加賀馬場側の伝との比較のなかでとらえた。(3)『伝記』系は『源平盛衰記』にある『伝記』の抄出から鎌倉時代初期に成立していたとする一方で、元和本については奥書から官庫にあった伝を寛弘年中（一〇〇四～一二）に申降し越知神社の貴宝としたとあり、本文中に越知山修行中に坂本に「一之王子」（不動明王安置）を建立、「中居号虚空蔵岩屋」「独古水」「名直峯在霊社」など越知山を「日本第二行者、泰澄和尚最初之草創、而霊験無双之廟社也」と説明し、霊亀二年（七一六）に貴女の夢告により越知山から「白山舟岡辺於妙法石室」へ来たとの伝があるなど『伝記』系に比べ越知山の主張が強いとしている。元和本を改作としながら金沢文庫本の末文に浄蔵の言談を神興らが粗記したと明記し、末尾に「或人云」として神興を「大谷精舎寺院仏法興隆根本人也」とするので越知山の泰澄伝も存在し、元和五年（一六一九）に書写された時点で越知山側の主張を盛り込んだとみている。舟岡の地名について『白山禅頂私記』に同様な記述があるため元和本はそこから採用されたとみられるが、逆に元和本の原本ないし伝承が存在していたとすれば、越前馬場に対抗するために加賀馬場側がそれを採用したものととらえている。

浅香年木は新見解を提示し以下のようにまとめた。(4)第一に「泰澄和尚伝」の祖本と主張される、いわゆる「天徳本」の実在は疑わしく、口授者を浄蔵とするのも仮託にすぎないと目される。第二に『大日本国法華経験記』や『本朝神仙伝』所収の無年譜型の泰澄の伝の方が、年譜形式をとる「泰澄和尚伝」に先行し、これとは別に現存はしないが、在地で形成された「原泰澄伝」の存在が想定される。第三に「原泰澄伝」は、泰澄の行動を国郡制の確立や出羽・能登立国という抑圧強化の年代と直結させて説く大まかな年譜形式をとり、飛鉢の呪法を駆使する仙の官米奪取という反体制行動を主題としていたと推測される。第四に「泰澄和尚伝」は泰澄を「北陸の行基」に擬し、範を『行基年譜』に求め、行基の行動と深くかかわらせながら、「原泰澄伝」のもつ反体制の主張を継承する姿勢を貫いて年譜を作成しており、一三世紀中葉に成立した可能性が強く、間接的ながら中世前期の北陸道地域群在地の諸階層の両極の希求を反映しているとみなされる。第五に「原泰澄伝」から「泰澄和尚伝」への改編・潤色の過程で、中世前期の在地の表層のなかに強まっていた権門への接近・追従の志向のあらわれとして、泰澄そのものが著しく高僧化される反面、在野の仙としての泰澄の原像は、反体制の願望を現実のものとしようとする在地の基層の意志を受けとめて、臥行者の名で継承されている可能性が強い。以上のように浅香は推察された。『伝記』の成立という観点では、中央の無年譜型の泰澄伝とは異なり在地にあって大まかな年譜形式をもつ原泰澄伝といったものが成立したとみており、その時期については安元元年（一一七五）成立の『行基年譜』を範にしたこと、また文暦二年（一二三五）の行基の舎利瓶検出を契機とする行基信仰の高まりとの関係性からその年をあまり隔てない頃とみている。そして一三世紀中葉とも目される時期の『伝記』の祖本の形成の動きは、いわゆる「鎌倉新仏教」の展開における「旧仏教」の対抗運動の一環としてとらえられるべきだとする。

こうした浅香の論に対して飯田瑞穂は反論をおこなう。(5) 浄蔵の仮託説に対して改元以前の日付に新年号を用いることは不審とするものの、本書がどのような作業を経て最終的にいつ完成したのか、そのなかで三月廿四日はどのような位置を占めるのか必ずしも明らかでなく、古文書の原本ならばともかくこの種の編纂物について、このことを主たる理由として「天徳元年」成立を疑うことは行過ぎだと述べる。また、天徳を疑うためには内容のうえでそうではない事実を指摘するのでなければ有効ではなく、『釈書』の「弊朽せる一軸」が『伝記』と同書であったことはその内容から確実視できるので、「天徳二年」とあったことを議論の際に無視する姿勢に対しては疑問を呈する。加えて大宝二年（七〇二）が大宝律令の施行、国郡制の画期の年であることは近年の研究成果として導かれた見解で、『続日本紀』や年代記で見る限りでは画期の年であったとは言いがたく、仮に能登立国に合せるのであれば養老二年（七一八）そのものが出るべきで、養老元年からの一千日の練行の間に挟み込まれるような、まわりくどいことをするのは不審であり、『続日本紀』や年代記風の史料が参照されていることは確かであろうが、北陸の国郡制施行の節目に合せたとするのはおかしいと強調している。

また、『行基年譜』との記載形式の類似性の指摘についても何が共通点とされるのか示された例を見てもはっきりせず、『尊意贈僧正伝』など他の史料にも近い形があって『行基年譜』に特有の形式ということはできないとする。しかも『行基年譜』を参考に『伝記』が安元元年（一一七五）以降に作成されたのならば、行基と泰澄の対面をする年齢に一年のずれがあることも不自然だとしている。さらに飛鉢の呪法による官米奪取の行為についても、『伝記』をはじめ『釈書』の法道仙人や『峯相記』などにみる鉢を飛ばして官米を乞い断られると雁のように飛んで山中に入るが、船師が悔謝すると米が空を飛んでもとに帰るという展開は反体制の意識の所産と決めつけることはできず、貢進の米や雑物を運ぶ公私の船が各地の船瀬などで「勝載料」や労役を徴課されたことは『類聚三代格』などにも見えており、「反体制の意識」などという受取り方をされることに疑問を呈している。天徳本の存在を肯定しながらも弘法大師の伝記との類似性についても具体的に検討している。

重松明久は『釈書』との比較という別の視点から『伝記』の成立について言及する。(6)現存最古の金沢文庫本が書写された正中二年（一三二五）は『釈書』のなった元亨二年（一三二二）よりわずか三年後で、ともに天徳年間の神興の泰澄伝にもとづくとするが、両者の記述内容にみられる繁簡の差に注目し、神興が天徳年間に繁簡二種の泰澄伝を編纂したとは考えられないので、二書のうちの原拠に近いものと、それに潤色を加えたものがあるとしている。伝の原姿の復元には下出と平泉の考証成果を参照し記述内容の先後関係を割り出す方法により、『釈書』所載の泰澄伝は天徳二年（九五八）の神興伝をほぼ正確に伝えたもので、これに対し『伝記』は『釈書』所載の白山明神条をも合糅し『釈書』成立ののち比較的早い時期に成文されたと結論づける。加えて越知山大谷寺を拠点とする泰澄伝承があり、それとは別の白山を修験の霊山とする信仰がその登山口にあたるのちの越前馬場の平泉寺を拠点に成立しつつあったが、一〇世紀半頃には両者は完全に融合一体化しておらず、一四世紀前半頃に合糅がはかられることで完成したと推察される。一〇世紀半頃の神輿伝成立の時点で、すでに泰澄が白山修験と結びつけられる萌芽が成熟し、しかも宮廷における中央政治権力との結びつきの説話をとおして白山が泰澄活躍の舞台となり、白山修験道系の中央志向の過程で、越知山の修験系高僧の泰澄が白山修験の権威高揚に対する保証人としてかつぎ出されてきた事情を背景に考えられている。

由谷裕哉は泰澄が歴史的に実在したかどうか、あるいはその点からの『伝記』の歴史的記述の真偽などに考察の重点が置かれていた従来の泰澄伝承研究に対する批判の意味をこめ、霊山縁起を教義書ととらえる立場から『伝記』のテクスト内部の構造分析に焦点を絞り、それを執筆した宗教者の系譜（宗教的世界観）について考察する。[7]特に白山開山伝承のモチーフについて各々の遭遇伝承を中心にA～Eに分類し、山神の本地が明らかにされる部分がモチーフD（妙理大菩薩）とE（十一面観音）との二通りあり、D（現身が貴女）はB、CとE（本身が十一面観音）はAと共通をもつので、開山伝承は比較的古い在来のモチーフ群B－C－Dと、より新しい伝承と思われる外来のモチーフ群A－Eの二重構造になっており、Dの最後の部分で山麓の林泉で妙理大菩薩として本身を示した白山神が再度本身を示すため泰澄を白山禅頂に導く部分をつけ加えることで両モチーフ群を関係づけたと述べる。

A・Eの両モチーフに十一面観音の名前が出ていることは、伝承に示されると思われる中央からやってきて白山修験道を開いた宗教者が十一面観音と何らかの形で関わる宗教活動を特徴としていたのではないかとも考えられるとし、加えて道昭・玄昉・行基が法相宗の僧であること、また十一面法は法相僧が密教事相を修した、あるいは十一面悔過法要の可能性があることを考えると、そこに表象される宗教者、すなわちどこからか白山にやってきて山頂をきわめ、白山修験道を開いたらしい宗教者の系譜は南都法相系の寺院に属し、十一面観音に関する宗教儀礼（密教事相あるいは悔過）を得意とし、また護法を使う修法によってその治病能力が期待されていた修験者と考えるのが最も妥当だとし、モチーフ群B－C－Dは山麓地帯での在地の行者と巫女とのセットによる宗教活動のドラマ化だと考え、また古代の在地の宗教者が白山麓で巫術的宗教活動をおこなっていたことを示唆する興味深い伝承だと指摘している。

越前・加賀・美濃の白山三馬場が一一、一二世紀頃そろって叡山末となる以前には法相宗に属していたとの説がかねてより存在したと述べる。具体的にまず旧越前馬場中宮の平泉寺の『霊応山平泉寺大縁起』に応徳元年（一〇八四）平泉寺衆徒は比叡山延暦寺末寺となったが、それ以前は本来真言宗でありながら玄昉由来の法相宗を学ぶ者もなかにはあったこと、また旧美濃馬場の中宮長瀧寺にも天台宗以前は法相宗であったとする伝承が存在した点、別山中宮の石徹白中居社も、もとは興福寺春日社領であったと推定された点、法相宗の拠点興福寺など南部諸寺の荘園が白山麓の特に越前側に数多く分布していた点、そのためか興福寺関係の宗教施設をはじめとする南都諸大寺に白山神の勧請がきわめて多い点を根拠とし、古代・中世の寺院の本末関係とは結局荘園の支配関係であったといわれることを理由に、平安中期頃には越前側で成立したと考えられる草創期の白山修験道が南都法相系の密教・修験道勢力の影響下にあったとの仮説を提示している。

長坂一郎は『伝記』の成立について寺社の存在形態と結び付け、『伝記』の記述の詳細な分析により独自の論を展開する。(8) まず泰澄の原像としては八から九世紀にかけて登場する「咒縛業の行者」という下位の修行僧と位置づけ、これらの僧は苦行のため「飛鉢法」という食料調達の仙法を修するようになるが、それが霊験力の強さの証と解されるようになり、そういう意味で『伝記』は霊験力をもつ泰澄をして神の本地を知らしむるという『本朝神仙伝』の論旨を踏まえて潤色したもので、そこに新たに修験の優位と越知山の宣揚を付け加えたものと述べる。その成立時期については、白山降雪の奇瑞が一二世紀末から一三世紀前半頃に一般的になったこと、貴女による神世七代・地神五代・神武天皇という系譜の独白が一三世紀後半の『皇代記』以降であることなど一三世紀後葉頃と考えている。その背景については一二世紀に白山に進出した園城寺によってなされ、覚宗という人物が関与していたこと、天台寺門系の「白山妙力大菩薩」が白山の霊験が振力により発揮されるとの『伝記』の指摘であれば、その修験は園城寺のものだと指摘し、元亨三年（一三二三）の紀年銘をもつ石造九重塔にみられる願主「金資行現」が園城寺の僧という可能性もあるので、正中二年（一三二五）の金沢文庫本の書写時には大谷寺に園城寺の痕跡が認められるという。そして『伝記』の主張を修験の高揚とするならば、その仮託者として浄蔵が選ばれたことも首肯でき、『伝記』の成立には園城寺が白山に進出しようとしても白山の麓には拠点が持てず、越知山に拠ったことが背景にあったとも述べる。

さらに長坂は白山妙理権現の本地垂迹説の成立について、先の論攷で主張した園城寺との関係性を踏まえたうえで、一二世紀後半に定められた白山三所権現の本地仏について考察する。(9) 白山は九から一〇世紀にかけて苦行僧の修練する山で、のちの一一世紀末から一二世紀のはじめにかけて白山権現、一二世紀に入ってから白山妙理権現の尊称となり、加賀白山では天台浄土教の影響により妙理権現の本地は阿弥陀如来とされたという。しかし同時に越前白山の治病の霊験をもつ池水も著名で、のちにそこに妙理権現の本地十一面観音が影向し、元来治病の功徳があったこと、一二世紀に十一面観音を供養した記録によるとその目的は治病で、その導師は園城寺の修験僧が勤め、その修験は一一世紀の末から治病の霊験をもって高く評価されてきたと述べる。そして園城寺の修験はまず吉野・熊野に進出し、白山へは一二世紀の前半に進出、一二世紀半ばには年少の頃から観音の霊場で修行してきた修験僧である園城寺長吏覚宗が白山を領することで白山の治病の霊験と十一面観音を結びつけ、妙理権現の本地を十一面観音として喧伝し、それを弘めたのは園城寺の修験勢力であったとみている。十一面観音としたのは『伝記』の妙理権現影向の場面を翻案するときに『本朝神仙伝』の泰澄伝にある千手観音とせず、もともとこの地に十一面観音の記憶があり、それが当時の治病の十一面信仰と重なったことからそれを採用したのだとしている。ここでも白山における園城寺修験の影響力の大きさを論じ、より具体的な『伝記』論を展開している。

三　一九九〇年代

村山修一は天徳元年（九五七）の成立とする『伝記』が最初からの内容かどうかを検討し、平安中期の一〇世紀中頃に造作されたとすることも無理だという。(10) 具体的には泰澄の生年月日の六月十一日については中世禅頂の朝戸開きと称し、頂上の社殿の開扉が六月十八日であり、大谷寺に伝存する近世初期の書写にかかる『泰澄和尚伝』にはこの日に泰澄が頂上に登ったことになっているから、その一週間前の十一日はほぼ登山に出発する前（越前の林泉で白山の神の託宣を受けた頃）にあたるので、白山神の神託の時を誕生日に擬したのではないかと述べる。臥・浄定二行者の護法とは、すぐれた修験者に往々みられる二人の護法童子になぞらえたもので、身の廻りを世話し警護的役目をもった弟子や縁者を仏尊の眷属に見立て超能力的性格を負わせたとし、飛行術や飛鉢術は非凡な行者を象徴するもので、飛行術は中国の道教にみる仙人の方術、これが密教経典にも影響し、例えば『孔雀王呪経』には仙人の術が説かれ、これによって役小角は中国の唐へ飛び去ったと伝えられるという。飛鉢法は「飛空大鉢法」「持呪仙人飛鉢儀軌」などの経典が平安朝以来知られるが、中国で造られた偽経であったとし、播磨法華山の法道上人や『信貴山縁起』に登場する命蓮などがこの術を使った人物として知られ伝説的要素の濃いものだという。

天神七代・地神五代の貴女の託宣にみる厖大な数字の年代表示は、一四世紀初め頃からあらわれた年代記の類にみえるもので、寺院関係を主とし密教・陰陽道・仏家神道等の思想的背景が考えられることから平安朝の成立とすることは困難で、女の託宣の形で中世に付加されたと解釈できるとしている。また、中世の仏教説話『沙石集』によると、役小角の前に出現したのは釈迦→弥勒→蔵王の順で、慈悲広大な仏菩薩の姿を断って恐ろしい天部明王の姿を求め、これが金剛蔵王菩薩の出現と説明している。その伝承は金峯山に平安末から発生したものであるが、白山では逆で恐ろしい九頭龍王の姿を断り、大慈悲の十一面観音に代わったことは『伝記』では明らかにそれを意識したものだと述べる。加えて『伝記』では大己貴神の本地を遠まわしに「西利の主なり」としたのは頂上出現の二神が仏尊名を出すのに対し不自然で、後世の挿入を推測させるが一一世紀より早いものではなく、奇服の老翁の姿とあるのは衣体の神像をまつっていたことを暗示し、頂上あるいは越前馬場、越知山などに安置してあったのかもしれないという。

左峯の別山大行事の神名についても日吉社中にある大行事社が想起され、そこでは祭神名を大歳神、中世天台宗では猿田彦神（衢霊神）とし、天孫降臨に守護神として随伴したと伝える、日吉山王の一切の行事を司る神とし、社の行事を司った巫祝の僧の霊をまつったものとし、この社の出現は一二世紀より遡ることはないので別山大行事も早くてその頃の命名だとも述べる。とにかく本地の仏尊名として白山妙理大菩薩が十一面観音、大己貴が阿弥陀、別山が聖観音というのは三尊セットとしておさまりのわるい感があり、それぞれ別々の立場で異なった時期に考え出された仏尊名と考えられている。

『白山之記』では白山信仰の創始が養老三年（七一九）七月三日の託宣に始まるとして、必ずしも泰澄の感得と明記しないが、越前側の泰澄の名声が高まり白山信仰が中央で認められるようになった結果、特定のすぐれた宗教家が出なかった加賀側（美濃側も同様）ではこれを黙視しえず、対抗上やむなく泰澄の事績をとり入れるようになった経緯があったとみている。託宣降下の養老三年については何らかの拠りどころがあったとし、『伝記』では山頂での泰澄の一千日練行が完了した歳で翌年より一般の登拝が始まったとあり、あるいは養老三年は白山信仰で古くより開山の歳と伝えられていたので、越前側ではこれより古く泰澄の登山を養老元年（七一七）とし、三年間即ち一千日で苦行を完成したことにしたと推測された。加えて比叡山では相応和尚が貞観元年（八五九）比良山麓葛川に入り三年間一千日の行をなしとげ息障明王院を開創しているので、これが『伝記』作成に影響した可能性は否定できないともいう。

長谷川賢二は中世寺院における縁起の形成とその背景を論じ、『伝記』において泰澄の最初の行場とともに入定地とされている越知山について最初に触れるのは一四世紀初頭の『渓嵐拾葉集』まで下り、越知山―白山モチーフを基軸とした詳細な伝記形式の記述は『釈書』が最初で、『伝記』のような越知山―白山がセットになる泰澄伝は一四世紀に至るまで定着せず、『真言伝』にある天暦本をもとに天徳本の存在も疑問視し、重松と同様に『伝記』は『釈書』の底本ではなかったと述べる。(11) 加えて『越知神社文書』から越知山と泰澄が結び付いたのは一三世紀初頭で、文保元年（一三一七）三月十八日の法華八講を泰澄の霊の供養とみて伝承の定型化の片鱗とし、白山遥拝所としての越知山についても文明十年（一四七八）の「越知山年中行事」をもとに中世からは確実で、平安時代作とされる白山三所権現の本地仏の存在からさらに遡ると述べる。『伝記』の創作についても越知山と泰澄のつながりに関する不自然なまでの叙述から衆徒を核とした越知山の僧侶集団だとし、彼らはさまざまな形で在地に対する宗教的・経済的な呪縛をおこない、これらの活動を有効なものとするには自らの宗教的権威性を強化することが必要であったため、白山の一遥拝所という性格を利用して白山と結び付けられていた泰澄のイメージを引きつけ、単なる口碑としてではなく権威ある人物（浄蔵）に仮託して成文化された明確なかたちに創りあげていったとしている。

『伝記』における泰澄と白山神の対面の場であるとともに白山神の遊止する所など平泉寺の占める位置が大きいのは、越知山と白山（平泉寺）を取り込み両者を結び付けた媒介が延暦寺（山門）だったのではないかと強調する。長坂が指摘した園城寺（寺門）との関係についても覚宗が平泉寺の支配権を承認されただけのもので、逆に覚宗に対する抵抗の方策として山門に接近をはかり、山門は一二世紀中葉に白山信仰の最大拠点である平泉寺の末寺化を達成していたと述べる。つまり伝記の創作の背後に興福寺や寺門をいう必要はなく山門の存在をみるべきで、一二世紀に白山麓に拠点を確立した山門は日本海沿岸において一定程度の勢力圏を持ちつつもさらなる権威獲得への指向をもつ越知山の囲い込みも展開し、その結果として越知山―白山が結び付けられ、越知山の霊場性を強調する縁起＝泰澄伝承の創作、定着化への条件が整ったと考えられている。

本郷真紹は泰澄の実像や『伝記』の性格、十一面観音信仰や越前の信仰的土壌と中央との関係について言及する。[12]まず泰澄について官僧か否かについては判然とせず、宮内庁書陵部所蔵の『根本説一切有部毘奈耶雑事』巻第二一の奥書にみえる「泰澄」についても時代的矛盾がないながらも同一人物であるかは明らかでないとし、「禅師」「大和尚位」の地位、中央との関係も後世に権威づけのための潤色と思われる要素が色濃いものの、奈良時代に実在した泰澄という名の一僧の経歴とはいえなくても、そのような性格を有する僧が越前に存在した可能性は高いとしている。この場合の修行僧は中央の認可を受けた官僧であったと考える必要はないとし、天皇の病という国家の重大事に際しては官僧か否かは関係なく、地方で効験高いと評判のある僧は都へ招聘され看病に従事させ、しかるべき地位・報奨を与えることはあったとのことから、山林修行の経歴と治病能力を有し、特に越前の地域から都へ赴いた複数の僧の姿がやがて泰澄という一人の代表的修行僧の人物像に凝縮されて伝えられたという可能性も否定することはできないとしている。

『伝記』については後世の潤色は否定できないものの、まったくの後世の述作とみなすのは無謀で、泰澄が生存した奈良時代の段階で、伝の基盤となった何らかの事実は存在したとするべきだとし、泰澄あるいは白山信仰とまったく無縁の人物を登場させたとは考えられず、そこには信仰の体系や人物像などの面で、これらの僧と泰澄との直接の接触を説いても、疑いなく受け容れられるだけの余地が存在すると考えられたからこそ伝が残ったと推測される。また、白山の信仰を中央の宗派との関係で考える場合、中心寺院の平泉寺は天台宗寺院で、『伝記』も浄蔵の口授をもとにするなど天台宗の影響を強く意識する見解があるなか、伝に登場する道昭や玄昉が法相宗の僧であり、天台宗が独立した宗派として確立する過程で、最澄は大乗戒壇の設立をめぐる南都の諸宗との対立、関東における法相宗の中心的な存在であった徳一との論争など、法相宗との確執の経緯を考えると、天台宗の僧と泰澄を結びつけた意図は何であったのかと疑義を呈している。

加えて、泰澄との関係の深い南山城の寺院は興福寺の影響が強く、また金胎寺・大道寺など行場として発展した山岳寺院は真言系の寺院で、役小角の開基も多く葛城山はのち真言系の修験の行場とされたことから、最澄とは逆に南都の諸宗派と融合する姿勢をとった空海の存在を考慮すれば、泰澄の伝は一概に天台宗との関係で形成されたものとはいえないと述べる。『伝記』における十一面観音の存在についても、天平七年に帰朝した玄昉が将来し書写された経典のなかに『十一面神呪経』といった密教経典が含まれ十一面観音信仰が盛んとなるが、天平年間に泰澄が玄昉より十一面経を授けられ、十一面法を修して天然痘の鎮撫を祈ったとする『伝記』の記事は当時の状況と矛盾しないが、逆にこうした知識なくしては書けない内容を『伝記』は有しており、とすれば『伝記』における泰澄と著名な中央僧との接触の記事が、『続日本紀』一巻が座右にあれば口授者は泰澄の伝記にこういった細工が容易に出来るくらいのものなどとは到底みなしえないことになるのではないかとも述べる。

なお、土壌の点では越前の地は地理的な要因から大陸との交渉が盛んな土地で、中央からの伝播を待つまでもなく民間のレベルで仏教や道教の信仰が早くから入り込んでおり、気比神宮寺の成立など中央での流行以前に神仏混淆を受け入れる素地が形成されていたとし、このような風土の影響もあり一層密教の修行地として白山の重要度が増し、『伝記』にみられる白山三所大権現の形態も中央における神仏習合の発展、特に平安後期の本地垂迹の観念にもとづく習合の動きに触発され、白山周辺の宗教者の集団が天台・真言といった中央の有力な宗派と連携し論理体系を整備し、自らの集団の伝統的権威を高尚なものとするために泰澄の足跡を中央と結び付ける形で展開し、本来の泰澄伝に種々の潤色がなされ泰澄伝が形成されたという。加えて文化伝播の点では白山の登路口としての三馬場は白山に対する信仰が当初は相互に独立した形で発展したのであろうが、平安時代には三つの地域の信仰がしだいに融合的にとらえられ、越前出身の泰澄を白山の開創者とする共通の認識をもつようになり、越前の影響が美濃や加賀の地域に及んでいたことを示すとしている。

小林崇仁は泰澄に関する史料、特に今まで重要視されなかった幾つかの別伝を整理し、仮に白山開山者・遍歴修行者・神祇信仰者・密教信仰の先駆者・朝廷の護持僧・神仙的人物・法華経持経者の七つの側面にまとめ、これらが互いに結びつき全体としてひとつの泰澄像を形成したとしている[13]。標高二〇〇〇メートルを超える白山の開山、北陸さらには近江・畿内にかけての広範囲にわたる足跡、各霊地における神祇信仰との関わりは斗藪という山林修行の一形態を想起させるもので、なかでも『伝記』に描かれた密教僧的な泰澄像を踏まえて『釈書』や『真言伝』には、泰澄を空海以前の真言の験者とみる立場を載せるが、実際には雑密的な信仰に関する断片的な事例が天平期以降表面化してくることは確かだとしている。奈良初期の段階での雑密信仰の浸透度も含め、こうした人物像が後世の潤色に過ぎないのか泰澄の実像に近いのか、あるいは北陸における何人何代かの宗教者の足跡が泰澄という人物に凝縮して伝承されたものかは今後の課題とし、もしこれらの人物像が奈良初期の時点であり得たとするならば天平期以降の仏者による山林修行、のちの平安仏教や修験道へと繋がる先駆的なあり方として注目されている。

四　二〇〇〇年代

浅見和彦は『伝記』の諸本奥書あるいは記録・伝書の類に見える年紀に注目し、貞観二年（八六〇）の『白山記録十種』、天暦元年（九四七）の『真言伝』、天徳元年（九五七）の金沢文庫本、天徳二年（九五八）の『釈書』、寛弘年中（一〇〇四～一二）の大谷寺（元和）本、保元元年（一一五六）の平泉寺本など、その年次の『伝記』の存在を立証するものではないとしながらも、泰澄研究を進めるにあたり基本史料として扱われる『伝記』なるものは決して単一ではなく、異伝承を抱え込むような異本があったらしいことを強調する。(14)『大日本国法華経験記』（以下、『法華験記』と略する）の「多くの名あり、これを注さず」とあるのも、その背景に複数の泰澄が想定可能だとし、神融・泰澄など多くの名があったことは、それぞれ名に収納されるひとつひとつの事績、一人一人の神融・泰澄がいたのかも知れないと考える方がむしろ自然で、泰澄という一人の名に綜括される前の段階には、さまざまな泰澄もしくは泰澄的な人がいたと考えられているが、神融・越（古志）の小大徳・泰澄は院政期あたりには同一人と考えるむきが強まっていたと述べる。

さまざまな異伝を抱え込むなか、泰澄が越の大徳・越の小大徳と呼ばれ続けたことの背景には、越とは切っても切れぬ因縁があり、そうした越の国における原泰澄伝承ごときものが広大な説話の世界と接触するに及んで、伏臥・飛鉢・早足・強力などさまざまな説話的要素を取り込み膨らまし、今日の『伝記』が作られていったのではなかろうかと推察する。なお『伝記』における天神七代・地神五代の神統系譜を貴女が語る場面について、蒙古襲来という国際的な危機を始め当時の国際環境から神代紀が強く意識された結果として中世のある種の歴史意識、自国意識の反映とみている。そして『伝記』なる本がいつの成立であるかは分明でないが、少なくともこの部分に関しては鎌倉後期以降に流通、流伝した説話内容と深い関わりがあり、『伝記』の当該部の成立はその時期のものとみられている。

『伝記』の浄蔵口述について臥行者の飛鉢譚、浄定行者の足早伝承、強力伝承などは平安期にも類例は多いので、本人が泰澄ならびに泰澄関連話として語ったとしても年代的な齟齬はないが、『信貴山縁起絵巻』『神道集』や在地の伝承を見ると、泰澄にまつわる独自伝承ではなく巷間に流布していた説話伝承を『伝記』の著者が採り込んだと考えた方がより自然であるので、『伝記』みずから伝える浄蔵口談という件は、それを裏付ける他の根拠も見出しがたく、あまり信憑性のない情報と考えざるを得ないという。また世上にはこの種の伝記・年譜・年代記が数多いが、著者みずからが自分の著書とか事件の関係者からの直接の聞書であるとか成立事情を明哲に語っているものほど、その内容は疑わしく、むしろ説話、伝承を筆録した場合、二、三の例外を除いて筆録者は自分の名前を記さない方がより一般的で普通だと述べる。

『伝記』は浄蔵に仮託して作られた可能性が高く、逆に跋文などが言うような浄蔵口談を思わせる補助資料も見当らないことから、泰澄伝を信頼の高い信憑性のあるものとするにあたって「浄蔵」の名を借り語らせることが、伝記作者にとってまさに好都合のことであったというが、だからといって『伝記』をまったく無価値で無意味なものと考えるのはあまりにも性急すぎ、「浄蔵」に仮托してでも語りたい、あるいは語らせたいものが泰澄にあったとしている。泰澄に関わる伝記は明らかに複数の伝記・伝承があり、『白山記録十種』には貞観二年（八六〇）の年紀をもつ「神融大師誕生并遷化之記」なる書名も載るので、これが確実視できれば浄蔵誕生以前にある種の泰澄伝がすでに作られていたことになるので、『伝記』跋文の言う通り浄蔵口談の泰澄伝記の存在の可能性は排除できなくなってくるが、現存の『伝記』の説話内容を見ていると、その一部に浄蔵口談の部分があったにしてもその大概において鎌倉後期と推察させるものが多いことは動かしようがなく、現存最古の写本とされる金沢文庫本が正中二年（一三二五）の書写になっていることからすると、現存の『伝記』の成立は一三二五年以前、一三世紀後半から一四世紀ごろの鎌倉時代後期と考えるのが一番穏当だとしている。

以上が主要な論文であるが、他のものについては紙面の都合で割愛した(15)。

第二節　諸本の概要と成立

『伝記』の写本として一般に知られているものは、金沢文庫本・尾添本・平泉寺本・尊経閣文庫本・元和本などの五系統であるが、平泉澄により諸本の校合がおこなわれ、その校訂本全文の公表により研究者間で知られることとなった。[16] 現存最古の写本が金沢文庫本で、その写しとされる彰考館本、それを謄写した東京大学史料編纂所本がある。石川県ゆかりで密谷家所蔵のものが尾添本で、同系統のものが飯田瑞穂により紹介された尊経閣文庫本である。[17] 福井県ゆかりで平泉寺白山神社所蔵のものが平泉寺本で、欠損がないため平泉澄が校訂の際に重視している。他に越知神社所蔵本が三点、越知山大谷寺所蔵本が一点あるが、元和本と慶安本の系統に分かれる。そこで『伝記』諸本の概要と由来について検討する。

一　金沢文庫本系

金沢文庫本　神奈川県横浜市に所在する称名寺の所蔵本で、神奈川県立金沢文庫に寄託された現存最古の写本である。[18] 粘葉装本一帖。本文第一葉と同じ折の表紙も含めると、もとは一〇折二〇葉からなるが、「上時々現金光」から「金地空雨蓮花」までの四四〇文字（一〇折ならば第八折）を失うので九折一八葉が現存する。毎面は七行で、毎行は一五から一八字までである。外題は「泰澄和尚伝　白山縁起」、内題は「泰澄和尚伝記」、尾題は「泰澄和尚伝」とある。末尾には浄蔵の面授の言談により門徒の神興らが泰澄の操行を記したとする天徳元年（九五七）成立の由緒のあと、白山登山の前に越知峰で魔難を払い、怨霊を退けてから参詣すべきだと語られる。奥書は「或人云」から始まり、神興を大谷精舎寺院の仏法興隆根本人とするなど再び天徳元年の由緒が語られ、妙理権現の本地が十一面観音と述べて終わる。最後に「正中二年乙丑五月廿四日　書写之了」とあり、正中二年（一三二五）に書写された。表紙には梵字で剣阿とある。称名寺第二世の明忍房剣阿が人をして書写せしめ、みずから校正しまた訓点を書き入れたものという。[19]

東京大学史料編纂所本　水戸の史臣が金沢文庫を採訪して転写本を作ったのが彰考館文庫の所蔵本である。貞享二年（一六八五）の書写とされるが、第二次世界大戦の戦火に罹って焼失したという。[20] 焼失以前に謄写したのが東京都文京区本郷に所在する東京大学史料編纂所の写本である。[21] 二〇一六―一九七号。外題は題簽「泰澄和尚伝」、内題は「泰澄和尚伝」とある。袋綴一冊。もと一一丁からなるが、前後に一丁ずつを加え一三丁とし表紙と裏表紙をつける。最初の一丁には「泰澄和尚伝」とあり、後部の一丁には以下の奥書がある。

右
　泰澄和尚伝
　　水戸市常盤町　　彰考館文庫所蔵
　　明治十八年七月託写了

彰考館文庫所蔵の「泰澄和尚伝」を明治十八年（一八八五）七月に書写したとある。本文には「泰澄和尚伝白山縁起」、「称名寺第二世明忍房／剣阿」とあり、金沢文庫本からの書写を示す。毎面一〇行、毎行二〇字である。金沢文庫本と比べて誤写・脱字が多い。金沢文庫本で欠損する「上時々現金光」から「金地空雨蓮花」までの四四〇文字分が記された点で貴重といえるが、末尾の一葉（「元年伝記筆者」から「現声聞形而已」まで）の七三文字分は写されていない。

二　平泉寺本系

平泉寺本　福井県勝山市に所在する平泉寺白山神社の所蔵本である。[22] 袋綴一冊。本文は一一丁である。毎面は一〇行、毎行は一七から二〇字までである。本文には散逸・破損のない完本で、現在は「白山縁起」との合綴により一冊となるが、慶安二年（一六四九）正月十九日寂の実承僧都の時代、寛永・正保年間には独立していたとみられる。「白山縁起」は寛永年間（一六二四～四四）頃の書写とされるが、『伝記』の方はそれより遙かに古色を帯び、少なくとも一〇〇年の開きがあるとし、辻善之助の鑑定から永正（一五〇四～二一）か大永年間（一五二一～八）か、降っても天文年間（一五三二～五五）

以後の書写とされる。(23) 内題は「泰澄和尚伝記」、尾題は「泰澄和尚伝」とある。奥書には「書本云、俗名通憲小納言入道信西本、以保元元年丙子三月十八日、自文庫盗取出、写畢云云」とあり、小納言の藤原通憲が所有する信西本が保元元年（一一五六）に文庫より盗み取り出され書写されたものという。『伝記』校合の一本として用いられ、金沢文庫本との異同が詳しく示される。

三　尾添本系

尾添本　石川県白山市尾口村に所在する密谷家の所蔵本である。(24) 袋綴一冊。外題は「泰澄和尚伝記」、内題は「泰澄和尚伝」とある。全一〇丁とみられるが、二丁の欠損のため八丁が現存する。中間は「彼峯敬礼和尚」から「未訖神女忽隠」までの三六九文字（全一〇丁ならば第四丁）を失う。現存する第八丁の末尾は「口実誰不信乎伝」から「現声聞形而已」までの三〇三文字（全一〇丁ならば第一〇丁）が欠損し、由緒の半分は不明である。尾添本は白山宮加賀馬場本宮の尾添村と、白山宮越前馬場平泉寺・牛頸村・風嵐村が白山禅頂（山頂）の杣取権をめぐって争った「天文の白山相論」のおりに、加賀馬場・尾添村側から支証として幕府に提出された本で、天文十四年（一五四五）六月二十四日付の室町幕府奉行人連署意見状案に見える「泰澄記」に相当するという。(25) 欠落は偶然ではなく、そのときに故意に抜き取られたとみられる。

また、他本に比べ神興らが操行を記した日を十四日とする点で異なるが、それ以外はほぼ同じ文面である。毎面は第一表から第五丁表までが九行、第五丁裏から第八丁裏までが一〇行である。毎行は一六から二四字までである。破損が激しく読めない部分は多いが、室町時代の書写とみられる。(26) 尾添本は「元禄十二己卯年林鐘吉辰」との蓋裏書をもつ箱に納められており、五代藩主の前田綱紀が修補を加えたことがうかがえる。

尊経閣文庫本　東京都目黒区駒場に所在する尊経閣文庫の所蔵本である。(27) 袋綴一冊。一四丁。尊経閣文庫刊行の『尊経閣文庫加越能文献書目』「第二門 神祇 宗教　第一類 神祇」のなかに「白山縁起　室町末期写　一」とある。(28) 架号は神書・貴・第一九号である。本文墨付一四丁である。毎面八行で、第一丁のみ九行である。毎行は一四～二〇文字程度である。料紙は椿紙である。全紙裏打が施される。表紙は黄褐色で、濃い茶色の砂子を散らす。表題は表紙の左肩に寄せて打付に「白山縁起」とある。本文と同じ用紙の旧表紙が見返し（封面）として表紙の裏に糊付けされる。右肩に「泰澄和尚伝」、左肩に「白山縁起」、内題は「白山縁起」とある。末尾は「凡厥在世滅後、不思議徳行、異相権化等、不語怠憔、蓋謂㆓白山大権現妙理菩薩本地、此泰澄記㆒云々、自不遑毛挙矣」とあり、他本と比べると「異相権化等」までは同じだが、それ以降は異なる。

飯田瑞穂によると、これが原形だとすれば他の諸本の文は増補ということになり、その成立を天徳元年（九五七）とする先の理解は再検討を要することになるが、この点については相互に系統を異にするとみられる他の諸本がすべて一致していること、この文には意味のとりにくい点があることなどから、シンプルだが末尾として原形とは見なしがたく、後世の改変を経たものと考えるべきだと述べる。[29] また奥書は以下である。

写本不直故損落数有、後見任定云々
云々加賀号白山妙理大権現云々　見異本
春広書之

書写年代は先の目録に「室町末期写」、文庫の蔵書の調書には「文禄前後抄本」とあるので、その書風からほぼ文禄年間（一五九二～六）頃の書写とみられる。また、新しい包紙には中央に「白山縁起一冊」と書かれる。右下隅に「北某旧／蔵ノ」と書かれた貼紙があるので、前田家が明治四十三年（一九一〇）十一月に金沢の北雄次郎から購入して文庫に属せしめたものである。氏の蔵書にはかつて前田家所蔵本の流出したものが多く含まれるので、古くは前田家に属し中間流出しのちに復帰したとみられる前田家の旧蔵書であった可能性が指摘されている。[30]

四　元和本系

元和本　福井県丹生郡越前町に所在する越知神社の所蔵本である。[31]『福井県白山信仰関係古文書調査報告書』「越知神社文書目録」の番号八三、架蔵番号九五である。[32]巻子本一巻。八丁である。毎行一六から一九文字までである。外題は「泰澄和尚縁起」、内題は「泰澄大師伝記」、尾題は「泰澄和尚伝記終」とある。末尾は金沢文庫本と似るが、独自の記述がみられる。奥書には「于時元和五年極月下旬書之畢／大谷寺聡源」とある。由緒を探ると一条天皇朝の寛弘年中（一〇〇四～一二）に勅の仰せにより官庫へ申し降るところの本がもとで、大谷寺僧の聡源が元和五年（一六一九）極月下旬に書写したものという。「私云」には山門の密厳院で記したとあり、山王七社の客人権現である白山妙理権現の由緒と六月中旬の降雪などが語られる。

他本との違いとして単に神輿とあるのを「大谷精舎寺院」「聖人」を加え、「伝聞」以降の白山登山前に越知峯で魔難を払い、怨霊を退けてから参詣すべきだとの旨は削除され、すべて本地の禅頂は慈悲喜捨の誓願にして怠りないもので、垂迹の霊場の邪正といった救済の手段は日々新しくあるべきだと書き加える。「或人伝」以降は他本と同様であるが、「之」の加筆や「入寂」を「入定」とするなど文言の違いはある。他にも「妙理」を「越知」と書き換えるなど越知山に対する宣揚が強く認められる。他にも福井県丹生郡越前町に所在する越知山大谷寺には、年紀を欠く元和本の転写本とみられる所蔵本がある。[33]

五　慶安本系

慶安本　福井県丹生郡越前町に所在する越知神社の所蔵本である。[34]『福井県白山信仰関係古文書調査報告書』「越知神社文書目録」の番号八四、架蔵番号九六である。[35]巻子本一巻。一九丁である。毎行一六から一九文字までである。内題「泰澄和尚伝記」、尾題「泰澄和尚伝記終」とある。奥書は元和本と同じ「抑和尚伝記」以下の記述があり、奥書にも

「或人云」が付され、「于時慶安戊丑夏五月日　沙門卞海書」とある。同じゆかりの本であるが、元和本とも相違し加筆修飾が多い。慶安に戊丑という干支はなく、元年（一六四八）は戊子、同二年（一六四九）は己丑である。いずれかの誤りで、平泉澄は十二支の方を誤ることはないから慶安二年とみてよいとしている。[36] 他にも越知神社には越知神社所蔵の慶安本の転写本とみられる所蔵本がある。

第三節　諸本の校訂と系統

一　校訂と分類

一般的に知られる五系統は以上である。なかでも金沢文庫本・尾添本・平泉本・尊経閣文庫本は同系統とみられるが、元和本・慶安本は平泉澄が金沢文庫・尾添・平泉の諸本に比べて内容の相違する文章を存し、約一〇〇〇字の多きにのぼることから後世の加筆修飾多きものと見る他はないとし、校合の参考にしなかった。[37] 確かに四書と比べると異同はあるが、元和本にある修行年一一歳は栄海の『真言伝』と同じで、その関係性も指摘できるので検討の対象とした。さらに書き換えがある慶安本は紙面の関係上、本稿では取り扱わなかった。[38] なお、諸本を比較検討するうえで、金沢文庫本は『福井県史　資料編一』、平泉寺本は平泉澄の『伝記』、尾添本は『石川県尾口村史　第一巻・資料編一』、尊経閣文庫本は飯田瑞穂の論文、元和本は『朝日町誌　資料編二』の活字翻刻をもとにしたが、[39] なかには誤記も認められたため、できる限り原本や影印本などで確認した。なお『伝記』の内容は論の展開上、便宜的に一七に区分した。

①白鳳十一年（六八二）の誕生、奇瑞あり　「白山行人泰澄～十一日誕生矣」　一一九文字
②五六歳の時、泥土仏像作り、童堂建て、人と交わらず　「五六歳比以泥～掌為常遊宴焉」　六九文字
③持統七年（六九三）一一歳の時、道昭が神童と告げる　「高天原広野姫～尊重所撫育也」　一三二文字
④一四歳の時（六九五）越知峯で修行する　「同広野姫持統～早越為国師矣」　三二一文字

⑤大宝二年（七〇二）鎮護国家の法師、臥行者弟子になる　「文武天皇御在～深達大行人矣」　二八五文字
⑥和銅五年（七一二）浄定行者、弟子になる　「少沙弥相値北～朽今来走仕矣」　二三四文字
⑦霊亀二年（七一六）貴女の夢告を受ける　「和尚於越知峯～時至早可来焉」　七〇文字
⑧養老元年（七一七）伊野原に来宿、貴女の林泉での告白　「而日本根子高～訖神女忽隠矣」　四七二文字
⑨養老元年（七一七）禅頂で三所権現を感得し千日修行する　「和尚今顕霊感～斎太軟他処矣」　三九九文字
⑩養老六年（七二二）元正帝の病治癒、効で神融禅師と号する　「養老六年壬戌～号神融禅師矣」　三九〇文字
⑪神亀二年（七二五）行基、白山参詣、泰澄と再会を誓う　「其後勝宝感神～楽勿忘旧契矣」　二〇三文字
⑫天平八年（七三六）玄昉が十一面経を授ける　「又同聖武天皇～以十一面経矣」　六一文字
⑬天平九年（七三七）痘の鎮撫の功で大和尚位、泰澄と号する　「同九年丁丑歳～女堅牢振威矣」　二三六文字
⑭天平宝字二年（七五八）越知峯大谷仙崛に蟄居する　「如斯高行仙骨～跡可謂妙絶矣」　一五九文字
⑮神護景雲元年（七六七）三重木塔を勧進造立、八六歳で遷化　「高野姫重祚称～縁安之大師房」　二二〇文字
⑯浄蔵・神興、天徳元年（九五七）本の由緒、越知峯参詣の重要性　「凡厥在世滅後～霊貺叵思議焉」　二一〇文字
⑰或人云、浄蔵口述・大谷寺の神興注記、神の字の話　「或人云此伝記～現声聞形而已」　二二〇文字

諸本の比較検討については一七の区分にもとづき、五系統を併記したものを次頁以下に掲げるが、紙面の都合で大幅に縮小した。(44)膨大な文字数であるので本書所収にあたり紙面の都合で割愛した。なお欠損箇所は□、原本による校訂の箇所は文字の右に付した。全体を精査すると金沢文庫本にも誤記や欠落があるので、一見して諸本の違いがわかるように先学の成果をもとに校訂本をつくり、それと各本と異なり削除された箇所は（―）、付加したとみられる箇所は［　］、元和本にある割注は〈　〉で示した。また校訂本をもとに文字の異なる箇所はゴシックで表示している。

[金沢文庫本]

①白山行人泰澄和尚者、本名越大徳、神融禅師也、俗姓三神氏、越前国麻生津三神安角二男也、母伊野氏、夢取白玉水精、入懐中乃妊矣、月満産生時、六月雪降下、厚一寸、只産屋上、庭薗陸地、素雪皚々、碧氷凜々、此乃天渟名原瀛真人天武天皇飛鳥浄御原宮御宇、白鳳**廿二季**壬午歳六月十一日誕生矣

②五六歳比、以泥土作仏像、以草木建童堂、不交幼児之儀、無渉闠闤之門、雖万遊乱舞於通衢、雖百戯叫歌於閭巷、未曾競出、唯以花水合掌、為常遊宴焉

③高天原広野姫持統天皇藤原宮御宇七年壬辰歳、入唐帰朝聖人道**照**和尚、北陸道修行時、来宿安角蓬屋、其時和尚十一歳小童也、道照和尚視此小童、頭現円光、頂在天蓋、道**照**唯独自見、余人不見矣、道**照**和尚驚恠、教父母曰、汝子是神童也、特加崇敬可守養、非凡庸、不可軽蔑、父母蒙其教誡、特尊重所撫育也

④同広野姫持統天皇御宇大化元年乙未歳、和尚生年十四也、自夢坐八葉蓮華上、傍在高僧、乃告言、汝今知否、吾乃汝本師、住所在西方、汝所坐蓮**花**、乃聖観世音所持花也、汝以比丘形可施十一面利生大光普照徳、勿退菩提心、詞未畢忽然而失、雖然不語父母、何況他人乎、従同元年冬季、此神童夜々他行、父安角恠思、竊以嫡男神童舎兄三神安方、令尋趁其行跡之処、越知峯坂本巌屋内入畢、即礼拝数百遍、其声唱南無十一面観世音神変不思議者、乃出巌屋、**攀**登越知峯矣、舎兄安方依為深更坂本止宿、夜明帰父宅啓此由、未及脱履彼神童帰来、如此奇異連々不絶、至于後年者、偏栖彼嶺久修練行、自落**鬢**髪乃為比丘形、以藤皮苔衣蔽膚、以松葉花汁助命、生得智解忽発、布字月輪在心、自然覚悟暗催、入我々入無外、六時礼讃、累年不退、三昧坐禅、積日無倦、修験漸秀、為世宝、呪功早越、為国**帰**矣

[平泉寺本]

①白山行人泰澄和尚者、本名越大徳、[号]神融禅師(~~也~~)、俗姓三神氏、越前国麻生津三神安角二男也、母伊野氏、夢取白玉水精、入懐中乃妊矣、月満産生時、六月雪降下、厚一寸、只産屋上、庭薗陸地、素雪皚々、碧氷凜々、此乃天渟**中**原瀛真人天武天皇飛鳥浄御原宮御宇、白鳳十一年壬午歳六月十一日誕生(~~矣~~)

②五六歳比、以泥土作仏像、以草木建**堂塔**、不交幼児之儀、無渉闠闤之門、雖万遊乱舞於通衢、雖百戯叫歌於閭巷、未曾競出、唯以**華**水合掌、為常遊宴焉

③高天原広野・持統天皇藤原宮御宇**六**年壬辰歳、入唐帰朝聖人道昭和尚、北陸道修行時、来宿安角蓬屋、其時和尚十一歳小童也、道昭和尚視此小童、頭現円光、頂**有**天蓋、道昭唯独自見、余人不見矣、道昭和尚驚恠、教父母曰、汝子是神童也、特加崇敬可守養、非凡庸、不可軽蔑、父母蒙其教誡、特尊重所撫育也

④同広野姫持統天皇御宇大化元年乙未歳、和尚生年十四也、自夢坐八葉蓮華上、傍**有**高僧、乃告言、汝今知否、吾乃汝本師、住所在西方、汝所坐蓮華、乃聖観世音所持**華**也、汝以比丘形可施十一面利生大光普照徳、勿退菩提心、詞未畢忽然而失、雖然不語父母、何況他人乎、従同元年冬季、此神童夜々他行、父[之]安角恠思、竊以嫡男神童舎兄三神安方、令尋趁其行跡之処、越知峯坂本巌屋内入畢、即礼拝数百遍、其声唱南無十一面観世音神変不思議者、乃出巌屋、**攀**登越知峯矣、舎兄安方依為深更坂本止宿、夜明帰父宅啓此由、未及脱履彼神童帰来、如此奇異連々不絶、至于後年者、偏栖彼**峯**久修練行、自落**鬢**髪、乃為比丘形、以藤皮苔衣蔽膚、以松葉**華**汁助命、生得智解忽発、布字月輪在心、自然覚悟暗催、入我々入無外、六時礼讃、累年不退、三昧坐禅、積日無倦、修験漸秀、為世宝、呪功早越、為国師矣

[尾添本]

①白山行人泰澄和尚者、本名越大徳、神□禅師也、俗姓三神氏、越前国麻生津三神安角二男也、母伊野氏、夢□白玉□□、入□□乃**任**矣、月□産□時、□□雪降下、厚一寸、只□屋上、庭薗□地、素雪□□、碧氷□々、此乃天□名原瀛□人天武天皇□□□□原□御宇、白鳳十一年壬午歳□□□□□□生□

②五六□□、(~~以泥土作仏像、以草木建堂塔、不交幼児之儀~~)、無渉闠闤之門、雖万遊乱舞於通□、□□戯叫歌於閭巷、未曾競出、唯以**華**水合掌、為(~~常~~)遊宴焉

③高天原広野姫持統天皇藤原宮御宇七年壬辰歳、入唐帰朝聖人道昭和尚、北陸道修行時、来宿(~~安~~)角蓬屋、其時和尚十一歳小童也、道昭和尚視此小童、頭現円光、頂在天蓋、道昭唯独自見、余人不見矣、道昭和尚驚恠、教父母曰、汝子是神童也、特加崇敬可守養、非凡庸、不可軽蔑、父母蒙其教誡、特尊重所撫育也

④同広野姫持統天皇御宇大化元年乙未歳、和尚生□年十四也、自夢坐八葉蓮華上、傍在高僧、乃告言、汝今知否、吾乃汝本師[也]、住所在西方、汝所坐蓮**花**、乃聖観世音[菩薩]所持花也、汝以比丘形可施十一面利生大光普照徳、勿退菩提心、詞未畢忽然而失、雖然不語父母、何況他人乎、従同元年冬季、此神童夜々他行、父安角恠思、竊以嫡男神童舎兄三神安方、令尋趁其行跡之処、越知峯坂本巌屋内入畢、即礼拝数百遍、其声唱南無十一面観世音神変不思議者、乃出巌屋、□登越知峯矣、舎兄安方依為深更坂本止宿、夜明帰父宅啓此由、未及脱履彼神童帰来、如此奇異連々不絶、至于後年者、偏栖彼嶺久修練行、自落**鬢**髪、乃為比丘形、(~~以~~)藤皮苔衣蔽膚、(~~以~~)松葉花汁助命、生得智解忽発、布字月輪在心、自然覚悟暗催、入我々入無外、六時礼讃、累年不退、三昧坐禅、積日無倦、修験漸秀、為世宝、呪功早**超**、為国師矣、

[尊経閣文庫本]

①白山行人泰澄和尚者、本名越大徳、神融禅師也、俗姓三神氏、越前国麻生津三神安角二男也、母・野氏、夢取白玉水精、入懐中乃妊矣、月満産生時、六月雪降下、厚一寸、只産屋上、**建**薗**隣**地、素雪皚々、碧氷凟々、此乃天停名原**嬴興**人天武天皇飛鳥浄御原宮御宇、白鳳十一年壬午歳**四**月十一日誕生后

②五(~~六~~)歳比、(~~以泥土作仏像、以草木建童堂、不交幼児之儀~~)、無渉闠闤之門、雖万遊乱舞於通衢、**遊**(~~由~~)戯叫歌於閭巷、未曾競出、唯以**菓**水合掌、為常遊宴焉

③高天原広野姫持統天皇藤原宮御宇七年壬辰歳、入唐帰朝聖人道昭和尚、北陸道修行時、来宿安角蓬屋、其時和尚十一歳小童也、道昭和尚視此小童、頭現円光、頂在天蓋、道昭唯独自見、余人不見矣、道昭和尚驚恠、教父母曰、汝子是神童也、特加崇敬可守養、非凡庸、不可軽蔑、父母蒙其教誡、(~~特尊重所撫育也~~)

④(~~同広野姫~~)持統天皇御宇大化元年乙未歳、(~~和尚~~)生年十四也、自夢坐八葉蓮華上、傍**有**高僧、乃告**云**、汝今知否、吾乃汝本師[也]、住所在西方、汝[生]所坐蓮華、乃聖観(~~世~~)音[菩薩]所持花也、汝以比**兵**形可施十一面利生大光普照徳、勿退菩提心、詞未畢忽然而失、雖然不語父母、何況他人乎、従同元年冬季、此神童夜々他行、父[母]安角恠思、竊以嫡男神童舎兄三神安方、令尋(趁)其行跡之処、越知岑坂本巌屋内入畢、即礼拝数百遍、其声唱南無十一面観世音[・薩]神変不思議者、乃出巌屋、攀登越知**岑**矣、舎兄安方依為深更坂**季**止宿、夜明帰父宅啓此由、未及脱履彼神童帰来、如此奇異連々不絶、至于後年者、偏栖彼嶺久修練行、自落**鬢**髪、乃為比丘形、(~~以~~)藤皮苔衣蔽膚、(~~以~~)松葉花汁助命、生得智解忽発、布**守**字月輪在心、自然覚悟暗催、入我々入無外、(~~六時~~)礼讃、累年不退、三昧坐禅、積日無**惓**、修験漸秀、為世宝、呪功早**超**、為国師矣

[元和本]

①**抑**(~~白山行人~~)泰澄和尚者、本名越大徳、神融禅師、俗姓三神氏、越前国麻生津三神安角二男也、母伊野氏、夢取白玉水**晶**、入懐中乃妊矣、月満産生時六月雪降下、厚一寸、只産(~~屋~~)上、庭薗**隣**地、素雪皚々、碧水凛々、此乃天渟名原瀛真人天武天皇飛鳥浄御原宮御宇、白鳳十一年壬午歳六月十一日誕生矣

②五六歳[之]比、[鎮唯]以泥土作仏像、以草木建**堂塔**、不交幼児之儀、無渉**憒**闠之門、雖万遊乱舞於通衢、雖百戯叫歌於閭巷、未曾競出、唯以**華**水合掌、**常為**遊**宴**矣

③高天原広野姫持統天皇藤原宮御宇七年壬辰歳、入唐帰朝聖人道昭和尚、北陸道修行時、来宿安角蓬屋、其時和尚十一歳小童也、道昭(~~和尚~~)視此小童、**顕**現円光、頂**有**天蓋、道昭唯独自見、余(~~人~~)不見矣、道昭和尚驚恠、教父母曰、汝子是神童也、特加崇敬可守養、非凡庸、不可軽蔑、父母蒙其教誡、特尊重所撫育也

④同広野姫持統天皇御宇大**長**元年**壬辰**歳、和尚生年十**一歳**也、自夢坐八葉蓮**花**上、傍**有**高僧、乃告言、汝今知否、吾乃汝本師、住所在西方、汝所坐蓮**花**、乃聖観(~~世~~)音所持[蓮]花也、汝以比丘形可施十一面利生大光普照徳、勿退菩提心、**語**未畢忽然而失、雖然不語父母、何況他人乎、従同元年冬季、此神童夜々他行、父安角恠思、竊以嫡男神童舎兄三神安方、令尋趁其行跡之処、越知峯坂本[金堂]**岩**屋内入畢、即礼拝数百遍、其声唱南無十一面観世音神変不思議者、乃出**岩**屋、**攀**登越知峯矣、舎兄安方依為深更坂本止宿、夜明帰父宅啓此由、未及脱履彼神童帰来、如此奇異連々不絶、至于後年者、偏栖彼嶺久修練行、自落**鬢**髪、乃為比丘形、以藤皮苔衣蔽膚、以松葉花汁助命、生得智解忽発、布字月輪在心、自然覚悟暗催、入我々入無外、六時礼讃、累年不退、三昧坐禅、積日無**惓**、修験漸秀、[乃]為世宝、**況**功早越、為国師矣、

〔金沢文庫本〕

⑤文武天皇御在位大宝二年壬寅(歳)、和尚生年廿一也、綸言忽降、以越大徳為鎮護国家法師、勅使伴安麻呂也、同年従能登嶋小沙弥尋来、和尚含咲感歎言、宿善宿縁今已来、為供給承仕、日来所相待也、乃与飛鉢斉器等、令守護矣、和尚不論昼夜、不云風雪、長時行道礼讃、凡非人力所為、龍天之勝根也、小沙弥如影寸分不離、依風寒叵堪、常臥雪底、伺和尚松容、名曰臥行者、客僧曰、勧励進趣云行、臥乃懈怠、何名行者、小沙弥乍臥挙首答曰、行有二種、一身行、二心行、客僧所責身行、沙弥所積心行也、依八苦風寒叵堪、常臥罪障雪底、伺大日遍照光用、本覚曼陁羅菩提心冥薫、阿字空門観恵相応、念々仏道増進、豈非心行者進趣義哉、客僧聞之、感歎伏膺、本謂一文不通小沙弥、今知、八蔵深達大行人矣

⑥少沙弥相値北海行船、以飛鉢乞請粮米、進和尚、然間、元明天皇御在位和銅五年壬子歳、和尚生年卅一也、従出羽遐境、八木運船浮行、少沙弥以飛鉢、擬乞請粮米、彼船頭神部浄定曰、此八木乃官庫税稲分、員数有限、不可供備者、小沙弥起忿恚、飛鉢相共帰山之処、船中俵米如鴈飛連、越知峯来集、船頭浄定、凝奇異想合掌信仰、乃趁登彼峯、敬礼和尚、謝其咎、和尚曰、非吾所為、少比丘之忿行也、乃相向小沙弥、謝其罪、小沙弥曰、供進一俵、其余早可入船也、浄定曰、従此峯争可運入矣、和尚曰、小比丘可入之、不可愁矣、浄定調空船於海中相待、件俵米如前飛連、如元積船畢、浄定見仏徳不思議、帰依特深、発心決定、八木運進官納、及于解纜時、不帰本国、偏承仕和尚、日夜不相離、昼採菓拾薪、夜以身為床、為蓰、日々夜々、辛苦艱労、敢無退転、名曰浄定行者、和尚常語客侶、小比丘心行者、浄定身行者也、曩劫(縁)不朽、今来走仕矣

⑦和尚於越知峯、見白山高嶺雪峯、常念、攀登彼雪嶺、為末世衆生利益、可奉行顕霊神矣、和尚至霊亀二年夢、以天衣瓔珞飾身貴女、従虚空紫雲中透出、告曰、我霊感時至、早可来焉

〔平泉寺本〕

⑤文武天皇御在位大宝二年壬寅祀、和尚・・《生年》廿一也、綸言忽降、以越大徳為鎮護国家法師、勅使伴安麻呂也、同年従能登嶋少沙弥尋来、和尚含咲感歎言、宿善宿縁今已来、為供給走仕、日来所相待也、乃与飛鉢斎器等、令守護矣、和尚不論昼夜、不云風雪、長時行道礼讃、凡非人力所為、龍天之勝根也、少沙弥如影〔随形〕寸分不離、依風寒叵堪、常臥雪底伺、和尚行容、名曰臥行者、客僧曰、勧励進趣云行、臥乃懈怠〔相〕、何名行者、少沙弥乍臥挙首答曰、行有二種、一身行、二心行〔也〕、客僧所責身行、沙弥所積心行也、依八苦風寒叵堪、常臥罪障雪底、伺大日遍照光用、本覚曼陀羅菩提心冥薫、阿字空門観恵相応、念々仏道増進、豈非心行者進趣義哉、客僧聞之、感歎伏膺、本謂一文不知少沙弥、今知、八蔵深達大行人(矣)

⑥少沙弥〔常〕相値北海行船、以飛鉢乞請粮米、進和尚、然間、元明天皇御在位和銅五年壬子歳、和尚生年卅一也、従出羽遐境、八木運船浮行、少沙弥以飛鉢、擬乞請粮米、彼船頭神部浄定曰、此八木乃官庫税稲分、員数有限、不可供備者〔也〕、少沙弥起忿恚、飛鉢相共帰山之処、船中俵米如鴈飛連、越知峰来集、船頭浄定、凝奇異想合掌信仰、乃趁登彼峯、敬礼和尚、謝其咎、和尚曰、非吾所為、少比丘(之)忿行也、乃相向小沙弥、謝其罪、少沙弥曰、供進一俵、其余早可入船(也)、浄定曰、従此峯争可運入矣、和尚・《曰》、少比丘可入之、不可愁矣、浄定調空船於海中相待、件俵米如前飛連、如元積船畢、浄定見仏徳不思議、帰依特深、発心決定、八木運進官納、及于解纜時、不帰本国、偏承仕和尚、日夜不相離、昼採菓拾薪、夜以身為床、為蓰、日々夜々、辛苦艱労、敢無退転、名曰浄定行者、和尚常語客僧、少比丘心行者〔也〕、浄定身行者也、曩劫縁不朽、今来走仕矣

⑦和尚於越知峯、見白山高嶺雪峯、常念、攀登彼雪嶺、為末世衆生利益、可奉行顕霊神矣、〔白山本縁事〕、和尚至霊亀二年夢、以天衣瓔珞飾身貴女、従虚空紫雲中透出、告曰、我霊感時至、早可来焉

〔尾添本〕

⑤文武天皇御在位大宝三年壬寅(歳)、和尚生年廿一也、綸言忽降、以越大徳為鎮護国家〔之〕法師、勅使伴安麻呂也、同年従能登嶋(小)沙弥尋来、和尚含咲感歎言、宿善宿縁今已来、為供給走仕、日来所相待也、乃与飛鉢斉器等、令守護矣、和尚不論昼夜、不云風雪、長時行道礼讃、凡非人力〔之〕所為、龍天(之)勝根也、小沙弥如影寸分不離、依風寒叵堪、常臥雪底、伺和尚松容、名曰臥行者、客僧曰、勧励進趣之行、臥乃懈怠〔也〕、何名行者、小沙弥乍臥挙首答曰、行有二種、一身行、二心行、客僧所責身行、沙弥所積心行也、依八苦風寒叵堪、常臥罪障雪底、伺大日遍照光用、本覚曼陁羅菩提心冥薫、□字空門観恵相応、念々仏道増進、豈非心行者進趣義哉、客僧聞之、感歎伏膺、本謂一文不通小沙弥、今知、八蔵深達大行人也

⑥小沙弥〔常〕相遇北海行船、以飛鉢乞請粮米、進和尚、然間、元明天皇御在位和銅五年壬子歳、和尚生年卅一也、従出羽遐境、八木運船浮行、少沙弥以飛鉢、擬乞請粮米、彼船頭神部浄定曰、此八木乃官庫税稲分、員数有限、不可供備者、小沙弥起忿恚、飛鉢相共帰山之処、船中俵米如鴈飛連、越知岑来集、船頭浄定、凝奇異想合掌信仰、乃趁□

⑦

〔尊経閣文庫本〕

⑤文武天皇御在位大宝二年壬寅歳、和尚生年廿一也、綸言忽降、以越大徳為鎮護国家〔之〕法師、勅使伴安麻呂也、同年従能登嶋小沙弥尋来、和尚含咲感歎言、宿善宿縁今已来、為結供走仕、日来所相待也、乃与飛鉢斎器等、令守護矣、和尚不云昼夜、・《不》云風雪、長時行道礼讃、凡非人力〔之〕所為、龍天(之)勝根也、小沙弥如影寸分不離、依風寒叵堪、常臥雪底、伺和尚松容、名曰臥行者、容僧曰、勧励進趣云行、臥乃懈怠〔也〕、何名行者、小沙弥乍臥挙首答曰、行有二種、一身行、二心行、容僧所責身行、沙弥所責心行也、依八苦風寒叵〔常〕堪、常臥罪障雪底、伺大日遍照光用、本覚曼陁羅菩提心冥薫、阿字空門観恵相応、念々仏道増進、豈非必身行者進趣義哉、容僧聞之、感歎伏膺、本謂一文不通小沙弥、今知、八蔵深達大行人也

⑥小沙弥〔常〕相遇北海行船、以飛鉢乞請粮米、進和尚、然間、元明天皇御在位和銅五年壬子歳、和尚生年卅一也、従出羽遐境、八木運船浮行、少沙弥以飛鉢、擬乞請粮米、彼船頭神部浄定曰、此米乃宮庫税稲分、員数有限、不可供備者、小沙弥起忿恚、飛鉢相共帰山之処、船中俵米如鴈飛連、越知岑来集、船頭浄定、凝奇異想合掌信仰、乃趁登彼岑、敬礼和尚、謝其咎、和尚曰、非吾所為、少沙弥之忿行也、乃相向小沙弥、謝共罪、小沙弥曰、供進一俵、其余〔号〕早可入船也、浄定曰、従此岑争可運入乎、和尚曰、小比丘可入之、不可愁(矣)、浄定詞空船於海中(相)待、件俵米如前飛連、如元積船畢、浄定見仏徳不思議、律依特深、発心決定、米運進宮納、及(于)解纜時、不帰本国、偏承事和尚、日夜不相離、昼採菓拾薪、夜以身為床、為蓰、日々夜々、辛苦艱労、(敢)無退転、名曰浄定行者、和尚当語容侶、小比丘心行者〔也〕、浄定〔常〕身行者也、曩劫縁不朽、今(来)走仕矣

⑦和尚於越知峯、見白山高嶺雪岑、常念、攀登彼雪嶺、為末世衆生利益、可奉行顕霊神矣、和尚至〔于〕霊亀二年夢、以天衣瓔珞飾身貴・《女》、(従)虚空紫雲中透出、告曰、我霊感時至、早可来焉

〔元和本〕

⑤文武天皇御在位大宝二年壬寅歳、和尚生年廿一〔歳〕也、綸言忽降、以越大徳為鎮護国家法師、勅使伴安麿也、〔然和尚只独勤行累日観念送時之所、遙〕従能登嶋小沙弥〔一人〕来現和尚、含咲感歎言、(宿善)宿縁今既来、為供給走仕、日来所相待也、乃与飛鉢斉器等、令守護矣、和尚不論昼夜、不云風雪、長時行道礼讃、凡非人力〔之〕所為、龍天之勝根也、小沙弥如影寸分不離、依風寒叵堪、常臥雪底、伺和尚(松)容、名曰臥行者、客僧曰、勧励進趣謂行、臥乃懈怠〔也〕、何名行者、小沙弥乍臥挙首答曰、行有二種、一身行、二心行〔也〕、客僧所責身行、沙弥所積心行也、(依)八苦風寒叵堪、常臥罪障雪底、伺大日遍照光用、本覚曼荼羅菩提心冥薫、阿字空門観恵相応、念々仏道増進、豈非心行者進趣義哉、客僧聞之、感歎伏膺、本謂一文不通小沙弥、今知、八蔵深達大行人矣

⑥小沙弥〔常〕相値西海行船、以飛鉢乞請粮米、進〔供〕和尚、然間、元明天皇御在位和銅五年壬子(歳)、和尚生年卅一〔歳〕也、従出羽遐境、米運船浮行、小沙弥以飛鉢、擬乞(請)粮米、彼船頭神部清定曰、此米乃官庫税稲分、員数有限、〔然為有智高行聖人、何貪凡俗哉、即清定鉢投海中、鉢即越知峯飛還、彼積船所俵米并櫓楷、如鴈越知峯飛連、清定為寄特想之所、俄悪風吹来、限清定之船不及往還、爰清定大驚上陸地、尋米櫓行方到越知峯、向〕和尚、謝其咎、和尚宣、非吾所為、小沙弥之忿行也、乃相向小沙弥、謝其咎〔所〕、小沙弥曰、供進一俵、其余早可入船也、清定曰、従此峯争可運入之乎、和尚曰、小比丘可入之、不可愁矣、清定調(空)船於海中相待、件俵櫓処如前飛連積船如元、清定見仏徳不思議、帰依特深、発心決定、米運進宮納、及于解纜時、不帰本国、偏承事和尚、日夜不相離、昼採菓拾薪、夜以身為床、為蓰、日々夜々、辛苦艱労、敢無退転、名曰清定行者、和尚常語客侶〔曰〕、小比丘心行者、清定身行者也、曩劫縁不朽、今来走仕〔云々〕矣、（中略）

⑦〔其後〕和尚(於越知峯)〔時々〕見白山高嶺(雪峯、常念攀登彼雪嶺)、為末世衆生利益、〔彼雪嶺欲〕(可)奉行顕霊験、〔折節、持給剣擲、此剣落着所我必趁登思食処、彼白山嶺落留、至于今剣岩屋云在之、于時霊亀二年和尚白山舟岡辺於妙法石室、観念到誠、呪遍積功、喚天扣地、摧骨屠肝、祈白山霊験、忽現夢中、貴女乗白馬於平岩上、見和尚、告曰、我住舟岡遊西河深渕、汝今令結界荘厳哉、言未訖早隠、急和尚臨安久濤、向滝水砌、揚大音声礼拝念誦、吾心月輪阿字空門八葉白蓮素光之中速垂霊質、爰酬祈念、先夢中貴女〕以天衣瓔珞飾身(貴女)、〔色相荘厳、巍々〕従(虚空)紫雲中透出、告曰、我霊感時至(早可来焉)矣

［金沢文庫本］

⑧而日本根子高瑞浄足姫元正天皇御在位、養老元年丁巳歳、和尚⦅生⦆年卅六也、彼年四月一日、和尚来宿白山麓大野隈笞川東伊野原、乃凝観念、運呪功、喚天招地、摧骨屠肝、爰先日夢貴女屢現、命和尚言、此地大徳悲母産穢、非結界、此東林泉、吾遊止地、早可来、言未畢即隠矣、和尚驚此告、乃臨彼林泉、日夜放大音声礼拝念誦、心月輪、阿字空門、八葉白蓮、素光中、速垂霊質、爰酬祈念、前貴女現、告曰、我雖有天嶺、恒遊此林中、以此処為中居、上護上皇、下撫下民、大徳諦聴、日本秋津嶋、本是神国也、国常立尊、乃神代最初国主也、次国狭槌尊、次豊斟渟尊、次埿瓊尊、⦅沙土瓊尊⦆、次大戸道尊、大戸間辺尊、次面垂尊、惶根尊、次伊弉諾尊、伊弉冊尊、謂之神世七代、吾身乃伊弉諾尊是也、今号妙理大菩薩、此神岳白嶺、乃吾神務国政時都也、吾乃日域男女元神也、天照大神乃吾伊弉諾尊子也、其子天津彦々火瓊々杵尊、治天下卅一万八千五百四十二年也、其子彦火々出見尊、治天下六十三万七千八百九十⦅二⦆年也、其子彦波瀲武鸕鷀草葺不合尊、治天下八十三万六千四十二年也、人代第一国主神武天皇、乃彦波瀲武鸕鷀草葺不合尊第四子也、此天皇御宇七十六年也、天皇生年四十六、甲寅歳、謂諸兄及子等曰、自天祖降跡以来、逮于今百七十九万二千四百七十六歳也、抑吾本地真身在天嶺、往而可礼、此言未訖、神女忽隠矣

⑨和尚今顕霊感奇異、弥仰仏徳掲焉、乃攀登白山天嶺禅定、居緑碧池側、礼念加持、一心不乱、猛利強盛、凝三密印観、五相調身心、呪遍満口、念力徹骨、爾時従池中、示九頭龍王形、和尚重責曰、此是方便示現、非本地真身焉、乃又十一面観自在尊、慈悲玉体忽現矣

［平泉寺本］

⑧而日本根子高瑞浄足姫元正天皇御在位、養老元年丁巳歳、和尚生年三十六⦅也⦆、彼年四月一日、和尚来宿白山麓大野隈筥河東伊野原、乃凝観念、運呪功、喚天扣地、摧骨屠肝、爰先日夢貴女屢現、命和尚言、此地大徳悲母産穢、非結界、此東林泉、吾遊止地、早可来、言未畢即隠矣、和尚驚此告、乃臨彼林泉、日夜放大音声礼拝念誦、［吾］心月輪、阿字空門、八葉白蓮、素光中、速垂霊質、爰酬祈念、前貴女現、告曰、我雖在天嶺、恒遊此林中、以此処為中居、上護上皇、下撫下民、大徳諦聴、日本秋津嶋、本是神国也、国常立尊、乃神代最初国主也、次国狭槌尊、次豊斟渟尊、次埿瓊尊［男、次埿瓊尊女］、次大戸道尊［男］、大戸摩辺尊［女］、次面垂尊［男、次］惶根尊［女］、⦅次⦆伊弉諾尊［男］、伊弉冊尊［女］、謂之天神七代、吾身乃伊弉諾尊是也、今号妙理大菩薩、此神岳白嶺、乃吾神務国政時都［城］也、吾乃日域男女元神也、天照太神、乃吾伊弉諾尊子也、［正哉、吾勝々速日天忍穂耳尊、治天下三十万歳］、其子天津彦々火瓊々杵尊、治天下三十一万八千五百四十二年也、其子彦火々出見尊、治天下六十三万七千八百九十［二］年⦅也⦆、其子彦波瀲武鸕鷀羽葺不合尊、・・八十三万六千四十二年也、［名之地神五代］、人代第一国主神武天皇、乃彦波瀲武鸕鷀羽葺不合尊第四子也、此天皇御宇七十六年也、天皇生年四十六、甲寅歳、謂諸兄及子等曰、自天祖降跡以⦅来⦆、逮于今百七十九万二千四百七十六歳也、抑吾本地真身在天嶺、往而可礼、此言未訖、神女忽隠矣

⑨和尚今顕霊感奇異、弥仰仏徳掲焉、乃攀登白山天嶺禅定、居緑碧池測、礼念加持、一心不乱、猛利強盛、凝三密印観、五相調身心、呪遍満口、念力徹骨、爾時従池中、示九頭龍王形、和尚重責曰［養老元年従深沙太山池現五色光明］、此是方便示現、非本地真身焉、乃亦十一面観自在尊、慈悲玉体忽現矣

［尾添本］

⑧

矣、和尚驚此告、乃臨彼林泉、日夜放大音声礼拝念誦、［吾］心月輪、阿字空門、八葉白蓮、索光中、速垂霊□、爰酬祈念、前貴女現、告曰、我雖有天嶺、桓遊此林中、以此処為中居、上護上皇、下撫下民、大徳諦聴、日本秋津島、本是神国也、国常立尊、乃神代最初国主也、次国狭槌尊、次豊酙淳尊、次埿瓊尊、沙土瓊尊、次大戸・［之］尊、［次］大戸間辺尊、・面足尊、惶根尊、次伊弉諾尊、伊弉冉尊、謂之神代七代、吾身乃伊弉諾尊是也、今号妙理大菩薩、此神岳白嶺、乃吾神務国政時都［城］也、吾乃日域男女元神也、天照大神乃吾伊弉諾尊子也、［其子西哉、吾勝々速日天忍穂耳尊］、其子天津彦々火瓊々杵尊、治天下卅一万⦅八千⦆五百卌二年也、其子彦火々出見尊、治天下六十三万七千八百九十二年⦅也⦆、其子彦波瀲武鸕鷀草葺不合尊、治天下八十三万六千卌二年也、人代第一国主神武天皇、乃彦波瀲武鸕鷀草葺不合尊第四子也、此天皇御宇七十六年⦅也⦆、天皇生年卌六［也］、甲寅歳、謂諸兄及子等曰、⦅申⦆天祖降跡以⦅来⦆、逮于今百七十九万二千四百七十六歳也、抑吾本地真身□天嶺、往而可礼、⦅此⦆言未訖、神女忽隠矣

⑨和尚今顕霊感□異、弥仰伴徳掲焉、乃攀登白山天嶺禅頂、居緑碧池測、礼念加持、一心不乱、猛利強盛、三密凝印観、五相調身心、呪遍満口、念力徹骨、爾時従池中、示九頭龍王形、和尚重責曰、此是方便示現［也］、非本地真身焉、乃又十一面観自在尊、慈悲玉体忽現⦅矣⦆

［尊経閣文庫本］

⑧而日本樔子高瑞浄足姫元正天皇御在位、養老元年丁巳歳、和尚生年卅六也、彼年四月一日、和尚来宿白山麓大野隈苔川東伊野原、乃凝観念、運呪功、喚天⦅扣⦆地、摧骨屠肝、爰先日夢［見］貴女屢現、命和尚言、此地大徳非母産穢・［也］、非［所］結界、此東林泉、吾遊山地、早可来、言未畢即隠矣、和尚驚此告、乃臨彼林泉、日夜放⦅大⦆音声⦅礼⦆拝念誦、［吾］心月輪、阿⦅字⦆空門、八葉白蓮、素光中、速垂霊質、爰酬祈念、前貴女現、告曰、我雖有天嶺、恒此遊林中、・此処為中居、上護上皇、・・下民、大徳諦聴、日本秋津嶋、本是神国也、国常立尊、乃神代最初国主也、次国狭槌尊、次豊酙渟尊、次泥土煮尊、［沙土煮尊］、次大戸道［之］尊、大戸苫辺尊、次面垂尊、惶根尊、次伊弉諾尊、伊弉冊尊、謂之神代七代、吾身乃伊弉諾冊尊是也、今号妙理大菩薩、此神岳白嶺［領］、乃吾神務国政時都城也、吾乃日域男女元神也、天照太神、乃吾伊弉冊尊子⦅也⦆、［其子正哉、吾勝々速日天忍穂耳尊］、其子天津彦々火瓊々杵尊、治天下卅一万⦅八千⦆百卌二年也、其子彦火々出見尊、治天下六十三万七千八百九十二年⦅也⦆、其子彦波瀲武鸕鷀草葺不合尊、治天下八十三万六十卌二年也、人代第一国主神武天皇、乃彦波瀲武鸕鷀草葺不合尊第四子也、此天皇御宇七十六年(也)、天皇生年卌六［也］、甲寅歳、謂諸兄及子等曰、自天祖降跡以・、逮于今百七十九万二［二］千四百七十六歳也、抑我本地真身［・］在天嶺、往而可礼、⦅此⦆言未訖、神女忽隠⦅矣⦆

⑨和尚今顕霊感奇異、弥仰仏徳楊焉、乃攀登白山天嶺禅頂、居緑碧池側、礼念加持、一心不乱、猛利強盛、三密凝印観、五相調身心、呪遍⦅満⦆口、念力徹骨、爾時従池中、示九頭龍王形、和尚重責⦅曰⦆、此是方便示現［也］、非本地真身焉、乃又十一面観自在尊、慈悲玉体忽現⦅矣⦆

［元和本］

⑧于時元正天皇御在位、養老元年丁巳⦅歳、彼年⦆四月一日、和尚生年卅六［歳］也、⦅和尚来宿―爰酬祈念、前⦆貴女⦅現⦆告曰、我住林渕、示和光同塵跡、為済度濁穢不浄罪矣、然此地為中居、上護上皇、下撫下民、大徳諦聴、［是］日本秋津洲、本是神国也、国常立尊［〈木神〉］、乃神代最初国主也、⦅次⦆国狭槌尊［〈火神〉］、⦅次⦆豊斟渟尊［〈土神〉］、［已上三代者陽神也、乾道独化所以此純陽神也］、⦅次⦆渥・瓊尊［男神金神］、婆土瓊尊［〈女神是也〉］、⦅次⦆大戸之道神［〈男神水神〉］、大戸間辺尊［〈女神是也〉］、⦅次⦆面足尊［〈男神也、自此尊五行精一体具足之間、相始顕仍面足書也〉］、惶根尊［〈女神是也〉］、⦅次⦆伊弉諾尊［〈男神〉］、伊弉冊尊［〈女神是也〉］、⦅謂之神世七代、吾身乃伊弉諾尊是也、今号妙理大菩薩、此神岳由嶺、乃吾神務国政時都也、吾乃由域男女元神也⦆、［此一代二神時、於根国何無底国矣、自天浮橋上、天榊鉾差下、蒼溟捜給、其鉾滴堅一嶋成、即今淡路国是也、其後大八島作給、此中有大山、号白山、即観音浄土補陀落山是也、地神五代者］、天照［皇］太神⦅乃吾⦆〈伊弉冊尊御子也〉、［⦅其子⦆正哉、吾勝々速日天忍穂耳尊〈此二神、天棲給不降、天照太神御子也〉］、⦅其子⦆天津彦々火瓊々杵尊［〈天忍穂耳尊太子也、自此神代、底国御降云々〉］、〈治天下卅一万八千五百四十二年也〉、⦅其子⦆彦火々出見尊［〈彦々火瓊々杵尊御子也、御母木花開耶姫太山祇神娘也〉］、〈治天下六十三万七千八百九十二年也〉、⦅其子⦆彦波瀲武鸕鷀草葺不合尊［〈彦火々出見尊太子也、御母豊玉姫也、海童第二娘也〉］、〈治天下八十三万六千四十二年也〉、［已上治天下十七億九十万二千四百八十二年也、此山是森々瑞木、蘿々異草、尺天寸地、皆我王子眷属所居、一万眷属垂跡、十万金剛童子、遍吉祥施徳、五万八千采女、堅牢振威、如斯凡普天率土之有生、非生皆所産、悉垂哀愍、我将伊弉冊尊、真身為天照太神玉母、彼天嶺神代往昔為神務国城、流法人者為本地刹土、汝我欲拝］本地真身［志妙也、我本地］在天嶺［禅頂、趁流尋源往而可拝］、⦅往而可礼、此言未訖、神女⦆速隠畢

⑨同年六月十八日蒙貴女語、⦅乃⦆攀登白山⦅天嶺⦆禅頂、住転法輪岩室、向緑⦅碧⦆池⦅側⦆、祈念加持、一心不乱、猛利強盛、三密凝印観、五相調身心、呪遍満口、念力徹骨、爾時従池中、示九頭龍王形、和尚振首責曰、此是方便示現、非本地真身、乃又十一面観自在尊、慈悲玉体忽現矣

［金沢文庫本］

妙相遮眼、光明耀身、愛和尚悲喜満胸、感涙洗面、稽首帰命、頂礼仏足、乃白言、像末衆生、必抜済利益、爾時観世音、揺金冠、瞬慈眼、乃領納、未及再拝、妙体早隠矣、貴哉妙哉、歓喜涙幾乎、乃亦和尚侄左岳澗、向孤峯、値一宰官人、手握金箭、肩係銀弓、含咲語言、我是妙理大菩薩神務輔佐行事貫首、名曰小白山列山大行事、大徳当知、聖観音現身、言中乃隠矣、和尚挙右孤峯、値一奇服老翁、神彩其閑、乃語曰、我是妙理大菩薩神務清謐啓沷輔弼、名曰太巳貴、蓋又西刹主也、乃共言失矣、和尚居此峯、日夜難行苦行、峻巌高々、切利雲可取手、幽谷深々、風際底可履足、効験遍聞、挙世尚之焉、養老元年二年三年一千日間、唯独自練行、僮臥行者、浄定行者随従、片時不相離、従同四年以降、自余行人、数挙登、精進潔斎、太軟他処矣

⑩養老六年壬戌歳、和尚生年四十一也、七月八月両月間、氷高天皇御不予、両月内、天下有験行者、其員参内、如無験、尚以御不予云々、天皇宣、朕聞、越大徳、神験掲焉、乃依勅宣、和尚参内矣、走仕弟子、只浄定行人而已、和尚及日晡時、告浄定曰、吾三鈷有白山峯室、可採来者、浄定不廻時、登山頂、採三鈷、以日内戌時、進和尚、雲上宮中、三公九卿、上下諸人、各合額、皆曰、唯々、和尚日内遣採、寔非凡盧、浄定不遣時持来、神力不思議也云々、和尚乃近錦帳、結智挙印、誦阿毗羅吽欠、観法界体性三昧、念々念・・暗悪々五智五大尊、唱忿怒明呪、以三鈷、奉加持矣、其間浄定行者、跉跰清冷殿庇下、浄定形貌、如老猿、行住不静、見人偸開隔、爰若少雲客参候、不知子細、挙声咲之、出詞嗽之、浄定行者、起忿意、押動所寄懸之桂、禁中殿屋、併揺動、如大地振、上下大驚、東西馳散、主上霊邪、乃振出、和尚以三鈷、擬睿身、霊気早鎮、御悩平複如本矣、世人云、多是浄定行者振力云々、白山権現霊験、従此始顕、越大徳高行、弥以鼓動、天皇帰依、為護持僧、授以禅師位、和尚諱号神融禅師矣

［平泉寺本］

妙相遮眼、光明耀身、愛和尚悲喜満胸、感涙洗面、稽首帰命、頂礼仏足、乃白言、像末衆生、必抜済利益、爾時観世音、揺金冠、瞬慈眼、乃領納、未及再拝、妙体早隠矣、貴哉妙哉、歓喜涙幾乎、乃亦和尚僮左岳澗、向孤峯、値一宰官人、手握金箭、肩係銀弓、含咲語言、我是妙理大菩薩神務輔佐行事貫首、名曰小白山別山大行事、大徳当知、聖観［世］音現身、言中乃隠矣、和尚挙右孤峯、値一奇服老翁、神彩甚閑、乃語曰、我是妙理大菩薩神務静謐啓沷輔弼、名曰太己貴、蓋亦西刹主也、乃共言失矣、和尚居此峯、日夜難行苦行、峻巌高々、切利雲可取手、幽谷深々、風際底可履足、効験遍聞、挙世尚之焉、養老元年二年三年一千日間、唯独自練行、僮臥行者、浄定行者随従、片時不相離、従同四年以降、自余行人、数攀登、精進潔斎、太軼他処矣

⑩養老六年壬戌歳、和尚生年四十一也、七月八月両月間、氷高天皇御不予、両月内、天下有験行者、其員参内、如無験、尚以御不予（本ノマヽ）、天皇宣、朕聞、越大徳、神験掲焉、乃依勅宣、和尚参内矣、走仕弟子、只浄定行人而已、和尚及日晡（時）、告浄定曰、吾三鈷在白山峯室、可採来者、浄定不廻時、登［白］山頂、採三鈷、以日内戌時、進和尚、雲上宮中、三公九卿、己下諸人、各合額、皆曰、睢々、和尚日内遣採、寔非凡慮、浄定不違時持来、神力不思議也云々、和尚乃近錦帳、結智挙印、誦阿毗羅吽欠、観法界体性三昧、（念々）念阿々暗悪々五智五大尊、唱忿怒明呪、以三鈷、奉加持矣、其間浄定行者、跉跰清冷殿庇下、浄定形貌、如老猿、行住不静、（見）人偸開隔、爰若少雲客（参）候、不知子細、挙声咲之、出詞嗽之、浄定行者、起忿意、押動所寄懸之柱、禁中殿屋、併揺動、如大地振、上下大驚、東西馳散、主上霊邪、乃振出、和尚以三鈷、擬睿身、霊気早鎮、御悩平復如本（矣）、世人云、多是浄定行者振力云々、白山権現霊験、従此始顕、越大徳高行、弥以鼓動、天皇帰依、為護持僧、授以禅師位、和尚諱号神融禅師矣

［尾添本］

妙相遮眼、光明耀身、愛和尚悲喜満胸、感涙洗面、稽首帰命、頂礼仏足、乃白言、像末衆生、必抜済利益、尓時観世音、揺金冠、瞬慈眼、乃領納、未乃再拝、妙体早隠矣、貴哉妙哉、歓喜涙幾乎、乃亦和尚侄左岳澗、向孤峯、値一宰官人、手握金箭、肩係銀弓、含咲語言、我是妙理大菩薩神務輔佐行事貫首、名曰小白山別山大行事、大徳当知、聖観音現身［也］、（言中）乃隠矣、和尚攀右孤岑、値一奇眼老翁、神彩甚閑、乃語曰、我是妙理大菩薩神勢静謐啓沃輔弼、名曰太巳貴、蓋又西刹主也、乃共音失矣、和尚居此岑、日夜難行苦行、峻巌高々、功利雲可取手、幽谷深々、風際底可履足、効験遍聞、挙世尚之焉、養老元年二年三年一千日間、唯独自練行、僮臥行者、浄定行者随従、片時不相離、従同四年以降、自余行人、数攀登、精進潔□、太軟他所（本）

⑩養老六年壬戌歳、和尚生年四十一也、七（月）八月両月間、氷□天皇御不予、両月内、天下有験行・、其数参内、如無験、尚以御不予（本ノマヽ）、天皇宣、朕聞、越大徳、神験掲焉［也］、乃依勅宣、和尚参内（矣）、走仕弟子、只浄定行人而己、和尚及日晡時、告浄定曰、吾三胋有白山岑室、採可来者、浄定不廻時、登山頂、採三鈷、以日内戌時、進和尚、雲上宮中、三公九卿、上下諸人、各合額、皆曰、唯云、和尚日内遣採、寔非凡慮、浄定不廻時持来、神力不思議也云云、和尚乃近錦帳、結智挙印、誦阿毗羅吽吹、観法界体性三昧、（念々）念阿々暗悪々五智五大尊、唱忿怒明呪、以三鈷、奉加持矣、其間浄定行者、跉跰清冷殿庇下、浄定形貌、如老猿、行住不静、見人偸開隔、受若之雲客参候、不知子細、挙声咲之、出詞欺之、浄定行者、起忿意、押動所寄懸之柱、禁中殿屋、併揺動、如大地振、上下大驚、東西馳散、主上霊邪、乃振出、和尚以三鈷、擬穀身、霊気早鎮、御悩平複如本矣、世人云、多是浄定行者振力云云、白山権現霊験、従此始顕、越大徳高行、弥以鼓動、天皇帰依、為護持僧、授以禅師位、和尚諱号神融禅師矣

［尊経閣文庫本］

妙相庶眼、光明耀身、愛和尚悲喜満胸、感涙洗面、稽首帰命、頂礼仏足、乃白言、像末衆生、必抜済利益、爾時観世音、揺金冠、瞬慈眼、乃領納、未及再拝、妙体早隠矣、貴哉妙哉、観喜涙幾乎、乃示和尚徑左岳澗、向孤岑、値一宰官人、（手）握金箭、肩係銀弓、含咲語言、我是妙理大菩薩神務補佐行事貫首、名曰小白山別山大行事、大徳当知、聖観音現身［也］、（言中）乃隠矣、和尚攀［登］右孤岑、値一奇服老翁、神彩甚閑、乃語曰、我是妙理大菩薩神務（静）謐ケイ沷輔弼、名曰大巳貴、蓋又西刹主也、乃共音失（矣）、和尚居此岑、日夜難行（苦行）、凌巌高々、切・雲可取手、幽谷深々、風際底可履足、効験遍聞、挙世尚之焉、養老元年・・三年一千日間、唯独自練行、僮臥・者、浄定行者随従、片時不相離、従同四年以降、自余行人、数々攀登、精進潔斎、太軟（他処）矣

⑩養老六年壬戌歳、和尚生年四十一也、七（月）八（月）両月間、沐高［焉］天皇御不予、両月内、天下有験行者、其数参内、如無験、・以御不予（本ノマヽ）、天皇宣、朕聞、越大徳、・験掲焉［也］、乃依勅宣、和尚参内（矣）、走・弟子、只浄定行人而巳、和尚及日晡・、告浄定曰、吾三呫有（由）山岑室、採可来者、浄定不廻時、登山頂、採三鈷、以日内戌時、進和尚、雲上宮中、三公九卿、上下諸人、各合額、皆・、唯云、和尚日内遣採、寔非凡慮、浄定不廻時持来、神力不思議也云々、和尚乃近錦帳、結智挙印、誦阿毗羅吹（欠）、観法界体性三昧、（念々）念阿々暗悪（々）・智五仏本尊、唱忿怒明呪、以三鈷、奉・持（矣）、其間浄定行者、冷洴清冷殿庇下、浄定形貌、如老猿、行住不静、見人偸開隔、受若少［之］雲客参候、不知子細、挙声咲之、出詞嗽之、浄定行者、起忿意、押動所寄懸之柱、禁中殿屋、併（揺）動、如大地振、上下大驚、東西馳散、主上霊邪、乃振出、和尚以三鈷、擬穀身、霊気早鎮、御悩平複如本矣、世人云、多是浄定行者振力（本ノマヽ）、白山権現霊験、従此始顕、越大徳高行、弥以鼓動、天皇帰依、為護持僧、授以禅師位、和尚諱号神融禅師矣

［元和本］

妙相遮眼、光明耀身、愛和尚悲喜満胸、感涙洗面、稽首帰命、頂礼仏足、乃白言、［於舟岡辺拝垂跡霊体、於雪山之頂礼本地真身、宿善有限、仰慕］、像末衆生、必抜済利益、爾時観世音、揺金冠、瞬慈眼、乃領納、未及再拝、妙体早隠（本）、貴哉妙哉、歓喜涙幾乎、乃亦和尚侄左岳澗、向孤峯、値一宰官人、手握金箭、肩係銀弓、含咲語言、［往古］我是伊弉冊尊神務輔佐行事貫首、名曰小白山別山大行事、大徳今当礼、即現聖観音、（言中）速隠畢、亦挙右孤峯、値一奇服老翁、神彩甚鮮、乃語曰、［往昔］我是伊弉冊尊神務静謐啓跋輔弼、名曰太巳貴、蓋今［現］西刹主［本有体］（也）、速隠畢、［愛和尚天奏俄昇、元正勅命忽降、麓白山神殿新建、国家崇敬異于他、雪山頂顕仏体、到供養恭敬、貴賤運歩登臨、結縁在茲、於戯本地垂跡悲願、現当二世済度、我願既満足、歓喜合掌］、和尚猶住斯山、（日夜）難行苦行、［而窺山形］、峻巌高々、切利雲可掴手、幽谷深々、風際底可履足、［日出脚下、月廻半山、四節名花開一時、海岸六銖薫自備、三冬宿雪積長年、刹土九重粧潔、一向清浄仏土無疑］、世挙尚之（焉）、猶従同年（二年三年）一千日間、久修練行、［或対颯々飛滝、火生三昧炎顕、或向渺々行雲、播取来迎光現、是則和尚応観念、寄特于今不絶］、而臥行者、清定行者随順、片時不相離也、（従同四年以降、自余行人、数攀登、精進潔斎、太軟他処矣）

⑩［同］養老六年壬戌（歳）、和尚生年四十二［歳］也、七月八月両月間、氷高天皇御不予、両月内、天下有験行者、其員［不知］参内、曽無験、尚以御不予（本ノマヽ）、天皇宣、朕聞、越大徳［者］、神験掲焉［行者］、乃依勅宣、和尚参内矣、走仕弟子、唯独臥行者也、和尚及日晡［暗］時、告臥［行者］曰、（吾）独鈷在越知峯室、可採来在、臥［行者］不廻時、（登山頂）、採独古、其日内黄昏、進［上］和尚、雲上宮中、三公九卿、上下諸人、各合額、皆曰、寄特也、和尚日内遣採、寔非凡慮、臥［行者］不違時持来、神力不思議也云々、和尚乃近錦帳、結智挙印、誦阿毗羅吽欠、観法界体性三昧、（念々）念阿々暗悪々（五智）五大尊、唱忿怒明呪、以独古、奉加持矣、其間臥行者、跉跰清涼殿庇下、（浄定形）貌如老猿、行住不静、見人偸開隔、爰若少雲客参候、不知子細、挙声嘲之、出詞嗽之、臥行者起忿意、押動所寄懸（之）柱、禁中殿閣、併動揺、如大地震、上下大驚、東西馳散、主上霊邪、乃振出、和尚以独古、擬穀身、霊気早鎮、御悩平複如本矣、世人云、多是臥定行者振力云々、本地垂迹霊験、従此弥顕、和尚高行、殊以鼓動、天皇帰依、為護持僧、授以禅師位、（和尚）諱号神融禅師矣

[金沢文庫本]

⑪其後勝宝感神聖武天皇御在位、神亀二年乙丑歳、和尚生年四十四也、其年七月、行基并、参詣白山禅定妙理大菩薩矣、菩薩和尚、相互微咲、如年来同法、悦喜満胸、不知足踏、菩薩問権現垂迹由来、和尚答上件種々現瑞、并聞之、良久拱手、感心、乃言、禅師諱号神融、元正天皇勅喚、誠有所以哉、又俗姓三神氏、三聖垂迹表示而已、又禅師嬰童時夢者、乃禅師**巳**身具足無始本有本覚曼荼羅界会衆、内薫外顕也、此夢玄也妙也、可帰可仰、難解難思也、予生年五十七、雖不堪嶮路、為結縁、抛万事、参詣、幸聞此神化、本意已足、再会在極楽、勿忘旧契矣

⑫又、同聖武天皇御在位、天平八年丙子歳、和尚生年五十五也、尋遇入唐帰朝求法師玄**舫**和尚、将来経論五千余巻、解紐披閲、礼拝讃**嘆**、特授以十一面経矣

⑬同九年丁丑歳、和尚生年五十六也、其年疱瘡流行、都城公**鄕**以下百姓、没死不可称計、和尚依勅宣、修十一面法、日数不幾、疱瘡漸不流行、終以止畢、天皇特帰依、詔授大和尚位、諱号泰證、然和尚奏曰、改證字、可成澄字、為慕亡父安角旧名、訪其後世菩提也、天皇聞之、感涙千行、其後号泰澄和尚矣、和尚頭

⑭

[平泉寺本]

⑪其後勝宝感神聖武天皇御在位、神亀二年乙丑歳、和尚生年四十四也、其年七月、行基菩薩、参詣白山禅定妙理大菩薩矣、菩薩和尚、相互微咲、如年来同法、悦喜満胸、不知[処]足踏、菩薩問権現垂迹由来、和尚答上件種々現瑞、**菩薩**聞之、良久拱手、感心、乃言、禅師諱号神融、元正天皇勅喚、誠有所以哉、亦俗姓三神氏、三聖垂迹表示而已、**亦**禅師嬰童時夢者、乃禅師己身具足無始本有本覚曼荼羅界会衆、内薫外顕也、此夢玄也妙也、可帰可仰、難解難思也、予生年五十七、雖不堪嶮路、為結縁、抛万事、参詣、幸聞此神化、本意已足、再会在極楽、勿忘旧契矣

⑫**亦**、同聖武天皇御在位、天平八年丙子歳、和尚生年五十五也、尋遇入唐帰朝求法師玄昉和尚、将来経論五千余巻、解紐披閲、礼拝讃歎、特授以十一面経矣

⑬同九年丁丑歳、和尚生年五十六也、其年疱瘡流行、都城公卿以下百姓、没死不可称計、和尚依勅宣、修十一面法、日数不幾、疱瘡漸不流行、終以止畢、[聖武八尺剣権現送]、天皇特帰依、詔授大和尚位、諱号泰證、然和尚奏曰、改證字、可成澄字、為慕亡父安角旧名、訪其後世菩提也、天皇聞之、感涙千行、其後号泰澄和尚矣、和尚頭上、時々現金光、人見而恠、乃失、・〔人〕不見時、良久、若有宿病者、食和尚鉢飯、其所苦患、莫不痊、凡駈鬼使神、落飛鳥止走獣、神力不思**儀**也、和尚常語左右曰、妙理大菩薩言、森々瑞木、**蘿**々異草、悉是吾王子眷属所居也、一万眷属、妙徳垂跡、十万金剛童子、遍吉施徳、五万八千采女、堅牢振威矣

⑭如斯高行、仙骨累年焉[者]、孝謙天皇御在位、天平宝字二年戊戌歳、和尚(生)年七十七也、為自行出離、蟄居于越知峯大谷仙崛、其山為体、青岳如三鈷、乃表三密瑜伽行**測**、黄地似八葉、蓋顕八供諸尊居遊、載眼仰峯、本覚月光朗矣、峙耳臨谷、秘法流水潔焉、草木非常草木、理智曼荼羅林交枝、碧巌非常碧巌、種子三昧耶苔添色、応知、此峯本是和尚離行之古峯、此谷乃亦和尚入定新谷、比之聖跡、可謂妙絶矣

[尾添本]

⑪・・〔其後〕勝宝感神聖武**皇帝**御在位、神亀二年乙丑歳、和尚生年四十四也、其年七月、行**碁**菩薩、参詣白山禅**頂**妙理大菩薩矣、菩薩和尚、相互微咲、如年来同法、悦喜満胸、不知足踏、菩薩問[井]□□垂迹由来、和尚答上件種々現□、井聞之、良□□□、□心、乃言、禅師諱号神融、元正天皇[之]勅喚、誠有所以哉、又俗姓三神氏、三聖垂迹表示而**己**、又禅師嬰童時夢者、乃禅師**巳**身具足無始本有**大**覚曼**陀**羅界会衆、内薫外顕也、此夢**玄**也妙也、可帰可仰、難解難思也、予生年五十七、雖不堪嶮路、為結縁、抛万事、参詣、幸聞此神化、本意已足、再会在極楽、勿忘旧契矣

⑫又、同聖武天皇御在□、天平八年丙子歳、和尚生年五十五也、尋遇入唐帰朝求法師玄**旽**和尚、将来経論五千余巻、解紐披閲、礼拝讃**嘆**、特授以十一面経矣

⑬同九年丁丑歳、和尚生年五十六也、其年疱瘡流行、都城公卿以下百姓、没死不可**勝**計、和尚依勅宣、修十一面法、日数不幾、**抱**瘡漸不流行、終以止畢、天**王殊**帰依、詔授大和尚位、諱号泰證、然和尚奏曰、改證字、可成澄字、為慕亡父安角旧名、訪其後世菩提也、天皇聞之、感涙千行、其後号泰澄和尚矣、和尚頭上、時々現金光、人見而恠、乃失、人不見時、良久、若有(若)宿病者、食和尚鉢飯、其所苦患、莫不**瘡**、凡駈鬼使神、落飛鳥止走獣、神力不**共**也、和尚常語左右曰、妙理大菩薩言、森々瑞木、**蘿**々異草、悉是吾王子眷属所居也、一万眷属、妙徳垂跡、十万金剛童子、遍吉施徳、五万八千**菜**女、堅牢振威矣、

⑭如斯高行、仙骨累年焉、孝謙天皇御在位、天平宝字二年□□□、和尚生年七十七也、為自行出離、□□□越知**岑**大□□□、其山為体、青岳如三鈷、乃表三密瑜伽行則、黄地似八葉、蓋顕八供諸尊居遊、載眼仰**岑**、本覚月光朗(矣)、峙耳臨谷、秘法[之]流水潔焉、草木非常草木、理智曼**陀**羅林交枝、碧巌非常碧巌、種子三**摩**耶苔添色、応知、此**岑**本是和尚離行之古**岑**、此谷**即**亦和尚入定新谷[也]、比(之)聖跡、可謂妙絶矣

[尊経閣文庫本]

⑪其後勝宝感神聖武**皇帝**御在位、神亀二年乙丑歳、和尚生・〔年〕四十四也、其年七月、行基菩薩、参詣白山禅**頂**妙理大菩薩矣、菩薩和尚、相互微咲、如年来同**怯**、悦喜満胸、不知・**蹈**〔足〕、菩薩問権現垂迹由来、和尚答上件種々現瑞、**菩薩**聞之、良久**仰**(手)、**信**心、乃**云**、禅師諱号神融、元正天皇[之]勅喚、誠有所以哉、又俗姓三神・〔氏〕・〔三〕聖垂迹表示而已、又禅師嬰童時夢者、乃禅師己身具足無始本有**大**覚曼**陀**羅界会衆、内薫外顕(也)、此夢玄也妙也、可帰可仰、難解難思也、予生年五十七、(雖)不堪嶮路、為結縁、抛万事、参詣、幸聞此神化、本意已**定**、再会在極楽、勿忘旧契矣

⑫又、同聖武天皇御在位、天平八年丙子歳、和尚生年五十(五)也、尋遇入唐帰朝**永**法師玄**旽**和尚、将来経論五千余巻、解紐披閲、礼拝讃**嘆**、特**技**以十一面経矣

⑬同九年丁丑歳、和尚生年五十六也、其年疱瘡流行、都城公卿以下百姓、**泛**死不可**勝**計、和尚依勅宣、修十一面法、日数不幾、**抱**瘡漸不流行、終以**上**畢、天**王殊**帰依、詔授大和尚位、諱号泰證、然和尚奏曰、改證字、可成澄字、為慕亡父安角旧名、訪其後世菩提也、天皇聞・〔召〕之、感涙千行、其後号泰澄(和尚矣)、和尚頭上、時(々)現金光、人見(而)恠、乃失、人不見時、良久、若有(若)宿病者、食和尚鉢**飽**、其所苦患、莫不**瘡**、凡駈鬼使神、落飛鳥止走獣、神力不**共**也、和尚常語左右曰、妙理大菩薩言、森々瑞木、**蘿**々異草、悉是吾王子眷属所居也、一万眷属、妙徳垂跡、十万金剛童子、遍吉施徳、五万八千**菜**女、堅牢[女天]振威矣

⑭如**此行高**、仙骨累年焉、孝謙天皇御在位、天平宝字二年戊戌(歳)、和尚生年七十七也、為自行出離、**報幽丁**越知**岑**大**顕現**、其山為体、青岳如三鈷、乃表三密瑜伽行則、黄地似八葉、蓋顕八供諸尊居遊、載眼仰**岑**、本覚月光朗(矣)、**崎**耳臨谷、秘法[之]流水潔焉、草木非常草木、理智曼**陀**羅林交枝、碧巌非常碧巌、種子三**摩**耶苔添色、応知、此**岑**本是和尚離行(之)古**岑**、此谷**即示**和尚入定新谷[也]、**此**聖跡、(可)謂妙絶(矣)

[元和本]

⑪其後勝宝感神聖武天皇御在位、神亀二年乙丑(歳)、和尚生年四十四[歳]也、其年七月、行基菩薩、参詣白山(禅定妙理大菩薩矣、菩薩)、和尚、相互微咲、如年来同**朋**、悦喜満胸、不知[手舞]足踏、菩薩問**本地**垂**跡**由来、(和尚答)上件種々[答]現瑞、聞之、**菩薩**良久拱(手)、感心、乃言、禅師諱号神融、元正天皇勅喚、誠有所以哉、又俗姓三神氏、[根本]三聖垂迹**由来也**、又禅師嬰童時夢者、乃禅師[嬰嚏]、己身具足無始本有本覚曼荼羅界会衆、内薫外顕也、此夢玄也妙也、可帰可仰、難解難思也、(予生年五十七、雖不堪嶮路、為結縁、抛万事、参詣、幸聞此神化、本意已足、再会在極楽、勿忘旧契矣)

⑫(又)、同聖武天皇御**宇**、天平八年丙子(歳)、和尚生年五十五也、尋遇入唐帰朝求法師玄**肪**和尚、将来経論五千余巻、解紐披閲、礼拝讃歎、特授以十一面経矣

⑬同九年丁丑(歳)、和尚生年五十六也、其年疱瘡流行、都城公卿以下**万**姓、没死不可称計、和尚依勅宣、修十一面法、日数不幾、疱瘡漸不流行、終以止畢、天皇(特)帰依、詔授大和尚位、諱号泰證、然和尚奏曰、改證字、**一**成澄字、為慕亡父安角旧名、訪其後世菩提也、天皇聞之、感涙千行、其後号泰澄和尚矣、和尚頭上、時々現金光、人見而恠、乃失、人不見時、良久、**或**有宿病者、食和尚鉢飯、其所苦患、莫不痊、凡駈鬼使神、落飛鳥止走獣、神力不思議也、和尚[与本地真身]常語左右**有**言、[但凡人不能聞之]、(妙理大菩薩言、森々瑞木、蘿々異草、悉是吾王子眷属所居也、十万眷属、妙徳垂跡、十万金剛童子、遍吉施徳、五万八千采女、堅牢振威矣)

⑭如斯高行、仙骨累年焉、孝謙天皇御在位、天平宝字二年戊戌(歳)、和尚生年七十七[歳]也、為自行出離、蟄居于越知**山**大谷仙崛、其山為体、青岳如三鈷、乃表三密瑜伽行則、**広**地似八葉、蓋顕八供諸尊居遊、**凝**眼仰峯、本覚月(光)朗矣、峙耳臨谷、秘法(流)水潔焉、草木非常草木、理智曼荼羅林交枝、碧巌非常**碧岩**、種子三**摩**耶苔添色、応知、此峯本是和尚離行(之)古峯、此谷乃亦和尚入定新谷、比之聖跡、可謂妙絶矣

［金沢文庫本］

⑮

霊瑞甚多矣、為永代謝徳、入遺骨於石辛櫃、為将来結縁、峯之大師房

⑯凡厥在世滅後、不思議徳行、異相権化等、不違毛挙、異説不同、首尾非一、然今天徳元年丁巳三月廿四日、勘風土旧記、依門跡首老浄蔵貴所面授言談、門徒小僧神興等、粗記操行、以備後代亀鏡焉、浄蔵貴所者、徳行抽群、修験高名、善相公八男、玄昭律師入室也、又安然写瓶門人、大恵悉曇弟子也、言談皆口実、誰不信乎、伝聞、祖師和尚常言、白山禅定結界、無漏清浄仙嶋、轗巨攀昇、先登越知峯、払魔難、退怨霊、可参詣也、末代悪世、厳重勝利、偏可在妙理大卄廾云々者、此言誠哉、今現見、朝野遠近、参詣如竹葦、後々将来、弥以其霊貺叵思議焉

⑰或人云、此伝記者、以浄蔵貴所口筆、神興聖人注記矣、浄蔵貴所者、善宰相清行男也、依彼家風、雑筆得其骨也、神興聖人者、大谷精舎寺院仏法興隆根本人也云々、自泰澄和尚入滅神護景雲元年丁未歳、至于村上天皇御在位、浄蔵貴所在生天徳元年丁巳歳、百九十一箇年也、今案、和尚俗姓三神氏、浄定行者俗姓神部氏也、和尚御入滅神護景雲元年、伝記筆者神興聖人、皆置神字、当知感神化道因縁歟、又案、和尚母伊野氏、即伊野領主也、権現最初示現地也、今方知、泰澄和尚者、妙理権現本地十一面観音普門示現声聞形而已

正中二年乙丑五月廿四日　書写之了

［平泉寺本］

⑮高野姫重祚称徳天皇御在位、神護景雲元年丁未歳、和尚生年八十六也、其年三重木塔百万基、長六寸、表六道、依勅宣、天下花夷、結縁造立、其内和尚勧進造立一万基、附勅使吉備大臣、以同年二月下旬、経奏聞、和尚状曰、今以三月中旬、欲交九品聖衆、再会期西方、願勿留東隅、爰天皇傾首再拝言、此白山妙理大菩薩書跡、特高安置、不可聊爾、今可悲、苦海縁尽、忽帰本土矣、和尚如言、同年三月十八日結跏趺坐、結大日定印、奄然入定遷化、春秋八十六也、頭放神光、山谷併金地、空雨蓮花、霊瑞甚多矣、為永代謝徳、(本)遺骨[入]於・石唐櫃、為将来結縁、安之大師房

⑯凡厥在世滅後、不思議徳行、異相権化等、不違毛挙、異説不同、首尾非一、(然)今天徳元年丁巳三月廿四日、勘風土旧記、依門跡首老浄蔵貴所面授言談、門徒小僧神興等、粗記操行、以備後代亀鏡焉、浄蔵貴所者、徳行抽群、修験高名、善相公八男、玄昭律師入室也、亦安然写瓶門人、大恵悉曇弟子也、言談皆口実、誰不信乎、伝聞、祖師和尚常言、白山禅定結界、無漏清浄仙嶋、轗巨攀昇、先登越知峯、払魔難、退怨霊、可参詣也、末代悪世、厳重勝利、偏可在妙理大菩薩(本々)者、此言誠哉、今現見、朝野遠近、参詣如竹葦、後々将来、弥以其霊貺叵思議焉

⑰或人云、此伝記者、以浄蔵貴所口筆、神興聖人注記矣、浄蔵貴所者、善宰相清行男也、依彼家風、雑筆得其骨也、神興聖人者、大谷精舎寺院仏法興隆根本人也云々、自泰澄和尚入滅神護景雲元年丁未歳、至于[時]村上天皇御在位、浄蔵貴所在生天徳元年丁巳歳、百九十一箇年也、今案、和尚俗姓三神氏、浄定行者俗姓神部氏也、和尚御入滅神護景雲元年、伝記筆者神興聖人、皆置神字、当知感神化道因縁歟、(又)案、和尚母伊野氏、(即)伊野領主(也)、権現最初示現(地)也、今方知、泰澄和尚者、妙理・現本地十一面観音普門示現[於]声聞形而已

書本云、俗名通憲小納言入道信西本、以保元元年丙子三月十八日、自文庫盗取出、写畢云云

［尾添本］

⑮高野姫重祚称徳天皇御在位、神護景雲元年丁未歳、和尚生年八十六也、其年三重木塔百万基、長六寸、表六道、依勅宣、天下花夷、結縁造立、其内和尚勧進造立一万基、附勅使吉備大臣、以同年二月下旬、経奏聞、和尚状曰、今以三月中旬、欲交九品上衆、再会期西方、願□留東□、爰□□首再拝□、(此)□山妙理大菩薩書跡、特高安置、不可聊爾、(今)可悲、苦海縁尽、忽□本土(矣)、・・・・（和尚如言）、同年三月十八日結跏趺坐、結大日(定)印、奄然入定遷化、春秋八十六也、頭放神光、山谷併金地[也]、空両蓮花、霊瑞甚多□、為□代謝徳、入遺骨於石空椀、為将来結縁、安[置]之大師本

⑯凡厥在世滅後、不思議徳行、異相権化等、不違毛挙、異説不同、首尾非一、然今天徳元年丁巳三月十四日、勧風土旧記、依門跡首老浄蔵貴所面授言談、門徒小僧神興等、粗記操行、以備後代亀鏡焉、浄蔵貴所者、徳行抽群、修験高名、善相公八男、玄昭律師入室也、□安然写瓶門人、大□□弟子也、□□□

［尊経閣文庫本］

⑮高野姫重祚称徳天皇御在位、神護景雲元年丁未歳、和尚生年八十六也、其年三重木塔百万基、長六寸、表六道、依勅宣、天下花夷、結(縁)造立、其内和尚勧進造立一万基、附勅(使)吉備大臣、以同年二月下旬、経奏聞、和尚状曰、今以三月中旬、欲交九品上衆、再会期西方、願勿留東隅、爰天皇傾首再拝言、此白山妙理大菩薩書跡、特高安置、不可聊爾、(今)可悲、苦海縁尽、忽帰本土(矣)、和尚如言、同年三月十八日結跏趺坐、結大日(定)印、奄然入定遷化、春秋八十六也、頭放神光、山谷併金色[也]、空雨蓮葦、霊瑞甚多矣、為人代謝徳、入遺骨於石庫積、為将来結縁、安[置]之大師房

⑯凡厥在世滅後、不思議徳行、異相権化等、不語愈憊、蓋讃白山大権現妙理菩薩本地、此泰澄記云々、自心不違毛挙矣

⑰写本不直故損落数有、後見任定云々
云々加賀号白山妙理大権現云々　見異本
春広書之

［元和本］

⑮高野姫重祚称徳天皇御在位、神護景雲元年丁未(歳)、和尚生年八十六也、其年三重木塔百万基、長六尺、表六道、依勅宣、天下花夷、結縁造立、其内和尚勧進造立一万基、附勅使吉備大臣、此年二月下旬、経奏門、和尚状曰、今以三月中旬、欲交九品上衆、再会期西方、願勿留東隅、愛天皇傾首再拝言、此[是]越知山大権現書跡、特高安置、不可聊尓、(今)可悲、苦海縁尽、忽帰本土矣、和尚如言、同年三月十八日結跏趺坐、結大日定印、安然入定遷化、春秋八十六也、頭放神光、山谷悉金地、空雨蓮花、霊瑞甚多矣、為末代謝徳、入遺骨於石唐櫃、為将来結縁、安之[大谷寺]大師房

⑯凡厥在世滅後、不思議徳行、異相権化等、不違毛挙、異説不同、首尾非一、然今天徳元年丁巳三月廿四日、勧風土旧[規]記、依門跡首老浄蔵貴所面授言談、門徒小僧[大谷精舎寺院]神興[聖人]等、粗記操行、以備後代亀鏡焉、浄蔵貴所者、徳行抽群、修験高名、善相公八男、玄昭律師入室也、又安然泻瓶門人、大恵悉雲[之]弟子也、言談皆口実、(誰)不信否、~~(伝聞、祖師和尚常言、由山禅定結界、無漏清浄仙嶋、轗巨攀先登越知峯、払魔難、退怨霊、可参詣也)~~、末代悪世[之]厳重勝利、偏(可)在此神徳、此言尊哉、今現見、朝野遠近、参詣如竹葦、[惣而本地禅頂慈悲喜捨誓願无怠、何況垂迹霊場邪正抜済方便日新]、後々将来、弥以其霊貺叵思議焉

⑰或人云、此伝記者、以浄蔵貴所口筆、神興聖人註記矣、浄蔵貴所(者)、善宰相清行八男也、依彼家風、雑筆得其骨也云々、神興聖人者、大谷精舎寺院[之]仏法興隆根本[行]人也云々、自泰澄和尚[御]入定、神護景雲元年丁未歳、至于村上天皇御在位、浄蔵貴所在生、天徳元年丁巳歳、百九十一箇年也、今案、和尚俗姓三神氏、清定行者俗姓神部氏也、和尚御入定神護景雲元年、伝(記)筆者神興聖人、皆置神字、当知感神化道因縁歟、又案、和尚母伊野氏、乃伊野領主(也)、権現(最初示現)地也、(今)方知、泰澄和尚者、(妙理)[越知]権現本地十一面観音普門示現声聞形[也]而已

抑和尚伝記、雖所々相替、本々区々、此本者一条院御宇、於寛弘年中、仰勅従官庫中降処之本也、然於正本、為当社御貴宝、深入函納神殿畢、恐々、於写本者為将来亀鏡、撰器用之輩可相伝、努々他家勿及窺見、况轍誰見聞焉、於神道者、軽慨則蒙冥罰、秘敬則預利生、是眼前勝理也、全勿外見矣

于時元和五年極月下旬書書之畢　　大谷寺聡源

私云、山門於密厳院書之

山王七社内、客人権現白山妙理権現也、始而相応和尚値神勅曰、吾久雖住于此所無知者、今聖人視、即神託曰、破有法王、出現之峯、為助行化、来為客人、又曰、無住所与吾社有、和尚曰言、奉仰神感示御在所、于時六月中旬之比、雪三尺計俄降布一段四方之間、今客人社之所是也、雪長岩社右方在、即歓喜天也

二　諸本の系統

校訂本をもとに五系統の詳細な文言比較をおこなった結果、まず注目されるのは飯田瑞穂により近縁性が認められるとした尾添本と尊経閣文庫本の関係である。[41] 飯田は両本が一致して他の諸本と異なる例があり、同様の例はかなり多く検出されるので、両文の本文内容のうえでの親近性は否めないとしながらも、この本の独自の異同も多く尾添本と一致しない点も散見すると述べた。この見解を踏まえたうえで異同を検討すると、その前後関係が明らかになる。誤記も含め両本だけにみられる類似性をあげると、①では「以泥土作仏像、以草木建堂塔、不交幼児之儻」の記述がないこと、④では「吾乃汝本師也」「乃聖観世音菩薩所持花也」「藤皮苔衣蔽膚、松葉花汁助命」、⑤では「凡非人力之所為、龍天勝根也」「臥乃懈怠也」「八蔵深達大行人也」、⑥では「小沙弥常相遇北海行船」、⑧では「大戸道之尊」「乃吾神務国政時都城也」「言未訖」、⑨では「聖観音現身也、乃隠矣」、⑩では「七八月両月間」「和尚参内」「採可来者」、⑪では「聖武皇帝」「参詣白山禅頂」「元正天皇之勅喚」、⑫では「玄昉和尚」、⑬では「没死不可勝計」「天王殊帰依」「若有宿病者」「神力不共也」「五万八千菜女」、⑭では「本覚月光朗」「秘法之流水潔焉」「此谷即亦（示）和尚入定新谷也」、⑮では「百万碁」「一万碁」「可悲」「忽帰本土」「結大日印」「安置之大師本（房）」などである。

一方で、尊経閣文庫本にだけない文字がある。尾添・尊経閣の順で示すと、②では「五六」「五」、④では「同広野姫持統天皇御宇大化元年乙未歳、和尚生□年十四也」「持統天皇御宇大化元年乙未歳、生年十四也」、「乃聖観世音」「乃聖観音」、「六時礼讃」「礼讃」、⑧では「日夜放大音声礼拝念誦、吾心月輪、阿字空門」「日夜放音声拝念誦、吾心月輪、阿空門」、⑨では「手握金箭」「握金箭」、「神勢静」「神務」、「乃共音失矣」「乃共音失」、「日夜難行苦行」「日夜難行」、「太軟他所」「太軟」、⑩では、「白山岑室」「山岑室」、「念阿々暗悪々」「念阿々暗悪」、「奉加持矣」「奉・持」（加）、「併揺動」「併動」、「多是浄定行者振力云云」「多是浄定行者振力」、⑪では「内薫外顕也」「内薫外顕」、「雖不堪嶮路」「不堪嶮路」、⑬では「其後号泰澄和尚矣、和尚頭上、時々現金光、人見而恠」「其後号泰澄、和尚頭上、時現金光、人見恠」、⑭では

「和尚難行之古岑」「和尚難行古岑」、「可謂妙絶矣」「謂妙絶」、⑮では「結縁造立」「結造立」、「附勅使吉備大臣」「附勅吉備大臣」がある。これは両本が別々の本をもとに書写したというより共通語句が多いので、尊経閣文庫本にない文字が編集による意図的に削除したとみれば、尾添本をもとに尊経閣文庫本が成立した可能性が高い。

それを証するのが尾添本の欠損部に対する尊経閣文庫本の書き方である。①では「庭薗□地、素雪□□、碧氷□々、此乃天□名原瀛□人天武天皇□□□原□御宇、白鳳十一年壬午歳□□□□□生□」を「建《逮》蘭隣地、索《素》雪皚々、碧氷湨々、此乃天停名原瀛興人天武天皇飛鳥浄御原宮御宇、白鳳十一年壬午歳四月十一日誕生后」、⑪では「菩薩問井□□垂迹由来、和尚答上件種々現□、井聞之、良□□□、□心」を「菩薩問権現垂迹由来、和尚答上件種々現瑞、菩薩聞之、良久仰、信心」、⑭では「為自行出離、□□□越知岑大□□□」を「為自行出離、報鹵丁越知岑大顕現」としている。尾添本の欠損部に相当する尊経閣文庫本の文面には誤記が多いことが指摘できる。これは欠損部に文字を当てたため、その箇所を中心に誤記が多くなったとみられ、特に①の「天渟名原瀛真人」の七文字と誕生月の間違い、⑭の「越知岑」前後の欠損した六文字の当て方がそれを示唆する。

また、尊経閣文庫本独自の加筆・訂正・誤記も存在する。①では「為常遊宴焉」の「常」、④では「布守字月輪在心」の「守」、⑤では「大宝二年」の「二」、⑧では「此神岳白嶺領」の「領」、⑨では「和尚攀登右孤岑」の「登」、⑩では「沐高焉天皇御不予」の「焉」、「受若少之雲客参候」の「之」、⑬では「堅窂女天振威矣」の「女天」、⑮では「此白山妙理大菩薩書跡」の「此」である。決定的なのは⑯の記述である。尾添本では末尾の半分欠損した部分を「凡厥在世滅後、不思議徳行、異相権化等、不語急憊、蓋謂白山大権現妙理菩薩本地、此泰澄記云々、自心不遑毛挙矣」と短く記述する。これは尊経閣文庫本の書写時に尾添本の末尾が半分しか存在していなかったことになる。尾添本は⑥の一部・⑦・⑧の一部も欠損している。尾添本をもとに尊経閣文庫本が成立したならば、同じ箇所が欠損するはずなので、その当時は中間の部分が存在していたのか、それだけは別本で補記したのか複雑な経緯が想定できる。

特に、尾添本については天文の白山相論時に加賀馬場側の白山宮から提出されたもので、その破られた部分（第四丁）

については、泰澄が「白山麓大野隈苔川東伊野原」すなわち越前側からの登山があると加賀側には不都合であり、また末尾の第一〇丁を外したのは相手側の牛頸・風嵐村が、貞観二年（八六〇）の年紀をもつ「貞観二年泰澄記」を提出していたため、室町時代初期の書写年代を記していたはずの奥書を隠蔽する必要を感じたことによるという。(42) 中間の欠損部を尊経閣文庫本でみても、他の諸本を参考とした痕跡は認められず他の部分と同じような表記が目立つことから、元々中間の欠損部は存在していた可能性が高い。とすれば末尾に関しては一六世紀中頃に加賀側の視点で短く編集したことになるが、尊経閣文庫本は「天文の白山相論」の頃に破られなかった原形を保っていた伝であった可能性が指摘できる。

　次に、それ以外の諸本で系統を追うのは難しいが、金沢文庫本は諸本に比べて間違いが少ない。金沢文庫本だけをみると、①では「白鳳廿二」の「廿二」の誤記、③では「道照」の表記、④では「為国帰矣」の「帰」の誤記、⑥では「曩劫不朽」の「縁」の欠、⑧では「𡋽瓊尊」自体の欠、「治天下六十三万七千八百九十年也」の「二」の欠、⑨では「神彩其閑」の「其」の誤記、⑩では「押動所寄懸之桂」の「桂」の誤記、⑮では「案之大師房」の「案」の誤記などがあげられるが、他の諸本との比較のなかでも系統の追える要素は少ない。一方で、平泉寺本と元和本の類似点を見ても、①では「以草木建堂塔」の「堂塔」、③の「頂有天蓋」と④の「傍有高僧」の「有」、⑤では「一心行也」の「也」、⑮では「唐櫃、為将来結縁、安之大師房」（元和本では「安之」と「大師房」の間に「大谷寺」と入る）などと少なく、どちらが影響を与えたかは特定しにくく、金沢文庫本との比較のなかでも明確な前後関係は指摘できない。

　最後に元和本を取り上げる。①では「白山行人」、⑧では「謂之神世七代、吾身乃伊弉諾尊是也、今号妙理大菩薩、此神岳白嶺、乃吾神務国政時都也、吾乃日域男女元神也」、⑯では「伝聞、祖師和尚常言、白山禅定結界、無漏清浄仙崛、輙叵攀昇、先登越知峯、払魔難、退怨霊、可参詣也」などの白山に関する詳述や越知山側に不利益な内容を削除し、特に⑮では「白山妙理大菩薩」を「越知山大権現」、「大師房」を「大谷寺大師房」、⑯では「門徒小僧神輿等」を「門徒大谷精舎神輿聖人等」と加え、⑰では「妙理」を「越知」とするなど越知山側の視点で書き換える。他にも「浄定」を「清定」とする。修行年を一一歳とするのは他本にはみられず越知山独自の伝といえるが、これは第二章において『真言伝』とともに検討する。

ただ、③では道昭と出会った一一歳は持統天皇七年とあるが、どちらかが誤認となる。年号・年齢の整合性でみると、持統天皇七年であれば一二歳、一一歳であれば持統天皇六年になるからである。そのため元和本では③から同年で④につながり大長元年壬辰歳で一一歳とするが、年号が正しければ一二歳となる。諸本でこの間違いに気づいたのは平泉寺本だけである。③では「高天原広野《姫》・持統天皇藤原宮御宇六年壬辰歳、（中略）其時和尚十一歳小童也」とある。年号は生年と一四歳との関係で決まるので、一一歳を正しいとみたのか持統天皇六年と訂正している。おそらく一六世紀の書写時に間違いに気づき訂正したものとみられる。

おわりに

『伝記』を中心に泰澄に関する研究史を時系列で振り返ったが、その成立という点に絞れば大きく一〇世紀の天徳本を認める見解、一三、一四世紀とその成立を下げて考える見解に分かれる。記述の内容に古い要素を積極的に認める立場か、新しい要素に注目する立場の違いととらえられるが、『伝記』中に純粋な奈良時代の要素を認めてもよいとの立場もあるので、すべてを後世に創作したと考えてしまうのは危険である。それこそ時代の要請あるいは編纂に携わった立場により、しだいに付加された可能性も充分に考えられる。

また、『伝記』についても研究史で触れたように、これまで最古の写本ということで金沢文庫本を中心に議論されてきたが、それ以外の系統のものも注目に値する。金沢文庫本にも誤記・脱字・誤認などがあり、平泉寺本がそれを校訂している場合があった。なかでも尊経閣文庫本は加賀側の視点で編纂された尾添本をもとにした同系統と位置づけた。さらに元和本などの記述は記述量が多いということで後世に付加されたものとして切り離されて考えられてきたが、他の本にない独自の記述も存在しているので、それが記された大谷寺では独自の伝が存在していた可能性も捨てきれない。

『伝記』の奥書では「凡厥在世滅後、不思議徳行、異相権化等、不遑毛挙、異説不同、首尾非一」とあり、泰澄の生前・入滅後の不思議・徳行・異相・権化にまつわる説話は枚挙にいとまがなく、首尾一貫していないと記されている。また、『釈書』には「賛曰、予修此書、広索諸記、得澄師之事者多、其間怪誕不寡」、元和本には「雖所々相替、本々区々」とあるように異伝が複数あり、なかには怪しいものも少なからず存在していた。『真言伝』にも和尚のことは「伝」の中より略して書き出すとするが、この伝は天暦元年（九四七）作のもので古の文体に似ず、よくこれを尋ねるべきだと疑いを残している。これらの記述から多くの異本があったことを示し、また『伝記』金沢文庫本の書写年代と近いものが『釈書』『真言伝』に所収された泰澄伝でもあるので、第二章では『伝記』とこれら諸本との比較検討をおこなう。

注

（1）平泉澄『泰澄和尚伝記』白山神社蔵版、一九五三年。

（2）下出積與「泰澄和尚伝説考」『日本古代史論集 上巻』坂本太郎博士還暦記念会、吉川弘文館、一九六二年。

（3）小林一蓁「白山縁起と泰澄伝」『行動と文化 五』行動と文化研究会、一九八四年。

（4）浅香年木「『泰澄和尚伝』試考」『古代文化』第三六巻第五号、古代学協会、一九八四年（「第三編　泰澄伝承と寺社縁起　第一章 泰澄和尚伝試考」『中世北陸の社会と信仰』法政大学出版局、一九八八年 所収）。

（5）飯田瑞穂「『泰澄和尚伝』をめぐって」『芸林』第三四巻第四号、芸林会、一九八五年。

（6）重松明久「『泰澄和尚伝記』の成立」『歴史への視点―真宗史・仏教史・地域史―』桂書房、一九八五年。

（7）由谷裕哉「『泰澄和尚伝記』と白山修験道」『金沢工業高等専門学校 紀要』第一〇巻、金沢工業高等専門学校、一九八五年。

（8）長坂一郎「泰澄和尚伝と越知山」『福井県立博物館 紀要』第一号、福井県立博物館、一九八五年。

（9）長坂一郎「白山妙理権現の本地説成立と園城寺」『古代文化』第三九巻第三号、古代学協会、一九八七年。

(10) 村山修一「泰澄と白山信仰」『修験の世界』人文書院、一九九二年。
(11) 長谷川賢二「中世寺院における縁起の形成とその背景—泰澄伝承と越前国越知山をめぐって—」『徳島県立博物館 研究紀要』第一号、徳島県立博物館、一九九一年。
(12) 本郷真紹「第七章 若越の文学と仏教　第三節 泰澄と白山信仰」『福井県史 通史編一 原始・古代』福井県、一九九三年。
(13) 小林崇仁「泰澄の人物像」『智山学報』第五二輯、智山勧学会、二〇〇三年。
(14) 浅見和彦「泰澄伝承と北陸道—東国文学史稿(九)—」『説話論集 第一七集 説話と旅』清文堂出版、二〇〇八年。
(15) 研究史では取り上げなかったが、他に以下の文献が知られる。高瀬重雄「白山・立山と北陸修験道」・山岸共「白山信仰と加賀馬場」・下出積與「泰澄伝承と白山信仰」・河原哲郎「越前馬場平泉寺の歴史的推移」・本川幹男「越知山修験道の展開と変遷」『山岳宗教史研究叢書一〇 白山・立山と北陸修験道』名著出版、一九七七年。由谷裕哉『白山・石動修験の宗教民俗学的研究』岩田書院、一九九四年。高島壌「越知山大谷寺の成立—「泰澄」研究の一齣として—」『文化史学』第五五号、文化史学会、一九九九年。本郷真紹『白山信仰の源流—泰澄の生涯と古代仏教—』法蔵館、二〇〇一年。山本孝衛・松原信之「第四章 泰澄大師と越知山大谷寺」『朝日町誌 通史編』朝日町、二〇〇三年。由谷裕哉『白山・立山の宗教文化』岩田書院、二〇〇八年。堀大介「泰澄伝を読み解く」『越知山泰澄の道 四』越知山泰澄塾、二〇一五年。
(16) 平泉前掲（1）文献。
(17) 飯田前掲（5）文献。
(18) 『泰澄和尚伝記』金沢文庫本（『福井県史 資料編一 古代』福井県、一九八七年 所収）。他に、金沢大学日本海文化研究室『日本海文化叢書第四巻 白山史料集 上巻』石川県図書館協会、一九七九年、加能史料編纂委員会『加能史料 奈良・平安Ⅰ』石川史書刊行会、一九八二年などに活字翻刻される。神奈川県立金沢文庫にて実見。
(19) 平泉前掲（1）文献。
(20) 飯田前掲（5）文献。
(21) 『泰澄和尚伝記』東京大学史料編纂所本。東京大学史料編纂所にて実見。
(22) 『泰澄和尚伝記』平泉寺本（平泉前掲（1）文献 所収）。

(23) 平泉澄「解説」『泰澄和尚伝記』白山神社蔵版、一九五三年。
(24) 『泰澄和尚伝記』尾添本（尾口村史編纂専門委員会『石川県尾口村史 第一巻・資料編一』尾口村、一九七八年 所収）。他に、金沢大学日本海文化研究室『日本海文化叢書第四巻 白山史料集 上巻』石川県図書館協会、一九七九年に活字翻刻される。
(25) 浅香前掲（4）文献。「室町時代奉行人連署意見状案」（尾口村史編纂専門委員会『石川県尾口村史 第一巻・資料編一』尾口村、一九七八年 所収）。
(26) 平泉前掲（1）文献。
(27) 『泰澄和尚伝記』尊経閣文庫本（飯田前掲（5）文献 所収）。
(28) 侯爵前田家尊経閣『尊経閣文庫加越能文献書目』精興社、一九三九年。
(29) 飯田前掲（5）文献。
(30) 飯田前掲（5）文献。
(31) 『泰澄和尚伝記』元和本（朝日町誌編纂委員会『朝日町誌 資料編二 越知山関係他』朝日町、一九九八年 所収）。他に、山田秋甫『越知神社文書』越知保存会、一九二〇年、加能史料編纂委員会『加能史料 奈良・平安Ⅰ』石川史書刊行会、一九八二年に活字翻刻される。印影本は「越知神社文書 カラー図版」（福井県教育委員会『白山信仰関係古文書調査報告書』二〇一二年 所収）で公表されている。
(32) 福井県教育委員会『白山信仰関係古文書調査報告書』二〇一二年。
(33) 『泰澄和尚伝記』大谷寺本。越知山大谷寺にて実見。
(34) 『泰澄和尚伝記』慶安本。印影本は、橋本政宣「総論 白山信仰関係文書の調査に関連して」（福井県教育委員会『白山信仰関係古文書調査報告書』二〇一二年 所収）の末尾に公表されている。
(35) 福井県教委前掲（32）文献。
(36) 平泉前掲（1）文献。
(37) 平泉前掲（1）文献。

（38）ここでは取り上げないが、他にも泰澄伝はあるので以下に紹介する。『源平盛衰記』第二九巻「白山権現垂迹」（渥美かをる 解説『源平盛衰記 慶長古活字 巻第二五―巻第三二』勉誠社、一九七八年 所収）。『加州石川郡白山縁起』（塙保己一・太田藤四郎 編『続群書類従 第三輯下 神祇部』続群書類従完成会、一九二五年 所収）。『本朝高僧伝』巻第四六「越前越知山沙門泰澄伝」（仏書刊行会『大日本仏教全書第一〇二冊 本朝高僧伝第二』名著普及会、一九七九年 所収）。

（39）前掲（18・22・24・27・31）文献。

（40）堀大介「『泰澄和尚伝記』成立過程の基礎的研究」『越前町織田文化歴史館 研究紀要』第二集、越前町教育委員会、二〇一七年。

（41）飯田前掲（5）文献。

（42）浅香前掲（4）文献。

第二章　『元亨釈書』『真言伝』所収 泰澄伝の検討

はじめに

『泰澄和尚伝記』（以下、『伝記』と略する）金沢文庫本の正中二年（一三二五）書写年に近く、一三二〇年代の成立とされる二つの伝がある。ひとつは虎関師錬（以下、師錬と略する）が元亨二年（一三二二）に著した『元亨釈書』（以下、『釈書』と略する）で、巻第一五の「越知山泰澄」と巻第一八の「白山明神」に分けて記され、これまで総合的なものとして評価されてきた。[1] 末尾に師錬自ら伝の成立事情に触れ、奥書に天徳二年（九五八）浄蔵の口授を門人の神興が筆記したとの旨をつけ、典拠として用いたのは「弊朽せる一軸」で修験道界における浄蔵の権威からみて信用できるものとし収録したことを述べる。ひとつは栄海が正中二年（一三二五）に著した『真言伝』で、和文体で読みやすく書かれた伝である。[2] 奥書によれば「伝ノ中」より書き出したとあり、典拠に用いたのは天暦元年（九四五）作のもので古の文体に似ているという。栄海は泰澄伝の執筆にあたり天暦本を節略したことになる。

両書の言をそのまま信じればともに『伝記』の要約になるが、その典拠となった伝は天徳二年と天暦元年のもので、『伝記』の天徳元年（九五七）とも異なる。師錬が成立事情で述べたように数多くの伝の存在を示すのか、それとも『伝記』そのものなのか、『伝記』と系統の異なる本なのか。その一方で重松明久が論じたように『釈書』をもとに『伝記』が成立したとの見解もある。[3] そこで第二章では『釈書』の内容を『伝記』との比較を踏まえたうえで、その前後関係を明確化し「弊朽せる一軸」の実態と天徳本の真相について検討する。また『伝記』の節略とみられる『真言伝』についても、『伝記』との比較のなかで詳細に照合しその前後関係を特定し、天暦本の存否についても併せて検討する。

第一節　『元亨釈書』の検討

一　『元亨釈書』「越知山泰澄」「白山明神」の構成

『釈書』は師錬が鎌倉時代末期に著した仏教史書で、仏教の伝来から元亨二年（一三二二）までの約七〇〇余年間における諸宗僧侶の伝記や評論および仏教関係の諸事蹟などを漢文体で記した日本仏教の略史である。三〇巻からなり『史記』『漢書』『仏祖統記』などの体裁にならい伝・表・志の三部構成とし、巻第一から一九までが伝の部で、高僧・仏教信者・尼僧・神仙など四〇〇余名の伝記が伝智・慧解・浄禅・感進・忍行・明戒・檀興・方応・力遊・願雑の十科に分ける。この分類は十波羅蜜によると師錬は述べるが、『梁高僧伝』『続高僧伝』『宋高僧伝』など十科の分類法を参照したとされる。[4] 泰澄伝は巻第一五「方応 八 越知山泰澄」と、巻第一八「願雑十之三 神仙 五 白山明神」に収録される。「方応 八」は聖徳太子から園城寺の教待まで九人の伝で、泰澄は二番目にあたり「役行者」の次に位置づけられる。

「越知山泰澄」の構成は以下である。

①	白鳳十一年（六八二）の誕生、奇瑞あり	「釈泰澄姓三神〜屋之上積寸余」	五七文字
②	五六歳の時、泥土で仏像作り、人と交わらず	「及五六歳不交〜供献率当戯娯」	四六文字
③	持統六年（六九二）一一歳の時、道昭が神童と告げる	「持統六年道昭〜焉時澄十一歳」	五六文字
④	一四歳の時（六九五）越知峯で修行する	「十四時夢身坐〜自然感悟密乗」	二〇〇文字
⑤	大宝二年（七〇二）鎮護国家の法師、臥行者弟子になる	「大宝二年有小〜深旨人以為異」	二一三文字
⑥	和銅五年（七一二）浄定行者、弟子になる	「沙弥逢北海税〜浄定身行者也」	二二六文字
⑦	養老六年（七二二）元正天皇の病治癒	「養老六年秋上〜擬玉体上即愈」	一六三文字
⑧	天平八年（七三六）痘の鎮撫の功で大和尚位、泰澄と号す	「天平八年天下〜此以泰澄為名」	一〇二文字
⑨	国上山寺の話	「古志郡国上山〜二事至今不替」	三七三文字

⑩ a越知山にいて、常に白山を望む	「澄在越知峰常～神霊我登見之」	二一文字
b養老元年（七一七）白山に至り、妙理大菩薩を感得する	「養老元年到彼～事在神仙伝中」	一九文字
c二行者とともに三年かけて白山で修行する	「澄居此嶺苦修～尋来漸成多衆」	三九文字
d天平宝字二年（七五八）越知山大谷の仙崛に帰山する	「天平宝字二年～鈷杵以為霊域」	二五文字
⑪ a大宝二年（七〇二）鎮護国家の法師	「初大宝二年文～鎮護国家法師」	二〇文字
b養老之法により神融禅師号	「養老之法効擢～賜号神融禅師」	二〇文字
⑫ 神亀二年（七二五）行基、白山参詣、泰澄と再会を誓う	「先神亀二年行～忘盟款密而去」	一〇二文字
⑬ 神護景雲元年（七六七）八六歳で遷化する	「神護景雲元年～闔遺骨于石函」	一〇〇文字
⑭ a泰澄の神通力	「澄生平時時頭～鬼神使令鳥獣」	八〇文字
b一言主の伝説	「嘗入葛嶺郷役～澄乃息縛如元」	五七文字

基本的に年譜形式をとるが、⑨には『大日本国法華経験記』（以下、『法華験記』と略する）の挿話がある。⑩では白山登山へのきっかけと養老元年の登頂と妙理大菩薩の感得が述べられ、詳細は「神仙伝中」としている。白山で修行をおこない天平宝字二年に越知山に帰るので、越知山から白山、白山から越知山という流れが簡潔に語られた構成となる。⑪では大宝二年に鎮護国家の法師、養老の法効により神融禅師号を賜り、天平の効により大和尚位を授くなど業績がまとめられ、⑫では行基の出会いが語られる。⑬は神護景雲元年の遷化に至る記述となる。⑭ではaの泰澄の神通力を別立てで取り上げ、bの『本朝神仙伝』の挿話を添えて伝を締めくくる。

一方、「願雑十之三　神仙　五」において「白山明神」は「伊勢神宮」の次、二番目に収録され、その次に「新羅明神」が配される。「白山明神」の構成は以下である。

⑮ 白山明神の祭神	「白山明神者～伊弉諾尊也」	一〇文字
⑯ 霊亀二年（七一六）天女の夢告を受ける	「初泰澄法師棲～時至蚤可戻止」	五五文字

⑰　養老元年（七一七）林泉での天女の告白　「養老元年四月〜言已天女乃隠」　三八四文字
⑱　白山山頂での十一面観音の感得　「澄乃登白山天〜霊感益顕著也」　二〇一文字

⑮では白山明神が伊弉諾尊だと簡潔に記し、⑯では⑩aで簡潔に語られた霊亀二年の霊験譚、また⑰でも⑩bで簡潔に語られた養老元年の霊験譚を詳細に述べる。⑱では白山山頂での感得にまつわる具体的な様相が語られる。

なお、師錬の典拠主義については指摘されたが[5]、泰澄伝でも「天平八年、天下疱瘡、王公士庶死者不可勝計、上勅澄修十一面観音法攘之、不数日而疱息」と「澄在越知峰、常望白山曰、彼雪嶽必有神霊、我登見之」との間に『法華験記』『今昔物語集』にある雷をとらえる譚が収まる。両書と内容を比較すると、『法華験記』の方が共通点は多い。師錬は『法華験記』をもとに要約したとみられる。ただ、十一面観音法による疱瘡の沈静化した天平八年（七三六）の記事と、泰澄が白山に霊感のあった霊亀二年（七一六）の記事との間に挟まれ、不自然な形で収録されている。また、⑭bのなかには、役行者が一言主神を呪縛した七匝のうち泰澄は三匝を解いたが、結局空中から声があり縛りは元に戻るとする『本朝神仙伝』からが引用である。

二つの譚は『真言伝』「泰澄伝」末尾の「已上伝説」とも対応する。すなわち師錬が依拠したのは「弊朽せる一軸」だけでないが、その性格とは泰澄伝の主たるものではなく、あくまで泰澄の神通力を説明するものとして採用されているに過ぎない。なお、他の史料からの典拠の可能性として、重松明久は文中に「養老元年到彼、果感妙理大菩薩、事在神仙伝中」をあげ、「神仙伝」とは具体的にどの書をさすのか不明としながらも、師錬が厳密な典拠主義に立っていたことは、この一文によって傍証されるとするが[6]、『釈書』巻第一八の「神仙」に収録された「白山明神」を指すことは明らかであるので、泰澄伝の典拠主義を示すことにはならない。むしろ神融の雷をとらえた話と一言主神の呪縛を解く話以外は、天徳二年（九五八）の奥書のある「弊朽せる一軸」のみを参考にしたと考えるべきである。

二　「弊朽せる一軸」の存在

そこで注目するのが「弊朽せる一軸」である。「賛曰」には「予、此の書を修するとき、広く諸記を索むるに、澄師の事を得ること多し。其の間、怪誕、寡なからず。弊朽せる一軸あり。後に題して云く、天徳二年、浄蔵の門人神興、口授を受けて伝を作ると。蔵公の霊応博究、思うに興の聞く所、妄ならじ。今の撰纂は、諸れを興の伝に采れり」とある。師錬が伝を修するとき広く諸記を求めたが、泰澄のことを書いたものが多く、内容的に怪しいものもあった。そのなかで見出したのが「弊朽せる一軸」で、その表現から古色蒼然たる一巻の巻物とみられる。そこには天徳二年（九五八）浄蔵の門人である神興が、その口授を受けて伝を作ったものと題するが、浄蔵は霊応博究な人物であるため、神興の聞いた所は妄想などではなく、泰澄伝の撰纂は神興伝を採用したとしている。この「弊朽せる一軸」が、どのような巻物であったかは知ることはできないが、年譜形式の『伝記』に近いものとみられる。師錬は『釈書』の編集上、「越知山泰澄」と「白山明神」を分けただけで、先の二つの異伝を除き時系列に並べ直した形が本来の泰澄伝、すなわち「弊朽せる一軸」であったと考えている。そこで先の番号を時系列に並べると、以下のようになる。

①	白鳳十一年（六八二）の誕生、奇瑞あり	「釈泰澄姓三神～屋之上積寸余」	五七文字
②	五六歳の時、泥土で仏像作り、人と交わらず	「及五六歳不交～供献率当戯娯」	四六文字
③	持統六年（六九二）一一歳の時、道昭が神童と告げる	「持統六年道昭～焉時澄十一歳」	五六文字
④	一四歳の時（六九五）越知峯で修行する	「十四時夢身坐～自然感悟密乗」	二〇〇文字
⑤	大宝二年（七〇二）鎮護国家の法師、臥行者弟子になる	「大宝二年有小～深旨人以為異」	二一三文字
⑪a	大宝二年（七〇二）鎮護国家の法師	「初大宝二年文～鎮護国家法師」	二〇文字
⑥	和銅五年（七一二）浄定行者、弟子になる	「沙弥逢北海税～浄定身行者也」	二三六文字
⑩a	越知山にいて、常に白山を望む	「澄在越知峰常～神霊我登見之」	二一文字

⑯霊亀二年（七一六）天女の夢告を受ける	「初泰澄法師棲～時至蚤可戻止」	五五文字
⑩b養老元年（七一七）白山に至り、妙理大菩薩を感得する	「養老元年到彼～事在神仙伝中」	一九文字
⑰養老元年（七一七）林泉での天女の告白	「養老元年四月～言已天女乃隠」	三八四文字
⑮白山明神の祭神	「白山明神者、伊弉諾尊也」	一〇文字
⑱白山山頂での十一面観音の感得	「澄乃登白山天～霊感益顕著也」	二〇一文字
⑩c二行者とともに三年かけて白山で修行する	「澄居此嶺苦修～尋来漸成多衆」	三九文字
⑦養老六年（七二二）元正天皇の病治癒	「養老六年秋上～擬玉体上即愈」	一六三文字
⑪b養老之法により神融禅師号	「養老之法効擢～賜号神融禅師」	二〇文字
⑫神亀二年（七二五）行基、白山参詣、泰澄と再会を誓う	「先神亀二年行～忘盟款密而去」	一〇二文字
⑧天平八年（七三六）疱の鎮撫の功で大和尚位、泰澄と号す	「天平八年天下～此以泰澄為名」	一〇二文字
⑭a泰澄の神通力	「澄生平時時頭～鬼神使令鳥獣」	八〇文字
⑩d天平宝字二年（七五八）越知山大谷の仙崛に帰山する	「天平宝字二年～鈷杵以為霊域」	二五文字
⑬神護景雲元年（七六七）八六歳で遷化する	「神護景雲元年～闍遺骨于石函」	一〇〇文字
⑨国上寺の話	「古志郡国上山～二事至今不替」	三七三文字
⑭b一言主の伝説	「嘗入葛嶺郷役～澄乃息縛如元」	五七文字

並び替えてわかるのは記述の多寡あるいは若干の年号の違いはあるものの、『伝記』とほぼ同じ内容で、同じような構成になることである。また、記述の重なる部分は分割した関係上、簡潔に概要を説明する必要があったので、独自に書き加えたとみられる。すなわち『伝記』と同じような書物から発し、しかも『釈書』が「弊朽せる一軸」をもとに年譜形式を意識しながらもその編集上、テーマ別に書き分けた可能性が高い。なお総文字数を比べると『釈書』は計二五六九文字、『伝記』は計三八〇〇文字を数え、後者が一二三一文字も多い。

第二節　『元亨釈書』と『泰澄和尚伝記』の前後関係

一　先行研究

『伝記』と『釈書』のどちらが先に成立したかについて検討する。これについて重松明久は詳細な分析を加え、『釈書』所収の泰澄伝と『伝記』を比較すると文字量の点でかなりの差があり、しかもともに浄蔵の口伝を神興の筆記したものとの奥書をもつことになれば、いずれかが信憑性において疑われると言わざるを得ないとしている。[7] 実際に二つの内容を比較すると、かなりの繁簡の差が認められる。重松は、神興が天徳年間（九五七〜六一）に二種の泰澄伝を編纂したとは考えられず、いずれかが原拠に近く、いずれかが原拠にかなり潤色を加えたと推察せざるを得ないとし、潤色が加えられた記述として以下の箇所をあげる。『釈書』→『伝記』の順で抜き出しておく。

・時白雪降落、庭宇皚皚、産屋之上積寸余→時六月雪降下、厚一寸、只産屋上、庭薗陸地、素雪皚々、碧氷凛々
・此児神童也、加敬育焉→汝子是神童也、特加崇敬可守養、非凡庸、不可軽蔑
・観世音所持之花→聖観世音所持花
・発得智解、自然感悟密乗→生得智解忽発、布字月輪在心、自然覚悟暗催、入我々入無外、六時礼讃、累年不退、三昧坐禅、積日無倦、修験漸秀、為世宝、呪功早越、為国師矣
・当八苦之寒風、臥罪障之積雪、仰阿字之大空、見大日之光照、浄菩提心、観恵相応、念念増進、豈非心行之微趣乎→依八苦風寒亘堪、常臥罪障雪底、伺大日遍照光用、本覚曼陀羅菩提心冥薫、阿字空門観恵相応、念々仏道増進、豈非心行者進趣義哉
・蓋不忘父諱也〔澄角和訓徒隣〕→為慕亡父安角旧名、訪其後世菩提也
・（記述なし）→神力不思議也
・澄嘗語人曰、妙理菩薩曰、我山中一草一木、無不我眷属之所居、一万眷属、妙徳降迹、十万金剛童子、遍吉垂化、

五万八千采女、堅牢女天之変作也→和尚常語左右曰、妙理大菩薩言、森々瑞木、離々異草、悉是吾王子眷属所居也、一万眷属、妙徳垂跡、十万金剛童子、遍吉施徳、五万八千采女、堅牢振威矣、如斯高行、仙骨累年焉

・其山以三鈷杵、以為霊域→其山為体、青岳如三鈷、乃表三密瑜伽行則、黄地似八葉、蓋顕八供諸尊居遊、載眼仰峯、本覚月光朗矣、峙耳臨谷、秘法流水潔焉、草木非常草木、理智曼荼羅林交枝、碧巌非常碧巌、種子三昧耶苔添色、応知、此峯本是和尚難行之古峯、此谷乃亦和尚入定新谷、比之聖跡、可謂妙絶矣

・結跏趺坐、定印而化、年八十六、頂放神光、山谷変金、天雨蓮華、門人閟遺骨于石函→結跏趺坐、結大日定印、奄然入定遷化、春秋八十六也、頭放神光、山谷併金地、空雨蓮花、霊瑞甚多矣、為永代謝徳、入遺骨於石辛櫃、為将来結縁、安之大師房、凡厥在世滅後、不思議徳行、異相権化等、不遑毛挙

・天徳二年、浄蔵門人神興受口授作伝→天徳元年丁巳三月二十四日、勘風土旧記、依門跡首老浄蔵貴所面授言談、門徒小僧神興等、粗記操行、以備後代亀鏡焉、浄蔵貴所者、徳行抽群、修験高名、善相公八男、玄昭律師入室也、又安然写瓶門人、大恵悉雲弟子也、言談皆口実、誰不信乎

重松は『釈書』に潤色を加えたものが『伝記』だと結論づける。その見解に従えば『伝記』奥書にある天徳元年の年紀も『釈書』にある天徳二年から一年遡らせたことになるが、これはのちほど検討する。しかし師錬の言を信じれば『伝記』をもとに記述をおこない、部分的に書き直したとみられる。その前後関係を明らかにするには文字レベルで比較検討する必要がある。これについては詳細に検討したものを次頁に掲げるが、紙面の都合で大幅に縮小した(8)。なお前提作業として同じ内容ごとに取りまとめ、上段には『伝記』、下段には『釈書』を配列するが、ときおり『釈書』はテーマ別に組み直す箇所もあるので、『伝記』をもとに時系列を意識して並び替えをおこない、可視化のために共通語句をゴシックで表示している。

『泰澄和尚伝記』

白山行人泰澄和尚者、本名越大徳、神融禅師也、俗姓三神氏、越前国麻生津三神安角二男也、母伊野氏、夢取白玉水精、入懐中乃妊矣、月満産生時、六月雪降下、厚一寸、只産屋上、庭麕陸地、素雪皚々碧氷凜々、此乃天渟名原瀛真人天武天皇飛鳥浄御原宮御宇、白鳳十一季壬午歳六月十一日誕生矣、

五六歳比、以泥土作仏像、以草木建堂塔、不交幼児之儻、無渉闤闠之門、雖万遊乱舞於通衢、雖百戯叫歌於閭巷、未曾競出、唯以花水合掌、為常遊宴焉、

高天原広野姫持統天皇藤原宮御宇七年壬辰歳、入唐帰朝聖人道昭和尚、北陸道修行時、来宿安角蓬屋、其時和尚十一歳小童也、道昭和尚視此小童、頭現円光、頂在天蓋、道昭唯独自見、余人不見矣、道昭和尚驚恠、教父母曰、汝子是神童也、特加崇敬可守養、非凡庸、不可軽蔑、父母蒙其教誡、特尊重所撫育也、

同広野姫持統天皇御宇大化元年乙未歳、和尚生年十四也、自夢坐八葉蓮華上、傍在高僧、乃告言、汝今知否、吾乃汝本師、住所在西方、汝所坐蓮花乃聖観世音所持花也、汝以比丘形可施十一面利生大光普照徳、勿退菩提心、詞未畢忽然而失、雖然不語父母、何況他人乎、従同元年冬季、此神童夜々他行、父安角恠思、竊以嫡男神童舎兄三神安方、令尋趁其行跡之処、越知峯坂本巌屋内入畢、即礼拝数百遍、其声唱南無十一面観世音神変不思議者、乃出巌屋、攀登越知峯矣、舎兄安方依為深更坂本止宿、夜明帰父宅啓此由、未及脱屣彼神童帰来、如此奇異連々不絶、至于後年者、偏栖彼嶺久修練行、自落髻髪乃為比丘形、以藤皮苦衣蔽膚、以松葉花汁助命、生得智解忽発、布字月輪在心、自然覚悟暗催、入我々入無外、六時礼讃、累年不退、三昧坐禅、積日無倦、修験漸秀、為世宝、呪功早越、為国師矣、

文武天皇御在位大宝二年壬寅歳、和尚生年廿一也、綸言忽降、以越大徳為鎮護国家法師、勅使伴安麻呂也、同年従能登嶋小沙弥尋来、和尚含咲感歎言、宿善宿縁今已来、為供給承仕、日来所相待也、乃与飛鉢斉器等、令守護矣、和尚不論昼夜、不云風雪、長時行道礼讃、凡非人力所為、龍天之勝根也、小沙弥如影寸分不離、依風寒叵堪、常臥雪底伺、和尚松容、名曰臥行者、客僧曰、勧励進趣云行、臥乃懈怠、何名行者、小沙弥乍臥挙首答曰、行有二種、一身行、二心行、客僧所貴身行、沙弥所積心行也、依八苦風寒叵堪、常臥罪障雪底、伺大日遍照光用、本覚曼陀羅菩提心冥薫、阿字空門観恵相応、念々仏道増進、豈非心行者進趣義哉、客僧聞之、感歎伏膺、本謂一文不通小沙弥、今知、八蔵深達大行人矣、

小沙弥常相値北海行船、以飛鉢乞請粮米、進和尚、然間、元明天皇御在位、和銅五年壬子歳、和尚生年卅一也、従出羽遐境、八木運船浮行、小沙弥以飛鉢、擬乞請粮米、彼船頭神部浄定曰、此八木乃官庫税稲分、員数有限、不可供備者、小沙弥起忿恚、飛鉢相共帰山之処、船中俵米如鴈飛連、越知峯来集、船頭浄定、凝奇異想合掌信仰、乃趂登彼峯、敬礼和尚、謝其咎、和尚曰、非吾所為、小比丘之忿行也、乃相向小沙弥、謝其罪、小沙弥曰、供進一俵、其余早可入船也、浄定曰、従此峯争可運入矣、和尚曰、小比丘可入之、不可愁矣、浄定調空船於海中相待、件俵米如前飛連、如元積船畢、浄定見仏徳不思議、帰依特深、発心決定、八木運進官納、及于解纜時、不帰本国、偏承仕和尚、日夜不相離、昼採菓拾薪、夜以身為床、為莚、日々夜々、辛苦艱労、敢無退転、名曰浄定行者、和尚常語客侶、小比丘心行者、浄定身行者也、曩劫縁不朽、今来走仕矣、

和尚於越知峯、見白山高嶺雪峯、常念、攀登彼雪嶺、為末世衆生利益、可奉行顕霊神矣、和尚至霊亀二年夢、以天衣瓔珞餝身貴女、従虚空紫雲中透出、告曰、我霊感時至、早可来焉、

而日本根子高瑞浄足姫元正天皇御在位、養老元年丁巳歳、和尚年卅六也、彼年四月一日、和尚来宿白山麓大野隈笥川東伊野原、乃凝観念、運呪功、喚天扣地、摧骨屠肝、爰先日夢貴女屢現、命和尚言、此地大徳悲母産穢、非結界、此東林泉、吾遊止地、早可来、言未畢即隠矣、和尚驚此告、乃臨彼林泉、日夜放大音声礼拝念誦、吾心月輪、阿字空門、八葉白蓮、素光中、速垂霊質、爰酬祈念、前貴女現、告曰、我雖有天嶺、恒遊此林中、以此処為中居、上護上皇、下撫下民、大徳諦聴、日本秋津島、本是神国也、国常立尊、乃神代最初国主也、次国狭槌尊、次豊斟渟尊、次埿瓊尊、次大戸道尊、大戸間辺尊、次面垂尊、惶根尊、次伊弉諾尊、伊弉冊尊、謂之神世七代、吾身乃伊弉諾尊是也、今号妙理大菩薩、此神岳白嶺、乃吾神務国政時都也、吾乃日域男女元神也、天照大神乃吾伊弉冊尊子也、其子正哉吾勝々速日天忍穂耳尊、治天下三十万歳、其子天津彦々火瓊々杵尊、治天下卅一万八千五百四十二年也、其子彦火々出見尊、治天下六十三万七千八百九十二年也、其子彦波瀲武鸕鷀草葺不合尊、治天下八十三万六千四十二年也、名之地神五代、人代第一国主神武天皇、乃彦波瀲武鸕鷀草葺不合尊第四子也、此天皇御宇七十六年也、天皇生年四十六、甲寅歳、謂諸兄及子等曰、自天祖降跡以来、逮于今百七十九万二千四百七十六歳也、抑吾本地真身在天嶺、往而可礼、此言未訖、神女忽隠矣、

『元亨釈書』

[越]釈泰澄、姓三神氏、越之前州麻生津人、父安角、母伊野氏、夢白玉入懐、而有孕、白鳳十一年六月十一日生、時白雪降落、庭宇皚皚、産屋之上積寸余

[越]及五六歳、不交児輩、不遊闤闠、百戯喧巷衢、未曾出見、唯以泥土作仏像、以草木搆堂宇、或采花水、合掌供献、率当戯娯

[越]持統六年、道昭和尚遊化北地、適投三神氏、忽見小童、頭現円光覆以宝蓋、昭独見余不能見、照（昭）驚告父母曰、此児神童也、加敬育焉、時澄十一歳

[越]十四時、夢身坐蓮台、傍有沙門語曰、汝知否、我是汝本師也、住在西方、汝所坐蓮者、観世音所持之花也、汝可以比丘形、施十一面利生普照之徳、覚而怪喜、慎不語人、其歳冬、父見児夜夜失之、怪語兄安方曰、季児毎夜潜出、汝趁所止、安方承教竊伺出時、匿身踵跡、到越知峯岩洞中、弟入内礼拝数百、高唱曰、南無十一面観世音神変不思議者、言已出洞登峯頂、巌巒峭峙、安方不能昇、返宿洞中、遅明帰家報父、未脱履弟児帰、後棲遅此峰、苦修練行、自薙髪為比丘、衣藤皮食松葉、修懺積年、発得智解、自然感悟密乗

[越]初大宝二年、文武帝勅伴安、以澄為鎮護国家法師、養老之法効擢為供奉、賜号神融禅師

[越]大宝二年、有小沙弥自能登島来謁、澄含笑曰、相需者久矣、汝其来也、宜為給使、便付鉢多羅、令守護焉、澄不言昼夜風雨、長時行道礼讃、其苦勤殆非人力之所能、而此沙弥如影不暫離、常臥雪裏、澄名為臥行者、客比丘来寓、語沙弥曰、励勤進趣是名為行、臥者怠倦之儀也、何称行者乎、時沙弥又臥也、挙首答曰、行者二種、一身行、二心行、子之所論者身行也、予之所修者心行也、当八苦之寒風、臥罪障之積雪、仰阿字之大空、見大日之光照、浄菩提心、観恵相応、念念増進、豈非心行之徼趣乎、客聞之、感歎伏膺、此沙弥元無学業、忽吐深旨、人以為異

[越]沙弥逢北海税船、飛鉢乞供、率以為常、和銅五年、羽州官租駛船而過、沙弥又飛鉢乞米、船師神部浄定曰、此官米有定数、不足充供、沙弥還山、時船中斛米如鴈相連飛来峰頂、浄定嘆未曾有、入峰礼澄曰、卑心多貪、恪師浄供、而是官租、願還供余、澄笑曰、非我所知、小沙弥之為也、汝向彼謝之、浄定如教、沙弥曰、只留小供余尽還汝、浄定曰、今此峰巒崎嶇摺畳、許多米斛争可運移、澄曰、汝只帰海浜、艤舟而待、此沙弥能可返移、浄定返船所、其米如前飛還、浄定見之感激深転、輸官畢不帰本邦、入山事澄、採果拾薪、百役不倦、澄名為浄定行者、澄謂客曰、沙弥心行者也、浄定身行者也

[越]澄在越知峰、常望白山曰、彼雪嶽必有神霊、我登見之

[白]白山明神者、伊弉諾尊也、初泰澄法師、棲越前州越知峰、常望白山曰、彼雪嶺必有霊神、我当登彼乞顕応霊亀二年夢、天女瓔珞厳身、出紫雲中一曰、霊感時至、盍可戻止

[越]養老元年到彼、果感妙理大菩薩、事在神仙伝中

[白]養老元年四月一日、澄往白山麓大野隈笥河東伊野原、乃専心持誦、時前所夢天女現身曰、此地大徳之母産穢之所、非結界之地、此東林泉、吾所遊止也、師移彼、言已形隠、澄到彼持念如前、天女又来曰、我雖在天嶺、恒遊此林、此林為我中居、上護一人、下撫万民、大徳諦聴、日本秋津島、本是神国也、国常立尊、乃神代最初国主也、次国狭槌尊、次豊斟渟尊、次泥火瓊尊、[沙土瓊尊]、次大戸之道尊、大苫辺尊、次面垂尊、煌根尊、次伊弉諾尊、伊弉冊尊、謂之天神七代、吾是伊弉諾尊也、今号妙理大菩薩、此神嶽白嶺者、我主国之時都城也、我乃日域男女之元神也、天照大神者我子也、天忍穂耳尊我孫也、其子天津彦彦火瓊瓊杵尊、受祖天照大神勅、降治此国、始為地居、饗国三十一万八千五百四十二年、生彦火火出見尊、饗国六十三万七千八百九十二年、生彦波瀲武鸕鷀草葺不合尊、饗国八十三万六千四十二年、是名地神五代、人皇第一国主神武天皇者、鸕鷀草尊第四子也、在位七十六歳、天皇年四十六、始登皇位、辛酉之歳也云云、吾真身在彼天嶺、大徳往見之、言已天女乃隠

『泰澄和尚伝記』

和尚今顕霊感奇異、弥仰仏徳掲焉、乃攀登白山天嶺禅定、居緑碧池側、礼念加持、一心不乱、猛利強盛、凝三密印観、五相調身心、呪遍満口、念力徹骨、爾時従池中、示九頭龍王形、和尚重責曰、此是方便示現、非本地真身焉、乃又十一面観自在尊、慈悲玉体忽現矣、妙相遮眼、光明耀身、爰和尚悲喜満胸、感涙洗面、稽首帰命、頂礼仏足、乃白言、像末衆生、必抜済利益、爾時観世音、揺金冠、瞬慈眼、乃領納、未及再拝、妙体早隠矣、貴哉妙哉、歓喜涙幾乎、乃亦和尚徑左岳澗、向孤峯、値一宰官人、手握金箭、肩係銀弓、含咲語言、我是妙理大菩薩神務輔佐行事貫首、名曰小白山別山大行事、大徳当知、聖観音現身、言中乃隠矣、和尚攀右孤峯、値一奇服老翁、神彩甚閑、乃語曰、我是妙理大菩薩神務清謐啓謐輔弼、名曰大己貴、蓋又西刹主也、乃共言失矣、和尚居此峯、日夜難行苦行、峻巌高々、切利雲可取手、幽谷深々、風際底可履足、効験遍聞、挙世尚之焉、養老元年二年三年一千日間、唯独自練行、僅臥行者、浄定行者随従、片時不相離、従同四年以降、自余行人、数攀登、精進潔斎、太軼他処矣、

養老六年壬戌歳、和尚生年四十一也、七月八月両月間、氷高天皇御不予、両月内、天下有験行者、其員参内、如無験、尚以御不予(本ノ)、天皇宣、朕聞、越大徳、神験掲焉、乃依勅宣、和尚参内矣、走仕弟子、只浄定行人而已、和尚及日晡時、告浄定曰、吾三鈷有白山峯室、可採来者、浄定不廻時、登山頂、採三鈷、以日内戌時、進和尚、雲上宮中、三公九卿、上下諸人、各合額、皆曰、唯々、和尚日内遣採、寔非凡慮、浄定不違時持来、神力不思議也云々、和尚乃近錦帳、結智拳印、誦阿毗羅吽欠、観法界体性三昧、念々念阿々暗悪之五智五大尊、唱忿怒明呪、以三鈷、奉加持矣、其間浄定行者、跉跰清冷殿庇下、浄定形貌、如老猿、行住不静、見人偸開闢、爰若少雲客参候、不知子細、挙声咲之、出詞欺之、浄定行者、起忿意、押動所寄懸之柱、禁中殿屋、併揺動、如大地振、上下大驚、東西馳散、主上霊邪、乃振出、和尚以三鈷、擬審身、霊気早鎮、御悩平復如本矣、世人云、多是浄定行者振力云々、白山権現霊験、従此始顕、越大徳高行、弥以鼓動、天皇帰依、為護持僧、授以禅師位、和尚諱号神融禅師矣、

其後勝宝感神聖武天皇御在位、神亀二年乙丑歳、和尚生年四十四也、其年七月、行基菩薩、参詣白山禅定妙理大菩薩矣、菩薩和尚、相互微咲、如年来同法、悦喜満胸、不知足踏、菩薩問権現垂迹由来、和尚答上件種々現瑞、菩薩聞之、良久拱手、感心、乃言、禅師諱号神融、元正天皇勅喚、誠有所以哉、又俗姓三神氏、三聖垂迹表示而已、又禅師嬰童時夢者、乃禅師己身具足无始本有本覚曼荼羅界会衆、内薫外顕也、此夢玄也妙也、可帰可仰、難解難思也、予生年五十七、雖不堪嶮路、為結縁、抛万事、参詣、幸聞此神化、本意已足、再会在極楽、勿忘旧契矣、

又、同聖武天皇御在位、天平八年丙子歳、和尚生年五十五也、尋遇入唐帰朝求法師玄昉和尚、将来経論五千余巻、解紐披閲、礼拝讃嘆、特授以十一面経矣、

同九年丁丑歳、和尚生年五十六也、其年疱瘡流行、都城公卿以下百姓、没死不称計、和尚依勅宣、修十一面法、日数不幾、疱瘡漸不流行、終以止畢、天皇特帰依、詔授大和尚位、諱号泰證、然和尚奏曰、改證字、可成澄字、為慕亡父安角旧名、訪其後世菩提也、天皇聞之、感涙千行、其後号泰澄和尚矣、和尚頭上、時々現金光、人見而恠、乃失、人不見時、良久、若有宿病者、食和尚鉢飯、其所苦患、莫不瘥、凡駈鬼使神、落飛鳥止走獣、神力不思議也、和尚常語左右曰、妙理大菩薩言、森々瑞木、離々異草、悉是吾王子眷属所居也、一万眷属、妙徳垂跡、十万金剛童子、遍吉施徳、五万八千采女、堅牢振威矣、

如斯高行、仙骨累年焉、孝謙天皇御在位、天平宝字二年戊戌歳、和尚生年七十七也、為自行出離、蟄居于越知峯大谷仙崛、其山為体、青岳如三鈷、乃表三密瑜伽行則、黄地似八葉、蓋顕八供諸尊居遊、載眼仰峯、本覚月光朗矣、峙耳臨谷、秘法流水潔焉、草木非常草木、理智曼荼羅林交枝、碧巌非常碧巌、種子三昧耶苔添色、応知、此峯本是和尚難行之古峯、此谷乃亦和尚入定新谷、比之聖跡、可謂妙絶矣、

高野姫重祚称徳天皇御在位、神護景雲元年丁未歳、和尚生年八十六也、其年三重木塔百万基、長六寸、表六道、依勅宣、天下花夷、結縁造立、其内和尚勧進造立一万基、附勅使吉備大臣、以同年二月下旬、経奏聞、和尚状曰、今以三月中旬、欲交九品聖衆、再会期西方、願勿留東隅、爰天皇傾首再拝言、此白山妙理大菩薩書跡、特高安置、不可聊尓、今可悲、苦海縁尽、忽帰本土矣、和尚如言、同年三月十八日結跏趺坐、結大日定印、奄然入定遷化、春秋八十六也、頭放神光、山谷併金地、空雨蓮花、霊瑞甚多矣、為永代謝徳、入遺骨於石辛櫃、為将来結縁、安之大師房、

『元亨釈書』

[白]澄乃登白山天嶺絶頂、居緑碧池側、持誦専注、忽九頭龍出池面、澄曰、是方便現体、非本地真身、持念弥確、頃刻、十一面観自在菩薩、妙相端厳、光彩赫熾、澄稽首礼足、白言、像末衆生、願垂救拯、于時菩薩揺金冠、瞬蓮眼而許之、拝不畢三、妙体已隠、澄又渡左澗、上孤峰値一偉丈夫、手握金箭、肩横銀弓、含笑曰、我是妙理大菩薩之輔也、名曰小白山大行事、大徳当知、聖観自在之変身也、言已乃隠、澄又昇右峰、見一奇服老翁、神宇閑雅、語曰、我是妙理大菩薩之弼也、名曰大己貴、西刹主也、言已又隠、自此霊感益顕著也

[越]澄居此嶺、苦修益勤、神異弥著、居三年、臥浄定二行者相随、余無人、四年苦行之輩相尋来、漸成多衆

[越]養老六年秋上不予、医巫不効、上語侍臣曰、朕聞、越大徳、神異不測、朕病恐待渠乎、宣澄赴都、在行只浄定一人而已、澄及晡入宮、顧定曰、吾三鈷杵在白山室、急採来、定還山採杵、黄昏授澄、王公以下莫不嘆伏、皆曰、澄不可言也、定又奇矣、澄近錦扆、手把三鈷杵、口誦忿怒明、時定屏息清涼殿陛、形甚醜如老猿、起居不静、宛類其貌、年少簪纓嘲笑之、定怒触柱、宮殿大震如地動、群臣慴怕、上病益甚、澄以杵擬玉体、上即愈

[越]養老之法効擢為供奉、賜号神融禅師、授以禅師位

[越]先神亀二年、行基法師登白山、基見澄微笑如旧識、基問白山霊応、澄詳語之、基感嗟曰、元正皇帝号公神融、良有以乎哉、又公託生三神氏、宜乎、顕三聖之応迹也、予歳已五十七、末路多艱、不憚嶮絶、来踏勝地、幸聞神化、吾心足矣、再遇在西土、願而忘盟、款密而去

[泰]天平八年、天下疱瘡、王公士庶死者不可勝計、上勅澄修十一面観音法攘之、不数日而疱息天平之効授大和尚位、改号泰證、澄奏曰、願以證作澄、蓋不忘父諱也[澄角和訓徒隣]、上聞之、竜顔濟然、乃賜号泰澄和尚、澄自落髪未暇名、俗呼為越大徳、至此以泰澄為名、

[泰]澄生平時時頭上現金光、人有見乃隠、宿疾者餐鉢飯靡不瘥、駆役鬼神、使令鳥獣

[白]澄嘗語人曰、妙理菩薩曰、我山中一草一木、無不我眷属之所居、一万眷属、妙徳降迹、十万金剛童子、遍吉垂化、五万八千采女、堅牢女天之変作也

[越]天平宝字二年、帰越知山、居大谷仙崛、其山以三鈷杵、以為霊域

[越]神護景雲元年二月、以書与僕射吉備公、辞帝曰、吾将還西方、願留叡情於仏乗、僕射以聞、帝哀歎親灑宸筆答澄、澄得語墨、誡其徒曰、聖筆宝札、置之高架、莫忽諸、三月十八日、結跏趺坐、定印而化、年八十六、頂放神光、山谷変金、天雨蓮華、門人闔遺骨于石函

二　『元亨釈書』と『泰澄和尚伝記』の文言比較

これらの詳細な検討をもとに両書を時系列に並び替え、文字同士を丹念に比較検討すると、『伝記』にみる文字量が多く潤色のある過剰な表現を、師錬の編集のもとに短くシンプルに書き直した可能性が高い。以下に具体例をあげる。なお、以下のすべての引用文献の傍線・ゴシックは説明上わかりやすくするため筆者が加えたものである。

高天原広野姫持統天皇藤原宮御宇七年壬辰歳、入唐帰朝聖人道昭和尚、北陸道修行時、来宿安角蓬屋、其時和尚十一歳小童也、道昭和尚視此小童、頭現円光、頂在天蓋、道昭唯独自見、余人不見矣、道昭和尚驚恠、教父母曰、汝子是神童也、特加崇敬可守養、非凡庸、不可軽蔑、父母蒙其教誡、特尊重所撫育也　（『伝記』）

持統六年、道昭和尚遊化北地、適投三神氏、忽見小童、頭現円光覆以宝蓋、昭独見余不能見、照《昭》驚告父母曰、此児神童也、加敬育焉、時澄十一歳　（『釈書』巻第一五「越知山泰澄」）

道昭が北陸道に修行に赴き一一歳の小童を見たとき、奇瑞があるとし父母に神童だと告げた場面である。傍線に注目すると、『伝記』は持統天皇七年（六九三）、『釈書』は持統天皇六年（六九二）とあるので、どちらかが誤認・誤記となる。年号と年齢の関係を追うと、『伝記』では白鳳十一年・誕生、持統天皇七年・一一歳、大化元年（持統天皇九年）・一四歳、大宝二年・二一歳、和銅五年・三一歳、養老元年・三六歳、養老六年・四一歳、神亀二年・四四歳、天平八年・五五歳、天平九年・五六歳、天平宝字二年・七七歳、神護景雲元年・八六歳の一二か所、『釈書』では白鳳十一年・誕生、持統天皇六年・一一歳、神護景雲元年・八六歳の三か所で示される。

どちらが誤認・誤記にあたるのか。結論をいえば『伝記』の方とみられる。『伝記』にある白鳳十一年（六八二）誕生とすれば大化元年（六九五）の一四歳、大宝二年（七〇二）の二一歳、和銅五年（七一二）の三一歳、養老元年（七一七）の三六歳、養老六年（七二二）の四一歳、神亀二年（七二五）の四四歳、天平八年（七三六）の五五歳、天平九年（七三七）の五六歳、天平宝字二年（七五八）の七七歳、神護景雲元年（七六七）の八六歳はうまく対応するが、持統天皇七年

(六九三)の一一歳だけが異なる。素直に数えれば持統天皇七年は六九三年で、年齢は一二歳となる。一一歳時の年号は持統天皇六年(六九二)が正しいので、編集時に改めたと考えられる。『釈書』をもとにしたならば『伝記』も六年としたはずであり、わざわざ年齢を間違って記述する必要はない。したがって『伝記』をもとに執筆する際に七年の間違いに気づき、持統天皇六年に訂正したとみている。

訂正は他にも確認できる。養老六年の記述に着目すると、『伝記』では「養老六年壬戌歳、和尚生年四十一也、(中略)、其間浄定行者、跉跰清冷殿庇下、浄定形貌、如老猿、行住不静、見人偸開瞖、爰若少雲客参候、不知子細、挙声咲之、出詞欺之、浄定行者、起忿意、押動所寄懸之柱、禁中殿屋、併揺動、如大地振」とあるが、『釈書』は同じ箇所を「養老六年秋上不予、(中略)、時定屏息清涼殿陛、形甚醜如老猿、起居不静、宛類其貌、年少簪纓嘲笑之、定怒触柱、宮殿大震如地動」としている。ここでは『伝記』が「清冷殿」、『釈書』が「清涼殿」とするのは師錬が訂正したとみられ、「大地振」を「地震」としたことも同じ意味合いでとらえられる。なお、地震の表現は『釈書』巻第一八「願雑十之三　尼女四　如意」で、「中夜地大震」とあり、「振」の字は使われていない。[9]

また、「咲」「笑」を他の箇所で見ると、『伝記』では「文武天皇御在位大宝二年壬寅歳、和尚生年廿一也、(中略)、同年従能登嶋小沙弥尋来、和尚含咲感歎言」、「神亀二年乙丑歳、和尚生年四十四也、(中略)、菩薩和尚、相互微咲」の二か所にあり、いずれも「咲」の字を使用する。しかし『釈書』では同じ箇所を「大宝二年、有小沙弥自能登島来謁、澄含笑曰」、「年少簪纓嘲笑之」、「先神亀二年、行基法師登白山、基見澄微笑如旧識」と「笑」の字を用いる。『釈書』全体での「笑」の表記は、同じ巻第一五「方応八」を見ると「南天竺 菩提」にある「基迎笑」、「勝尾山 善仲」にある「啼哭、常含笑」、巻第一八「願雑十之三」を見ると「藤敦光女」にある「女笑而不言」などがあげられる。[10]つまり『伝記』が『釈書』の潤色とするならば『伝記』は「笑」を採用してもいいはずだが、実際は「咲」である。ということは師錬が『釈書』の記述時に表現を同じように統一したと考える方が自然であろう。

統一感という編集の視点で他の事例を見ると、用語を短くする傾向がある。『伝記』の書き出し「白山行人泰澄和尚者、本名越大徳、神融禅師也、俗姓三神氏、越前国麻生津三神安角二男也」と、『釈書』の書き出し「釈泰澄、姓三神氏、越之前州麻生津人、父安角」と比べても、『釈書』が「釈泰澄」とするのは、他に道昭・最澄・空海などの僧侶も「釈――」と記すので(11)、泰澄だけ「白山行人」としないのは当然である。「俗姓」を「姓」とするのも同じ編集とみられる。年号も『伝記』では「天渟名原瀛真人天武天皇飛鳥浄御原宮御宇、白鳳十一季壬午歳」「文武天皇御在位、大宝二年壬寅歳」「日本根子高瑞浄足姫元正天皇御在位、養老元年丁巳歳」と天皇名・宮名や年号・干支など長々とした記述を、『釈書』では単に「白鳳十一年」「大宝二年」「養老元年」とする。人名や地名も同様であり、『釈書』では「泰澄」が「澄」、「浄定行者」が「定」、「臥行者」が「臥」、「道昭」が「昭」、「行基」が「基」などと略される。『釈書』全体にいえるが、『伝記』の「越前国」「出羽国」を『釈書』が「越之前州」「越前州」、「羽州」とすることと同じで、執筆にあたり典拠史料そのままではなく、文字数を減らし統一する意識が働いている。したがって『釈書』をもとに『伝記』が記述されたとは考えにくく、むしろ師錬による編集の結果とみるべきであろう。

　このように師錬は基本的に短くまとめることを意識していたが、重なる部分をゴシックで示したように『伝記』をもとに記述したことは明白である。しかし一方で『伝記』には認められない表現も認められる。

乃**亦**和尚侄**左**岳**澗**、向**孤峯**、値**一**宰官人、**手握金箭**、**肩**係**銀弓**、**含**咲語言、**我是妙理大菩薩**神務**輔**佐行事貫首、**名曰小白山**別山**大行事**、**大徳当知**、**聖観**音現**身**、言中**乃隠**矣、和尚攀**右**孤峯、値**一奇服老翁**、**神**彩甚**閑**、乃**語曰**、**我是妙理大菩薩**神務清謐啓謐**輔弼**、**名曰大己貴**、蓋又**西刹主也**、乃共言失矣　（『伝記』）

澄**又**渡**左澗**、上**孤峰値一**偉丈夫、**手握金箭**、**肩**横**銀弓**、**含**笑曰、**我是妙理大菩薩**之**輔**也、**名曰小白山大行事**、**大徳当知**、**聖観**自在之変**身**也、言已**乃隠**、澄又昇**右峰**、見**一奇服老翁**、**神**宇**閑**雅、**語曰**、**我是妙理大菩薩**之**弼**也、**名曰大己貴**、**西刹主也**、言已又隠　（『釈書』巻第一八「白山明神」）

　泰澄は左澗（谷）の孤峰に向かうが、そこで出会った彩色された人物が小白山（別山）大行事で、聖観音菩薩の現身あるいは変身とし、また右の孤峰で出会った奇服の老翁が妙理大菩薩の輔佐である大己貴で、西刹主としている。両書ともによく似た語句を使い、同じような内容を述べるが、異なる箇所がある。『伝記』では「宰官人」、『釈書』では「偉丈夫」とするが、手に金の箭（長さや太さをそろえてつくった矢のこと）を握り、肩に銀弓を係ける点で共通する。宰《つかさ》とは仕事を処理する主任の役のことで、宰相・宰司のように天子を補佐して政治を行う大臣のことを意味するので、大行事という名からも補佐としての役割がうかがえる。[12] しかし「宰官人」はその表現としてふさわしくないとの判断からか、体格のすぐれた男性という意味の「偉丈夫」に書き換えられた可能性が高い。別の場面を見てみる。

天皇特帰依、詔**授大和尚位**、諱**号泰證**、然和尚**奏曰**、改**證**字、可成**澄**字、為慕**亡父**安**角**旧名、訪其後世菩提也、天皇**聞之**、感涙千行、其後**号泰澄和尚**矣　（『伝記』）

天平之効**授大和尚位**、改**号泰證**、澄**奏曰**、願以**證**作**澄**、蓋不忘**父**諱也［**澄角**和訓徒隣］、上**聞之**、竜顔潸然、乃賜**号泰澄和尚**、澄自落髪未暇名、俗呼為**越大徳**、至此以泰**澄**為名　（『釈書』巻第一八「白山明神」）

聖武天皇は泰澄が疱瘡の流行を鎮めた功から、大和尚位を授けられ「泰證」と号したが、亡父安角の名をもとに「泰澄」としたいと申し出た場面である。両書とも「聞之」と記すが、天皇（上）はこれを聞いてと続き、『伝記』では「感涙千行」、『釈書』では「竜顔潸然」とある。幾筋も流れる涙という「感涙千行」とは過剰な表現であったせいか、天子の貌を示す「竜顔」から涙がはらはらと流れるさまを示す「潸然」とするので、表現を書き直したようにも思える。

なお「潸然」については『釈書』巻第一八「願雑十之三　尼女四　如意」で、「妃出宮後、帝尋之不得、（中略）真王還宮奏、上潸然」とあり、やはり天皇が涙を流す表現として使用される。[13]

高野姫重祚称徳天皇御在位、**神護景雲元年**丁未歳、和尚生年八十六也、其年三重木塔百万基、長六寸、表六道、依勅宣、天下花夷、結縁造立、其内和尚勧進造立一万基、附勅使**吉備**大臣、以同年二月下旬、経奏聞、和尚状曰、今以三月中旬、欲交九品聖衆、再会期**西方**、**願**勿**留**東隅、爰天皇傾首再拝言、此白山妙理大菩薩書跡、特**高安置**、不可聊爾、今可悲、苦海縁尽、忽帰本土矣、和尚如言　（『伝記』）

神護景雲元年二月、以書与僕射**吉備**公、辞帝曰、吾将還**西方**、**願留**叡情於仏乗、僕射以聞、帝哀歎親灑宸筆答澄、

澄得語墨、誡其徒曰、聖筆宝札、置之高架、莫忽諸

（『釈書』巻第一八「白山明神」）

称徳天皇と泰澄で交わした書跡にまつわる場面である。両書とも「願」「留」と「高」「置」の文字で共通するが、文脈には違いがある。『伝記』は天皇が首を傾け再拝して白山妙理大菩薩の書跡を特に高いところへ置くが、『釈書』では泰澄が天皇の宸筆を門徒達に対して高く置けとある。違いはあるが、天皇との関わりの点で共通する。前者は『伝記』の「感涙千行」という天皇の過剰な表現を、他でも使用した「漕然」の表現に改め、後者も『伝記』の泰澄や妙理大菩薩の重視に対する表現を書き直したようにとらえられる。

三　『元亨釈書』『泰澄和尚伝記』相違点の理由

以上を踏まえると、『伝記』の要約に徹していたはずの師錬であったが、こと天皇にまつわる記述に関しては訂正を加えたことになる。そこに師錬の思想的な背景があったのか、それとも天皇家に対してそうせざるを得ない理由があったのか。そこで『釈書』成立にまつわる経緯について触れておく。直接的契機については中国の元から来日した一山一寧に日本の高僧の遺事を尋ねられた際、充分に答えられずそれを批判されたことによるという[14]。その時の発奮が一五年後に三〇巻として結実するものの師錬は自著の完成に特別な意味を認め、これを私蔵すべきではないと考えていた。以下のように記される[15]。

臣僧師錬言、（中略）師錬匹夫之頑嚚也、視斯散落、弗能無掇襲、如是至宝、不敢私蓄、敬上陛下、弗為僭越耳、林下蔬笋酸餡雕蟲、乞降中書、得受官校、若有可采、入大蔵行天下、於戯、璵璠之玩弄、王者之事也、匹夫唯輸貢而已、然則此書之流播、陛下之任也、觸撼黷纊、伏待斧鑕、師錬誠惶誠懼、頓首頓首、謹言

元亨二年八月十六日、臣僧師錬、上表

（『釈書』「上元亨釈書表」）

元亨二年（一三二二）に後醍醐天皇に上奏し、大蔵経に編入して天下に広く施行されんことを請うたもので、この時に奉った表文である。また、『海蔵和尚紀年録』の「（元亨）二年壬戌」には以下のように記される[16]。

師四十五歳、（中略）八月、元亨釈書三十巻、適更三草既成、乃以其十有六日、表聞皇帝、其表顛末標臣僧而中皆名、蓋仍永安師之旧貫也、帝先覧表、大嘉納焉、帝意謂、異由集碩儒鴻才、校讎真雁、今作贋、為無疵而後入大蔵、大行天下、不然貽謗後世、当是之時、廷臣紆問罪于関東之籌策而未能也、甲子歳、帝大失志、由是台評遂寝

（『海蔵和尚紀年録』「（元亨）二年壬戌」）

師錬は後醍醐天皇に上表文を提出し、『釈書』を大蔵経に加えることを申し出たが、後醍醐による倒幕計画が漏洩して正中の変が起こり、入蔵のことは沙汰止みになってしまう。その後、元弘の乱により後醍醐は隠岐に流され、持明院統の光厳天皇が即位すると、師錬は正慶元年（一三三二）に新帝に上表し再び入蔵を請う。結局、鎌倉幕府の滅亡から建武の親政の成立と瓦解、南北朝の対立へとますます混迷の度を深くし、師錬の願いは存命中に遂げられることはなかったが、それほどに思い入れがあり、天皇に認められ大蔵経に入ることを強く意識していたことがわかる[17]。したがって『釈書』の泰澄伝の記述が『伝記』の単なる要約でなく、天皇にまつわる箇所を一部書き直し、天皇に対して配慮した記述をおこなったと考えられる。

四　二つある天徳の年紀

現存最古の『伝記』の書写年代が正中二年（一三二五）で、『釈書』の成立した元亨二年（一三二二）よりわずか三年後ということもあり、『釈書』をもとに『伝記』が成立した可能性を指摘したが、師錬が『伝記』をもとに要約し、天皇の目を意識した一部訂正をおこない編集された形が『釈書』の泰澄伝だと考えた。そこで問題となるのが両書にみられる天徳本の存在である。その存在について平泉澄は、幸にして天徳の古伝は数百年の波瀾を越えて数部を今日に残したと述べ、下出積與はその存在を積極的に評価し、浅香年木は浄蔵仮託説としてその存在を疑問視した[18]。『釈書』の奥書を改めて取り上げると、以下のように記される[19]。

賛曰、予修此書、広索諸記、得澄師之事者多、其間怪誕不寡、有弊朽一軸、題後云、天徳二年、浄蔵門人神興、受

口授作伝、蔵公霊応慱究、思興之所聞不妄矣、今之撰纂者、采諸興伝焉　　（『釈書』巻第一五「越知山泰澄」）

天徳二年（九五八）、浄蔵の口授を神興が筆録した「弊朽せる一軸」によった点で、その一軸とは泰澄のことを記した古色蒼然たる巻物と考えたが、気がかりなのは天徳二年という年紀である。一方、同じような内容のものが『伝記』の末尾と奥書で、その成立に関する記述が添えられる。

凡厥在世滅後、不思議徳行、異相権化等、不遑毛挙、異説不同、首尾非一、然今天徳元年丁巳三月廿四日、勘風土旧記、依門跡首老浄蔵貴所面授言談、門徒小僧神興等、粗記操行、以備後代亀鏡焉、浄蔵貴所者、徳行抽群、修験高名、善相公八男、玄昭律師入室也、又安然写瓶門人、大恵悉雲弟子也、言談皆口実、誰不信乎、伝聞、祖師和尚常言、白山禅定結界、無漏清浄仙崛、輙叵攀昇、先登越知峯、払魔難、退怨霊、可参詣也、末代悪世、厳重勝利、偏可在妙理大菩薩云々者、此言誠哉、今現見、朝野遠近、参詣如竹葦、後々将来、弥以其霊既叵思議焉

或人云、此伝記者、以浄蔵貴所口筆、神興聖人注記矣、浄蔵貴所者、善宰相清行男也、依彼家風、雑筆得其骨也、神興聖人者、大谷精舎寺院仏法興隆根本人也云々、自泰澄和尚入滅神護景雲元年丁未歳、至于村上天皇御在位、浄蔵貴所在生天徳元年丁巳歳、百九十一箇年也、今案、和尚俗姓三神氏、浄定行者俗姓神部氏也、和尚御入滅神護景雲元年、伝記筆者神興聖人、皆置神字、当知感神化道因縁歟、又案、和尚母伊野氏、即伊野領主也、権現最初示現地也、今方知、泰澄和尚者、妙理権現本地十一面観音普門示現声聞形而已　　（『伝記』）

泰澄の生前・入滅後の不思議・徳行・異相・権化にまつわる説話は枚挙にいとまがないが、首尾一貫していないので、天徳元年（九五七）三月二十四日に浄蔵貴所が風土旧記を勘案して語ったものを、弟子の神興らが記して後代の亀鏡としたとあり、それから浄蔵に関する記述が続く。次も同様の内容が繰り返されるが、浄蔵の出自や泰澄を十一面観音の示現だと述べる。重要なのは一〇世紀成立とされる伝の存在が示された点にある。なかでも『伝記』が天徳元年、『釈書』が天徳二年、その年紀について齟齬が認められる。同じ書物なのか別ものなのか、どちらかに誤写が生じたとの見解はあるが、別々の伝が存在したことも否定できない。結論をいえば師錬が元年を二年に書き直した可能性が高い。

それは『釈書』所収の「資治表」（七巻）の記述を根拠としたい。「資治表」は仏教伝来時の欽明から順徳までの歴代天皇の治世を仏教とのかかわりを中心として、『春秋』に倣った編年体で述べた通史的部分である。『釈書』にこの部分を設定することで、宗派史や寺院史から切り離された仏教の歴史を書くことができたのだという。[20] 天徳年間（九五七～六一）は以下のように記される。[21]

十年　　天暦十年
十有一年春、夏、秋、冬十月庚辰、改元天徳
　天徳元年十月二十七改
十有二年春正月、沙門延昌為僧正、夏、秋、冬
　天徳二年
十有三年　　天徳三年

（『釈書』巻第二五「資治表六」）

天徳元年に関して「十有一年春、夏、秋、冬十月庚辰、天徳と改元す、天徳元年に十月二十七に改む」とあり、天徳年間は元年の十月二十七日を改元としている。しかし『伝記』には天徳元年三月二十四日で改元前にあたり、実際は天暦十一年である。すなわち師錬が編纂の過程で改元の矛盾に気づき、意図的に一年遅らせた可能性が高い。師錬は泰澄伝の記述にあたり「弊朽せる一軸」をもとにしたが、天徳元年三月二十四日という具体的な年月日に修正を加え、単に天徳二年とだけ記したとみておきたい。これが異なる年号の併存した理由で、となれば両書は同じ伝にもとづいた可能性が高い。それは師錬が数あるなかで選んだ「弊朽せる一軸」の伝で、現存最古の『伝記』と極めて近い形の伝であったかと推察される。

第三節　『真言伝』の検討

一　『真言伝』の概要

『真言伝』の検討をおこなう。『真言伝』は真言密教の高僧を中心とした行蹟と往生の伝を集成することを目的とした鎌倉時代末期の書物である。(22)七巻からなり、序はなく跋を備える。収載された人物はインド（天竺）・中国（震旦）・日本（本朝）の三国にわたり、僧侶の他に天皇・皇太后や庶民も加える。巻第一は龍猛から恵果まで真言七祖の伝、巻第二は清弁論師の霊験譚を巻頭に据え、不動の持者、隋求・尊勝・千手の陀羅尼と宝篋印経および仁王経の霊異を証するインド・中国の説話を配する。巻第三以下が本朝で、東密・台密の僧および天皇・皇后から衆庶まで一一七名を収録する。巻第三は伝教大師から僧正宗叡に至る入唐請来八家の伝、巻第四は役優婆塞から玄鑑まで二一人の伝、巻第五は尊意から深覚まで二六人の伝、巻第六は慶円より範俊まで三三人の往生・霊験譚、巻第七は増誉から越前守之侍まで二七人の往生・奇瑞譚を収めている。巻第七の末尾は以下である。(23)

本云

此シルシ集侍ル事トモハ、ナヘテ皆人ノシレル事ナレハ、其詮ナク侍レトモ、本ヨリ広学碩量ノ人ノ為ニセス、浅見寡聞ノ輩ハ、自ラ聞キ残ス事モヤ侍ラントテ、是ヲ書出侍リ、三国ノ先哲徳ヲカクシ智ヲシツメム人ハ、其霊異外ニ不レハ顕、内證計リ堅ク侍ルヘシ、多ハ徳行ノ物ニ令レムルヲ蒙見テ、秘宗ノ信ヲ取ル智ナリ、一念随喜、皆仏因ヲキサストイヘレハ、ナトカ其益モ侍ラサラントテ、碑文行状伝日記物語等ノ中ニ要ヲヒロヒテシルシ載侍リ、本朝ノ事ハ鳥羽院ノ比ヲヒマテヤ、仏法王法モ侍リケン、保元ノ乱ヨリ後、諸道皆衰テ、仏法ノ威験又ナキカ如シ、是ニヨリテ大ムネ近衛院ノ在位、久安仁平以前ノ事ヲ撿セリ、其後モ自門他門ノ輩ノ中ニ、サスカ効験ヲ施セル人モ侍ラメト、世クタリテノ事ヲハ、是ヲ略シテ書ノセス侍リ、但慶円上人、高弁上人ハ、近世ノ人ナレトモ、其行学霊異、古ヘニ不レルニ耻ヨリテ、彼上人計リハ書加ヘ侍リ、又管見ノ身、ヒロク尋普ク勘ニ及ハサレハ、入ルヘキ人ヲモ入レス、可レ載ス徳ヲモ不レ載事多ク侍ルヘシ、異朝ノ事ハ其本伝等ヲ尋、吾朝ノ事ハ其門人ノ説ヲ受、其法流ノ人ニ問テ、スヘカラク是ヲ書加ヘ侍ルヘキ也、見人ノ覚リ安カラン事ヲ思故ニ、是ヲ和語ニヤハラケテ、詞ノツタナキヲカヘリミス、偏ニ幼稚短才ノ人ノ為ニ、正中二年六月三十日、是ヲ抄シオハリヌルニナン

小野末資栄海 生年三十八

（『真言伝』巻第七）

栄海が三八歳のとき正中二年（一三二五）六月三十日に撰述したとある。栄海は聖済僧正の弟子で、慈尊院や高雄の神護寺にも住した僧で、東寺長者にも任じられる。三八歳とあるのは四八歳の間違いで、権大僧都であったという[24]。編集の方針や趣意を広学碩量の人のためでなく浅見寡聞・幼稚短才の者のために著わしたこと、先行の碑文・行状・伝・日記・物語などから要を拾い記したこと、久安・仁平年間（一一四五～五四）以前に限定したのは保元の乱以後が仏法の威験なきためであったこと、行学・霊異にすぐれた慶円と高弁の二人だけは特に書き加えたこと、理解しやすいことを第一に考えて片仮名交じりの和文としたことを記す[25]。また本書の撰にあたり、多くの先行の作品や記録を使用し参考にしていた[26]。特に典拠し参看した書で、書名を記すものに経典として『随求陀羅尼経』、僧伝類として『本朝神仙伝』『鑑真和上東征伝』『伝記』『法華験記』、史書として『類聚国史』、奇譚・説話集として『善家秘記』『（散佚）宇治大納言物語』などがあり、他にも『続本朝往生伝』をはじめとする往生伝の類、書名は示さない文献なども活用されたという。

二　天暦本の存否と泰澄伝成立の経緯

巻第三以下は本朝の浄行の僧や俗人の説話が、ほぼ往生年時に基準を置いた配列原理にもとづき構成されるが、師弟・仏典・出自などの関係、説話内容の関連性などから順序を変更したものも存在する。泰澄伝が収められた巻第四は二一話からなり、『釈書』と同じで「泰澄和尚」は「役優婆塞」の次で二番目に位置する。原田行造による説話の構造

的観点にもとづけば泰澄伝は挿話往生伝に類する。[27] 伝中に霊験譚などが記述されたのが挿話往生伝で、往生伝の他に一話のみが力を入れて描かれるものと複数話が付加されるものに分けられる。泰澄伝は後者で、細分すれば二ないし三話程度のものが伝中に存するものに位置づけられる。本文のあとに「已上伝説」とあり、二つの伝説が付される。[28]

　或説云、越後国ニ寺アリ、国上寺ト云、寺檀那アリ、宝塔ヲ建立シテ供養セントスル時、雷ヲチテ塔ヲ破ル、悲泣シテ又塔ヲ作リテ供養スレハ、雷又是ヲ破ル、如レク此スルコト両三度、願主大ニカナシムテ泰澄和尚ニ申ス、和尚ノ云、我妙法ノ力ヲ以テ宝塔ヲ守護シテ汝カ願ヲ成セント、則塔ノ下ニ住シテ法華経ヲ誦スルニ、一人ノ童男ノ歳十五歳計リナル空ヨリ下テ五所ヲ縛セラル、涙ヲ流テ高声ニ悲ンテ和尚ニ申サク、上人慈ヲ以テ我ヲ免シ給ヘ、今ヨリ後更ニ塔ヲ破ラジ、時ニ和尚塔ヲ破ル因縁ヲ問、雷答云、我ハ是山ノ地主ナリ、我ヲ以テ敬ヘシ、シカラサルカ故此事ヲナスト云、和尚云、汝仏法ニシタカヒテ違逆ヲナサジ、善心ヲヲコシテ宝塔ヲ破ラスハ、正ニ汝ヲ利益スヘシ、但此寺ヲ見ニ更ニ水便ナシ、谷ニ下テ水ヲ汲ム、雷此所ニ泉水ヲ出スヘキ也、汝若シ水ヲ出サスンハ汝ノ身ヲ縛シテ、年月送ルト云トモ更ニ放免セシ、又此寺四方四十里ノ内ニ、更ニ雷電ノ声ヲナスヘカラス、時ニ雷神ヒサマツキテ和尚ノ命ヲ受テ空ニ登テ去ヌ、則巌穴ヨリ忽ニ清水ヲ出ス、夏ハ涼シク冬ハアタタカナリ、其後ハ更ニ塔破スシテ、数百年ヲ送ル、一切処々ニ雷電ストイヘトモ、彼寺四方四十里ノ内ニ雷ノ音ヲ不レト聞イヘリ

　或説云、吉野山ニ至リテ、一言主ノ縛ヲ解セント思テ、懃ニ加持スルニ、三迹既ニ解シヌ、空ニ声有テ是ヲ叱リテ、繋縛スルコトモトノコトシ、又諸ノ神社ニ向テ、其ノ本覚ヲ問フ、稲荷社ニシテ数日念誦スルニ、夢ニ一リノ女アリテ帳ノ中ヨリ出テ、告テ云、本体観世音常在補陀落、為度衆生、故示現大明神云云、又阿蘇社ニ詣シテ念誦スルニ、九頭竜王アリ、池ノ上ニ現ス、和尚云、豈ニ畜竜ノ身ヲ以テ此ノ霊池ヲ領センヤ、真実ヲ示ヘシト、日漸ク晩ニ及フニ、金色ノ三尺ノ千手観音、夕陽ノ前、池水ノ上ニ現シ給フトイヘリ

（『真言伝』巻第四）

内容的に二つの「或説云」は鎮源の『法華験記』「越後国神融法師[29]」と大江匡房の『本朝神仙伝[30]』からの引用とみられる。ともに平安時代中期の成立で、前者は越後国の神融法師が雷を『法華経』の功徳によりとらえる話、後者は泰澄

が一言主の呪縛を解く際に本覚を問うとの内容である。栄海が探索し伝中に採録した史料には平安時代成立のものも数多く見受けられるので、泰澄伝についてもその典拠主義がうかがえる。[31]奥書には以下のように記される。[32]

私云、此和尚《ノ》事、伝《ノ》中ヨリ略シテ書出侍《リ》、彼伝天暦元年作云云、伝《ノ》文章古《ノ》文体《ニ》似《ス》、能《ク》是《ヲ》尋ヘシ、伝《ニハ》生得《ノ》恵解有《リテ》、真言《ノ》効験《ヲ》施スト云ヘリ、其上師承《ヲ》尋《ネ》及ハス、シカレトモ猶正説《ヲ》勘ヘキ事也、又江帥神仙伝《ニ》、此和尚《ノ》事《ヲ》シルセルニハ、数百年経《テ》死セス、其終《ヲ》シラス云云、伝《ニハ》遷化《ト》云、両説相違、不審《ノ》事也

（『真言伝』巻第四）

和尚のことは「伝」の中より略して書き出すとあるので、栄海は執筆にあたり天暦本をもとに節略したことになる。また、この伝は天暦元年（九四七）作のもので古の文体に似ず、よくこれを尋ねるべきだと疑いを残している。注目するのは年紀である。『伝記』には天徳元年（九五七）の年紀が知られるため、この言を信じれば天暦本が存在していたことになる。しかし同じ天の付く年号であるので、「暦」の誤記ともとらえられる。栄海の年齢も板木に「生年三十八」と記すのは「卌八」→「卅八」→「三十八」という変遷で誤ったとの指摘を踏まえると、[33]「暦」は誤記とみられる。それは『伝記』と若干内容の異なる内容が含まれるからである。以下に前半部分を引用する。

泰澄和尚《ハ》本名神融禅師也、俗呼《テ》越大徳《ト》云、越前国麻生津三神安角《カ》子ナリ、母伊野氏、夢《ニ》水精《ヲ》取《テ》懐中《ニ》入《ト》見《テ》ハラメリ、月ミチテ、産生スル時、六月十一日《ニ》雪下《リテ》積コト一寸、持統天皇七年、入唐帰朝《ノ》聖人道照和尚、北陸道修行《ノ》時、安角《ノ》家《ニ》来《リ》宿《ス》、和尚歳十一歳ナリ、和尚小童《ヲ》ミルニ、頭《ニ》円光《ヲ》現ス、頂《ニ》天蓋アリ、和尚一人見《テ》余人ハシラス、ヲトロキアヤシミテ父母《ニ》教《テ》云、汝《カ》子《ハ》是神童ナリ、殊《ニ》崇敬《ヲ》加《テ》守《リ》奉ヘシ、凡庸《ニ》非《ス》、カロシムヘカラスト云、同年此神童夜夜《ニ》他行《ス》、父是《レヲ》アヤシミテ、ヒソカニ神童《ノ》舎兄安方《ヲ》以《テ》、ソノ行方《ヲ》尋求シムルニ、越智峯坂本《ノ》巌窟《ノ》内《ニ》入ヲハリヌ、則礼拝数百反、其声《ニ》云、南無十一面観世音神変不思議者云云、又岩室《ヲ》出《テ》、越智峯《ニ》ヨチノホル、安方カヘリテ父《ニ》此ヨシヲ申《ス》、後《ニハ》ヒトエニ彼峯《ヲ》栖カトシテ久修練行《ス》、自《ラ》出家《シテ》比丘《ノ》形《ト》成《リテ》、藤《ノ》カハ苫《ノ》衣《ヲ》以《テ》膚《ヲ》隠《シ》、松《ノ》葉華《ノ》汁《ヲ》以《テ》命《ヲ》タスク、生得《ノ》智解忽《ニ》ヲコリテ、**真言秘**

密ノ行布字月輪心ニアリ、三昧坐禅日ヲツミテウム事ナシ

栄海の方針の通り読みやすさを意識した読み下し文に改めた伝といえる。『伝記』の同じ箇所は以下のようになる。

白山の行人泰澄和尚は、本の名は越の大徳、神融禅師と号す、俗姓は三神氏、越前の国麻生津三神安角の二男なり、母は伊野氏、夢に水精を取りて懐中に入るとみて、乃ち孕めり、月満ちて産生する時、六月雪降下り、厚きこと一寸、只産屋の上、庭園陸地に、素雪皚々として碧氷凜々たり、これ乃ち天渟名原瀛真人天武天皇飛鳥浄御原宮の御宇、白鳳二十二季壬午の歳六月十一日誕生したまへり、**五六歳のころは、泥土を以て仏像を作り、草木を以て堂塔を建て、幼児の儻に交らず、闤闠の門に渉ることなし、万遊通衢に乱舞すといへども、百戯閭巷に叫歌すといへども、未だ曽て競ひ出でず、唯だ花水合掌を以て、常の遊宴となす、**高天原広野姫持統天皇藤原宮の御宇七年壬辰の歳、入唐帰朝の聖人道昭和尚、北陸道修行の時、来りて安角の蓬屋に宿す、其の時和尚は十一歳の小童なり、道昭和尚この小童を視るに、頭に円光を現じ、頂に天蓋あり、道昭ただひとり見て、余人は見ず、道昭和尚は驚き恠て、父母に教へて曰く、汝が子は是れ神童なり、特に崇敬を加へて守養すべし、凡庸にあらず、軽蔑すべからずと、父母其の教誡を蒙り、特に尊重して、撫育する所なり、**同じく広野姫持統天皇の御宇、大化元年乙未の歳、和尚生年十四なり、自ら夢む、八葉の蓮華の上に坐するに、傍に高僧あり、乃ち告げて言く、汝今知るや否や、吾は乃ち汝が本師なり、住所は西方に在り、汝が坐する所の蓮花は、乃ち聖観世音の所持の花なり、汝比丘の形を以て、十一面の利生大光普照の徳を施すべし、菩提心を退くることなかれと、詞未だ畢らざるに、忽然として失せぬ、然りといへども父母に語らず、いかに況んや他人をや、**同じく元年冬の季より、此の神童夜々他行す、父安角恠しみ思ひて、竊に嫡男、神童が舎兄三神の安方を以て、其の行跡を尋ね趁はしむるの処、越知の峯坂本の巌屋の内に入り畢んぬ、即ち礼拝すること数百遍、其の声、南無十一面観世音神変不思議者と唱ふ、乃ち巌屋を出でて、越知の峯に攀ぢ登る。舎兄安方は、深更たるに依りて、坂本に止宿し、夜明けて父の宅に帰り、此の由を啓す、未だ履を脱ぐに及ばざるに、彼の神童帰り来れり、此の如き奇異、連々として絶えず、後年に至りては、偏に彼の嶺

を栖みて、久修練行す、自ら鬢髪を落して、乃ち比丘の形となり、藤の皮苔の衣を以て膚を蔽ひ、松の葉花の汁を以て命を助く、生得の智解忽ち発して、布字の月輪心に在り、自然の覚悟暗に催して、入我々入外なし、六時の礼讃、年を累ねて退かず、三昧の坐禅、日を積んで倦むことなし、修験漸く秀でて、世の宝なり、呪功早く越へて、国の師となれり

二つの伝を比較すると、いくつかの点に気づく。まず重なる記述に傍線を引いて着目すると、『真言伝』の文言のほとんどが『伝記』中にあることがわかる。栄海の編纂方針を裏付けているが、一か所だけ『伝記』にない「真言秘密ノ行」の語句がある。節略のなかに独自の加筆がうかがえる。次に修行時の年齢の違いである。『真言伝』では「持統天皇七年、入唐帰朝ノ聖人道照和尚、北陸道修行ノ時、安角ノ家ニ来リ宿ス、和尚歳十一歳ナリ」とあり、「同年」と続いて「此神童夜夜ニ他行ス、父是レヲアヤシミテ、ヒソカニ神童ノ舎兄安方ヲ以テ、ソノ行方ヲ尋求シムルニ、越智峯坂本ノ巌窟ノ内ニ入ヲハリヌ」とある。その一方で『伝記』では「持統天皇藤原宮の御宇七年壬辰の歳」は「其の時和尚は十一歳の小童なり」とあるように、道昭が北陸道修行時に一一歳とわかるが、「同じく広野姫持統天皇の御宇、大化元年乙未の歳、和尚生年十四なり」の夢告の記事を挟んで、「同じく元年冬の季より、此の神童夜々他行す」と続く。つまり修行の年は『真言伝』が一一歳、『伝記』が一四歳になる。

これはどう考えられるのか。天暦元年本が存在し天徳元年本の修行年が異なっていたともみられるが、先に天暦の年紀は誤記と考えたので、一応は天暦本の存在を否定した。同じ天徳本であったとすれば『伝記』を参考としたことになるので、栄海が編纂時に一一歳へと恣意的かあるいは偶発的に変更したと考えられる。そこで『伝記』のゴシック部分に注目すると、栄海が引用しなかった箇所は「五六歳のころは、泥土を以て仏像を作り、(中略)、唯花水合掌を以て、常の遊宴となす」、「同じく広野姫持統天皇の御宇、大化元年乙未の歳、和尚生年十四なり、(中略)、いかに況んや他人をや」である。もとからその部分だけがなかったとは考えにくく、編集で単に省いただけとみられる。一一歳のとき「神童」と認定されたとの文脈から、そのままフレーズの流れのなかで、「夜々他行する」の記述まで直接つなげた可能

性が高い。一四歳か一一歳なのか、そこまで細かい点を気にしていないように思える。というのも『真言伝』にはどのような経緯で懐妊に到ったか、何月何日に生まれたかは簡潔に触れるが、肝心の生まれた年は記載されない。つまり、倍以上の分量のある『伝記』を、大胆に段落ごと削除したため厳密な年齢を踏まえなかったとみられる。

なお、『真言伝』の他で一一歳説を採用するのが元和本である。先に語句の詳細を検討したが、元和五年（一六一九）の写本ということもあり、後世に加筆された要素の多いことを述べた。改めて同じ部分の読み下し文は以下となる。

抑泰澄和尚は、本の名は越の大徳、神融禅師、俗姓は三神氏、越前の国麻生津の三神安角の二男なり、母は伊野氏、夢に白玉の水晶を取りて、懐中に入るとみて、乃ち妊めり、月満ちて産生する時、六月雪降下り、厚きこと一寸、只産の上、庭薗隣地に、素雪皚々として碧氷凛々たり、これ乃ち天渟名原瀛真人天武天皇飛鳥浄御原宮の御宇、白鳳十一年壬午の歳六月十一日誕生したまへり、五六歳のころ、鎮に唯だ泥土を以て仏像を作り、草木を以て堂塔を建て、幼児の儻に交らず、闤闠の門に渉ることなし、万遊通衢に乱舞すといへども、百戯閭巷に叫歌すといへども、未だ曽て競ひ出でず、唯だ華水合掌を以て、常の遊晏《宴》となす、高天原広野姫持統天皇藤原宮の御宇七年壬辰の歳、入唐帰朝の聖人道昭和尚北陸道修行の時、来りて安角の蓬屋に宿す、其の時和尚は十一歳の小童なり、道昭この小童を視るに、顕《頭》に円光を現し、頂に天蓋あり、道昭唯だ独り自らを見て、余［人］は見ず、道昭和尚驚き恠て、父母に教へて曰く、汝が子は是れ神童なり、特に崇敬を加へて守養すべし、非凡庸にあらず、軽蔑すべからず、父母其の教誡を蒙り、特に尊重して、撫育する所なり、**同じく広野姫持統天皇の御宇、大長元年壬辰、和尚生年十一歳なり**、自ら夢む、八葉蓮花の上に坐するに、傍に高僧あり、乃ち告げて言く、汝今知るや否や、吾は乃ち汝が本師なり、住所は西方に在り、汝が坐する所の蓮花は、乃ち聖観音所持の蓮花なり、汝比丘の形を以て、十一面の利生大光普照の徳を施すべし、菩提心を退くることなかれと、語《詞》未だ畢らざる、忽然として失せぬ、然りといへども、父母に語らず、いかに況んや他人をや、**同年冬の季より、此の神童夜々他行す**、父安角恠しみ思ひて、竊に嫡男、神童が舎兄三神の安方を以て、其の行跡を尋ね趁はしむるの所、越知の峯坂本金堂の岩屋の内に入り畢んぬ、即ち礼拝すること数百遍、其の声、南無十一面観世音神変不思議者と唱ふ、乃ち岩屋を出でて、越知の峯に挙《攀》ぢ登る。舎兄安方は、深更たるに依りて、坂本に止宿し、夜明けて父宅に帰り、此の由を啓す、未だ履を脱ぐに及ばざるに、彼の神童帰り来れり、此の如き奇異、連々として絶えず、後年に至りては、偏に彼の嶺を栖みて、久修練行す、自ら鬢髪を落して、乃ち比丘の形となり、藤の皮苔の衣を以て膚を蔽ひ、松の葉花の汁を以て命を助く、生得の智解忽ち発して、布字の月輪に在り、自然の覚悟暗に催して、入我々入外なし、六時の礼讃、年を累ねて退かず、三昧の坐禅、日を積んで倦むことなし、修験漸く秀でて、乃ち世の宝なり、況《呪》功早く越へて、国の師となれり

わずかな文字の違いは認められるものの、基本的には同じ底本にもとづく。異なるのは校訂本の「同じく広野姫持統天皇の御宇、大長元年壬辰、和尚生年十四なり」、元和本の「同じく広野姫持統天皇の御宇、大化元年乙未の歳、和尚生年十一歳なり」の箇所である。元和本はそのあと夢告の記事を挟み、「同年冬の季より、此の神童夜々他行す」と続くので、修行年は一一歳になる。『伝記』は一四歳である。その大部分が『伝記』をもとにしたにもかかわらず、なぜか一一歳だけが異なる。大谷寺の伝承にあった一一歳という独自の伝をもとに元和本の書写にあたり加筆したのか、『真言伝』の記述をもとにしたのか。先に見たように『真言伝』は『伝記』の編集により一一歳としているので、特にその年齢にこだわった様子は認められない。別系統とみられる天暦本の存在が証明できれば、そこに一一歳と記されていたとも考えられるが、板木作成時の誤記とみられるので、後者の元和五年の書写に際し『真言伝』の記述をもとに越知山の独自性を主張するために一一歳とした可能性が高い。

おわりに

一三二〇年代に成立した『釈書』と『真言伝』という二つの泰澄伝を中心にその文言の相違などを『伝記』との比較のなかで検討した。まず、これまで『釈書』の泰澄伝に関しては『伝記』→『釈書』、『釈書』→『伝記』という二説があった

が、『釈書』所収の際に記述上の明らかな間違いを訂正し、文言などの編集をおこなっていることから、師錬の言うように『伝記』の「弊朽せる一軸」をもとに『釈書』「越知山泰澄」「白山明神」を書き分け、『釈書』にある「天徳二年」の年紀についても、改元の関係で『伝記』の「天徳元年」をもとに二年に直したと考えた。『真言伝』の「天暦元年」については、天徳元年（九五七）成立の伝だけが存在していたと考えた。

次に、『真言伝』について奥書には和尚のことは「伝」の中より略して書き出すとあるので、栄海は執筆にあたり天暦本をもとに節略したとある。天暦元年（九四七）の年紀については天徳の誤記ともとらえ、『釈書』と同じような天徳年間の年紀のある『伝記』をもとに成立したととらえ直した。しかし『真言伝』には『伝記』にない「真言秘密ノ行」の語句があるなど真言宗の立場から若干の編集がなされており、特に修行時の年齢には明確な違いがある。『真言伝』では修行年が一一歳、『伝記』では一四歳、これについては『真言伝』の節略という編集方針から一一歳からの記述を同年でつないだ可能性について指摘したが、元和本も同じ一一歳であるので大谷寺独自の伝が存在していたことも充分に考えられる。一一歳修行とする伝は他にも存在することから、金沢文庫本・尾添本・平泉寺本などとは別系統の伝の存在を暗示するものなので、今後さらに検討を深めていく必要があるだろう。

注

（1）『元亨釈書』第第一五「方応八」、第一八巻「願雑十之三」（原著 虎関師錬・編著 藤田琢司『訓読 元亨釈書 下巻』禅文化研究所、二〇一一年 所収）。
（2）『真言伝』巻第四（仏書刊行会『大日本仏教全書第一〇六冊 真言付法伝外七部』名著普及会、一九七九年 所収）。
（3）重松明久「『泰澄和尚伝記』の成立」『歴史への視点—真宗史・仏教史・地域史—』桂書房、一九八五年。
（4）藤田琢司「『元亨釈書』について」『訓読 元亨釈書 下巻』禅文化研究所、二〇一一年。
（5）藤田前掲（4）文献。
（6）重松前掲（3）文献。

（7）重松前掲（3）文献。
（8）堀大介「『泰澄和尚伝記』成立過程の基礎的研究」『越前町織田文化歴史館 研究紀要』第二集、越前町教育委員会、二〇一七年。
（9）『元亨釈書』巻第一八「願雑十之三 尼女四 如恵」。
（10）『元亨釈書』巻第一五「方応八 越知山泰澄」、巻第一八「願雑十之三 白山明神」。
（11）『元亨釈書』巻第一一「伝智之一 元興寺道昭」、「伝智之一 延暦寺最澄」、「伝智之一 金剛峰空海」。
（12）藤堂明保ほか編『漢字源 改訂第五版』学習研究社、二〇一〇年。
（13）『元亨釈書』巻第一八「願雑十之三 尼女四 如恵」。
（14）藤田前掲（4）文献。
（15）『元亨釈書』上元亨釈書表。
（16）『海蔵和尚紀年録』（元亨）二年壬戌条（塙保己一・太田藤四郎 編『続群書類従 第九輯下 伝部』続群書類従完成会、一九二七年 所収）。
（17）藤田前掲（4）文献。
（18）平泉澄『泰澄和尚伝記』白山神社蔵版、一九五三年。下出積與「泰澄和尚伝説考」『日本古代史論集 上巻』坂本太郎博士還暦記念会、吉川弘文館、一九六二年。浅香年木「『泰澄和尚伝』試考」『古代文化』第三六巻第五号、古代学協会、一九八四年（「第三編 泰澄伝承と寺社縁起 第一章 泰澄和尚伝試考」『中世北陸の社会と信仰』法政大学出版局、一九八八年 所収）。
（19）『元亨釈書』巻第一五「方応八」。
（20）大隅和雄「『元亨釈書』と神祇」『東京女子大学附属比較文化研究所 紀要』第四八巻、東京女子大学附属比較文化研究所、一九八七年。
（21）『元亨釈書』巻第二五「資治表六」。
（22）野口博久「真言伝解題」『真言伝』説話研究会、勉誠社、一九八八年。

(23)『真言伝』巻第七。
(24)野口前掲(22)文献。
(25)武内孝善「真言伝」『日本仏教史辞典』吉川弘文館、一九九九年。
(26)野口前掲(22)文献。
(27)原田行造「『真言伝』小考—その構成と説話配列をめぐって」『語学・文学研究 創刊号』金沢大学、一九七〇年。
(28)『真言伝』巻第四「泰澄和尚」。
(29)『大日本国法華経験記』巻下「第八一 越後国神融法師」(井上光貞・大曾根章介 校注『日本思想大系七 往生伝 法華験記』岩波書店、一九七四年 所収)。
(30)『本朝神仙伝』「四 泰澄」(井上光貞・大曾根章介 校注『日本思想大系七 往生伝 法華験記』岩波書店、一九七四年 所収)。
(31)野口前掲(22)文献。
(32)『真言伝』巻第四「泰澄和尚」。
(33)野口前掲(22)文献。

第三章　泰澄諸伝の検討

はじめに

第二章では一三二〇年代の泰澄伝について検討した結果、『泰澄和尚伝記』（以下、『伝記』と略する）『釈書』（以下、『釈書』と略する）の奥書にある天徳年間（九五七～六一）に成立したとされる浄蔵口述・神興筆記の伝は同じもので、一三世紀後葉頃に成立した「弊朽せる一軸」そのものであると考えたが、ここでは天徳本の存否や他の平安時代の史料を取り上げ、その詳細とともに『伝記』の原形たるものを考えるうえでの基礎データを積み上げていく。また、年譜形式を取らない部分的な情報をもつ伝もあり、なかには一一世紀後半から一二世紀初頭にかけての史料に、泰澄を加賀国や人や越後国の神融とみるものもある。泰澄的人物が各地に存在し一人に集約したとする複数説の根拠となるものであるが、天徳年間に『伝記』の原形たる原泰澄伝が存在し、宮廷など中央で確固たる泰澄像が確立していたとすれば、その影響から説話的あるいは創作的な性格をもつ書物として成立した可能性も指摘できるので、そのあたりについても検討する。

第一節　奥書にみる諸本と貞観本の存在

一　奥書からみた泰澄伝

『伝記』の奥書に着目すると、天徳元年（九五七）本、『釈書』の天徳二年（九五八）本、『真言伝』の天暦元年（九四七）

本の存在がうかがえ、天徳元年と二年の年紀は近いが、天暦元年は一〇年遡った年代である。『伝記』のような長文が九、一〇世紀に成立したことは考えにくいが、そのもととなる原泰澄伝の諸本がいくつか存在し、他に系統の異なるものがあったことを示唆している。(1) また、別伝の存在をうかがわせる奥書をもつ『伝記』が二つある。ひとつが元和本であり、以下のように記される。(2)

抑和尚伝記、雖所々相替、本々区々、此本者、一条院御宇、於寛弘年中、仰勅従官庫申降処之本也、然於正本、為当社御貴宝、深入函納神殿畢、恐々、於写本者為将来亀鏡、撰器用之輩可相伝、努々他家勿及窺見、況輙誰見聞焉、於神道者、軽翫則蒙冥罰、秘敬則預利生、是眼前勝理也、全勿外見矣　（『伝記』元和本）

元和本は一条天皇朝の寛弘年中（一〇〇四～一二）に勅に依って官庫より「申降たる処の本」であった。基本的には『伝記』をもとにしたとみられるが、修行年だけが一一歳（一二歳）なのかは疑問である。『真言伝』の影響と考えたが、越知山独自の伝承あるいは書物があり、それらを採用したことも否定はできない。注目するのは「雖所々相替、本々区々」とあるように内容を異にする伝が複数あり、なかには修業開始年一一歳（一二歳）の伝が存在したことも充分に想定できる。

ひとつが平泉寺本で、以下のように記される。(3)

書本云、俗名通憲小納言入道信西本、以保元元年丙子三月十八日、自文庫盗取出、写畢云云　（『伝記』平泉寺本）

平泉寺本は小納言の藤原通憲の所有する信西本が保元元年（一一五六）に文庫より盗み出されたものの書写とあるので、一二世紀中頃にもとになる伝が存在したことになる。元和本の官庫と平泉寺本の文庫というように、いずれも中央から流れ出た伝であるので、そのまま記述を信じれば一一から一二世紀にかけてその原姿たる伝が都に存在したことを意味している。

他に注目するものに『白山記録十種』がある。(4) 白山に関する記録一〇種をひとつにまとめたものであるが、『白山大権現縁起』中に「神融大師誕生并遷化之記」（以下、『遷化之記』と略する）が所収されており、「清和天皇五十六代　于時貞観二庚辰歳六月八日書記之」とあるので、真偽はともあれ天徳年間より古い貞観二年（八六〇）の年紀をもつ伝となる。先に検討したものも含め年代別に並べると、以下の通りである。

貞観二年（八六〇）　神融大師誕生并遷化之記
天暦元年（九四七）　真言伝
天徳元年（九五七）　泰澄和尚伝記
天徳二年（九五八）　元亨釈書
寛弘年中（一〇〇四～一二）　元和本
保元元年（一一五六）　平泉寺本

『伝記』をまとめるに際し複数の伝が存在したことを示している。ただし奥書に潤色がないとはいい切れず、その内容も『伝記』に近いものであったかの確証はないが、ひとついえるのは『伝記』に「凡厥在世滅後、不思議徳行、異相権化等、不遑毛挙、異説不同、首尾非一」、『釈書』に「賛曰、予修此書、広索諸記、得澄師之事者多、其間怪誕不寡」、元和本に「雖所々相替、本々区々」とあるように異伝が複数あり、なかには怪しいものも少なからず存在していた。第二章で検討したように天暦元年については『伝記』との比較から誤記の可能性が高く、天徳二年の年紀も編纂時に改元の誤りに気づき、天徳元年を書き直したと考えた。天徳元年成立の伝は『伝記』そのものではないが、古伝中にその年紀があった可能性は高い。その一方で、元和本や平泉寺本の奥書を信じれば『伝記』につながる泰澄伝なる書巻があり、その内容について知ることは難しいが、それこそ一一から一三世紀にかけて記されたものが存在したことになる。

これらの見解も踏まえると以下のようになる。

貞観二年（八六〇）　神融大師誕生并遷化之記
天徳元年（九五七）　真言伝　※天暦元年は天徳元年の誤記か。
天徳元年（九五七）　泰澄和尚伝記

天徳元年（九五七）　元亨釈書　※虎関師錬が天徳元年を二年に改めたか。
寛弘年中（一〇〇四～一二）　元和本
保元元年（一一五六）　平泉寺本

天徳元年成立の泰澄伝がいかに重要であったかがわかる。

二　貞観本の存否

そこで、それより古い年紀のある『遷化之記』を次に検討する。『白山記録十種』の最初に所収された『白山大権現縁起』は「白山大権現縁起　一軸」とあり、以下のように記される。(5)

白山之縁起

吾在加賀国於医王山、見白山高嶺雪、此峯心有神霊思、為末世衆生利益、可奉行顕霊神常思念、至于時霊亀二年生年卅五也、同六月二日之夜、夢以天裂瓔珞飾身貴女、従虚空透出紫雲中告曰、我霊感時至早可来焉、然而日本根子高瑞浄足妃元正天皇御在位養老元年丁巳歳卯月朔日戊午日攀登、彼見有大池、彼自池中示九頭龍王形、拙僧曰、此是方便示現也、非真身焉、言深観念暫龍王入池中、亦現十一面観音、即揺金冠、瞬御眼、握金箭、肩係銀弓、含咲語言、我是妙理大菩薩、我雖有天嶺、恒遊此林中、以此処為中居、上護上皇、中守天下諸君公、下撫下民、泰澄諦聞、日本秋津嶋本是神国也、国常立尊神代最初国主也、次国狭槌尊、次豊斟渟尊、次泥土煮尊、沙土煮尊、次大戸之道尊・大戸間辺尊、次面垂尊・惶根尊、次伊弉諾尊・伊弉冊尊、謂之神代七代、吾身乃伊弉冊尊是也、今号妙理大菩薩、此神丘白嶺、乃吾神務国政時都城也、吾乃日域男女元神也、天照大神吾伊弉冊尊子也、其子正哉吾勝々速日天忍穂耳尊、其子天津彦彦火瓊瓊杵尊治天下卅一万五百卌二年也、其子彦火火出見尊治天下六十三万七千八百九十二年、其子彦波瀲武鸕鶿草葺不合尊治天下八十三万六千卌二年也、人代第一国王神武天皇、乃彦波瀲武鸕鶿草葺不合尊第四子也、此天皇御宇七十六年也、天皇生年卌六也、甲寅歳謂諸兄及子等曰、天祖降跡以来、于今七十九万二千四百七十六歳也、抑我吾地真身者在此天嶺、往可礼言訖、忽隠其時尊拙僧思一七日之間、入浸禅頂池中成浄身清体、見天嶺登、以閻浮檀金長四寸本尊、乗八葉白蓮、垂玉珠瓔珞、金色放光有御立、拙僧驚肝、謹一万三千三百三十三度奉礼拝䖈、而建立社頭移身体、再号加賀国白山妙理大権現、広闢天下如是渡、尊長身体間披社頭時恂懼恭敬、而結智拳印可披唱、阿毘羅吽納受社頭時三千三百三十三度礼拝、而可閉納者也、仍文章如件

泰澄沙門判在

神亀元甲子六月十八日

宝代坊
右京進安本

両人相渡

白山二十一社

上七社

（中略）

下七社

（中略）

神融密左右語曰臥行者浄定行者

△妙理大菩薩言、森森瑞木蘼々異草悉是吾子眷属所居也、一万眷属妙徳垂跡十万金剛童子遍克施徳五万八千神女堅宇振威云云

神融大師誕生并遷化之記

△人王四十代天武天皇御宇、白鳳十一年壬午六月十一日、白雪皎誕生、七歳之時、密教金剛薩埵受相伝尊勝随求之秘法、行越知之峯、杉之本端坐、丑寅之時点、不動之秘法祈行、神之受吉、種種法行給矣、同四十一代持統天皇

御宇七年壬辰歳、十一歳也、入唐帰朝之後、聖人道照大和尚、北陸道修行之時、神融父三神氏安角入蓬屋、其時和尚視神融異相、頭現円光頂在天蓋、道照独見余人不能見、和尚驚告父母曰、汝子是神童也、特加崇敬可守養云々、同大化元年乙未、神融十四歳之時、或夜夢自坐八葉之蓮花上、傍在高僧、則告曰、汝今不知否、吾乃汝本師也、住所在西方、汝所坐之蓮花則観音所持之華也、汝早以比丘之形、可施十一面之利生大光普照徳示現玉フト云リ、其後神童夜々他行、父母角《安》不思儀、竊舎兄以安方、其行所令尋、越知峯麓岩屋之内入畢、則礼拝数百返、唱南無十一面観世音神変不思儀祷、乃岩屋出、歩登越知之峯矣、舎兄安方帰父宅、未晄履彼神童帰来、家内居、其外奇瑞雖多略之

人王四十五代聖武天皇之御在位、天平八年丙子、神融生年五十五歳也、玄昉《カ》僧正帰朝、持来経論五千余巻之内十一面経為専一礼拝讃嘆矣、同九年丁丑、諸国中疱瘡流行、都城公郷下民没死、不可勝計時、神融依勅、宣修十一面之法、日数不幾、疱瘡終以止畢、天皇有帰依、詔授大和尚位、諱号泰証、雖然神融奏曰、改証字可成澄字、其意趣者亡父安角旧名為訪云云、天皇聞之給有御感、則号泰澄大和尚、其後蒙勅、宣白山麓垂跡、神殿新有建立、国家泰平祈給利生他異也、雪山之頂、本地仏体自彫刻、貴賤歩運奉恭敬、供養竭身心罪業、神融時々頭上現金光給、人見時者失、人不見時者、良久也、君有若無若病者、食鉢飲食者其莫苦患、凡使神、落飛鳥止走獣、神力無空不能説言云々

△人王四十八代称徳天皇御在位、神護景雲元年丁未、神融生年八十六歳也、其歳三重之木塔百万基長六尺、表六道依勅宣天下結縁造立之、其内神融勧進造立一万基、十方法界廻向給云々、勅使吉備大臣、同年二月下旬、奏聞、神融之状曰、今以三月中旬、欲交九品一葉之、再会期四方之、願勾留東隅云々、天皇首傾再拝言、此状者白山妙理大菩薩手跡也、持高安童、不可也、可悲、苦海之縁、蓋勿神融如言、帰本土、同年三月十八日結跏趺坐、結大日印、奄《カ》然入定遷化、春秋八十六歳也、頂放神光、山谷金地成、空落雨蓮花、草木悉愁歎含色、従白山禅頂《脱カ》覆紫雲、聖衆来迎之粧、厳重奇特之雲瑞甚多、為末代謝徳、入遺骨於石室、奉為往来結縁大師、凡在世滅後不思儀之

徳行異相権化等不遑挙矣

清和天皇五十六代

于時貞観二庚辰歳六月八日書記之

（『白山記録十種』「白山大権現縁起」）

奥書には「元禄十二年己卯年六月廿八日／阿闍梨法印　澄恵（花押）」、「右鶴来町安藤市右衛門方ニ有之一巻／金剣神社守部祠掌松清持参書写／明治十七年十月十二日歳／禰宜成瀬正居」とあるので、澄恵が元禄十二年（一六九九）に記し、明治十七年（一八八四）に書写されたことがわかる。神亀二年（七二五）の泰澄の在判をもつ縁起、上・中・下の白山二十一社について記したもの、神融が二人の弟子に語った言、神融大師の誕生と遷化の記が収録される。これは天文の相論のおりに牛頸村・風嵐村側が提出したもので、幕府側の政所奉行人が「貞観二年泰澄記」を謀書と断定したことから江戸時代の偽書とみられるが、天徳年間より古い本になるので検討の対象とした(6)。

一軸を全体でみれば『釈書』のスタイルに似る。『遷化之記』はその事蹟を年譜形式で述べた『釈書』の「越知山泰澄」、「白山之縁起」は泰澄が白山神に導かれ、十一面観音を感得するまでの行動を述べた『釈書』の「白山明神」に対応する。特に前半部の「白山之縁起」は泰澄直筆とされる神亀二年（七二五）の年号が付される。『伝記』『釈書』では越前国の越知山を拠点としていたが、「白山之縁起」は「吾在加賀国於医王山、見白山高嶺雪」と加賀国の医王山としているので、加賀側からの潤色が認められる。

また、同年六月二日とあるのは霊亀二年（七一六）とわかるので、三五歳の貴女による誘いや養老元年（七一七）の白山登頂などの内容は『伝記』と同じである。しかし「白山之縁起」には林泉の場面はないまま白山登頂となる。神世七代・地神五代の記述も同じであるが、『伝記』の舞台は林泉であった。つまり越前馬場の拠点である林泉の場面は削除され、代わりに禅頂池の話や四寸本尊の内容が記される。最後に「再号加賀国白山妙理大権現」とあるので、加賀側からの論理で再構築したことがわかる。それから「白山二十一社」「神融密左右語曰」「遷化之記」と続くが、「白山二十一社」

は『白山之記』、「神融密左右語曰」は『伝記』をもとにし、最後にある清和天皇朝の貞観二年（八六〇）の年紀は『遷化之記』のみを指すものとみられる。

そこで前提の作業として『遷化之記』について『伝記』『釈書』との比較をおこなった。(7) 詳細に検討したものを次頁に掲げるが紙面の都合で大幅に縮小した。なお、ゴシックは『伝記』と『遷化之記』、傍線は『釈書』と『遷化之記』の共通文字である。『遷化之記』に見られる特徴的なものは波線で、『遷化之記』で触れられない『伝記』の記述は見え消し線で示している。総じてみると『遷化之記』は『釈書』より『伝記』の方に親和性がある。なかでも「不可勝計」などの共通語から尾添本に近い。『真言伝』は『伝記』を忠実に節略したもの、『釈書』も同じように書き換えられたので、普通に考えれば『伝記』をもとに要約した形が『遷化之記』となる。しかし貞観二年の年紀は見逃せないので、その関係を探る必要がある。

まず『伝記』を要約したとみられるものに、『伝記』では「非凡庸、不可軽蔑、父母蒙其教誡、特尊重所撫育也」を『遷化之記』ではそれを「云云」とし、「至于後年者、偏栖彼嶺久修練行、自落鬢髪乃為比丘形、以藤皮苔衣蔽膚、以松葉花汁助命、生得智解忽発、布字月輪在心、自然覚悟暗催、入我々入無外、六時礼讃累年不退、三昧坐禅積日無倦、修験漸秀、為世宝、呪功早越為国師矣」を「略之」としている点がある。『遷化之記』では天平八年の「神融生年五十五歳也」と年齢が示されたあと、同九年では「和尚生年五十六也」の記述を削除する。一方で、『伝記』を読みやすくするためか、『遷化之記』では「修行之時」「十四歳之時」「汝所坐之蓮花」「比丘之形」「可施十一面之利生」「越知峯麓岩屋之内入畢」「聖武天皇之御在位」「神融之状曰」とあり、所々で「之」を加える。『伝記』では年齢を「十四」「八十六」とするのを『遷化之記』では末に「歳」と補う。

次に編集という視点でみると、意図的な削除は最初の部分である。『遷化之記』では「人王四十代天武天皇御宇、白鳳十一年壬午六月十一日、白雪皎誕生」とシンプルに記されるが、『伝記』で「白山行人泰澄和尚者（中略）月満産生時」とある出自について意図的な削除がなされる。同じような編集は天平宝字二年（七五八）のとき越知峯の大谷仙崛

『泰澄和尚伝記』

由山行人泰澄和尚者、本名越大徳、神融禅師也、俗姓三神氏、越前国麻生津三神安角二男也、母伊野氏、夢取白玉水精、入懐中乃妊矣、用満産生時、六月雪降下、厚一寸、只産屋上、庭薗陸地、素雪皚々碧氷凜々、此乃天渟名原瀛真人天武天皇飛鳥浄御原宮御宇、白鳳十一季壬午歳六月十一日誕生矣、

五六歳比、以泥土作仏像、以草木建堂塔、不交幼児之儀、無渉閭闠之門、雖万遊乱舞於通衢、雖百戯叫歎於閭巷、未曾競出、唯以花水合掌、為常遊宴焉、

高天原広野姫持統天皇藤原宮御宇七年壬辰歳、入唐帰朝聖人道昭和尚、北陸道修行時、来宿安角蓬屋、其時和尚十一歳小童也、道照和尚視此小童、頭現円光、頂在天蓋、道昭唯独自見、余人不見矣、道昭和尚驚恠、教父母曰、汝子是神童也、特加崇敬可守養、非凡庸、不可輕蔑、父母崇其教誡、特尊重所撫育也、

同広野姫持統天皇御宇大化元年乙未歳、和尚生年十四也、自夢坐八葉蓮華上、傍在高僧、乃告言、汝今知否、吾乃汝本師、住所在西方、汝所坐蓮花乃聖観世音所持花也、汝以比丘形可施十一面利生大光普照徳、勿退菩提心、詞未畢忽然而失、雖然不語父母、何況他人乎、従同元年冬季、此神童夜々他行、父安角恠思、竊以嫡男神童舎兄三神安方、令尋趁其行跡之処、越知峯坂本巌屋内入畢、即礼拝数百遍、其声唱南無十一面観世音神変不思議者、乃出巌屋、攀登越知峯矣、舎兄安方依為深更坂本止宿、夜明帰父宅啓此由、未及脱履彼神童帰来、如此奇異連々不絶、至于後年者、偏栖彼嶺久修練行、由落鬢髪乃為比丘形、以藤皮為衣蔵膚、以松葉花汁助命、生得智解忽発、布字月輪在心、由然覚悟暗催、人我々入無外、六時礼讃累年不退、三昧坐禅積由無倦、修験漸秀、為世宝、呪功卓越為国師矣、

又、同聖武天皇御在位、天平八年丙子歳、和尚生年五十五也、尋遇入唐帰朝求法師玄昉和尚、将来経論五千余巻、解紐披閲、礼拝讃嘆、特授以十一面経矣、

同九年丁丑歳、和尚生年五十六也、其年疱瘡流行、都城公卿以下百姓、没死不可称計、和尚依勅宣、修十一面法、日数不幾、疱瘡漸不流行、終以止畢、天皇特帰依、詔授大和尚位、諱号泰證、然和尚奏曰、改證字、可成澄字、為慕亡父安角旧名、諱其後世著提也、天皇聞之、感涙千行、其後号泰澄和尚矣、和尚頭上、時々現金光、人見而恠、乃失、人不見時、良久、若有宿病者、食和尚鉢飯、其所苦患、莫不痊、凡駈鬼使神、落飛鳥止走獣、神力不思議也、

和尚常語左右曰、妙理大菩薩言、森々瑞木、離々異草、悉是吾王子眷属所居也、一万眷属、妙徳垂跡、十万金剛童子、遍吉施徳、五万八千采女、堅牢振威矣、

如斯高行、仙骨累年焉、孝謙天皇御在位、天平宝字二年戊戌歳、和尚生年七十七也、本由行出離、幽居于越知峯大谷仙崛、其山為体、青岳如三鈷、乃表三密瑜伽行則、黄地似八葉、蓋顕八供諸尊居遊、截眼仰峯、本覚月光朗矣、峙耳臨谷、秘法流水潔焉、草木非常草木、理智曼荼羅林交枝、碧巌非常碧巌、種子三昧耶香添色、応知、此峯本是和尚離行之古峯、此谷乃亦和尚入定新谷、比之聖跡、可謂妙絶矣、

高野姫重祚称徳天皇御在位、神護景雲元年丁未歳、和尚生年八十六也、其年三重木塔百万基、長六寸、表六道、依勅宣、天下花夷、結縁造立、其内和尚勧進造立一万基、附勅使吉備大臣、以同年二月下旬、経奏聞、和尚状曰、今以三月中旬、欲交九品聖衆、再会期西方、願勿留東隅、爰天皇傾首再拝言、此白山妙理大菩薩書跡、特高安置、不可聊尓、今可悲、苦海縁尽、忽帰本土矣、和尚如言、同年三月十八日結跏趺坐、結大日定印、奄然入定遷化、春秋八十六也、頭放神光、山谷併金地、空雨蓮花、靈瑞甚多矣、為永代謝徳、入遺骨於石辛櫃、為将来結縁、安之大師房、

『神融大師誕生并遷化之記』

人王四十代天武天皇御宇、白鳳十一年壬午六月十一日、白雪皎誕生、

七歳之時、密教金剛薩埵受相伝尊勝随求之秘法、行越知之峯、杉之本端坐、丑寅之時点不動之秘法祈行、神之受吉、種種法行給矣、

同四十一代持統天皇御宇七年壬辰歳、十一歳也、入唐帰朝之後、聖人道照大和尚、北陸道修行之時、神融父三神氏安角入蓬屋、其時和尚視神融異相、頭現円光、頂在天蓋、道照独見、余人不能見、和尚驚、告父母曰、汝子是神童也、特加崇敬可守養云云、

同大化元年乙未、神融十四歳之時、或夜夢自坐八葉之蓮花上、傍在高僧、則告曰、汝今不知否、吾乃汝本師也、住所在西方、汝所坐之蓮花則観音所持之華也、汝早以比丘之形、可施十一面之利生大光普照徳、示現玉フト云リ、其後神童夜々他行、父母角不思儀、竊舎兄以安方、其行所令尋、越知峯麓岩屋之内入畢、則礼拝数百返、唱南無十一面観世音神変不思儀祷、乃岩屋出、歩登越知之峯矣、舎兄安方帰父宅、未晄履彼神童帰来家内居、其外奇瑞雖多略之、

人王四十五代聖武天皇之御在位、天平八年丙子、神融生年五十五歳也、玄昉僧正帰朝、持来経論五千余巻之内、十一面経為専一、礼拝讃嘆矣、

同九年丁丑、諸国中疱瘡流行、都城公郷下民、没死、不可勝計時、神融依勅宣、修十一面之法、日数不幾、疱瘡終以止畢、天皇有帰依、詔授大和尚位、諱号泰証、雖然神融奏曰、改証字、可成澄字、其意趣者亡父安角旧名為訪云云、天皇聞之、給有御感、則号泰澄大和尚、其後蒙勅、宣白山麓垂跡、神殿新有建立、国家泰平、祈給利生、他異也、雪山之頂、本地仏体自彫刻、貴賤歩運奉恭敬、供養竭身心罪業、神融時々頭上、現金光給、人見時者失、人不見時者、良久也、君有若無若病者、食鉢飲食者其莫苦患、凡使神、落飛鳥止走獣、神力無空不能説言云云、

神融密左右語曰、妙理大菩薩言、森森瑞木、離々異草、悉是吾子眷属所居也、一万眷属、妙徳垂跡、十万金剛童子、遍克施徳、五万八千神女、堅宇振威云々、

人王四十八代称徳天皇御在位、神護景雲元年丁未、神融生年八十六歳也、其歳三重之木塔百万基、長六尺、表六道、依勅宣、天下結縁造立之、其内神融勧進造立一万基、十方法界廻向給云云、勅使吉備大臣、同年二月下旬、奏聞、神融之状曰、今以三月中旬、欲交九品一葉之再会、期四方之願勾留東隅云云、天皇首傾再拝言、此状者白山妙理大菩薩手跡也、持高安置、不可也、可悲、苦海之縁、蓋勿、神融如言、帰本土、同年三月十八日結跏趺坐、結大日印、奄然入定遷化、春秋八十六歳也、頂放神光、山谷金地、成空落雨蓮花、草木悉愁歎含色、従白山禅頂覆紫雲、聖衆来迎之粧、厳重奇特之雲瑞甚多、為末代謝徳、入遺骨於石室、奉為往来結縁大師、凡在世滅後、不思儀之徳行、異相権化等、不遑挙矣、

『元亨釈書』

釈泰澄、姓三神氏、越之前州麻生津人、父安角、母伊野氏、夢白玉入懐、而有孕、白鳳十一年六月十一日生、時白雪降落、庭宇皚皚、産屋之上積寸余。

及五六歳、不交児輩、不遊闤闠、百戯喧巷衢、未曾出見、唯以泥土作仏像、以草木搆堂宇、或采花水、合掌供献、率当戯娯、

持統六年、道昭和尚遊化北地、適投三神氏、忽見小童、頭現円光覆以宝蓋、昭独見、余不能見、照驚、告父母曰、此児神童也、加敬育焉、時澄十一歳、

十四時、夢身坐蓮台、傍有沙門語曰、汝知否、我是汝本師也、住在西方、汝所坐蓮者、観世音所持之花也、汝可以比丘形、施十一面利生普照之徳、覚而怪喜、慎不語人、其歳冬、父見児夜夜失之、怪語兄安方曰、季児毎夜潜出、汝趁所止、安方承教竊伺出時、匿身踵跡、到越知峯岩洞中、弟入内礼拝数百、高唱曰、南無十一面観世音神変不思議者、言已出洞登峯頂、巖巒峭峙、安方不能昇、返宿洞中、遅明帰家報父、未脱履弟児帰、後棲遅此峰、苦修練行、自薙髪為比丘。衣藤皮食松葉、修懺積年、発得智解、自然感悟密乗、

天平八年、天下疱瘡、王公士庶死者、不可勝計、上勅澄修十一面観音法攘之、不数日而疱息、天平之効授大和尚位、改号泰證。澄奏曰、願以證作澄、蓋不忘父諱也〔澄角和訓徒隣〕、上聞之、竜顔濟然、乃賜号泰澄和尚、澄自落髪未暇名、俗呼為越大徳、至此以泰澄為名、澄生平時時頭上、現金光、人有見乃隠、宿疾者餐鉢飯靡不痊、駆役鬼神、使令鳥獣、

神護景雲元年二月、以書与僕射吉備公、辞帝曰、吾将還西方、願留叡情於仏乗、僕射以聞、帝哀歎親灑宸筆答澄、澄得語墨、誡其徒曰、聖筆宝札、置之高架、莫忽諸、三月十八日、結跏趺坐定印而化、年八十六、頂放神光、山谷変金、天雨蓮華、門人閟遺骨于石函、

に蟄居するとの内容の削除にもみられる。他に『遷化之記』だけにある「其後蒙勅、宣白山麓垂跡、神殿新有建立、国家泰平、祈給利生、他異也、雪山之頂、本地仏体自彫劅、貴賤歩運奉恭敬、供養竭身心罪業」、「従白山禅頂覆紫雲、聖衆来迎之粧」の記述についても加賀側の宣揚とみたい。

なお『伝記』では天皇の歴代数は触れられないが、『遷化之記』では「人王四十代天武天皇」「同四十一代持統天皇」「人王四十五代聖武天皇」「人王四十八代称徳天皇」と代数が付される。ちなみに「人王」の表現については『帝王編年記』に以下のように記される。(8)

人王

第一 神武天皇 日本紀第三 神日本磐余彦天皇
（『帝王編年記』巻第三）

第十五 神功《シングウ》皇后 日本紀第九 気長足姫尊
（『帝王編年記』巻第四）

（中略）

第四十代 天武天皇 日本紀廿八廿九 当唐高宗則天皇后 諱大海人 浄御原帝

（中略）

第四十一代 持統天皇 日本紀第三十 当唐四代則天皇后 諱菟野 又鸕野

聖武天皇 豊桜彦命号二奈良帝一 亦称二勝宝感神皇帝一
（『帝王編年記』巻第一〇）

（中略）

四十八代 称徳天皇 孝謙重祚名也
（『帝王編年記』巻第一一）

神功皇后を一代として数えたことは『神皇正統記』(9)なども共通する。その点では鎌倉時代から南北朝時代に下る要素といえるので、貞観二年（八六〇）の年紀は後世の潤色となってしまうが、『伝記』にない七歳時の記述が気になる。「行越知之峯、杉之本端坐」とあるのは大谷仙崛での蟄居の記述を削除すると越知山関係の記述がなくなるため、七歳の記事をつくることで矛盾の解消をはかったとみられる。しかしそのあと一四歳時に越知峯麓の岩屋に向かうので結局は矛盾するが、『伝記』では「越知峯坂本巌屋」とあるのを『遷化之記』では「坂本」の削除により解消したようである。こうしてみると『白山大権現縁起』の一軸は前半部の神亀二年の泰澄直筆とされる「白山之縁起」、後半部の『遷化之記』ともに『伝記』、特に尾添本系をもとに加賀側の視点で書き換えられたとみられるが、『遷化之記』にみる七歳の記述は『伝記』とは別系統の古伝であったことも否定できない。(10)

第二節　一一、一二世紀の泰澄関係伝

泰澄にまつわる史料は『伝記』だけではない。一一から一二世紀にかけて散見されるようになるので、ここでは時系列で取り上げる。

一　一一世紀末〜一二世紀初頭

まずは首楞厳院沙門の鎮源の撰とし長久四年（一〇四三）に成立したとされる『大日本国法華経験記』（以下『法華験記』と略する）巻下の第八一(11)に収録された「越後国神融法師」である。(12)なお、以下のすべての引用文献の傍線は説明上わかりやすくするため筆者が加えたものである。

沙弥神融（俗云古志小大徳、有多名、不注之）越後国古志郡人矣、読誦法華経、深有薫修、練行無比、鬼神承命、国王遙帰依、万民近崇敬矣、其国中有国上山、有一檀那、発心作善、造立宝塔、欲供養時、雷電霹靂、雷破壊塔、各々分散摧折而去、檀那懐歎

悲泣無限、又改造塔、更欲供養、如前雷来摧破去、如是破塔然両三度、願主檀那歎大願不果、猶改造宝塔、求於宝塔為雷不破壊、神融上人語檀那曰、莫生悲歎哉、我以妙法力、守護於宝塔、令不破壊、当成汝願即住塔本誦法華経、爰靉靆布雲、細雨数降、雷電晃曜、願主而作是念、雷破塔相也、悲歎憂愁、神融上人立誓、高声誦法華、時有一童男、従空下落、見其形体、頭髪蓬乱、形貌可怖、年十五六歳、被縛五処、流涙高声、起臥辛苦而白言、持経上人、慈悲免我、自今以後更不破塔、時神融法師問破壊因縁、雷白聖言、此山地主神与我有深契、地主語曰、此塔立我頂、仍無住処、為我可破壊塔、依地神語度々破壊、而妙法力不可思議能伏一切、依之地主移去他所、我敬恐避由此、当知施主願足、聖人誓言実、神融聖人告雷神云、汝随仏法不作違逆、発起善心、不破宝塔、尤当利益汝、但見此寺更無水便、遙下谷汲水荷登、雷神此処可出泉水、以為住僧便、汝若不出水、我縛汝身、雖送年月更不去、又汝此寺東西南北四十里内、更不可生雷電之声、時雷電神跪敬承聖人仰、如命可出水、又於山内四十里内、更不出雷声、況自来哉、即掌中承瓶水一滴、以指鵰穿岩上、雷電大動飛上虚空、即従岩穴忽出清泉涌走、其水大豊、夏極冷息熱、冬極温制寒、其後宝塔更不破壊送数百年、又於一切処、雖雷電震鳴、此国上山東西南北四十余里、雷電声不聞、誠以希有甚深法力矣、諸僧集住、興法利生、神融上人依妙法力、現施法験、後証菩提、神護景雲年中入滅矣

（『法華験記』巻下 第八一）

沙弥神融は越後国古志郡の人で、俗に古志の小大徳で数多くの名ありこれを注さないとある。内容について詳細は触れないが、国上寺が舞台で、塔を壊す雷神を『法華経』の力によりとらえるという内容である。注目するのは神融が泰澄とは記されず越後国の人で、入滅の時期が示された点にある。神融といえば『伝記』では養老六年（七二二）に元正天皇の病治癒の効により護持僧として禅師の位を授かり神融禅師と号したとあり、神護景雲年中といえば『伝記』では泰澄五五歳のとき天平宝字二年（七五八）に大谷の仙崛に蟄居したあと、神護景雲元年（七六七）に八六歳で入定したことになっている。部分的であるが、両書には共通点が認められる。

次に、これと同じ内容の説話が一二世紀初頭の成立とされる『今昔物語集』巻第一二[13]に収録された「越後ノ国ノ神融

聖人、縛雷起塔語第一」である。[14]

今ハ昔、越後国ニ聖人有ケリ、名ヲバ神融ト云フ、世ニ古志ノ小大徳ト云フハ此レ也、幼稚ノ時ヨリ法花経ヲ受ケ持テ、昼夜ニ読奉ルヲ以テ役トシテ年来ヲ経タリ、亦、勲ニ仏ノ道ヲ行フ事怠ル事無シ、然レバ諸ノ人、此ノ聖人貴ビ敬フ事無限シ、而ル間、其ノ国ニ一ノ山寺有リ、国上山ト云フ、而ルニ、其ノ国ニ住ム人有ケリ、専ニ心ヲ莜シテ、此ノ山ニ塔ヲ起タリ、供養セムト為ル間ニ、俄ニ雷電霹靂シテ此ノ塔ヲ跳壊テ、雷、空ニ昇ヌ、願主、泣キ悲テ歎ク事無限シ、然ドモ「此レ、自然ラ有ル事也」ト思テ、即チ、亦改メテ此ノ塔ヲ造ツ、亦供養セムト思フ程ニ、前ゝノ如ク雷下テ跳壊テ、遂ザル事ヲ歎キ悲ムデ、猶改メテ塔ヲ造ツ、此ノ度ビ、雷ノ為ニ塔ヲ被壊ル事ヲ止メムト、心ヲ至テ泣ゝク願ヒ祈ル間ニ彼ノ神融聖人、来テ願主ニ向テ云ク、「汝ヂ歎ク事無カレ、我レ法花経ノ力ヲ以テ、此ノ度雷ノ為ニ此ノ塔ヲ不令壊ズシテ汝ガ願ヲ令遂ム」ト、願主、此レヲ聞テ、掌ヲ合セテ聖人ニ向テ泣ゝク恭敬礼拝シテ喜ブ事無限シ、聖人、塔ノ下ニ来リ居テ、一心ニ法花経ヲ誦ス、暫許有テ、空陰リ細ナル雨降テ雷電霹靂ス、願主、此レヲ見テ、恐ヂ怖レテ、「此レ、前ゝノ如ク塔ヲ可壊キ前相也」ト思テ、歎キ悲ム、聖人ハ、誓ヒヲ莜シテ、音ヲ挙テ法花経ヲ読奉ル、其ノ時ニ、年十五六許ナル童、空ヨリ聖人ノ前ニ堕タリ、其ノ形ヲ見レバ、頭ノ髪蓬ノ如クニ乱レテ、極テ恐シ気也、其ノ身ヲ五所被縛タリ、童、涙ヲ流シテ、起キ臥シ、辛苦悩乱シテ、音ヲ挙テ聖人ニ申サク、「聖人、慈悲ヲ以テ我レヲ免シ給ヘ、我レ、此レヨリ後、更ニ此ノ塔ヲ壊ル事不有ジ」ト、聖人、童ニ問テ云ク、「汝ヂ、何許ノ悪心ヲ以テ此ノ塔ヲ度ゝ壊ルゾト、」童ノ云ク、「此ノ山ノ地主ノ神、我レト深キ契リ有リ、地主ノ神ノ云ク、『我ガ上ニ塔ヲ起ツ、我レ、住ム所無カルベシ、此ノ塔ヲ可壊シ』ト、我レ、此ノ語ニ依テ度度塔ヲ壊レリ、而ルニ、今、法花経ノ力不思議ナルニ依テ、我レ、吉ク被縛ヌ、然レバ、速ニ地主ノ神ヲ他ノ所ニ令移去メテ、永ク逆心ヲ止ム」ト聖人ノ云ク、「汝ヂ、此レヨリ後チ仏法ニ随テ逆罪ヲ造ル事無カレ、亦、此ノ寺ノ所ヲ見ルニ、更ニ水ノ便無シ、遥ニ谷ニ下テ水ヲ汲ムニ煩ヒ多シ、何ゾ、汝ヂ此ノ所ニ水ヲ可出シ、其レヲ以テ住僧ノ便ト為ム、若シ汝ヂ水ヲ出ス事無クハ、我レ、汝ヲ縛テ、年月ヲ送ルト云フトモ不令去ジ、亦、汝ヂ此ノ東西南北四十里ノ内ニ雷電ノ音ヲ不可成ズ」ト、童、跪テ聖人ノ言ヲ聞テ、答テ申サク、「我レ、聖人ノ言ノ加ク水ヲ可出シ、亦、此ノ山ノ外四十里ノ間ニ雷電ノ音ヲ不成ジ、何況ヤ、向ヒ来ル事ヲヤト」云フニ、聖人雷ヲ免シツ其ノ時ニ、雷、掌ノ中ニ瓶ノ水ヲ一滴受テ、指ヲ以テ巌ノ上ヲ摑穿テ大キニ動シテ、空ニ飛ビ昇ヌ、其ノ時、彼ノ巌ノ穴ヨリ清キ水涌キ出ヅ、願主ハ塔ヲ不被壊ザレ事ヲ喜ビ悲ムデ本意ノ如ク供養シツ此ノ山ノ住僧ハ水ノ便ヲ得タル事ヲ喜テ聖人ヲ礼ス、其ノ後、数百歳ヲ送ルト云ヘドモ、塔壊ル、事無シ、亦、諸ノ所ニ雷電震動スト云ヘドモ、此ノ山ノ東西南北四十里ノ内ニ于今雷ノ音ヲ不聞ズ、亦、其ノ水不絶ズシテ于今有リ、雷ノ誓ヒ錯ツ事無シ、実ニ此レ、法花経ノ力也、亦、聖人ノ誓ヒノ実ナル事ヲ知リ、施主ノ深キ願ノ足レル事ヲ皆人貴ビケリトナム語リ伝ヘタルトヤ

（『今昔物語集』巻第一二）

越後国の神融が『法華経』の力により雷をとらえる内容である。「越後国に聖人ありけり、名をば神融と云ふ、世に古志の小大徳と云ふはこれなり」の記述や内容をみると『法華験記』を典拠としている。泰澄と出てこない点で共通するが、入滅の時期が示されない点で異なる。古伝のひとつで、『法華験記』と同系統に位置づけられる。先の二つと別系統の伝で、大江匡房が著し天永二年（一一一一）以前の成立とされる『本朝神仙伝』（以下、『神仙伝』と略する）(15)で、以下のように記される。(16)

泰澄者、賀州人也、世謂之越小大徳、神験多端也、雖万里地一旦而到、無翼而飛、顕白山之聖跡、兼作其賦、于今伝於世、到吉野山、欲解一言主之縛、試苦加持三匝已解、暗有声叱之、繋縛如元、又向諸神社問其本覚、於稲荷社数日念誦、夢有一女、出自帳中告曰、本体観世音、常在補陀落、為度衆生故、示現大明神、詣阿蘇社有九頭竜王、現於池上、泰澄曰、豈以畜類之身、領此霊地乎、可示真実、日漸欲晩、有金色三尺千手観音、現於夕陽之前池水之上、泰澄経数百年不死、其終

（『神仙伝』「四　泰澄」）

泰澄は加賀国の人で世に越の小大徳という。神験は多端で、万里の地といえども一旦にして至り、翼なく飛び、白山の聖跡を顕してその賦を作る。吉野山に至り一言主の縛を解こうとして加持すると三匝は解けたが、暗《そら》から声あり再び元に戻ってしまう。その声の本覚を問うと稲荷の社では夢に一女が現れ、本体観世音・常在補陀落・為度衆生故・示現大明神と告げる。阿蘇社に詣でると池の上で九頭竜王が現れたが、泰澄の言により金色の三尺の千手観音に変わったという。

注目するのは『伝記』では越前国の生まれ、『法華験記』では越後国の神融とするなか、ここでは加賀国の泰澄とする点である。『法華験記』『今昔物語集』『神仙伝』は越の小大徳とする点で共通するが、『法華験記』は神護景雲年間の

入滅、『神仙伝』は不死とする。しかも一言主の縛を戻した存在の正体を知る過程で登場する『神仙伝』の「夢有一女」や「有九頭竜王」は、『伝記』の霊亀二年の「和尚至霊亀二年夢、以天衣瓔珞飾身貴女」、養老元年の「爾時従池中、示九頭龍王形」と対応するが、変化が千手観音の点で異なる。その死に関しても『神仙伝』の「泰澄経数百年不死、其終」、『伝記』は「奄然入定遷化、春秋八十六也」とある。伝説的な要素が強く創作性が加えられ役行者と並ぶ神仙として位置づけられる。なかでも霊異の契機として一女が登場し本体が観音だと語り、九頭竜王から千手観音に変わる点は、『伝記』における夢中の貴女から九頭龍王へ、十一面観音へと変化する内容を彷彿とさせる。

井上光貞によると、(17)『法華験記』は輪廻思想を前提に法華経持経者の説話の集大成であり、なかでも山岳信仰や神祇信仰との交渉などの土着性が濃厚だという。一方、『神仙伝』は平安朝の文人の神仙思想の伝統を受け中国の神仙伝に範をとり、日本で匡房の神仙観にかなう人物を拾い出し本朝の神仙列伝として述作した、信仰的というより知的な文学的作品である。『法華験記』にみられる説話の持経者は修行のため山岳にこもり宗教生活を営むが、苦行の末に魔縁を降伏し羽化して飛行、長寿を獲得し鬼神などを駆使するなど神仙的な世界が描かれており、こうした修行者のあり方は『神仙伝』で描かれる人物たちに通じるものといえる。

両書は別々の史料にもとづいたとみられるが、確固たる泰澄伝が中央で流布していれば、それぞれに独自の創作性の強い編集を加えたため異伝が成立したとも解される。これは一一世紀後葉までに原伝が存在していたため、それと差別化するために『法華験記』『神仙伝』などの異伝が生じたのか。それともこの二書がのちの伝に影響を与え、『伝記』の成立に際して部分的な情報として採用されたのか。前者は原姿たる伝があったために関連の史料が生まれたとの見解であり、後者は泰澄的人物が複数存在し一人に集約されたとする説の根拠ともなり得る。これはのちほど改めて検討する。

二　一二世紀前葉〜中葉

ここまでの伝説的要素が強く創作性の高い説話とは異なり、比較的信頼度のある史料とみられるのが『本朝続文粋』

に所収された藤原敦光が著し保安二年（一一二一）の成立とされる「白山上人縁起」である[18]。

白山者山嶽之神秀者也、介二在美濃飛騨越前越中加賀五箇国之境一矣、其高不レ知二幾千仭一、其周遙亘二数百里一、天地積レ陰、冬夏有レ雪、譬如二葱嶺一、故曰二白山一、夏季秋初、気暄雪消、四節之花、一時争開、側聞、養老年中、有二一聖僧一、泰澄大師是也、初占二霊崛一、奉レ崇二権現一以降、効験被二于遐迩一、利益及二于幽顕一、参二詣其場一之者、百日断二葷腥一、来二至其砌一之者、二里禁二涕唾一、依二信心之清浄一、有二感応之掲焉一、爰西因者、本是肥前国松浦郡人也、齢十有四、出家求レ道、離二本郷一登二台山一、登レ壇受レ戒、其後年々歳々、在々処々、難行苦行、無レ有二休息一、遂到二此山一、永為二其棲一、久修練行、四二十三年于兹一矣、興法之志雖レ深、利生之願雖レ大、身無二依怙一、力所レ不レ及、然而且依二一大事之因縁一、且任二十方界之施与一、始レ自二今朝一、期二未来際一、先契二一万年之星霜一、定二置十二口之夏臈一、昼夜不断、奉レ念二弥陀宝号一、是則末法万年之間、弥陀一教、可レ遺之故也、抑勤二修此善一之道場者、当山之麓、笥笠神宮寺也、半丈六皆金色阿弥陀如来像一体、誂二雲毘首一瑩二尊容一、負二戴其像一、奉レ請二此処一、将下立二精舎一以奉中安置上耳、是則所三以妙理権現初現二弥陀身一也、西因便発二大願一曰、若聞二白山名一、善悪諸衆生、流二転生死一者、我即不レ成仏一、若結二縁此善一、遠近諸衆生、不レ坐二極楽一者、我即不二往生一、我修二普賢行一、遍二無尽世界一、引二導諸衆生一、証二無上菩提一者、伏惟、娑婆世界与二極楽国土一、浄穢雖レ異、機縁甚深、其中我日本国者、仏法繁二昌于他境一、是以雖レ為二辺鄙下賤民之人民一、誰無二見仏聞法之功徳一、定知、有二浄刹因一之輩、生二於斯土一明焉、嗟乎、十悪五逆者、風前之塵、妄想顛倒者、空中之花、弥陀之白毫一照、煩悩之黒業悉除、然則誰不レ登二観音之金台一乎、詎不レ詣二安養之宝地一乎、若一人不二往生一者、我誓不レ成二正覚一、況乎此会結縁之輩、此地役レ膝之人、今生鎮蒙二我山加護一、当来必証二彼岸覚位一、于レ時保安二年六月一日、仏子西因為レ貽二将来一、揚二推記レ之

（『本朝続文粋』「白山上人縁起」）

前半部は白山は山嶽の神の秀でた者なりで始まり、白山の所在、その名称の由緒と続き、養老年中（七一七～二四）に泰澄大師という一聖僧がいて、初めて白山の霊崛を選んで修行し権現を崇めたとある。『伝記』と同じ養老年間の年

紀が付されたこと、泰澄大師という呼称が一二世紀前葉に存在し、藤原敦光により記述されたことが重要である。敦光といえば藤原明衡の子である。侍読という天皇の側に仕える学者で、堀河・鳥羽・崇徳の三代に仕えていた[19]。いわば最高レベルの文人でもあるので、「養老年中、一聖僧あり、泰澄大師これなり」と記されたことは当時の宮廷で、白山と泰澄の関係に対する認識を知るうえで重要な史料といえる。つまり都においては泰澄＝養老年間の白山開山という関係性が確立していたとみてよい。

　後半部は肥前国松浦郡の西因が白山で四三年修行して保安二年（一一二一）に笥笠神宮寺に阿弥陀如来像を安置したという阿弥陀信仰者の白山縁起である。注目するのは西因と白山の関係である。西因は元禄十五年（一七〇二）成立の『本朝高僧伝』にも出てくるが[20]、一四歳で出家し二〇歳のとき比叡山に登りのちに大乗戒を受けると、承暦二年（一〇七八）に白山に至り修行すること四三年の保安二年（一一二一）六月一日、笥笠神宮寺（中宮の神宮寺）を道場として昼夜弥陀の宝号を念じ、精舎を建て半丈六で金色の阿弥陀如来像一体を安置し白山妙理権現の本地を説いた。泰澄伝の関係では妙理権現の本地は十一面観音であるが、「初めて弥陀の身を現すなり」と阿弥陀如来となる点で、天台浄土教の影響を強く受けていたとみられる。

　以上が一一世紀から一二世紀初頭にかけての伝であるが、次に取り上げるのは『本朝世紀』久安五年（一一四九）四月十六日条の記事である[21]。

此事是則駿河国有二一上人一、号二富士上人一、其名称二末代一、攀二登富士山一、已及二数百度一、山頂搆二仏閣一、号二之大日寺一、又詣二越前国白山一、酌二龍池之水一、凡厥所レ行併非二凡下一、頃年以来、勧二進関東之民庶一、令レ写二一切経論一、其行儀如法清浄也、（中略）昔天喜年中有二日泰上人者一、登二白山一杓二龍池之水一、末代上人若是日泰之後身歟、世之所レ疑如レ此而已

（『本朝世紀』第三五）

　駿河国に一上人がいて富士上人と号し、その名を末代と称する。富士山に数百度登り仏閣を構え大日寺と号し、越前国の白山に詣でて龍池の水を汲んだ。……かつて天喜年中（一〇五三〜八）に日泰は同じように龍池の水を酌んだとあ

り、末代は日泰の後身という。加えて久安五年（一一四九）五月十三日甲午条によると、末代が鳥羽上皇以下の朝廷貴顕に大般若経の書写を勧め富士山頂に奉納しているので、その名は中央まで達していた。(22) 直接泰澄との関係性はないが、龍池の水に関する最古の記事となり、約一〇〇年前の一一世紀後半から一二世紀にかけて活動し中央で著名な修行僧の存在が示された点で注目される。

三　一二世紀後半

長寛元年（一一六三）の成立とされる『白山之記』を取り上げる。(23) 白山の開山から加賀馬場の形成を伝える白山宮最古の縁起で、当時の泰澄観を知るうえでの重要史料といえる。奥書には「本云、正応四年五月一日書写旱、本云、永和四年六月晦日、金剣宮下院書写旱、于時応永十六年五月十九日書写旱」、「永亨十一年六月九日、加州温谷護法寺護摩堂上閑室、此本闕如間、染筆了　右筆定成」と記される。永亨十一年（一四三九）に白山七社のひとつ金剣宮系の伝本を筆写した室町時代の写本である。なお『白山之記』には「書本云、右依千妙聖人、中宮長吏隆厳注之云々、但私書副分、少々在之」とあり、右の内容は千妙聖人の撰述により中宮の長吏隆厳がこれに注を入れたもので、私見により添え書きも少しあると記す。全体の文体から平安後期の成立に対して検討の余地があるということなので、のちに書写した者が自説も少々書き加えたことも想定される。(24) それを踏まえ一二世紀後半という成立年代を重視したうえで検討する。

都合九に分けたものを次頁に掲げるが、①は「加賀国石川郡味智～白山三御山御在所」の二七六文字、②は「後□峙一少高山名剣～不疑観音冥助者歟」の二二三文字、③は「従劫初以来常雖仏～別当捧御弊令申事」の一五〇文字、④は「然間長久年中壬午～及末代是難有事也」の三六〇文字、⑤は「其後所埋室辺造改～所奇玄奇特叵載尽」の一五一文字、⑥は「御在所東谷有宝池～履有小社安多門天」の三三五文字、⑦は「次又有一霊験宝社～二宇五間二面講堂」の八七五文字、⑧は「一、本地十一面観音 白山本宮霊亀元～長吏隆厳注之云々」の一一三五文字、⑨は「白山宮一宮名事加～礼ナシテトヲル也」の八二〇文字とした。そこで『伝記』との共通点を中心に泰澄伝の解明の観点から「書本云、右依千妙聖人」までの①～⑥・⑧を

白山之記云

①加賀国石川郡味智郷有一名山、号白山、其山頂名禅定、住有徳大明神、即号正一位白山妙理大井、其本地十一面観自在井、建立一間一面宝殿、安置五尺金銅像、殿前繋一尺八寸鰐口依末代聖人請権頂法皇御願也、又立長一丈錫杖同請同御願、東有社、号児宮、如意輪垂迹也、西有一社、別山本宮也、北並峙高峰、其頂住大明神、号高祖太男知、阿弥陀如来垂迹也、建立一間一面宝殿、安置五尺金銅像、其前立一丈錫杖末代如前、繋一尺八寸鰐口願主越前国足羽住盛意、香呂一枚願主如前、南去数十里有高山、其山頂住大明神、号別山大行事、是大山地神也、聖観音垂迹也、有一間一面宝殿、安置五尺金銅像、殿前立錫杖末代如前、繋一尺八寸鰐口、香呂一枚如前盛意、此名白山三御山御在所、

②後□一少高山名剣御山、是麓有池水、号翠池、適得其水嘗之延齢方也、大山傍有玉殿、翠池権現出生給也、西有小社、別山本宮也、奉譲権現南山渡給也、池西有深谷、雪積未曾消滅、是名千歳谷、々南名竜尾、其麓泰澄大師行道跡、雖経四百有余歳、其跡不生草木、聖跡新也、若是雖大師入滅後、常行給凡眼不及歟、即彼山泰澄大師奉行顕給也、池上一岡、云稲倉峯、或云大師綺石、又有一峯、云皮籠峯、凡案山為体、不異震旦五台山、五台大聖文殊栖宅地、白山観音サタ利益砌也、一度践清涼峯者、必預文殊利益、一度白山攀類、不疑観音冥助者歟、

③従劫初以来、常雖仏井集会砌、機感時至、養老三年己未七月三日御宅宣成始、至此長寛元年癸未四百四十五ヶ年也、雖垂跡加州、天長九年壬子三方馬場開、即従三方馬場、参詣御山、道俗恒沙非喩、或禅頂法皇花山院令参詣傾首、十善玉体身曲於雲漢、四海君主践於其地、凡求官位福寿、願智恵弁才随願、任望一々無不円満、従三方馬場参詣輩、皆其馬場別当捧御弊令申事、

④然間長久年中壬午、一悪比丘出来、号出雲小院良勢、其性凶悪其行非法、住越前室、権現奉下其方坂本、号新宮、追去三方座主別当、押領参人所進物、致如是等非法之間、加賀馬場行人等数十人、望越前馬場、以初更時、(中略)、告云、汝出室云而、以石打室、僧迷悶不出、又重打之、雖打弥為恐不出、屢又投繋土石如雨、斯時迷出室、傍有一丈余石、名采女、其石影隠見之、自御在所後有二人童子、長十丈計掻土石埋室、其両三堂字惣四五字埋之、成一岳、其所穿土石跡二所、一所澄水名今翠池、一所雖成深谷、其土石投道、作細長小山、所埋室堂財木端少々出之、寄異寄特不可勝計、案其故、放火殺害輩寄宿故極不浄也、仍被埋之歟、冥衆所為及末代、是雖有事也、

⑤其後所埋室辺、造改堂五字室三字、五堂皆安置三所権現御体歟、金容並光玉顔列星而已、其中阿弥陀堂安置大般若経一部、数仏具有之、新堂安置五部大乗経十部法花経、安置純金三寸三所御体、於此堂夏衆等夏中勤不可勝計、六月不断法花経並八講等有之焉、凡山為体不能委記、其峰□雲漢其谷近水際、霊草異樹不似人間草木、寄巌怪石、誠為神仙遊所、奇玄奇特巨載尽、

⑥御在所東谷有宝池、人跡不通、唯有日域聖人、汲其水云々、其味具八功徳云伝、雖風不吹俄畳白浪、天晴静者忽放金光、或空中顕仏頭光、或谷現地獄相、是十界互顕善悪並現歟、太男知麓盤石上有泉水、上道人受其水助喉、若初参輩不知望此汲之者、尺水忽立大浪、其水悉自石上揺失、人見之大驚発露□□者、忽水盈満如元、其石下泉北有一宝社、安置不動明王、其東有一山、其色極赤、似火色、全不似余山、是号火御子峯、上道人進扇、云扇御峯、従其下沙峯下七輿下畢、有大盤石泉水、名玉殿泉、雖水勢不幾、参上人数千人雖汲之水不失、大雨雖下其水不増、又山頂有池、号雨池寄異如石泉水、傍有堂字、室一字、安置三所御体宝社、其下不幾有滝水、号高滝、人無通不計其長幾計万仭、其滝非凡盧所計、浄水落下形如白雲聳、赤光顕現疑明王火炎、見之涙不留、無始罪障自滅歟、立其次石室坂下有一岳、名藁履御峯、上道進藁履、有小社、安多門天、

⑦次又有一霊験宝社、号檜新宮、垂迹禅師権現本地是地蔵井也、(中略)、自此下一里汲壺水、道下向人料也、而其汲水道右有一大石、高□往複有煩、爰号行尋塩絶有行人、汲彼水時石有煩故、以呪力加持之、金剛童子投此石、其石道辺有之、其後名護応石、上下向人皆見之手触之願云、錨金剛童子御手触給石也、願為得脱縁歟云々、御山霊験殊勝故、行人呪力莫大者歟、凡此行尋五不思儀現行者也、次坂下畢有一王子、両神云、此神蛇体王垂迹也、次有宝社、名加宝、虚空蔵井垂迹也、次大河上以大縄両岸結付之構轆轤、乗人渡之、名葛籠渡、

ワ又有一勝地、崇山周八方、形似蓮華葉、地勢峙如三岳、宝社立其上、是号笥笠中宮、本地如意輪也、神殿三間一面、拝殿五間三面、彼岸所七間二面、又小川社五所、又七間二面講堂、本仏大日如来、五尺供鐘在之、又有三間一面殿、又新宝殿三間一面、金峯山小白山不動山御座、三間四面、常行堂本仏阿弥陀、三間一面、法花三昧堂本仏普賢井、三間一面、不動堂、夏堂鐘楼、冬見子孫次第執行伝、当時十一代守目兼延、春見子孫次第神人也、荒御前中宮下有橋、名一橋、不立柱、其岸高未計何十丈、渡之無余念敢不横目、偏念権現渡之、其次有社、号酒殿、有大瓶跡、又有橋、名濁澄橋、如是山内惣橋有十所、為体如前、

ワ又有一宝社、名佐羅大明神宮、本地不動明王、天元五年壬午造始、宝殿小社文殊普賢、早松並松台子滝六所御子、本仏大日如来、長保元年己亥二字、五間二面講堂一字造始之、又有一社、名六所堂、二字温屋、又有一社、名境明神、小豆沢平岩、又有宝社、三間一面、名禅頂別宮、拝殿五間二面、渡殿三間、小社二字、五間二面講堂、

⑧一、白山本宮、霊亀元年陏他現給、殊有勅命、被造立四十五字神殿仏閣、被奉免若干神講田等、鎮護国家壇場被定置者、嘉祥元年戊辰也、凡公家造替屋々、宝殿拝殿彼岸所、本宮社、政所、大倉、本所倉、傍宮倉、糟神、滝宮、各宝殿三字、拝殿同、祓殿

禅師宮、宝殿、拝殿、講堂、剣講堂、西堂、東堂、十一面堂、新十一面、馬頭堂、新三昧堂等、御内八堂、鐘楼、武徳殿、五重塔、四足門、廻廊等四十余字舎屋内也、

小神分九所神分也、不動天和佐谷ニ有之宝殿拝殿アリ、岩神馬場谷在之、三戸明神船岡平等寺境在之、岩坂宮尻在之、弓原井口在之白山在之、糟神、志津原明神山内庄瀬、高峅、同佐那武大野庄

(中略)

ワ火御子、宝殿拝殿、加賀国敷地之中敷地也、

已上本宮王子眷属也

凡白山本宮入延喜神名帳、三十三年一度御造替云々、募国司重任之劫為造行事、公家御大営社檀也、国司神拝勅使倍従於北陸道限此社者也、号本宮者禅頂本宮故也、神主寛弘以来上道氏、始々神人者守部椋両流、共虫丸末孫也、長吏藤氏末流、院主頂次功労也、禅定御体本木仏、禅房聖人、其御体本堂奉居之、南厳房勧進、奥州秀衡五尺金銅像奉治鋳之、小白山御体長滝寺竜明房、勧進五尺金銅像、三所権現御宝殿、依為本馬場奉造替之処、小白山御宝殿計越前馬場頻申請之間、近比被避渡之云々

三ケ馬場者、加賀馬場越前々々、美乃々々、加賀馬場本馬場也、三ケ馬場参合之時、加賀馬場先達御戸開也、御山進退諸事沙汰、加賀馬場沙汰也

加賀下山七社、白山、金剣、岩本、三宮、中宮、佐羅、別宮、此号中宮三社也、惣云七社、越前下山七社白山三所権現奉祟之、禅頂三所御事也

美乃下山、長瀧寺七社

(中略)

一、白山五院、柏野中宮末寺、温泉寺、極楽寺、小野坂、大聖寺、或八院之内有五院、余三院後建立云々、五院山代庄之内歟、

一、中宮八院、護国寺、昌隆寺、松谷寺、蓮花寺、善興寺、長寛寺、涌泉寺、隆明寺、三ケ寺、那谷寺〈号岩屋寺〉、温谷、栄谷、

右依千妙聖人、中宮長吏隆厳注之云々

⑨白山宮一宮名事、加賀国為越前国之加賀郡之時、越前一宮也、然間弘仁十四年癸卯、加賀国立時、白山加賀国尚一宮也、菅生越前為三宮之処、加賀立国之時、為加賀二宮、気比為二宮之処、加賀立国之間、為越前之一宮、(中略)、但能登国越中能登郷也、聖武天皇御時神亀年中立国之間、越中二宮二神越中之一宮成、気多能登群之時為一宮之間、立国之日ナヲ能登一宮也、旁以白山一宮之条分明也

但越中新気多奉祝、二神諍一宮、二神無力之間、新気多一宮成云々

一　国之八社者

白山、菅生、府南、能田、加茂、神府、佐那武、八幡

白山七社本地垂迹事

御位正一位

本　宮

(中略)

別　宮

譬喩房阿闍梨、白山禅頂参詣云三井寺人也

補陀落ノ本ノ栖ヲ振リ捨テヽ如何《イカ》ニ玆マテ越ノ白山

権現御返事

仏滅ノ長夜ニ迷フ以来ノ輪廻ノ類《ヤカラ》導《ミチヒ》カントテ

又阿闍梨云

等覚ノ位ヲ捨テ此峯ニ跡ヲ垂テハ幾《イク》ラ久キ

権現御返事

優曇花ノツホミシ日ヨリ此峯ニ花ノ散《チ》ル世三度相スル

又阿闍梨云

牟尼ノ日ハクレテ春秋二千歳如何曇花ニ三度相ヘルソ

権現御返事

尺迦已後ト限テせハク思フ三世ノ仏ニ相ヘル我身ヲ

一白山本宮内鳥居檻高寺中与公方境立、中鳥居槻橋寺中与公方境立惣門神保小河立、北陸往反旅人等、此惣門下馬、白山向礼ヲナシテトヲル也

中心にその内容をみていく。

①では三所権現と本地仏の関係が示される。『白山之記』では、白山の山頂を禅定（御前峰）といい、有徳の大明神が住し正一位の白山妙理大菩薩と号す。本地は十一面観音で、頂上に一間一面の宝殿を建立し五尺の金銅像が安置される。その北側にある高峰（大汝峰）山頂には大明神が住し高祖太男知（大己貴尊）と号す。本地は阿弥陀如来で、その頂に一間一面の宝殿を建立し五尺の金銅像が安置される。南数十里にある高山（別山）山頂に大明神が住し別山大行事と号す。大山の地神で本地は聖観音で、その頂に一間一面の宝殿を建立し五尺の金銅像が安置される。三所権現と本地仏の関係を示すが、『伝記』でも御前峰＝十一面観音、大汝峰＝阿弥陀如来、別山＝聖観音が同じように設定された。しかしその配列が異なる。『白山之記』では十一面観音→阿弥陀如来→聖観音、『伝記』では十一面観音→聖観音→阿弥陀如来の順となる。『白山之記』の後半部にあたる別宮の説明でも「本地十一面、阿弥陀、正観音、三所権現也、十一面垂跡御姿、如本宮、阿ミタハ奇眼老翁也、神彩甚夕閑、正観音含咲、宰官人也、帯銀弓金箭」とあり同じ配列といえる。

『伝記』において白山の主神である三所権現の座を御前峰・別山・大汝峰に求め、御前峰には白山妙理大菩薩（本地十一面観音菩薩）、別山にはもとの白山の地主神とされる小白山別山大行事（本地聖観音菩薩）、大汝峰には大己貴神（本地阿弥陀如来）が坐すると説くことに対して、別山を御前峰に次ぐ仏神の座として強調することは三つの仏神の座が越前側の主張に他ならないと浅香年木は述べる[25]。『白山之記』の場合も白山三所権現の居所は『伝記』と同様に御前峰・大汝峰・別山に求めるが、記載の順序はかわり主神の居所とされる御前峰の次に掲げられるのは加賀側からは最も手前に仰ぐことになる大汝峰であって、別山は第三の仏神の座として序列が下げられ、加賀側からは充分に眺望できない別山を三所権現の座のひとつに加えるのは本来ならば不自然なことであるので、越前側の説く仏神の世界の影響を強く受けたとみている。つまり『白山之記』の三所権現の配列は越前側を意識したものであるので、一二世紀中頃には越前側に三所権現という思想と本地仏の設定が確立していたとみられ、それらを備えた泰澄伝が存在していた可能性が高い。

②について御前峰の後ろのやや高い剣御山（剣ヶ峰）は神代の御陵で、この麓に位置するのが翠池である。『伝記』と

の関連でいえば九頭龍王が現じ十一面観音に変化した舞台となるが、『白山之記』には翠池の水を飲むと、延命長寿を得ることができるとある。また、大山（剣御山）の傍らに玉殿があり、翠池から白山権現が出現したことが記される。加えて翠池は白山権現の御在所の後ろから二人の童子が現れ、地面の土石を掻き上げて室を埋めた時にできた直径一〇丈に及ぶ穴のひとつで、今でも水は澄み渡るという。ここでは十一面観音の変化ではなく白山権現の霊験が語られ、池ができた経緯について詳細に記される。これも加賀側から仰ぐ限り、聖なる数に結びつけて説かれるべき三つの仏神の座は御前峰と大汝峰に別山ではなくて、剣ヶ峰を加えるべきだとする加賀側の論理が働いている。加賀平野で生まれた白山三所権現の仏神の座の原初的な姿は、越前側の主張を取り入れた中世成立期以降の三所権現の座とかなり異なっていたはずで、その証拠として越前側の主張により作られた『伝記』には剣ヶ峰がまったく登場しないが、加賀側の主張が盛り込まれた『白山之記』には三所権現の居所に続けて剣ヶ峰のことを記し、かつて剣ヶ峰に主たる仏神の座が求められていた形跡を伝えたことにもあらわれている。

ここでは泰澄大師と記された点が注目できる。池の西に千歳谷という深い谷があり、万年雪に覆われ昔から消えたことがない。谷の南を竜尾といい、その麓にある泰澄大師修行の跡は、没後四〇〇有余年を経ているのに草木も生えず聖跡はあらたかである。これは大師入滅後も修行を続けているのに、凡人の眼にはその姿が見えないだけで、白山は泰澄大師が修行したことにより神が姿を現されたという。池の上にはひとつの岡があり、稲倉峯あるいは大師の縛り石という。次に、三所権現について御前峰の西に小社の別山の本宮があるが、本宮は白山権現にこの地を譲り、今では南山（別山）に渡ったという。つまり元々御前峰には別山の神が鎮座していたが、大行事という補佐の神となった。三所権現の成立にあたり主峰たる御前峰には別山大行事→妙理権現（大菩薩）という段階があったことになる。

③について養老三年（七一九）七月三日に仏菩薩の託宣が初めてあり、それから長寛元年（一一六三）まで四四五年の経過とあるので、一二世紀後半にその原形ができたとみられるが、書写年代を踏まえるとそのまま記述を信じることはできない。文頭は「加賀国石川郡味智郷一名山あり、白山と号す」から始まり、「三方馬場」「三ヶ馬場」が開かれた

のは天長九年（八三二）だという。他にも両書には違いはある。『白山之記』に出てくる年号に注目すると、白山本宮にかかる説明のところで、白山神が霊亀元年（七一五）に現れたとあるのは『伝記』では霊亀二年（七一六）の貴女による夢告、また白山の仏菩薩が人々の願いに感応する時が到来し、養老三年（七一九）七月三日に初の託宣があったとするのは、『伝記』で泰澄が白山に登頂した養老元年（七一七）四月一日に対応する。

前者については『白山之記』の方が原姿たる『伝記』において霊亀二年（七一六）と記されたことにもとづき、加賀側の古さを強調するために、白山神が現れた時期を一年遡上させて霊亀元年としたのか。『白山之記』→『伝記』を想定とすると、越前側が霊亀二年と遅くする必要はない。後者についても養老元年を『白山之記』では養老三年と二年遅らせて設定したとみられる。養老元年といえば『伝記』では仏菩薩（十一面観音）の感得の年代であり、敦光の「白山上人縁起」で述べたように一二世紀前半の宮廷では「泰澄大師」と「養老年中」の相関が指摘できるので、いかに加賀馬場といえども簡単には変更できない。すでに霊亀元年の方で正当性は担保しているので、仏菩薩の感応に関しては年代を譲った可能性が高い。ちなみに養老元年（七一七）の干支に注目すると、天徳元年（九五七）とともに「丁巳」である。天徳元年の年紀を重視すれば養老元年は「丁巳」の年を意識し二四〇年を繰り上げて設定した可能性が高い。

④・⑤について越前室に住む出雲小院良勢という悪比丘が長久三年（一〇四二）に三方の座主・別当を追い払い登拝者の進物を押領したことが記され、一般登拝者の増加にともない参銭や進物を徴収する体制ができ、その権利をめぐり相論も起こるようになり、白山への登拝者が増えることで修行僧たちが拠点としていた宗教施設も一般登拝者たちを教化する施設として荘厳さを増していった[26]。①・⑦にあるように禅頂を中心に加賀馬場における宗教施設の配置がわかり、三峰の山頂には各々に宝殿が建てられ、大汝峰の北斜面には加賀室も置かれた。⑤によると五棟の堂と三棟の室があり、堂内には金色の三所権現像が安置され、夏衆らが法華経や八講など勤行に励んだことが記される。

⑥では池が二つ出てくる。まず「宝池」で御在所の東の谷にある。人が足を踏み入れることがほとんどない場所にはあり、かつて日域（日泰のことか）がその池の水を汲んだが、水の味は極楽にある八功徳池の水のようだという。風が

なくとも突然池に白波が立つことがあり、晴天で静かであれば金光を放つ。空中に仏頭の光、谷に地獄の相を顕わし、十界が交互に善悪が同時に顕現したという。次に「雨池」である。山頂にあり、その奇異は「石の泉水」と同様で、参詣に来た人々数千人がこれを汲んでも水はなくならず、大雨が降ってもその水位は変わらないという。翠池は『伝記』に登場するが、「宝池」の霊異譚は鎌倉時代の説話集に出てくるので次節にて検討する。

⑧について「加賀馬場本馬場也」と強調し、山上で三ヶ馬場から参り会ったときは、加賀馬場の先達が宝殿の戸を開く例であると述べ、御山を進退し諸事の沙汰は加賀馬場がおこなうとしている。白山を加賀国とし加賀側が本馬場であるので、山頂に建立の三所権現の御宝殿は加賀馬場が造替するしきたりであり、三馬場から同時に登拝するときは加賀馬場の先達が社祠の扉を開けること、山内の諸事に関しては加賀馬場に優先権があるなど、加賀側を重視する記載が散見できるので、その荘厳を強調するために記されている。

それに関連して加賀の白山七社の記述が続く。その本地仏・社殿の詳細などが記されるが、「本地垂迹のこと」によると本宮は本地が十一面観音・垂迹が女神、金剣宮〔第一王子〕は本地が倶利伽羅明王・垂迹が男神、三の宮〔第三姫宮〕は本地が千手観音・垂迹が女形、岩本宮〔第二王子〕は本地が地蔵菩薩・垂迹が僧形、中宮は本地が如意輪観音、垂迹が本宮と同様の女神（ただし童形）、佐羅宮は本地が不動明王・垂迹が男神、早松社は本地が普賢菩薩・文殊菩薩、垂迹が二人の童子、別宮は本地が十一面観音・阿弥陀如来・正観音の三所権現、垂迹が女神・奇眼の老翁、宰官人とある。つまり白山の三峰を合わせて三所権現を体現するが、別宮に関しては三所権現がともに祀られる点で注目される。なお『白山之記』では大汝峰麓の雨池の傍らに一つの室堂があり、三所権現の御像を安置したという。

最後に細かい指摘になるが、大己貴尊の表現について『白山之記』では「奇眼老翁也、神彩甚夕用《閑カ》」、『伝記』では「値一奇服老翁、神彩其閑」とほぼ同じ表現である。「眼」と「服」が異なるが、字体が似ているので書写時の誤記であろう。次に聖観音について『伝記』では「値一宰官人、手握金箭、肩係銀弓、含咲語言」、『白山之記』では「正観音含咲、宰官人也、帯銀弓金箭」とある。ほぼ同じ表現であるが、細かい点をいえば金箭と銀弓の位置関係が逆であり、意図的に逆にした可能性が高い。それに関連して金箭と銀弓をもつのは『白山之記』では白山妙理大菩薩の第一王子の金剣宮と別宮にある聖観音菩薩（小白山別山大行事と同一神）である。普段は御前峰にさえぎられて、多くの場合、剣ヶ峰の山容が目立たない越前側と異なり、加賀側では別山のかわりに剣ヶ峰の存在が強調されていたはずで、その山頂にあったのはのちの金剣宮の奥宮と見なすことができ、しかも剣ヶ峰と別山が古い段階に入れかわったことの痕跡とみられる。

なお、御前峰の山頂に建立された宝殿の前には直径一尺八寸の鰐口が懸けられるが、これは末代の祈請で禅頂法皇（鳥羽上皇）の御願によるもので、大汝峰山頂に建立された宝殿の前に立てられた一丈の錫杖も禅定と同じ願主による寄進だという。また、譬喩房という三井寺の阿闍梨が白山の禅頂に参詣し権現との対話が記されることは園城寺の修験者との関係性がうかがえる。

以上、『白山之記』は『伝記』の成立を考えるうえで重要な情報源といえるだろう。

第三節　一三、一四世紀の泰澄関係伝

一三世紀になると、説話集や仏教書などに泰澄や白山権現のことが記される。当時の認識を示すものなので、時系列で取り上げていく。

一　一三世紀前葉

まず源顕兼が著し建暦二年（一二一二）から建保三年（一二一五）にかけての成立とされる『古事談』第五「神社仏寺」[27]のなかで二か所に記される。まずは「日吉客人宮霊験事」である[28]。

日吉客人者、白山権現云々、依二或人夢想一、造二小社一、所レ奉二祝居一也、而慶命座主之時、無二指証拠一者、無レ詮小

社也、又可二御坐一者、可レ被レ示二不思議一云々、件夜入二座主之夢一、有二託宣之旨等一、後朝小社上許、白雪一尺許積タリケリ、六月云々、其後霊験掲焉云々

（『古事談』第五「神社仏寺」）

日吉社の客人宮は白山権現といい、ある人の夢想により小社が造られた。慶命が天台座主のとき不思議を示すべしと言うと夜に夢に入って託宣の旨などがあり、朝には六月なのに小社の上だけに白雪が一尺積もったという。白山権現は白の瑞祥で、季節外れの降雪が霊験とみられている。これとよく似た内容で、その経緯が語られたのは貞応二年（一二二三）の成立で(29)、日吉社の由緒を記した天台神道経典の『耀天記』である(30)。

一六　客人宮事、

昔宮籠広秀法師初奉レ崇レ之、其濫觴者、彼広秀年来参二-詣白山一、而年老力疲レテ不レ能二参詣一、爰祈願云、我数十年之間、参詣不レ怠、然而、於レ今者老屈之間、不レ能二参詣一云々、爰夢想云、我ヲ聖真子ノ東勝地ニ可レ崇、サテ其砌ヘ以二参詣一ヲ可レ存二白山参詣一之由也云々、仍奉レ崇レ之、而無動寺慶命第廿七御時、私奉レ崇者也

私検云、無動寺慶命座主ト申ハ、第廿七座主也、万寿五年改長元五月十九日宣命下、長暦二年九月七日入滅畢、後一条御時也

件座主ニモ不レ令メ中奉レ崇之際、座主参社之時、奉レ見二件宝殿一、被レ仰云、此宝殿ハ、イツヨリ奉レ崇哉、社司申云、相承候ヘバ、宮籠広秀法師所レ奉レ崇也云々、重被レ仰云、此条無レ謂事也、如レ此宮籠等任二雅意一奉レ崇者、宝殿不レ知二其数一挙カ、慥可二壊弃一也云々、仍社司等欲二壊弃一之処、重被レ仰云、今日計ハ可二相待一也、今夜ニ致二祈念一、明日可二左右一云々、翌日又参杜、奉二-拝客人宝殿一之処、件宝殿上雪一尺計積レリ、于レ時七月云々、座主示云、参集諸人見二此雪一否、答云、不レ見、爰座主住メ二奇特ノ念一、自レ今已後者、我門弟等、偏以二此社一可レ奉レ崇也云々、依レ之四月御輿馬ト云、二季彼岸ノ勤ト云、皆以二無動寺一沙汰也

已上親成説、慥在二日記一中中カ云々

（『耀天記』）

座主に申さずに広秀が私に創祀し、それを見咎めた慶命が懐棄を命じたが、明日までの延期と祈念を告げる。翌日に

社参した慶命は積雪を見ることになるが、彼以外の者に雪は見えなかったという。七月の点で異なるが、『古事談』にある夢や託宣のことも記されない。泰澄との関係でいえば生誕時の六月に降雪のあったことと共通するが、『古事談』は一尺、『伝記』は一寸としている。なお霊験の起こった時期については、慶命が万寿五年（一〇二八）六月に六四歳で二七世の座主に就任し、長暦二年（一〇三八）九月の没するまでとあるので、そのまま信じれば一一世紀前葉の霊験譚といえる。

次は「白山御厨池住龍王事」である。(31)

白山権現住給山ニ有レ池、相二去御在所一事卅六町、在二深山中一、縦横七八段許云々、号曰二御厨池一、諸龍王相集備二供養一之池也、件池人敢不レ能二近寄一、若有二臨寄人一之時、雷電猛烈害レ之云々、仍往古来不レ能二近進一、而浄蔵及最澄聖人等、申二請権現一、汲二取此池水一云々、伝二聞此事一、日台聖人参二籠三七日一、祈二申権現一、臨二向彼池畔一、先勤二行供養法一、于レ時天晴敢無二雷雨之気一、仍以レ瓶汲二取池水二升許一了、其後心神迷惑如レ亡、然而相搆退帰了、件水有二病痘一之人、飲レ之塗レ之、莫レ不レ愈、又生々世々所レ値二遇仏法一云々

（『古事談』巻五「神社仏寺」）

白山権現の住む山にある御厨池は諸龍王が集まり供養を備える池であった。池には人が近づくことができず、寄る人がいると雷電が猛烈で人を害するが、かつて浄蔵と最澄などが権現に申し請い池の水を汲んだという。これを聞いた日台は三七日籠もり、権現に祈り池畔に向かい供養法を勤行すると、天は晴れ雷雨の気もなくなったので、池水を二升ばかり取って帰り、その水を病気の人に塗り飲ませると癒えてしまったという。御厨池の初出とみられ、最澄とあるのは浄蔵との併記から天台宗の影響か、あるいは最澄は泰澄の誤記ならば『伝記』との関係性をうかがわせる。

次に、編者は不詳で建保七年・承久元年（一二一九）の成立とされる『続古事談』巻第四「神社仏寺」(32)には以下のように記される。(33)

白山の西因上人かたりけるは、「三所権現は阿弥陀・聖観音・十一面の垂跡也。衆生の煩悩・邪魔を此池にかりこむる故に、かりこめの池と云也。四十八年この山に籠て、大願を発して山の頂に堂を作て、阿弥陀の三尊をすへ

たてまつる。此山に三人の上人あり。一人は、真言を習て山の頂にすみて、三時の行法をして人にあふことなし。五六十日物をくはねども、うへたる気色なし。山内の人、これを証果の人と云。一人は、人近くすみて、結縁の人きたりて、いまだその詞をのべぬさきに、かねて人の心をしれり。人これを化人と云。一人は、座の前に鉢をおきて、天水をまちてうけてのむ。旱する時は、呪をみてて加持すれば、雲起、雨降て、この鉢にいる。その水、絶る事なし。年九十二也。起居軽利也。人、これを神仙といふ。日泰上人といひける聖人、よろづの霊験所をがみのこす所なし。この山の滝の池の水、昔よりくむ人なし。始て是を汲て、人にのませけり。飲人、皆病癒けり。

（『続古事談』巻第四「神社仏寺」）

白山の西因が語ったこととして、前半部では白山三所権現が阿弥陀・聖観音・十一面の垂跡である点、かりこめ池の由緒が簡潔に述べられ、後半部では四八年間白山に籠もり、大願を発して山頂に堂を造り阿弥陀三尊を安置し、それから「証果」「化人」「神仙」の上人のことが語られる。最後に昔から汲む人のなかった滝の池の水を日泰が初めて汲み人に飲ませると、皆の病気が治癒したという。後半部は藤原敦光の「白山上人縁起」の影響を受けた内容であるが、前半部の白山三所権現の本地仏の話は、そこには収録されず唐突に始まることから挿話された印象を受ける。

また、同書巻第四「神社仏寺」には以下のように記される(34)。

巌間寺、正法寺といふ。山城国宇治郡上醍醐の奥、笠取山の東の峯也。越の小大徳といふをこなひ人、十二年をこなひたる所也。日本第三の霊験所とぞ。一は熊野、二は金峯山也。この大徳をば泰澄法師ともいふ。又金鎮法師とも。越後国古志郡の人也。白山をこなひて、次にこの所に来れり。一搩手半の金銅の千手観音を本尊にて、身をはなたずいたゞきたてまつりけるを、此所のひつじさるの方に桂木のありけるを切て、自レ手等身の千手観音を作て、此金銅の仏を籠たてまつりて安置したるなり。この人は唐へわたりて、かれにてうせにけり。此寺の護法は、熊野の権現、金峯山の蔵王、白山の権現、長谷寺の龍蔵権現也。龍蔵は、大徳、かの寺にまうでてかへりけるに、随逐し給ければ、いはひたてまつるとぞ。

（『続古事談』巻第四「神社仏寺」）

山城国の巌間寺（正法寺）について記されたもので、その開基が越の小大徳、泰澄法師とも金鎮法師ともいい越後国古志郡の人とし、越後国・小大徳とするのは『法華験記』『今昔物語集』の説話にもとづいたものである。泰澄が白山修行のあと本寺に訪れ、本尊は金銅で一尺二、三寸程の千手観音であったが、自らが桂木を切りつくり等身の千手観音を安置したとある。唐に渡って亡くなったとする点は異伝のひとつとみられる。

二　一三世紀中葉

さて、『古事談』「白山御厨池住龍王事」に関連して、宗蓮が著し寛喜三年（一二三一）の成立とされる『大法師浄蔵伝』（以下、『浄蔵伝』と略する）を取り上げる。(35)

四十九歳夏、於二白山一安居、七月下旬思量、故老伝言、往昔有二苦行人一、名称二神融一、景雲年中、始開二当山一、自以二法花之功力一駈二毒龍悪鬼等一、籠二一大池一、名曰二御厨一依レ之頃年修行者、不レ能レ到二彼池畔一、若人自到、天地震吼、四方晦冥云々、日来聞レ之思レ糺二真偽一、即点二晴天午時一忽至二池辺一、兼提二竹筒一、酌二其水一護身結界、将レ帰二本宿一之間、雷電霹靂、暴風盛雨、天地震裂、山川崩倒、毒龍現レ形、口吐二黒雲一、気吸二草木一、悉令レ向レ池、況雲霧重畳、既失二方隅一、此時大法師、身心怳忽怖畏、且千口僅誦二神呪一、心竊立二大願一、適到二本所一、遂負レ笈提レ水出山入洛、後時以二彼霊水一、授二与衆庶一新二痊病恙一矣（『浄蔵伝』）

浄蔵四九歳夏の白山安居時に聞いた故老の伝えである。往昔に神融という苦行人がいて景雲年中に初めて白山を開き、『法華経』の力により毒龍悪鬼などを御厨の大池に籠めたという。開山年代が慶雲ならば七〇四〜八年、神護景雲ならば七六七〜七〇年である。養老年間（七一七〜二四）が一般的な認識なので別伝といえる。そのあと浄蔵が白山に赴き、水を持ち帰る話が語られる。修行者は池畔に近づけず、もし近づけば天地は震え吼えて四方は暗闇になる。浄蔵は真偽を確かめるため、晴天の昼に池の水を竹筒に汲んで帰りかけると、急に雷雨となり天地が震裂し山川も崩壊して毒龍の形を現し口から黒雲をはいたので、浄蔵は恐れて神呪を誦し下山して京都に入る。そのあと霊水を人々に施すと病人は平癒したという。

　浄蔵の入山は天慶二年（九三九）頃とみられるが、こうした記事は『浄蔵伝』より以前の、三善為康が著し康和四年（一一〇二）から嘉承二年（一一〇七）にかけての成立とされる『拾遺往生伝』「大法師浄蔵」[36]、寛治八年（一〇九四）以降に皇円が編纂したとされる『扶桑略記』康保元年（九六四）十一月二十一日条にある「浄蔵伝」[37]、あるいは同時代で東大寺僧の宗性が著し建長元年（一二四九）から三年（一二五一）にかけての成立とされる『日本高僧伝要文抄』「浄蔵伝」[38]には確認できない。一二世紀後半に生まれた伝承で、浄蔵の口述とされる『伝記』あるいは『古事談』の記事の影響下で一三世紀中頃に付加されたのかもしれない。『伝記』の成立を考えるうえで重要な史料といえる。ここまでを時系列に並べると以下のようになる。

景雲年間（七〇四～八）	神融、御厨池に毒龍悪鬼を封じる	（『浄蔵伝』一二三一年）
年代未載	最澄（泰澄か）、権現に申請し御厨池の水を汲む	（『古事談』一二一二～五年）
天慶二年（九三九）	浄蔵、御厨池の水を汲み、水で病人治癒	（『浄蔵伝』一二三一年）
年代未載	浄蔵、権現に申請し御厨池の水を汲む	（『古事談』一二一二～五年）
天喜年間（一〇五三～八）	日泰、龍池の水を汲む	（『本朝世紀』一一四九年）
年代未載	日域、宝池の水、極楽の八功徳池の水	（『白山之記』一一六三年以降）
年代未載	日台、先人に習い御厨池で水汲み、水で病人治癒	（『古事談』一二一二～五年）
年代未載	日泰、滝の池で初の水汲み、水で病人治癒。西因の語り	（『続古事談』一二一九年）
承暦二年（一〇七八）	西因、白山に至る。その後、四三年修行	（『本朝続文粋』一一二一年）
保安二年（一一二一）	西因、笥笠神宮寺に阿弥陀如来像を安置	（　〃　）
久安五年（一一四九）	末代、龍池の水を汲む。日泰の後身	（『本朝世紀』一一四九年）

御厨池・龍池・宝池・滝の池は同じで、日域・日台・日泰とあるのも同一人物であったとみられる。真偽はともあれ

日泰以前に池の水を汲んだのは神融（泰澄）・最澄（泰澄か）・浄蔵である。特に神融の場合は池に龍を封じた話があり、浄蔵の場合は病治癒の効果があった。ただし『古事談』では初めて水を汲んだのが日泰という違いはある。日泰は一一世紀中葉頃の人物であり、それから白山で四三年の修行をおこなった西因は一一世紀後葉から一二世紀前葉、そのあとの末代は一二世紀中頃に活動している。つまり一二、一三世紀の白山修行者は神融（泰澄）→最澄（泰澄か）→浄蔵→日泰→西因→末代という流れがあったことになる。

白山にまつわる諸伝の成立に、どのような背景があったのか。史料の成立順に並び替える。

承暦二年（一〇七八）	西因、白山に至る。その後、四三年修行	（『本朝続文粋』一一二一年）
保安二年（一一二一）	西因、笥笠神宮寺に**阿弥陀如来像**を安置	（〃）
天喜年間（一〇五三～八）	日泰、龍池の水を汲む	（『本朝世紀』一一四九年）
久安五年（一一四九）	末代、龍池の水を汲む。日泰の後身	（〃）
年代未載	日域、宝池の水、極楽の八功徳池の水	（『白山之記』一一六三年以降）
〃	最澄（泰澄か）、権現に申請し御厨池の水を汲む	（『古事談』一二一二～五年）
〃	浄蔵、権現に申請し御厨池の水を汲む	（〃）
〃	日台、先人に習い御厨池で水汲み、水で病人治癒	（〃）
〃	西因の語り。**白山三所権現**とかりこめ池の由来	（『続古事談』一二一九年）
〃	日泰、滝の池で初の水汲み、水で病人治癒	（〃）
景雲年間（七〇四～八）	神融、御厨池に毒龍悪鬼を封じる	（『浄蔵伝』一二三一年）
天慶二年（九三九）	浄蔵、御厨池の水を汲み、水で病人治癒	（〃）

一連の譚が語られるにあたり重要な人物は、一一世紀後葉から一二世紀前にかけて活動した西因である。「白山上人縁起」によると承暦二年（一〇七八）に白山に至ると長期間にわたり修行し、保安二年（一一二一）に阿弥陀如来を安

置したとあるが、『続古事談』「西因上人のかたりたるは」によると、前半部は三所権現が阿弥陀・聖観音・十一面観音の垂迹と示し、衆生の煩悩・邪魔をかりこめた池の由来が語られ、後半部は西因の経歴と日泰にまつわる池の水の由来譚となる。前半部は「此池」とあり唐突な感じを受けるので挿話された可能性が高く、かりこめ池と滝の池については異なる池とみられる。一二世紀前葉の「白山上人縁起」には西因は阿弥陀信仰者として記されたが、一三世紀前葉の『続古事談』には三所権現の要素が付加される。

その間には『白山之記』がある。ここでは三所権現の垂迹が明確に記され、その配列は越前側の影響とみられるので、『伝記』の原形が一二世紀中頃には成立していた可能性が高い。そして一二世紀後半での本地仏の完備した形が『続古事談』に反映され西因の業績として付加されたため、前半部の記述に違和感が生じたのか。つまり一二世紀前半までは白山は阿弥陀信仰が強くあり、一二世紀中頃に三所権現の本地仏が理論化されるなかで、一二世紀後半から一三世紀前半にかけての説話集にも影響したととらえられる。

三　一三世紀後葉〜一四世紀前葉

鎌倉時代の仏教説話集を取り上げる。まずは常陸国の勧進僧の住信が著し正嘉元年（一二五七）の成立とされる『私聚百因縁集』である。九巻からなり天竺・震旦・和朝の三部にわかれ、一四七話を収めたものである。[39] 仏法の正しさを説話によって示し、衆生に極楽往生を遂げさせる機縁とすることを目的として著わされたもので、巻第七（和朝之篇）の六「伝教大師ノ事」には以下のように記される。[40]

> 役行者ノ熊野権現金剛蔵王、伝教大師ノ法宿権現高産天王、弘法大師ノ丹生明神、得一大師ノ石梯権現、泰澄大師ノ白山権現、勝道上人ノ日光大菩薩、慈覚大師ノ赤山亦摩多羅神、智証大師ノ新羅明神、行教和尚ノ宇佐宮、皆是レ神明貴ミ二仏法一権現随二喜行徳一儀也
>
> （『私聚百因縁集』巻第七の六「伝教大師ノ事」）

役行者・伝教大師・弘法大師・得一大師とその関係神が示されたあと泰澄大師の白山権現と記される。泰澄は著名な

僧侶と肩を並べ、白山神は全国の主要神に数えられたことがわかる。

次に、天台宗僧の光宗が著し正和三年（一三一四）の成立とされる『渓嵐拾葉集』である。[41] 密教関係の作法・儀軌・俗伝などの聞書集で、以下のように記される。[42]

一、泰澄大師事　越州浅津船渡子也、武烈天皇御宇人也、仏法未度之時分故、仏像無レ之、仍初以扶二立石上一為二本尊一行給、次越智峯登而行給、然後白山建立給ケリ云云、此泰澄ニ二人侍者護法在之、所以一名二臥行者一法師也、二名二立行者一俗体也、其名曰二清定一ト船渡也、此二人行者、真俗二諦ニ至ル也、定恵二徳也　（『渓嵐拾葉集』巻第八七）

泰澄は越州浅津の船渡の子で、武烈天皇朝の人とある。「越州浅津」とあるのは『伝記』の越前国麻生津と齟齬はない。仏教伝来前のため仏像はないが、初めて石の上に立てて本尊とし修行をおこない、越知峯に登り修行のあと白山を開いたという。二人の侍者がいて、法師たる臥行者と俗体たる立行者といい、二行者は真俗二つの真理に至り定と恵の二徳だとある。注目するのは泰澄が船渡の子で、清定も船渡の点である。また、武烈天皇朝という時代設定は修験道の開祖と仰がれる役小角より古く設定して由緒づけをおこない、吉野熊野の修験に対抗した白山修験者の作為と考えられるが、[43] 泰澄が初めて仏像を石の上に立てて本尊とした、つまり仏像を拝んだ最初の人物と位置づけられたことが重要である。

長谷川賢二によると、『伝記』以外で、白山の前に越知山修行をおこなったと明確に示された史料はなく、この記事が最初となり越知山→白山という流れが確立し、のちの『伝記』に影響を与えたというが、[44] それはあくまで天徳本が存在しない前提に立つものであり、それならば泰澄が船渡の子である点、弟子の二行者のひとりが臥に対する立の行者で、名も浄定ではなく清定であった点が、なぜ『伝記』に反映されなかったかが疑問である。これまでの史料で越知山のことが出てこないからといって、それ自体が一四世紀前葉にまとめて作られたとする見解には首肯しがたい。

四　一四世紀中葉

室町時代の文献になるが、白山と泰澄に関する異伝をもつので、天台宗の安居院《あぐい》澄憲の子孫が編者で、延文三年（一三五八）またはその後一、二年のうちに成立したとされる『神道集』巻第六「卅五ニ白山権現事」(45)を取り上げる。(46)

> 抑白山権現ト者、北陰《陸》加賀ノ国白山ノ雪山ニ跡垂給ヘリ、彼御山ト申ハ、千歳ノ寒氷永結テ解ケス、四節ノ名花ハ一時競ヒ開クト云々、胡紫ノ白根ハ、白雪積テ潔シ、婆梨ヲ申ヘテ山トセリ、此ノ如ノ清浄ノ霊地ニ、応跡和光ノ事ヲハ、代何レノ々ノ時トカ云ハン、此山ハ高聳ケテ、白雪初テ雨リ下タリケル昔ヲソ、権現応跡ノ示現ノ初トハ申ヘキ、仏眼神眼ノミ吉ク此ヲ知食ス、今顕レ始奉リシ事ニ付テ両説アリ、一日ノ記ニハ、元正天王ノ御時、霊亀二年丙辰ノ年、白山権現ニハ顕レ始レ給ヘリ、此帝トハ日本ノ四十四代マテ、女体也、諸国ノ々分寺ハ、此御時ヨリ始マレリト云々、一ノ日記ニハ光仁天王ノ御宇、宝亀二年辛亥ノ年、大朝大師此ヲ顕奉リ給リ、此帝ハ人王四十九代マテ御在ス、已上六代ナレハ、五十五年ノ前後也、元正天王ノ御宇ニ付カハ、五百歳ニ余リ給ヘリ、大朝大師ヲハ、越後ノ国テハ金智大師ト云、飛騨ノ工ミカ造リタル礼盤モ、今ノ代マテ在レ之、凡白山権現者、大御前ハ十一面観音也、小男地《ヲナンチ》ハ本地アミタ也、因万タラノ面也、別山大行事ハ本地請観音也、五人ノ王子御在ス、太郎ハ剣ノ御前、御本地ハ不動明王也
>
> （『神道集』巻第六「卅五ニ白山権現事」）

天台系の神道説と諸国の大社の縁起や神徳を述べたもので、筑土鈴寛の分類によると白山権現事は垂迹縁起的なるもので、物語的分子がなくやや公式的縁起に近いものである。(47)まず白山権現は加賀国白山の雪山に跡を垂れたとあり、そのあと日記をもとに二説を紹介する。ひとつは元正天皇のとき霊亀二年（七一六）に白山権現が顕現したとあり『伝記』と矛盾しないが、泰澄の名はない。ひとつは光仁天皇のとき宝亀二年（七七一）の顕現とあり、『伝記』にはない記述である。(48)後者を踏まえれば異伝とみられる。また、白山権現は大御前（御前峰）が本地を十一面観音、小男地（大汝峰）が本地を阿弥陀如来、別山大行事（別山）が本地を聖観音とし、五人の王子の話へと展開、そのうち太郎は剣御前の本地を不動明王とする。最初に白山は加賀国とあり、本地の記載が御前峰→大汝峰→別山の配列で剣御前の記述をもつこ

とから、加賀側の視点で記された『白山之記』をもとにしたことがわかる。したがって複数ある泰澄伝のひとつであったかもしれないが、書物の物語的な口承文芸の要素の強い神々の縁起譚という性格から創作性の強い伝であるので、潤色と意図的な操作の加わった情報とみておきたい。

おわりに

泰澄諸伝の奥書などから複数の伝ないしは異伝が存在したことはわかる。その一方で、元和本や平泉寺本の奥書を信じれば『伝記』につながる泰澄伝なる書巻があり、その内容について知ることは難しいが、それこそ一一から一三世紀にかけて記されたものが存在したことになる。なかでも『伝記』の「天徳元年」、『釈書』の「天徳二年」、『真言伝』の「天暦元年」についても複数の原本を示唆するものであるが、第二章で検討したように天徳元年（九五七）成立の伝だけが存在していたと考えた。天徳本は『伝記』そのものではないが、古伝中にその年紀をもつ原姿たる泰澄伝が存在した可能性については否定できず、『白山記録十種』所収の「白山大権現縁起」についてもその対象とした。前半部にある神亀二年（七二五）の泰澄直筆とされる「白山之縁起」、後半部にある貞観本（『遷化之記』）については『伝記』、特に尾添本系をもとに加賀側の視点で書き換えられたと結論づけたが、『遷化之記』にみる七歳の記述は『伝記』とは別系統の古伝であった可能性についても考えた。

また、一一から一四世紀にかけて泰澄や白山に関係する記録や諸伝を時系列に取り上げて概観すると、諸伝の内容のなかには、『伝記』の骨子に近い原姿たる泰澄伝が存在したことを示唆するものも認められた。特に、浄蔵の白山入山については一二世紀後半に生まれた伝承で、浄蔵の口述とされる『伝記』あるいは『古事談』の記事の影響下で一三世紀中頃に付加されたとみられる。そのため、『伝記』にある浄蔵と関連づける奥書についてもそれに仮託させ、同じような時期に付加された可能性が高い。一二世紀後半以降に成立したとみられる『白山之記』についても、三所権現の本地仏の配列などその内容から加賀側の宣揚を目的とした書物であるが、逆に解すれば『伝記』の原形が一二世紀中頃には成立していたことを示すもので、その後の一二世紀後半から一三世紀前半にかけての説話集にも影響したととらえられる。これらの詳細な分析については第四章で検討する。

注

（1）浅見和彦「泰澄伝承と北陸道―東国文学史稿(九)―」『説話論集 第一七集 説話と旅』清文堂出版、二〇〇八年。
（2）『泰澄和尚伝記』平泉寺本（平泉澄『泰澄和尚伝記』白山神社蔵版、一九五三年 所収）。
（3）『白山記録十種』「白山大権現縁起」（金沢大学日本海文化研究室『日本海文化叢書第四巻 白山史料集 上巻』石川県図書館協会、一九七九年 所収）。「白山大権現縁起」［西林寺所蔵］は、尾口村史編纂専門委員会『石川県尾口村史 第一巻・資料編一』尾口村、一九七八年 所収。
（4）『泰澄和尚伝記』元和本（朝日町誌編纂委員会『朝日町誌 資料編二 越知山関係他』朝日町、一九九八年 所収）。
（5）『白山記録十種』「白山大権現縁起」。
（6）浅香年木「『泰澄和尚伝』試考」『古代文化』第三六巻第五号、古代学協会、一九八四年（「第三編 泰澄伝承と寺社縁起第一章 泰澄和尚伝試考」『中世北陸の社会と信仰』法政大学出版局、一九八八年 所収）。
（7）堀大介「『泰澄和尚伝記』成立過程の基礎的研究」『越前町織田文化歴史館 研究紀要』第二集、越前町教育委員会、二〇一七年。
（8）『帝王編年記』（黒板勝美 編『新訂増補 国史大系第一二巻 扶桑略記 帝王編年記』吉川弘文館、一九三二年 所収）。
（9）『神皇正統記』（岩佐正・時枝誠記・木藤才蔵 校注『日本古典文学大系八七 神皇正統記 増鏡』岩波書店、一九六五年）。
（10）『白山大鏡第二神代巻初一』（五来重『山岳宗教史研究叢書一七 修験道の史料集Ⅰ 東日本編』名著出版、一九八三年 所収）に「七歳之時、令レ相‐二伝密教於金剛薩埵一、而行ス二尊勝随求之大秘法一、忽自二権身一至二菩提住果一、化レ神、虚空示二神変一、神仙洞化メ遙ニ越智之峰、神‐二降梠本ニ一、而点シ二丑寅両時一、依二底哩三摩耶形之法一、修二不動之秘法一、請二神告一」とある。本書所収の山岸共「白山大鏡第二神代巻初一」によると、永正五年（一五〇八）の『白山禅頂私記』に引用されるので成立はそれ以前とみられる。地方の諸神を神代の神々で説く例を平安時代に見ることが困難であれば成立は鎌倉時代に落ち着くという。

(11) 井上光貞「文献解題─成立と特色─」『日本思想大系七 往生伝 法華験記』岩波書店、一九七四年。

(12)『大日本国法華経験記』巻下「第八一 越後国神融法師」(井上光貞・大曾根章介 校注『日本思想大系七 往生伝 法華験記』岩波書店、一九七四年 所収)。

(13) 井上前掲(11)文献。

(14)『今昔物語集』巻第一二「越後ノ国ノ神融聖人、縛雷起塔語第一」(山田孝雄・山田忠雄・山田英雄・山田俊雄 校注『日本古典文学大系二四 今昔物語集』岩波書店、一九六一年 所収)。

(15) 井上前掲(11)文献。

(16)『本朝神仙伝』「四 泰澄」(井上光貞・大曾根章介 校注『日本思想大系七 往生伝 法華験記』岩波書店、一九七四年 所収)。

(17) 井上前掲(11)文献。

(18)『本朝続文粋』巻第一一「白山上人縁起」(黒板勝美 編『新訂増補 国史大系第二九巻下 本朝文粋・本朝続文粋』吉川弘文館、一九四一年 所収)。

(19) 大曾根章介「院政期の一鴻儒─藤原敦光の生涯─」『国語と国文学』第五四巻第八号、至文堂、一九七七年。

(20)『本朝高僧伝』巻第七一「願雑十之三 楽邦二之下 越前神宮寺沙門西因伝」(仏書刊行会『大日本仏教全書第一〇三冊 本朝高僧伝 第二』名著普及会、一九七九年 所収)。

(21)『本朝世紀』久安五年四月十六日(丁卯)条(黒板勝美 編『新訂増補 国史大系第九巻 本朝世紀』吉川弘文館、一九三二年 所収)。

(22)『本朝世紀』久安五年五月十三日甲午条。

(23)『白山之記』(尾口村史編纂専門委員会『石川県尾口村史 第一巻・資料編一』尾口村、一九七八年 所収)。他に活字翻刻される文献を以下にあげる。白山比咩神社『白山比咩神社叢書 第四輯』名著出版、一九七五年。宮田登 校注「白山之記」『日本思想体系二〇 寺社縁起』岩波書店、一九七五年。金沢大学日本海文化研究室『日本海文化叢書第四巻 白山史料集上巻』石川県図書館協会、一九七九年。福井県『福井県史 資料編一 古代』一九八七年。
(24) 浅香年木・黒田俊雄「四 古代中世文献史料 一〇 白山記 解説」『石川県尾口村史 第一巻・資料編一』尾口村、一九七八年。
(25) 浅香年木「第三章 古代・中世」『石川県尾口村史 第三巻・通史編』尾口村、一九八一年。
(26) 竹森靖「第三篇 白山の歴史と文化 第二章 中世白山信仰の展開 第二節 白山信仰の発生と宗教勢力の伸張」『白山―自然と文化―』北国新聞社、一九九二年。
(27) 川端善明「『古事談』解説」『新日本古典大系四一 古事談 続古事談』岩波書店、二〇〇五年。
(28) 『古事談』(黒板勝美 編『新訂増補 国史大系 第一八巻 宇治拾遺物語・古事談・十訓抄』吉川弘文館、一九三二年 所収)。
(29) 景山春樹「解題」『神道大系 神社編二九 日吉』神道大系編纂会、一九八三年。
(30) 『耀天記』(景山春樹 校注『神道大系 神社編二九 日吉』神道大系編纂会、一九八三年 所収)。
(31) 『古事談』巻第五「神社仏寺」。
(32) 荒木浩「『続古事談』解説」『新日本古典大系四一 古事談 続古事談』岩波書店、二〇〇五年。
(33) 『続古事談』巻第四「神社仏寺」(川端善明・荒木浩 校注『新日本古典大系四一 古事談 続古事談』岩波書店、二〇〇五年 所収)。
(34) 『続古事談』巻第四「神社仏寺」。
(35) 『大法師浄蔵伝』(国書刊行会『続々群書類従 第三』続々群書類従完成会、一九七〇年 所収)。
(36) 『拾遺往生伝』「大法師浄蔵」(仏書刊行会『大日本仏教全書第一四八冊 私聚百因縁集 三国伝記』名著普及会、一九八三年 所収)。
(37) 『扶桑略記』康保元年十一月廿一日条(黒板勝美 編『新訂増補 国史大系第一二巻 扶桑略記 帝王編年記』吉川弘文館、一九三二年 所収)。
(38) 『日本高僧伝要文抄』「浄蔵伝」(黒板勝美 編『新訂増補 国史大系第三一巻 日本高僧伝要文抄 元亨釈書』吉川弘文館、一九三〇年 所収)。
(39) 追塩千尋「現存『私聚百因縁集』の時代認識」『北海学園大学人文論集』第四六号、北海学園大学人文学会、二〇一〇年。

(40)『私聚百因縁集』(吉田幸一『私聚百因縁集』古典文庫 中（第二六七冊)、一九六九年 所収)。

(41)平泉澄「渓嵐拾葉集と中世の宗教思想」『史学雑誌』第三七編第六号、史学会、一九二六年。

(42)『渓嵐拾葉集』巻第八七「御法事 私苗」(大正一切経刊行会『大正新脩大蔵経 第七六巻 続諸宗部七』一九三一年 所収)。

(43)村山修一「泰澄と白山信仰」『修験の世界』人文書院、一九九二年。

(44)長谷川賢二「中世寺院における縁起の形成とその背景─泰澄伝承と越前国越知山をめぐって─」『徳島県立博物館 研究紀要』第一号、徳島県立博物館、一九九一年。

(45)岡見正雄・高橋喜一「解題」『神道大系 文学編一 神道集』神道大系編纂会、一九八八年。

(46)『神道集』巻第六「卅五 白山権現事」(岡見正雄・高橋喜一 校注『神道大系 文学編一 神道集』神道大系編纂会、一九八八年 所収)。

(47)筑土鈴寛「神道集と近古小説」『筑土鈴寛著作集 第四巻 中世・宗教芸文の研究二』せりか書房、一九七六年。

(48)本郷真紹『白山信仰の源流─泰澄の生涯と古代仏教─』法蔵館、二〇〇一年によると、鎌倉時代にその原本が成立したとみられる『拾芥抄』に「石動山　在能登国、虚空蔵、智徳上人、光仁第四草建」とあり、その関連性について『石動山金剛証大宝満宮縁起』(『能州石動山縁起』)にある元正天皇より太朝大師の号を受け、養老元年(七一七)三月三日に石動山に登り、ここに住して求聞持頭巾法をおこなった「智徳」と関係し泰澄(太朝)と同一とみられる。光仁第四を宝亀四年と解すれば『神道集』「白山権現事」にある宝亀二年(七七一)の顕現とするのは石動山の伝承がもとになっていた可能性が高い。

第四章　『泰澄和尚伝記』の成立過程

はじめに

第二章では、虎関師錬が『元亨釈書』（以下、『釈書』と略する）の巻第一五「越知山泰澄」と巻第一八「白山明神」を筆記するうえで「弊朽せる一軸」をもとに編集を加え、その一軸は現存する『伝記』と極めて近い伝記であったと推察した。つまり師錬の参考にした巻物は『泰澄和尚伝記』（以下、『伝記』と略する）そのものであった可能性も高く、金沢文庫本は「弊朽せる一軸」の写本とみられる。問題となるのは「弊朽」と表現した巻物の存在である。古色蒼然たる『伝記』はいつ編纂し、どこに所有されていたものなのか。『釈書』巻第一五「越知山泰澄」によれば師錬は筆記にあたり伝のなかに怪しいものも数多くあったが、そのなかに浄蔵口述の天徳本を見出し、信憑性の高いものと位置づけ採用しているので、「弊朽せる一軸」の解明には、まず『伝記』にみられる最新の要素について検討する必要がある。

第一節　一二、一三世紀の様相

一　「弊朽せる一軸」と『泰澄和尚伝記』の最終的形態

第一章の研究史で触れたが、貴女による告白の場面が最も特徴的といえる。(1)『伝記』によれば霊亀二年（七一六）に夢中で貴女に入山を勧められ、養老元年（七一七）に白山麓の林泉に行き着くと、再び貴女があらわれ天神七代の神統譜を語り、自らは伊弉諾尊、今は妙理大菩薩と号すと伝えた。白山の地がみずから神務国政の時の都城ともいい、地神五代、人代第一の神武天皇の治世を語り貴女は消えたとある。長坂一郎によると、国常立尊以下の記述は一部の語句は異なるものの『皇代記』をそのまま採用するが、神武天皇の在位七六年よりあとの記述の「天皇生年四十六」以下「逮于今百七十九万二千四百七十六歳」までは載せず、神武天皇の言葉をこの句で終えるのが『倭姫命世紀』である。(2)しかし『倭姫命世紀』には天忍穂耳尊以前の記述がなく、瓊瓊杵尊の在位を「三十一万八千五百四十三」とし、(3)『皇代記』には「卅一万八千五百四十二年」とある。(4)その点では『伝記』がより『皇代記』によったとみられ、後宇多天皇朝（一二七四～八七）の成立とされるので、『伝記』のこの部分はそれ以降の記述となる。

浅見和彦によると、天神・地神の神統譜を語ることは中世では珍しくなく、『神道集』「三嶋大明神神事」や『承久記』『曽我物語』などにあり、特に『毘沙門堂本古今集註』にみられる神代紀は『伝記』のそれと極めて近い内容だと述べる。(5)鎌倉時代後期以降に流通・流伝した説話内容と深い関わりが指摘され、貴女の語りの部分はその時期のものと考えられるので、記述中の最新の要素をとれば『伝記』の成立は一三世紀後葉以降と考えざるを得ない。しかし、あくまでも『伝記』が時代を経て整備された完成形とみれば、それ以前にあった泰澄伝の存在を否定はできない。「弊朽」の表現から古色蒼然たる状態であったので、その表現に至るにはかなりの時間経過が想定できる。少なくとも二、三〇年あるいは五〇年間を見積もる必要があるだろう。

となれば師錬の『釈書』完成の元亨二年（一三二二）を基準として最大で五〇年遡らせると一二七三年、二、三〇年でも一二九三から一三〇三年までである。この頃に成立した巻物とみられるが、注目するのは天台宗僧の光宗が著し正和三年（一三一四）の成立とされる『渓嵐拾葉集』である。(6)時代設定はおかしいが、泰澄は越州浅津の船渡の子で、越知峯に登り修行のあと白山を開き、臥行者と立行者という二人の弟子がいたとある。シンプルだが骨子としては『伝記』に近い。長谷川賢二は泰澄が越知山・白山とつながった最初とし、山門内部での泰澄観を示すというが、(7)『伝記』にもとづいて記されたと逆にも解される。仮に『伝記』が『渓嵐拾葉集』をもとにしたならば、先に述べたように『伝記』のなかにこれらの要素が反映されなかったのか疑問が残る。

さて、一三世紀後葉から一四世紀初頭までに最終形態をとった『伝記』は、その時にすべてを書き上げられたのか、その前段階の泰澄伝は存在しなかったのか、奥書にある天徳本は存在していなかったのか。仮に原形が存在したとすれば、どのような内容で、どういった過程を経て完備されたのか。それを復元するのは難しいが、『伝記』の各要素・場面はその時代に流行した文言や譚が採用されたとすれば、ある時期にまとめて書き上げられたものではなく、時代の経過のなかで層を重ねるように付加されたことも想定できる。その仮説をもとに文献史料・彫刻・考古資料などが齟齬なく相応すれば、一三世紀後葉の完成した『伝記』には前段階が存在し、それこそ数段階の過程を経て成立した可能性も充分に考えられるだろう。最後を四段階とみればその前の段階は一〇〇年前の一二世紀中頃とみているので、それらの要素を抽出する作業をおこなっていく。

二　浄蔵の問題と延暦寺末寺化の影響

泰澄伝の口述者としての浄蔵が仮託か否か、天台宗との関係を含めて明らかにする必要がある。その前に浄蔵と白山との関わりを整理すると、延暦寺僧の宗蓮が著し寛喜三年（一二三一）成立とされる『大法師浄蔵伝』には浄蔵が天慶二年（九三九）頃に白山に安居し、白山の霊水を持って帰り人々に施すと病が癒えたとあった。しかしそれ以前成立の『拾遺往生伝』に所収された「大法師浄蔵」（一一〇二〜七年）、『扶桑略記』康保元年（九六四）十一月二十一日条にある「浄蔵伝」（一〇九四年以降）には白山の記事は確認できない。『日本高僧伝要文抄』所収の「浄蔵伝」（一二四九〜五一年）は『大法師浄蔵伝』と同時代の成立とみられるが、東大寺僧の著とあってか白山との関係は語られていない。『続古事談』には御厨池の水を汲んだ人物として最澄と浄蔵をあげるが、承久元年（一二一九）の成立とみられるので一三世紀前葉までには語られている。浄蔵と白山との関わりは一二世紀初頭には存在せず、『続古事談』の著された一三世紀前葉が最古といえる。説話という性格を考慮すると、それ以前の一二世紀後葉頃には浄蔵が白山と関わった伝が生まれたとみられる。

加えて『伝記』奥書に浄蔵のことを説明した「善相公八男、玄昭律師入室也、又安然写瓶門人、大恵悉曇弟子也」という記述があるが、これに関しては『拾遺往生伝』「大法師浄蔵」のなかで「父参議宮内卿兼播磨権守清行卿第八子也、（中略）又随大恵大法師、受習悉曇矣、大恵大法師者、安然和尚之入室也」とあり、ともに玄昭・安然・大恵の関係が示されるので、(8)『伝記』奥書における浄蔵の記述は『拾遺往生伝』をもとにしていた可能性が高い。となれば浄蔵と白山との関係が一三世紀に成立した説話や伝記にみられるので、一二世紀後半に浄蔵と白山を結び付ける発想が生まれ、それらが『伝記』に反映された、あるいはその発想を『伝記』に採用した可能性が高い。浄蔵は天台宗僧であるので、その背後に延暦寺など中央寺院の存在が指摘できるが、裏を返せば奥書の記述は浄蔵に仮託させた天台宗側の意図ともとらえられる。

こうした『伝記』の成立の背景を考えるうえで、寺院勢力の存在や関与の必要性については先学の研究があり、長坂一郎の園城寺説、長谷川賢二の延暦寺説、由谷裕哉の興福寺説などが知られる。(9)長坂は園城寺との関係を強調するが、ここでは広い意味での天台宗という観点で長谷川の見解をもとに白山麓にあって越前馬場の中心で、白山中宮のある平泉寺と中央寺院との関係性を示す史料を取り上げる。

まず『百錬抄』久安三年（一一四七）四月七日条は以下である。(10)

天台僧綱以二越前白山一可レ為二延暦寺末寺一之由訴申、無二裁許一

（『百錬抄』久安三年四月七日条）

『台記』久安三年（一一四七）四月七日条は以下である。(11)

同祈二延暦寺一、衆徒欲レ領二白山一、年来、権僧正覚宗、依二院宣一領レ之　今夕

（『台記』久安三年四月七日庚子条）

次に『本朝世紀』久安三年（一一四七）四月十三日条は以下である。(12)

抑今夜延暦寺僧綱已講等依二門徒訴一群二参法皇御所一、白川北殿、尋二其由緒一、以二越前国白山社一可レ為二延暦寺末寺一之由、可レ被レ下二宣旨一之由、所二訴申一也、件社、当時非二叡山末寺一、園城寺長吏僧正覚宗所レ執二行社務一也、而社領字平清水住僧等、依二僧正苛酷一猥注二寄文一、始所レ寄二与延暦寺一也、仍有二此評一云々

（『本朝世紀』久安三年四月十三日丙午条）

加えて『華頂要略』久安三年（一一四七）四月条は以下である。[13]

花頂座主記曰、貫首以下門徒僧綱等列二参　法皇御所一、是依レ訴下申以二白山平泉寺一可レ為二天台末寺一之由上也、同廿七日　院宣儞、覚宗之後以二白山平泉寺一可レ為二延暦寺末寺一之由可レ被二　宣下一也、乃至御帰依不レ浅、遂以レ非レ為レ理所レ被二裁許一也、云云

（『華頂要略』門主伝第一）

翌月の『百錬抄』久安三年（一一四七）五月四日条は以下である。[14]

覚宗入滅之後、以二白山一可レ為二延暦寺末寺一之由、被二仰下一事、仁平二九覚宗入滅（『百錬抄』久安五年五月四日条）

さらに翌月の『台記』久安三年（一一四七）六月二十二日条は以下である。[15]

是依三法皇帰二依台山仏法一、就中、依レ被レ許二白山訟一也、謂レ有下覚宗没後可レ為二延暦寺末寺一之由、可レ被二宣下一之法皇仰上、日暮、上皇

（『台記』久安五年六月廿二日甲寅条）

鳥羽上皇の院政期に平泉寺を支配していたのは園城寺僧の覚宗であった。覚宗は鳥羽院および待賢門院の熊野詣の先達の功で律師に補され、京都の法勝寺・最勝寺の別当職を務めたといわれるなど院と密接なつながりの深い人物である。『寺門伝記補録』の僧伝部には以下のように記される。[16]

覚宗　治部少輔藤家基子、御室戸大僧正入室弟子、受二業於鳥羽大僧正一、又追二増誉、行尊遺風一、精二錬大峯葛城一、嘉祥二年十一月二十三日、従二定覚阿闍梨一受二三部大法職位一、以後補二金剛頂院伝法阿闍梨一、又補二北越白山検校、及法勝寺、最勝寺、法成寺、崇福寺等別当職一

（『寺門伝記補録』第一三僧伝部「覚宗」）

覚宗の在職により平泉寺は一二世紀中頃に園城寺末寺であったかにみえるが、その支配は院宣によりこれを領する程度のもので、個人的なつながりにより覚宗が院の権力を背景として平泉寺を支配していたに過ぎないという。[17]久安三年（一一四七）四月七日、延暦寺の僧綱・已講らが院の御所に群参し、園城寺長吏覚宗の平泉寺社務執行を停止して平泉寺を山門（延暦寺）の末寺にするよう訴える事件が起きるが、その背景には「社領字平清水住僧ら、僧正の苛酷によって、みだりに寄文を注し、始めて延暦寺に寄与するところなり」（久安三年四月十三日丙午条）とあるように、覚宗の峻

厳な統制への住僧らの反発があったとみられる。それから院は覚宗没後に末寺化の宣下をおこなうことを約束すると、仁平二年（一一五二）九月の彼の死とともに平泉寺は延暦寺の末寺に入ったようである。

これらの史料から延暦寺の末寺化が一二世紀中頃になされたとみられるが、『延慶本 平家物語』第一本「延暦寺衆徒等解請ニ院庁裁一事」には以下のような記事がある。(18)

請下曲垂ニ恩恤一、任ニ応徳寺牒一ニ、以ニ白山平泉寺一永為中当山末寺上状

右謹検ニ案内一、去応徳元年、白山僧等、以ニ彼平泉寺一ヲ寄ニ進当山末寺一ニ。于時座主良真任ニ寄文之旨一、成ニ寺牒一付ニ彼山一畢。自レ爾以降、依レ無ニ僧侶之訴訟一、不レ及ニ衆徒之沙汰一ニ。然間去ジ春、彼山ノ住僧等来、訴ニ于当山一云、是延暦寺之末寺也。応徳ノ寺牒尤足レリニ証験一ニ云々。覚宗任ニ彼別当之職一ニ、非法濫行遂レ日倍増シ、積レ愁為レ枕。結句以テニ当山一欲レ為ニ園城寺之末寺一ト者。当山本自非レ無ニ本寺一。就レ中日吉客人宮者白山権現也。垂跡猶測ニ彼神処一、定有ニ其故一歟。叡慮忽変ズ。非ニ君之不明一、非ニ臣之不直一。我山仏法将ニ以滅一之逃也。汰而有レ余。仰ニ蒼天一而押レ涙、悲而何為。丘シテニ中丹一ニ銷レス魂。衆徒若乖ニ違 勅命一不レ可レ応ニ千僧之公請一。衆徒若忽ニ緒朝威一者、懐レ愁而不レ可レ止ニ一山之騒動一。裁報之処、何無ラムニ還迹一。望請、曲垂ニ恩恤一、以ニ白山平泉寺一可ニ如レ旧為ニ天台末寺一之由、被ニ裁許一者、将下慰テニ浄行三千之愁吟一ヲ、弥祈中奉ラム仙院数百之遐齢上ヲ。仍勒状謹解。

久安三年四月　日

（『延慶本 平家物語』第一本「延暦寺衆徒等解請ニ院庁裁一事」）

山門衆徒が久安三年（一一四七）四月に応徳の寺牒に任せて平泉寺を延暦寺末寺とすべき奏状を院庁に送ったという文書である。「右謹んで案内を検するに、去んぬる応徳元年、白山の僧等、彼の平泉寺を以て当山の末寺に寄進す。時に座主良真寄文の旨に任せ、寺牒を成して彼の山に付け畢んぬ。（中略）然る間、去んじ春、彼の山の住僧等来たり、当山に訴へて云はく、「是延暦寺の末寺なり。応徳の寺牒、尤も証験に足れり」と云々。覚宗彼の別当の職に任せ、非法濫行日を遂ひて倍増し、愁へを積みて枕と為。結句、当山を以て園城寺の末寺と為さんと欲す者。当山は本より本寺無きに非ず。就中日吉の客人宮は白山権現なり。（中略）裁報の処、何ぞ還迹無からん。望み請ふらくは、曲げて恩恤

を垂れ、白山平泉寺を以て旧のごとく天台の末寺たるべき由、裁許せられれば、将に浄行三千の愁吟を慰めて、弥よ仙院の数百の避齢を祈り奉らんとす。仍って勅状謹みて解す」とある。同じような記述は『長門本 平家物語』などにもあり[19]、軍記物語という書物の性格から信憑性は低いが、これを信じれば応徳元年（一〇八四）の寺牒により白山の僧らによる寄進があったとすれば、平泉寺は一一世紀末頃に延暦寺末寺であったことになる。

平泉寺と中央寺院とのつながりは考古資料による関係性が指摘できる。阿部来は白山平泉寺旧境内出土の手づくね成形の土器皿に注目しその変遷を示すなかで[20]、京都の年代観から一一世紀後葉～一二世紀前葉に相当するTAやTB1を最古の事例とし、TAは北陸地域での初例、TB1は上兵庫遺跡チ地区SE06の事例と類似すると述べる。つまり土器皿の変遷をたどると、一一世紀末から一二世紀前葉までに京都系のものが定着したとみる。その背景には平泉寺に住み比叡山で修行した勝義大徳が七〇歳で没したという『三外往生記』天承二年（一一三二）の記述を取り上げ、畿内との宗教的な繋がりをひとつの背景としている可能性を示唆し、京都系土器皿の出現以降、京都の型式変化にある程度対応することは北陸西部に共通した様相で、京都との断続的な情報流通のあり方が反映された結果とみている。

なお、後白河天皇の撰で治承四年（一一八〇）から文治元年（一一八五）にかけての成立とされる『梁塵秘抄』[21]には以下のようにある[22]。

勝れて高き山、大唐唐には五台山、霊鷲山、日本国には白山天台山、音にのみ聞く蓬莱山こそ高き山

（『梁塵秘抄』巻第二）

勝れて高い山は唐の五台山、霊鷲山で、日本では白山天台山、伝え聞いているだけの蓬莱山だとして、白山が比叡山を指す天台山と列記する。すなわち白山が一二世紀後葉の中央で比叡山に匹敵し、天台宗の影響を受けた修験道場であったと考えられる。こうした事例も踏まえると『伝記』が整備されていく一二世紀の背景には、延暦寺の末寺化あるいは園城寺との関係性など天台系の中央寺院の越前への展開を踏まえる必要があるだろう。

こうした末寺化に対して、社寺の社会的活動として注目されるのが比叡山の山僧と日吉社の神人である。延暦寺が近

江から北陸にわたって莫大な所領を抱え、荘園の年貢物の輸送を通して北陸から琵琶湖の水運と商品の流通に与えた影響は大きく、その消費経済が山門を中心として展開し、山徒や神人の営利活動を活発にしたことが知られる(23)。彼らが山門の権威を借りて高利貸（借上）として活躍したとき、常に利用したのは日吉社からの御供米（上分米）であった。そこで取り上げるのが、日吉社大津左方・右方神人たちから上分米を借用して、いまだに返済しない滞納者の注文（リスト）と神人らの返済要求を受けて公家に訴えた日吉社司らの解状を記す、保延二年（一一三六）九月付の「明法博士勘文案」である(24)。

勘申日吉社神人等訴申上下諸人借請上分米利法事右、左大史小槻宿禰政重仰偁、左少弁源朝臣俊雅偁、内大臣宣、奉　勅、日吉社司等言上大津神人等□上下諸人借請上分米事、宜令法家任契状旨、定利并法者、保延二年四月三日日吉社司等解状云、請特蒙　天裁、任契状、被裁下大津神人等訴申上下諸人借請上□依不弁償、（中略）

散位藤原忠恒越前国木田御庄住人検校請文追可進上

（『壬生家文書』「明法博士勘文案」）

日吉社大津左方の神人は荘園からの上分米を預かりこれを神物と称して諸忍に出挙し、返済を怠るときは季節御祭闕怠に及ぶとして日吉社から朝廷に訴えさせた。貸出しの対象として上は公卿から諸国受領、中央官司の官人、下は田堵から物売四条女に至るまで広い範囲に及び、地域的にも越前・越中をはじめ筑前の芦屋津にまで渡っていたという(25)。そのなかで散位藤原忠恒が債権者で越前国木田庄の住人が債務者として記されるので、越前国における日吉社神人らの活動が読み取れる。網野善彦も日吉社大津神人に注目し、日吉神人が賀茂・鴨社供祭人《ぐさいにん》のような顕著な海民的性格をもっていなかったことは間違いないとはいえ、大津神人に関しては粟津橋本供祭人とともに古代の近江国の贄人にまで遡る海民的特質をもつ神人と考えるべきだとしている(26)。

また時代は下るが、越前国でも特に丹生山地内での山門の進出がみられる。越知山の南に位置する織田庄は一三世紀前葉に天台門跡のひとつである妙法院と関係を示す史料が以下である(27)。

越前国織田庄

件庄者、本領主阿波守高階宗泰、建保六年、以本家職寄進七条院、而女院、安貞二年、被譲進二品尊性親王之後、宗泰又以領家職令寄進円音寺之間、為門跡一円之管領、代代相伝年久矣

（『妙法院文書』八）

阿波守の高階宗泰が建保六年（一二一八）に本家職を七条院に寄進し、七条院は安貞二年（一二二八）にこれを妙法院の尊性親王に譲り、宗泰も領家職を妙法院が管理する円音寺に寄進したため、織田庄は妙法院により一円管理されることになった(28)。また、天台宗延暦寺管主の補任歴名記である『天台座主記』には以下のように記される(29)。

今日以十ヶ荘園宛三塔興隆被注下其所於寺家

東塔分 越前国織田庄 加賀国南㽞庄 播磨国三木本庄 同国北白江庄　無動寺 近江国修宇東西庄

西塔分 越前国大虫庄 安芸国大朝庄 河内国荒馬庄 除及村　横河分 近江国法光寺 紀伊国庭田庄

（『天台座主記』）

文永五年（一二六八）十一月八日の記事によると、山門領とされる一〇か所の荘園宛てに三塔の興隆を注下されたとあり、そのなかに越前国の織田庄と大虫庄がみられる。これらの史料から越前国織田庄は一三世紀前葉に後鳥羽天皇生母の七条院殖子の所領として成立したが、ほどなくして天台門跡の妙法院に所属し、『伝記』が成立したとされる一三世紀後葉には山門領であったことを示している。

さらに時代は下がるが、大谷寺近くにも山門の痕跡がうかがえる。『越知神社関係文書』「大門山王神田宛行状」には以下のように記される(30)。

（花押）

宛給　大門山王神田事

合壱段者在東中山元中山末次

右件神田者、大門山王九月九日御供料田也、然所僧弁応ニ宛給也、然者無他妨可為領知者也、仍所宛給之状如件

弘安二年才次己卯六月　三日　　公　文（花押）

御代官（花押）

（『越知神社関係文書』「大門山王神田宛行状」）

山門の展開について平泉隆房の詳細な研究がある[31]。中世前期までに創始され勧請された日吉神社や白山神社の検証をした結果、日吉神社や白山神社のなかに延喜式内社（論社を含む）の後身とみられるものがいくつもあり、それぞれの式内社が何らかの理由で衰退に向かった際に、日吉や白山勢力が入り込んでそこを足掛かりとしたとし、日吉神社は古代の北陸道沿いにあり、主要街道から河川を遡っていくような事例がいくつもみられ、北陸道にあって海岸伝いの進出は古くから広範囲にわたり認められると述べる。その創建が平安前・中期以前に遡る日吉神社も散見するが、日吉社領の越前国での展開は鎌倉期に入ってから本格化し、南北朝期の混乱のなかで白山信仰関係の社寺のなかで動きがあり、あるいは日吉神人の新たな活動が始まったものと位置づけるべき事例もあるという。白山信仰と日吉信仰との協調が認められ、白山神人と日吉神人がそれぞれの地域で提携していたことが判明している。

部分的な史料ではあるが、越前における山門の展開を見てきた。応徳元年（一〇八四）の記述を積極的に評価すると、延暦寺の末寺化は一一世紀後葉に遡る可能性が指摘できる。先に白山平泉寺旧境内出土土器皿中に一一世紀末から一二世紀初頭と思われる考古資料の存在について触れたが、当該期の越前・加賀国でも同じような傾向が見て取れる。

京都系の手づくね土師器で越前国最古とされるのは福井県鯖江市の石田中遺跡ＳＰ13出土の一括資料で、梅澤あゆみは資料紹介をおこない、Ｐ2の手づくね土師器が京都系の影響を受けて生産され[32]、模倣対象とする京都産土師器と比較すれば一一世紀中葉・後葉に位置づけられるという。次に、加賀国最古とされるのは石川県小松市の額見町遺跡Ｈ区Ｐ393、ＳＢ306出土資料で、望月精司はその年代観を器形や口縁部の二段ナデの特徴などから一一世紀第4四半期と考えた[33]。京都系土師器における口縁部二段ナデを施す大皿の定着は一一世紀中頃にはありそうとし、同じ建物区域内出土のロクロ土師器の年代観とも合わせて考えている。これらを踏まえると、これまで手づくね土師器の導入は一二世紀以降とする見方が強かったが、白山平泉寺旧境内の一一世紀後葉、石田中遺跡の一一世紀中・後葉、額見町遺跡の一一世紀中頃から後葉とみれば、京都系の影響による手づくね土師器の生産あるいは流入の時期は中央寺院と末寺化の展開と軌を一にしたことも指摘できる。

大津神人の海民的性格や京都系の考古資料を踏まえると、『渓嵐拾葉集』に記された泰澄は河川交通などで活動した日吉神人らのなかで語られた可能性が指摘できる。長谷川賢二は『渓嵐拾葉集』にのみ泰澄を船頭の子とする伝承が収められたのは山門内部に限定された泰澄観であって同次元とは考えがたく、そのような観点から「船渡子」の意味を考えると日本海水運と関わると思われる日野川水運の一角の把握を進めつつある越知山に対する山門の関心のあり方が交通・流通支配という点にあったことが表明されているとし、山門が日吉神人を通じて日本海沿いの交通、流通の支配を広範に展開していたことを想起すればごく当然のことであり、越知山にとっては山門という中央の巨大な宗教権門に接触することで自己の権益の保証、さらには権威性を獲得し宗教、経済活動の安定化につなげていこうとしたと述べる[34]。いずれにしても『伝記』の舞台となる越知山と白山は一一から一二世紀にかけて延暦寺とその鎮守である日吉社の影響が強くあり、考古資料の様相とも連動した動きをとることから、泰澄伝の成立を考えるうえで重要な視点といえるだろう。

三　天台浄土教の影響と白山三所権現の本地仏

一一世紀末から一三世紀にかけて天台宗の影響が見られるなかで、一二世紀前半から中頃にかけての白山における阿弥陀信仰を示す史料を取り上げ、白山独特の三所権現と本地仏の設定について検討する。

まずは蓮禅が著した『三外往生記』には平泉寺僧の勝義大徳のことが記されるが、その成立については採録人物中で良範伝が最も新しく、その没年である保延五年（一一三九）から巻末に記される承久二年（一二二〇）までと考えられている[35]。以下のように記される[36]。

勝義大徳者、越前国白山麓平清水之常住也、往日頗好修行、登比叡山、二千日夜、参宿根本中堂、其行已了、早以帰国、性操不悋惜哉、千僧供及五箇度也、三時修阿弥陀供養法、多年匪側懈、俄呼弟子某、白地行隣邑、令人呼急来、師云、明日命期也、房中所持之資、各附属弟子等、翌日云、頗無気力、可歓夕飡、飡了盥嗽、入持仏堂、供養法如例、乍坐長逝、迎雲満寺内云々、天承二年正月、七十齢也

（『三外往生記』「勝義大徳」）

勝義は越前国白山麓の平清水（平泉寺のこと）に常住した僧侶で、比叡山の根本中堂に一〇〇〇日夜にわたり参籠し修行を終えて平清水に帰り、その性繰はけちけちと物惜しみせず、千僧供養の法会は五度に及び三時に阿弥陀供養法を修した。往生をとげる最期は持仏堂に入って坐し阿弥陀経を読経しながら逝去、そのとき雲は寺内に満ちたという。天承二年（一一三二）正月のことで勝義七〇歳である。平泉寺中興の祖とみられる勝義は比叡山での修行のあと平泉寺に帰り、天台浄土教の影響を受けた阿弥陀信仰者であった可能性が高い。入寂から遡ると康平五年（一〇六二）頃の生まれになるので、平泉寺での活動時期は一一世紀末から一二世紀前葉にかけての時期とみられ、応徳元年（一〇八四）の延暦寺末寺化の動きとも照応する。

次に、明治三十九年（一九〇六）に京都市東山区小松町の松原通で出土した一連の仏教遺物の埋蔵者である僧西念が平安時代後期に自筆した「僧西念願文」には以下のようにある。[37]

一、加賀国白山妙理権現御宝殿内

奉紺紙金字法花経一部具経并願文共籠了

奉同国々司代々御願寺等身皆金色阿弥陀如来一体供養籠了

（中略）

永治二年三月十七日　　沙弥西念敬白

（『平安遺文』第一〇巻）

埋蔵物は仏事供養目録と「僧西念願文」は「イロハ」四八字を頭字にした極楽往生にまつわる「極楽願往生歌」で、目録には西念が四〇年以上にわたり極楽往生のためにおこなってきた数々の仏事が記載される。[38] 永治二年（一一四二）とあるので、院政期に浄土願行者の熱狂的ともいえる活動の一端を理解するうえで貴重な史料といえる。ここには白山

に関する記載があり、加賀国白山妙理権現の御宝殿内に、紺紙金字法華経の一部と具経ならびに願文をともに籠め、等身がすべて金色の阿弥陀如来一体を供養のために籠めたとある。

なお妙理権現とするのは他の史料でも確認できる。真言中興の祖にして新義真言宗の始祖である覚鑁《かくばん》の伝記で、一四世紀頃の成立とされる『大伝法院本願聖人御伝』(39)には以下のように記される(40)。

我ハ是レ白山妙理権現也ト名乗給、上人大驚怖、懺二悔罪一言、当社ハ諸神鎮座ノ事定リ給ヒ候、可レ然御社一宇可二搆申一トテ、根来寺辰巳方ニ当リ有レ山、即根来山之方内也、建二立一社一、被レ申勧請一、于今白山権現トテ、被レ奉二崇敬一畢、不思議之瑞相也、

（『大伝法院本願聖人御伝』）

覚鑁が康治二年（一一四三）に根来寺（大円明寺）の鎮守（大神宮寺）として寺社を建立したときのことを記した部分である。我は白山妙理権現だと名乗ったとあり、「僧西念願文」も踏まえると妙理権現の名が一二世紀中頃に都だけでなく紀伊国まで広まっていたことになる。

部分的な史料であるが、一一世紀末から一二世紀前半にかけて平泉寺を拠点として活動した勝義は阿弥陀信仰者であり、加えていえば最近、福井県丹生郡越前町大谷寺に所在する林光寺において木造阿弥陀如来立像（像高八五・五センチ）が発見された(41)。詳細は杉﨑貴英の論攷によるが(42)、院政期における都の様式が濃厚に看取され、そのでき映えのよさは中央の仏師の手になるとみられている。一二世紀から一三世紀初頭にかけての越知山における阿弥陀信仰の盛行を意味し、都との直接的なつながりを示している。越知山・白山の拠点寺院にも天台浄土教の影響が及び、一方で部分的な史料ではあるものの、都の僧のなかでも白山神が一二世紀中頃に白山妙理権現と称され、紀伊にも勧請の波が及んでいたことがわかる。

白山の本地仏について長坂一郎は一一世紀末から一二世紀初めにかけて白山権現、一二世紀に入ると白山妙理権現という尊称となり、その本地がすぐに説かれて加賀白山では天台浄土教の影響により現行と異なる阿弥陀如来であったが、同時に越前白山の治病の霊験をもつ池水も著名で、のちに妙理権現の本地十一面観音が影向することになったと

述べる。(43)となれば白山妙理権現の本地は阿弥陀如来→十一面観音になるが、はたしてそうか。長寛元年（一一六三）の成立とされる『白山之記』には「白山妙理大菩薩」、『伝記』には「妙理大菩薩」とある。権現と菩薩とで異なるが、貴女として現れた女神の真身は十一面観音で、阿弥陀如来ではない。天台浄土教の影響からその信仰者たちにより設定がぶれたのか、それとも十一面観音と阿弥陀如来が別峰で共存していたのか、本質的には白山神＝十一面観音という認識は古くからあったとみられるが、少なくとも妙理権現・妙理大菩薩という同じ「妙理」の共通語句が一二世紀中頃に確立していたことになる。それ以前の「白山大菩薩」という段階があったとすれば、一二世紀になってからの「白山妙理権現」への尊称の変化については別の理由を考える必要があるだろう。

そこで重要となるのが一二世紀中頃に設定された白山三所権現の本地仏で、その背景にあった中央寺院との関係のなかで検討しておく。まず『伝記』では貴女を追いかけ御前峰に登った泰澄は九頭龍王から十一面観音への変化を感得し、次に左の弧峯（別山）に登り一人の宰官人（小白山別山大行事）と出会うと聖観音となり、右の弧峯（大汝峰）に登り奇服の老翁（大己貴尊）と出会うと西刹主となった。中心に本地たる十一面観音、脇侍に如来と菩薩を配するのが白山三所権現の形態である。厳密な本地仏の設定は天徳年間（九五七～六一）のこととは考えにくいが、かといって一四世紀前葉まで下げることはない。承久元年（一二一九）の成立とされる『古事談』には西因が語ったと伝として白山三所権現が阿弥陀・聖観音・十一面観音の垂迹だと述べるので、鎌倉時代の説話で語られるまでに著名であった。その五〇年程前に成立したとされる『白山之記』には、本地仏の序列が加賀側の視点により十一面観音・阿弥陀如来・聖観音の順で配列されるので、逆に一二世紀中頃の越前側では三峰に宿る神々の本地たる十一面観音・聖観音・阿弥陀如来の三尊一具が成立していたことを意味する。

その中心たる御前峰が十一面観音で、『伝記』に記された妙理大菩薩の重要な信仰要素とみられるが、別山を含め二つの観音を任意に本地にあてたのだろうか。これを単なる本地仏として受け取り個々の神に本地仏が定まるのは、一二世紀に日吉社や春日社などで本地仏の設定が進むなか、その影響下で理論化が進むという全体的な所論にしたがっていたとみられる。なかでも別山の神を小白山別山大行事とするのは天台宗の影響が強い。下出積與は比叡山での修行に関して論寒湿貧を取り上げ、仏法上の論をたたかわせることが叡山天台の特徴のひとつで、その際の判定役が行事であり、特に大行事とは論を含めて大法会をとりしきる総指揮官の役を意味する僧を指すという[44]。また、山岸共は大行事の語義について熊野新宮や山王権現でも武神であることから神の称号としては武勇神に用いられ、別山の「一宰官人、手握金箭肩係銀弓」とも共通するという[45]。

こうしてみると、三所権現の本地仏は中央の影響下で成立したとみられるが、下出積與は本地仏として十一面観音・阿弥陀如来・聖観音という三峰三神の本地が全部そろい、その俗体も貴女・老翁・弓矢を持つ宰官と欠けるところのないこと自体が在地において形成されてきたものではなく、中央の仏教界で生まれ完成した理論的な本地垂迹説による神仏習合の顕現であったことの証左だと述べる[46]。確かに中央からの導入かもしれないが、越前国では中心たる俗体の貴女と本地たる十一面観音とが古くから習合していた可能性が高い。山岸共によると、越前は神仏習合の先進地で観音は早くから白山と結びついていたので、白山権現の成立後に単なる本地として当てられたものではないとし、しかも観音は民間仏教で現世利益の神（仏）であり、より直接的には危難よけの神であったから海上で遭難の危険にさらされやすい海民には受け入れやすく、観音の浄土の補陀落は海に近い山上にあると説かれていたから白山と結ばれやすかったとしている[47]。

加えて十一面観音の設定理由として、泰澄の生まれた福井平野南部、その修行地である丹生山地から白山を遥拝できることを最大の要因とみたい。山岸共は、日野川の流域から近江湖北にかけては早くから白山を観音浄土として仰いでいた公算が大きく、日野川の流域は白山を望む地域であり、日野川の特徴は南から北にゆるやかに流れ、東西から支流を入れて南越の交通・運輸の大動脈をなして南は近江の琵琶湖水運に連なり、北は九頭竜川と合して日本海海運に接するところにあるので、麻生津生まれの泰澄が船渡の子と語られた背景には、本地域には川や海の仕事に従事する多くの民が水と縁のある観音信仰を受入れ、独立的な白い峰である白山を観音の補陀落浄土と仰いだとみている[48]。実際に白山は近江湖北の山々あるいは琵琶湖上の地点からも望まれ、湖北など観音の山として仰がれたところには泰澄の伝承が重なり分布している。

なかでも泰澄が最初に修行し晩年に蟄居した丹生山地、特に越知山からの白山は絶景で、御前峰・大汝峰・別山の三峰が雄大にその姿を見せる。別当の大谷寺からもその姿を拝することができ、泰澄入寂の地としてふさわしい立地といえる。しかも、大谷寺では木造十一面観音・聖観音・阿弥陀如来という三尊一具の三所権現の本地仏（福井県指定文化財）が所蔵されている。[49] 野村英一の見解をもとに少し述べると、[50] 越知山大谷寺に遺存する白山信仰上の三尊一具の本地仏としては日本最古の遺例で、御前峰の本地仏とみられる十一面観音坐像は像高六五・四センチ、頭鉢の躯幹部を一材から木取りし前後に割矧ぎ内割りを施し、さらに割首とする割矧造の像である。適度のふくらみのもとに衣文なども浅く平明に表出するのは平安時代後期の特色だという。本像とともに大汝峰の本地仏とみられる阿弥陀如来坐像は像高五二・三センチ、別山の本地仏とみられる聖観音坐像は像高五七・一センチで、ともに木取りの構造も十一面観音像と同様の割矧造で、表現の手法も共通する。法量・構造・手法など当初から三尊一具の像として彫成されたものは本像のみで、白山信仰上の本地仏の遺例としては極めて貴重な像である。元々は秘仏として越知山山頂に安置され開帳時には大谷寺に降ろしていたが、明治時代には常置された。三像の制作は平安時代後期、一二世紀後半から一三世紀初頭にかけてとみられ、『白山之記』から『続古事談』までの記述と矛盾するものではない。

以上を整理すると、白山三所大権現とは御前峰＝伊弉冊尊＝十一面観音、別山＝小白山大行事＝聖観音、大汝峰＝大己貴尊＝阿弥陀如来であるが、特に阿弥陀が語られるのは「白山上人縁起」「僧西念願文」、『三外往生記』『続古事談』のように一一世紀末以降から一二世紀前葉にかけてで、白山における阿弥陀信仰者の存在と天台浄土教の影響下にあったことはすでに述べた。加えて浄土信仰の萌芽は奈良時代にあったが、直接の起源は比叡山の常行三昧堂に修せられた「不断念仏」であり、[51] それから横川の恵心院に住した源信（九四二〜一〇一七）は末法濁世にはただ念仏のみがまことの教えであるとして、それに関係のある経論の文章を集め『往生要集』を撰し浄土信仰の教理的基礎づけをすると、同じ頃に慶滋保胤（?～一〇〇二）が『日本往生極楽記』を編纂することで天台浄土教は展開し極楽浄土への信仰が隆盛することになる。(52)

こうした浄土信仰の広がりにより八幡神の本地が釈迦三尊から阿弥陀如来へと変化したとみられる。(53)この状況は白山にもいえることで、白山神は十一面観音が元々の本地であったが、西因・勝義などの阿弥陀信仰者の存在から本地が阿弥陀如来と認識されるようになり、それが最終的に中央の影響で小白山別山大行事が加えられたとみる。また、『長秋記』長承三年（一一三四）二月一日条にある熊野社の本地仏の記述が一二世紀中頃であることを考慮すると、(54)白山もその頃には三所権現の本地として定着したとみられる。九世紀中頃の当初は宗叡や賢一など中央僧による苦行目的の入山であったが、それ以降白山が土着の信仰を超えたものとなり、観音菩薩の色彩を有していたのだろう。湖北には泰澄開基と称する十一面観音が多く、越前・若狭でも十一面観音信仰が強くあり、その途中に阿弥陀信仰が浸透し三峰三神の本地仏が設定される過程のなかで、本来ならば中央に配されるはずの阿弥陀如来が脇侍となる変則形態をとったが、阿弥陀信仰の盛行した時期にもかかわらず、中央には配されないほど白山神＝十一面観音という根強い信仰があったため、イレギュラーな本地仏になったのだろう。その設定は白山三峰のよく眺望できる越前側でおこなわれ、その時期は『白山之記』の記述内容や大谷寺所蔵の三所権現本地仏の存在などから一二世紀中頃から一三世紀初頭にかけてで、その背景には別山大行事という名称から天台宗側からの理論導入があったとみている。

加えて平泉寺は一一世紀末から一二世紀中頃にかけて延暦寺末寺となることで理論的実践の拠点として機能したが、その整備の過程については元々白山神の本地が十一面観音という認識が古くからあったので、阿弥陀如来が脇侍に配すという変則形態をとり三所権現として設定されたものとみられる。さらに背景にある寺院の存在形態を考えると、長坂一郎は寺門（園城寺）との関係を重視した。確かに覚宗が検校をかねるが、平泉寺への影響は一時的で、広い意味では天台宗との関係であったとする長谷川賢二の見解を重視し、諸要素の越前への展開を勘案すれば山門の影響ととらえる方が妥当である。大谷寺側が園城寺派で、平泉寺との対立構造のなかで『伝記』が成立したならば、どうして『伝記』

に越知山から白山へ、白山から越知山へという流れが必要であったのか。白山修行の際に越知山での禊が強調されるのは明らかに不自然といえる。それよりも越知山と白山が同じ時期に密接に関わり同じ末寺にあったので、二つを包括するような形で『伝記』をまとめる必要があったと考える方が自然で、それが『伝記』最後の「凡厥在世滅後」以降の記述にあらわれ、一二世紀後半に浄蔵という人物に仮託させ、より強固な越知山と白山という関係性を確固たるものにした可能性が高い。したがって前段階の泰澄伝を考えると、本地仏という観点からは一二世紀中頃という年代が画期として設定でき、奥書に浄蔵のことが記されたのも中央の理論が導入される過程で、天台宗の宣揚のために元々の伝に付加されたとの結論に至る。しかし『伝記』の記述を越前側の関係寺院がおこなったのか、それとも中央のどこかで記されたものなのかは、さらに検討していく必要がある。

これらを踏まえたうえで、最後に「妙理」の問題を述べる。それまで白山大菩薩・白山権現として認識されていたものを「妙理」とした理由である。そもそも「妙理」とは何か。『広説仏教語大辞典』では「深妙不可思議な理法。こよなき真理」、『新版 禅学大辞典』では「妙なる真理。幽玄なことわり」とあり、「妙」には深妙・幽玄で不可思議という意味がある。(55)不可思議といえば『伝記』にある泰澄の「其声唱南無十一面観世音神変不思議者」が思い浮かぶが、妙理とあるのは白山に住む観音に対する深妙で、不可思議さにあったのだろうか。それとも十一面観音の点で不可思議な霊験というイメージが伴うのはさることながら、白山三所権現は中央に十一面観音、脇侍に阿弥陀如来と聖観音という変則形態それ自体が妙なこととして感じられたのだろうか。これについてはのちほど取り上げる。

第二節　一〇、一一世紀の様相

一　中央での白山の認識

さらに遡り泰澄伝を検討するうえで、中央での認識についてみていく。

まずは清少納言の『枕草子』に以下のようにある。[56]

師走の十よ日の程に、雪いみじう降りたるを、女官どもなどして、縁にいとおほくをくを、おなじくは、庭にまことの山をつくらせ侍らんとて、さぶらひめして仰せ事にていへば、あつまりてつくる。

（中略）

五日のほどに雨降れど、消ゆべきやうもなし。すこしたけぞおとりもてゆく。「白山の観音これ消えさせ給な」といのるも物くるほし。

（中略）

さてその雪の山は、まことの越のにやあらんと見えて、消えげもなし。くろうなりて見るかひなきさまはしたれども、げに勝ちぬる心ちして、いかで十五日まちつけさせせんとねむずる。

（『枕草子』「職の御曹司におはします比（八三段）」）

清少納言が宮中に仕えていた頃、女官が庭に戯れで作った雪山の消えないことを白山の観音に、これ消えさせせないでと祈り、その結果を踏まえて本当の越国の雪山かと見えて消えなかったという。「白山の観音」の表現から宮廷中で観音霊場として信仰されるとともに観音の住む補陀落浄土の地であり、「これ消えさせ給な」の表現から白山は雪山の象徴的な存在で、白山神は雪を操る存在であったことがわかる。この記事は長徳四年（九九八）のこととみられるので、一〇世紀末の宮廷での白山とその信仰に対する認識を示している。

次に、藤原明衡が著し天喜・康平年間（一〇五三～六五）の成立とされる『新猿楽記』[57]には以下のように記される。[58]

なお、以下のすべての引用文献の傍線は説明上わかりやすくするため筆者が加えたものである。

通ヒ二大峯葛木一踏二辺道一、年年熊野金峯越中ノ立山、伊豆ノ走湯、根本中堂、伯耆ノ大山、富士ノ御山、越前ノ白ラ山、高野、粉河、箕尾、葛川等之間、無レ不二競ヒレ行ヲ挑マレ験ヲ、山臥修行者、昔雖二役行者浄蔵貴所一、只一陀羅尼之験者也、今於二右衛門尉次郎君一者、已ニ智行具足生仏也

（『新猿楽記』）

平安時代後期の漢文で記された往来物で、その当時の社会生活を知るための貴重な文献である。越中の立山、伯耆の大山、富士の御山などと並んで越前の白山があげられ、山臥修験者として役行者と浄蔵貴所の名があがる。一一世紀中頃には白山が代表的な山岳修験の霊場であったことを示している。また、藤原為隆はその日記『永昌記』(59)に以下のように記される(60)。

参白山権現也、予依服薙不下車、但依今暁夢想弥成信仰、令立五箇《夢事》大願、観音利生更句《勿カ》生疑、次帰華

（『永昌記』天永元年六月廿七日甲午条）

為隆が天永元年（一一一〇）六月二十七日に夢の告げによりいよいよ信仰を増し、五つの大願を成就するため白山権現に参り、観音の利生が間違いなく自身に及ぶことを確信したとある。為隆が参詣した白山権現は越前・加賀・美濃の地ではないはずなので、都あるいはその近辺に勧請された白山社とみられる。そこで再度注目するのは藤原敦光が著し保安二年（一一二一）の成立とされる「白山上人縁起」である(61)。敦光は藤原明衡の子であるので、中央での認識を示す重要史料といえる。

白山者山嶽之神秀者也、介㆓在美濃飛騨越前越中加賀五箇国之境㆒矣、其高不㆑知㆓幾千仭㆒、其周遥亘㆓数百里㆒、天地積㆑陰、冬夏有㆑雪、譬如㆓葱嶺㆒、故曰㆓白山㆒、夏季秋初。気喧雪消、四節之花、一時争開、側聞、養老年中、有㆓一聖僧㆒、泰澄大師是也

（『本朝続文粋』巻第一一「白山上人縁起」）

『新猿楽記』と比べ具体的に記される。養老年中（七一七〜二四）に泰澄大師がいて、初めて白山の霊崛を選んで修行し権現を崇めた。一聖僧とあるので、一人だとわかる。『伝記』と同じ開山時期であるので、一二世紀前葉の宮廷では泰澄大師による養老年間の開山という認識が広まっていた可能性が高い。つまり当時の政治の中枢部にあって、実録的な要素の強い『本朝続文粋』に『伝記』の要素が部分的であれ記されたことは、一二世紀前葉にその原形たる何かが成立していたとみられる。対するのが伝説的要素をもち創作性の高い二書である。『新猿楽記』と同時期とされる『大日本国法華経験記』（以下、『法華験記』と略する）と、その少しあとに成立した『本朝神仙伝』（以下、『神仙伝』と略する）

である。まずは『法華験記』をみてみる。[62]

沙弥神融俗云古志小大徳、有多名、不注之、越後国古志郡人矣、（中略）即掌中承瓶水一滴、以指颭穿岩上、雷電大動飛上虚空、即従岩穴忽出清泉涌走、其水大豊、夏極冷息熱、冬極温制寒、其後宝塔更不破壊送数百年、又於一切処、雖雷電震鳴、此国上山東西南北四十余里、雷電声不聞、誠以希有甚深法力矣、諸僧集住、興法利生、神融上人依妙法力、現施法験、後証菩提、神護景雲年中入滅矣

（『法華験記』巻下 第八一）

『伝記』と比較すると、沙弥神融が越後国の人で泰澄とは記されない点で異なるが、泰澄とおぼしき神融が神護景雲年中（七六七～七〇）に入滅した点で共通する。これをどうとらえたらいいのか。『法華験記』の神融伝をもとに『伝記』の原形をつくったのだろうか。内容は超人的なもので泰澄とおぼしき人物が『法華経』の力で雷をとらえるという伝説的要素が強いので、その信憑性となると疑わしい。つまり越前国の泰澄大師、白山での十一面観音の霊験という『伝記』につながる原形の確固たるものがすでに中央のどこかで成立していれば、その編者ないしは筆者が書物の性格を考慮し異説として本流の伝と差別化するため、越前国→越後国、十一面観音法→法華経など独自に編集を加え創作性の強い内容に書き換えたともとらえられる。

二　『本朝神仙伝』の評価

先の二つと別系統の泰澄伝となるが、大江匡房が著し天永二年（一一一一）以前の成立とされる日本最初の神仙説話集『神仙伝』を改めて取り上げる。[63]

泰澄者、賀州人也、世謂之越小大徳、神験多端也、雖万里地一日而到、無翼而飛、顕白山之聖跡、兼作其賦、于今伝於世、到吉野山、欲解一言主之縛、試苦加持三匝已解、暗有声叱之、繫縛如元、又向諸神社問其本覚、於稲荷社数日念誦、夢有一女、出自帳中告曰、本体観世音、常在補陀落、為度衆生故、示現大明神、詣阿蘇社有九頭竜王、現於池上、泰澄曰、豈以畜類之身、領此霊地乎、可示真実、日漸欲晩、有金色三尺千手観音、現於夕陽之前池水之

上、泰澄経数百年不死、其終（『神仙伝』「四　泰澄」）

加賀国の人である泰澄は神験が多端で、自ら空を飛び白山の聖跡を顕してその賦を作るとあり、数百年経っても死なない人物として描かれる。山岸共は、泰澄を加賀の人とみるのは加賀側の強調から出たものと述べるので、越前側の人物であったことが前提となる(64)。また神仙の伝として記されるので、『法華験記』と『伝記』の共通とする神護景雲年間入定の内容を不死とした創作性の強いものである。ここでの泰澄は役行者からの流れで話が続く形で登場するが、一言主に七匝の縛をかけたのは役行者で、これを解こうとしたのが泰澄である。加持により三匝は解けたが、結局暗から声がありその呪縛は元に戻り、その本地の追求へと話が展開していく。つまり役行者からの連関で成立するもので、神仙伝という書物の性格からその終わりを知らずとして終結させる独自の神仙譚ととらえられる。

独自の編集は創作性の強さを物語る。加賀国の人とあるのは越前国の出身という原典をあえてずらして記述したとみている。匡房が加賀側の伝承を入手しそれを採用したのか、それとも中央に確固たる泰澄伝が流布していたので『神仙伝』に収録することをはばかり、泰澄伝をもとにその伝とわからないよう独自に書き換えたともとらえられる。これは越前国の泰澄、神融の別称、養老年間の白山開山、神護景雲年間の入定という骨子をもつ伝ありきで、それを異伝という形へと編集し直したという見解である。つまり中央で越前国の白山を開いた泰澄という認識が広まっていたので、その亜流として加賀にし意図的に越前の表現を避けたとは考えられないだろうか。

たとえば『神仙伝』では泰澄が吉野山で一言主の縛を解くため加持すると三匝は解けたが、暗から声あり再び元に戻る。その声の本覚を問うと稲荷の社では夢に一女が現れ、本体が観世音で常に補陀落にあるなど告白があり、阿蘇の社に詣でると池の上で九頭竜王が現れ、泰澄の言により金色の三尺の千手観音に変わった。夢の一女→九頭竜王→千手観音の変化も、これをもとに『伝記』の貴女→九頭龍王→十一面観音という変化がつくられたかに思えるが、この伝を仮に『伝記』に採用したとすれば、なぜ千手観音観ではないのか、あるいは不死の話を反映させなかったのか、疑問が残る。となれば、やはり逆に解するのが妥当である。一〇世紀末の白山観音という認識が宮廷に古くからあり、また藤原敦光の語る泰澄大師による白山・養老年間という記述を踏まえると、すでに泰澄伝の原形に貴女→九頭龍王→十一面観音という本地に至る過程が語られていたからこそ、匡房が神仙の伝という書物の性格を踏まえてその差別化をはかるために、夢の一女から十一面観音への変化をもとにその設定をずらすような形で創作を加え、夢の女と千手観音として書き直したと考えられる。

こうした視点は下出積與がこれらに近い見解を簡潔に述べる。[65]『神仙伝』にみる泰澄と九頭龍王の垂迹神形との間に並々ならぬ関係性を示したことについて、匡房が頭の中だけで『伝記』を採用して阿蘇社に九頭龍王を結びつけたと強解できないこともないが、それにしても平安頃に泰澄といえば龍形神を想起する雰囲気がまったく存在しなくては、こうした記文は生まれてこないのではなかろうかとしている。この指摘を深読みすると、匡房が泰澄伝をもとに『神仙伝』の独自の伝を記したともとらえられる。加えて『法華験記』と『神仙伝』に共通する「古志（越）の小大徳」という記述も気になる。『法華験記』が『神仙伝』の記述に影響を与えたことは考えにくいので、元々一一世紀後葉から一二世紀初頭にかけての宮廷で、泰澄＝越の小大徳との共通認識があったことを示している。以上を勘案すると、『神仙伝』をもとに『伝記』が成立したのではなく、『伝記』の骨子となる原形がすでに一一世紀には成立していたと結論づけたい。

三　『白山之記』の評価

加賀の視点で記された長寛元年（一一六三）成立とされる『白山之記』では以下である。[66]

加賀国石川郡味智郷有一名山、号白山、其山頂名禅定、住有徳大明神、即号正一位白山妙理大𦬇、其本地十一面観自在𦬇、（中略）其麓泰澄大師行道跡、雖経四百有余歳、其跡不生草木、聖跡新也、若是雖大師入滅後、常行給凡眼不及歟、即彼山泰澄大師奉行顕給也、（中略）従劫初以来常雖仏𦬇集会砌、機感時至、養老三年己未七月三日御宅宣成始、至此長寛元年癸未四百四十五ヶ年也、（中略）

一、〔本地十一面観音〕白山本宮、霊亀元年陏他〔雖化〕現給、殊有勅命、被造立四十五宇神殿仏閣、被奉免若干神講田等、鎮護国家壇場被定

置者、嘉祥元年戊辰也
（『白山之記』）

『白山之記』は加賀側から記されたものなので、泰澄大師とあることと嘉祥元年（八四八）に鎮護国家の壇場とするのは古い認識を示すもので、養老三年（七一九）としたことも独自の伝承にもとづいたのかもしれないが、白山本宮にかかるその化現については霊亀元年（七一五）と一年遡ることも逆に考えれば、すでに越前側あるいは中央で『伝記』のような認識があったことを意味する。『神仙伝』の記述も踏まえると、泰澄は霊亀元年に貴女の夢告を受け白山に向かい山頂に登り、その本地を探求する場面でも九頭龍王を経由して十一面観音へと変化し、また壇場との表現から鎮護国家の法師であったというような記述も一二世紀中頃までに語られていた可能性が高い。

整理すると以下である。まず清少納言は中宮定子に仕えた人物であったので、『枕草子』にある「白山の観音」の文言は宮廷での白山における観音信仰の高さを知ることができる。次に藤原明衡は『本朝文粋』を撰するなど後冷泉朝第一の詩人で、文章博士を兼ねながら東宮学士・大学頭などを歴任するなどその博学は抜群であり、加えて大江匡房は政治家としては伝統的な有職故実を重んじ、和歌についても漢文学者としての知識をもとに後世に多大な影響を与えるなど、ともに宮廷随一の教養人である[67]。中国の神仙伝を意識して生まれた『神仙伝』の性格を踏まえると[68]、あえて創作とはいえ原形を意識して意図的に違う形に再設定するような配慮すらうかがえる。藤原敦光についても侍読という天皇の側に仕える学者で文人であるので、「白山上人縁起」にある養老年間に一聖僧がいて泰澄大師だとの記述は信憑性が高い。したがって宮廷あるいは中央ないしはその周辺のどこかで、すでに泰澄の伝が流布していた可能性が高い。しかも、清少納言の認識では白山は観音の住む補陀落浄土の地で、『新猿楽記』を著した藤原明衡の認識では山臥などの修験者が修行をおこなう場としても知られている。

推測の域を出ないが、導き出せる結論として一一世紀後葉までに存在していた泰澄伝の内容は以下の九点にまとめられる。㈠泰澄は大師と尊称された。㈡越の小大徳とされた。㈢神融と称された。㈣鎮護国家の法師であった。㈤霊亀二年（七一六）に女性の夢告があり、養老年間（七一七〜二四）に白山に登った。㈥白山は中央で知られる修行地であった。

㈦山頂において九頭龍王が現れ、本地たる十一面観音へ変化した。㈧白山といえば観音の住む補陀落の地で、本地が十一面観音であった。㈨神護景雲年間（七六七～七〇）に亡くなった。さらにいえば泰澄伝が越前だけではなく、のちほど検討するが宮廷ないしは中央寺院など都あるいはその周辺で成立・流布した可能性を指摘しておきたい。

四　『泰澄和尚伝記』と空海伝

次に、飯田瑞穂が指摘した空海伝との類似性について検討する。(69)『伝記』には「五六歳比、以泥土作仏像、以草木建童堂、不交幼児之黨、無渉闤闠之門」、「高天原広野姫持統天皇藤原宮御宇七年壬辰歳、入唐帰朝聖人道昭和尚、北陸道修行時、来宿安角蓬屋、其時和尚十一歳小童也、道昭和尚視此小童、頭現円光、頂在天蓋、道昭唯独自見、余人不見矣、道昭和尚驚恠、教父母曰、汝子是神童也」、「同広野姫持統天皇御宇大化元年乙未歳、和尚生年十四也、自夢坐八葉蓮華上、傍在高僧、乃告言、汝今知否、吾乃汝本師、住所在西方、汝所坐蓮花、乃聖観世音所持花也、汝以比丘形可施十一面利生大光普照徳、勿退菩提心、詞未畢忽然而失、雖然不語父母、何況他人乎」、「同年三月十八日結跏趺坐、結大日定印、奄然入定遷化、春秋八十六也」という記述がある。これらが空海伝との類似性の部分であるが、諸伝成立に関して別の見解が考えられるので最古とされる伝からその変遷を追い再検討をおこなう。なお、『伝記』との比較のため共通文字は傍線で示した。

延喜二十一年（九二一）に弘法大師の諡号を賜る前に成立したとされる三伝をみてみる。没後六〇年目の寛平七年（八九五）三月十日に貞観寺座主が著した『贈大僧正空海和上伝記』には幼少期に関して「殊有異相」とあるだけで一五歳以降のことしか記されず、入定についても「承和二年、嬰病隠居金剛峯寺、三年三月二十一日卒伝（時年六十三、臈三十三）」とだけある。(70)また、勅命により藤原良房が著した『大僧都空海伝』は一五歳からの記述で幼少期のことは記されず、入定についても「隠居紀伊金剛峯寺、化去之時年六十三」とあり、(71)『伝記』との共通点はない。しかし空海の没後に弟子の真済が承和二年（八三五）十月二日に著したとされる『空海僧都伝』（以下、『僧都伝』と略する）には以下のように記される。(72)

和上生而聡明、能識人事、五六歳後、隣里間号神童、年始十五、随外舅二千石阿刀大足、受論語・孝経及史伝等、兼学文章、（中略）

承和元年五月晦日、（中略）二年正月以来、却絶水漿、或人諫之曰、此身易腐、更可以臭為養、天厨前外列、甘露日進、止乎止乎、不用人間味、至于三月二十一日後夜、右脇唱滅、諸弟子等、一二者悟揺病、依遺教、奉歛東峰、生年六十二、夏臘四十一、其間、勅使手詔諸恠異、弟子行左右相持、賦者書作事及遺記、即問哀送、行状更不一二、

亡名僧述

（『僧都伝』）

奥書にある「承和二年十月二日」の日付を信じれば没後七か月目の成立になる。空海は生来聡明で、よく人がなすべき事柄を理解しており、五、六歳ころには近隣の人々から神童と呼ばれていたとあるだけで、それ以上は具体的に記されず、入定に関する記述もない。伝中で最も簡単な記述といえ、まだ神格化せず人間的に取り扱う点から研究上重要な意義をもつものである。(73)

次に、空海の遺言書である『御遺告』を取り上げる。『定本 弘法大師全集』の名称に従うと(74)『御手印縁起』『太政官符案並遺書』『遺告真然大徳等』『遺告諸弟子等』『御遺告』である。ここで取り上げるのは最後の二五か条からなる『御遺告』［二十五箇条］のことで、以下のように記される。(75)

初示成立由縁起第一（雖末資従非東寺一阿闍梨以降、勿令此遺告写持、守惜如眼肝、）

夫以、吾昔得生、在父母家時、生年五六之間、夢常見、居坐八葉蓮華之中諸仏共語也、雖然、専不語父母、況語他人、此間、父母偏悲、字号貴物（多布度毛、能止）、年始十二、爰父母曰、我子是昔可仏弟子、以何知之、夢見従天笠《竺》国聖人僧来入我等懐、如是任胎、産生子也、然則賚此子、将作仏弟子、吾若少之耳聞喜、以埿土常作仏像、造宅辺童堂、安置彼内、奉礼為事、（中略）然後、及于生年十五入京

（『御遺告』）

五、六歳の間、常に八葉蓮華のなかに居坐り諸仏とともに語る夢を見ており、父母には語らず他人にも語らなかったとあるが、神童の記述は出てこない。一二歳のとき常に泥土で仏像を作り宅の近くに童堂を造り、それを安置したこと

が記される。『僧都伝』にある神童の記述はない。承和二年（八三五）三月十五日、空海が亡くなる六日前の遺告とされるので、具体的な入定に関する記述もない。

二つの古伝を比較すると文体・思想・記事に脈絡相通の点がある。これまで『御遺告』の具体性から『僧都伝』を拡張したとの説が有力視されてきたが、(76)一部には『僧都伝』を『御遺告』［二十五箇条］と他の遺告諸本の中間に位置づける見解もある。(77)なかでも武内孝善は簡潔な表記は長文のものを抄出した結果であると論証し、『僧都伝』の成立時期について弘仁と承和の二つの遺誡が一〇世紀まで遡らず、『僧都伝』にある「承和元年五月晦日」の表記が承和元年（八三四）五月二十八日の日付をもつ承和の遺誡に誘発されて記されたとするならば一一世紀まで下がるとし、おおむね一〇世紀後半以降ではなかったかと述べる。(78)また『御遺告』［二十五箇条］の成立については安和二年（九六九）まで遡るとしている。(79)

『御手印縁起』に注目すると、赤松俊秀は国司の寺領への干渉と高野山の所領争いに対して太政官より出された「寛弘元年官符」を偽作と位置づけ、そこに記された不入権成立の要求と、一一世紀初頭における高野山の経済変化による寺領荘民の寺側からの離反の状況に関する記述内容が合致することから、『御手印縁起』が高野山の寺領確保の目的で寛弘元年（一〇〇四）頃に偽作されたとし、寛弘元年は正暦五年（九九四）の落雷による高野山の大火からの復興運動期にあたり、高野山は復興にかこつけて侵略された寺領を再び確保しようとしたことから所領争いが発生したとみる。(80)そこで高野山は空海が在世中に定めた寺領が明記され、そこに空海の手印まで押された縁起を偽作したのが『御手印縁起』だという。なお、辻本弘は『御朱印縁起』には「事情注二遺告文一」や「具註二丹生氏天平十二年藉文並祝相伝祭文一」の記述があるので、「遺告」を載せる何かと一具であったことが推測でき、また「祝相伝祭文」を載せる『御遺告』は『太政官符案並遺告』のみであるから『御手印縁起』は『太政官符案並遺告』と一具の略出本であるとし、小山靖憲は「寛弘元年官符」の史料価値を疑問視し、白河上皇への献上を直接的な目的として一一世紀末に作成されたとしている。(81)

それから五書からなる『御遺告』諸本の成立過程について、武内孝善は『太政官符案並遺告』と『遺告真然大徳等』

は『遺告諸弟子等』の各項目の最初と最後の文を繋げるという安易な方法で伝を構成するから同時期の成立とみて、『御遺告』［二十五箇条］の高野山所領に関する記述が『遺告諸弟子等』で具体化する点などを考慮したうえで『御遺告』［二十五箇条］から『遺告諸弟子等』が略出されたとみる。(82)『御手印縁起』は『御遺告』［二十五箇条］とは違い空海伝を載せないので、その欠落を補うものが『遺告真然大徳等』であると推察している。

以上、『御遺告』［二十五箇条］や『僧都伝』の前後関係については諸説あるが、おおむね一〇世紀後半から一一世紀にかけての時期とみることができた。『伝記』と関係する記述として『僧都伝』は五、六歳のとき神童と号すとシンプルに記すが、『御遺告』は神童の表現はないものの、五、六歳のとき夢中で八葉の蓮華に坐し諸仏とのことを両親や他人に語らなかったところ、一二歳のとき泥の仏像作りと童堂造りの文言が共通している。

五　一一世紀の空海伝の検討

前者と後者という三つの要素を併せもち、加えて入定に関する具体的な表現が記されるのが、康保五年（九六八）成立とされる『金剛峯寺建立修行縁起』（以下、『修行縁起』と略する）である。(83)

五六歳之間、以泥土作仏像、以草木建立童堂、自夢見坐八葉蓮華之中諸仏共語、雖然、不語父母、何況他人乎、父母崇之号貴物、於時、公使問民苦使、見此児随従四大天王、下乗礼拝、隣里人称神童矣、（中略）延暦七年戊辰、生年十五而始入京

（中略）

則承和二年乙卯三月廿一日寅時、結跏趺坐、結大日定印、奄然入定、兼日十日四時行法、其間御弟子等共、唱弥勒宝号、唯以閉目無言語為入定、自余如生身、于時生年六十二、夏臘四十一

（『修行縁起』）

ここでは『御遺告』にあった泥土の仏像を作り草木で童堂を造ること、八葉蓮華のなかに坐し諸仏と語った夢を両親や他人に不語のこと、問民苦使（公使）が空海の随えていた四天王をみて馬を下り礼拝し、隣の里人が神童だと称した

という三つの要素が、すべて五、六歳のときのこととしてまとめられるのが特徴で、四つめの要素である入定の場面がはじめて具体的に記される。一〇世紀中頃に成立したとされる奇跡的な事蹟を多く含む伝であるが、奥書には「康保五年戊辰六月十四日 隠士」とあり、大谷大学図書館所蔵本などのように「隠士」を「仁海」とする諸本もある。(84)

本縁起の成立については諸説あるが、(85)辻本弘は仁海が当時一八歳と若年であることから作者不詳といってよく、康保五年（九六八）の記述も疑う必要があると述べ、また「天王寺西門修㆓日想観㆒。出家首上現㆓宝冠㆒」に注目し、四天王寺の西門で日想観をおこなう信仰は寛弘四年（一〇〇七）に四天王寺で『四天王寺御手印縁起』が偽作されて以来盛んになったとし、康保五年（九六八）の当時盛んだった信仰とは考えにくく、後世の挿入でないとすればその上限は寛弘四年（一〇〇七）頃と推定されている。(86)また、縁起の作成契機として正暦の大火により既存の縁起が焼失し新たに作成する必要があったので、正暦五年（九九四）からそう遠く経ない時期の寛弘四年（一〇〇七）頃に作成されたとみられる。

その八〇年後の成立とみられるのが、経範が空海の滅後二五五年を経た寛治三年（一〇八九）に著したとされる『大師御行状集記』(87)である。(88)

従幼稚之時奉帰依三宝条第四

有書曰、吾昔得生、在父母家時、生年五六之間、夢常見居八葉蓮花之中諸仏共語、雖然、専不語父母、況語他人、此間、父母偏悲字曰貴物、或伝曰、生年九歳之時、遊行家辺之間、問民苦使、下馬拝敬白、小子之父母何人哉、汝不知哉、権化人也、四大天王、執蓋随侍、看此遠近已有風聞、号神童、隣里人致恭敬云々

可成仏弟子之由示父母条第五

有書曰、年始十二（私勘、当延暦四年乙丑）、爰父母曰、我子是昔可仏弟子、以何知之、夢見従天竺国聖人僧来入我等懐、如是妊胎、経十二月産生子也、然則賫此子、将作仏弟子、吾若少之耳聞喜、以泥土常作仏像、造宅辺童堂、置彼内、奉礼拝供養為事

（中略）

御入定条第九十八

伝曰、告弟子曰、我有却世之思、欲遂本懐、既明年三月之中也、汝等挑法燈、可護秘蔵、是報仏恩、報師恩之計也云云、有書曰、方今諸弟子、諦聴諦聴、（中略）或伝曰、然則、従大寺艮角、入三十六町、卜入定処、従兼日営修之、其期兼十日四時行法、其間御弟子等、共唱弥勒宝号、至時剋止言語、結跏趺坐、住大日定印、奄然入定、時承和二年乙卯三月廿一日丙寅寅剋也

（『大師御行状集記』）

ここでは『御遺告』［二十五箇条］と同じで、五、六歳のとき夢中での諸仏とのことを両親や他人に語らないこと、一二歳のとき泥土の仏像作りと童堂造りとするが、『僧都伝』にあった五、六歳のとき神童と呼ばれ、『修行縁起』と似た書き方で五、六歳のとき神童と号したとあるのを九歳に位置づけており、最後に入定を加えて四つに分けられる。『伝記』では五、六歳のときの泥土の仏像作りと童堂造り、一一歳のとき神童と称され、一四歳のとき夢中での出来事を両親や他人に語らなかったとあるので、五、六歳と一四歳のことが逆であるが、これまでの伝では『伝記』に最も似たものといえるだろう。

一二世紀になると、醍醐寺金剛玉院流の祖、三密房聖賢が著し元永元年（一一一八）成立とされる『高野大師御広伝』(89)には以下のようにある。(90)

誕生之時、多有霊瑞、聡明岐嶷、能識人事、五六歳之間、常夢、居坐八葉蓮花之中、諸仏共語、雖然、専不語父母、況他人哉、父母尊寵鐘愛、字之曰貴物、父母曰、我子有霊夢而生、往昔定為仏弟子、然則今又可為仏弟子、大師幼稚之耳、聞此言、偸喜悦、宅辺建立童堂、以泥土造仏像、安置之、奉礼為常事、八九歳之間、遊行家辺、有一人来、是問民庶疾苦之使者也、下馬拝敬、即告親族曰、汝不知哉、是児権化也、四大天王取蓋随侍之、遠近隣里聞之、称神童矣

（中略）

三月廿一日丙寅寅時、結跏趺坐、結大日定印、奄然入定、兼日十日、四時行法、其間弟子等、共唱弥勒宝号、唯以

閉目、無言語、為入定、自余如生身、報年六十二、夏臘四十一、不奉喪送、儼然安置、則准世法矣
（『高野大師御広伝』）

ここでは夢中での諸仏との語りを両親に語らないこと、童堂を建て泥土で仏像を造ることが五、六歳のときとするが、『修行縁起』と『大師御行状集記』にある神童と称された経緯については八、九歳のときに位置づけている。

他の空海伝を見てみる。成蓮房権意が著し仁平二年（一一五二）成立とされる『弘法大師御伝』(91)は、「幼稚奇瑞」のなかに五、六歳のときとして夢中の出来事と両親や他人に不語のこと、泥土の仏像作りと童堂造りについては『御遺告』［二十五箇条］そのものの記述で、「御入定以後」のなかに『修行縁起』そのものの記述がなされる。(92)また、一二世紀成立とされる『弘法大師行化記』は、藤原敦光が著した原本行化記の成立が保安年間（一一二〇～四）とみられ、そのあと勝賢の著した行化記が成立するのは一二世紀頃と推定されている。(93)ここでは五・六歳、八・九歳、一二歳のときに分けるが、(94)五、六歳における夢中での出来事を父母などに語らなかったことと、一二歳における泥土の仏像作りと童堂造りについては『御遺告』［二十五箇条］の記述そのもののである。神童と称されたことは『修行縁起』の記述そのものであるが、九歳あるいは八、九歳に位置づける点では『大師御行状集記』『高野大師御広伝』と酷似している。

まとめると、最も早い時期に成立したのは大師自身の遺言という体裁をもつ『御遺告』［二十五箇条］の一〇世紀後葉、その諸本は一一世紀に成立し、一二世紀になると大師の説話伝承が収集・整備され、平安・鎌倉時代の説話集などの典拠となっていく。清寿の『弘法大師伝』（一〇〇二年）には『伝記』の要素はないが、(95)『修行縁起』（一〇〇七年）では泥土の仏像作りと童堂造り、両親に不語のこと、神童とあるのは五、六歳のこととし、結跏趺坐で定印を結ぶ入定の場面も記される。『伝記』との類似性は童堂造りの場面で、「以草木」とするのは『修行縁起』だけである。その後も経範の『大師御行状集記』（一〇八九年）では神童とされたのが九歳、泥土の仏像作りと童堂造りが一二歳など年齢により書き分けられ、聖賢の『高野大師御広伝』（一一一八年）には両親不語のときの年齢が異なるものの、五、六歳の泥土の仏像作りと童堂造りから八、九歳の神童の呼称、結跏趺坐にて定印を結ぶという入定に至るまで『伝記』と似た形となっている。

つまり『伝記』にある幼少期と入定に関する記述は一一世紀初頭にその要素がそろうが、共通語句でいえば「以草木」とある点で、『修行縁起』が酷似するものの、①五、六歳、②九歳、③一二歳に書き分けた点では一一世紀末の『大師御行状集記』であり、『伝記』と同じように五、六歳のときに泥土の仏像作りと童堂造りとするのは一二世紀前葉の『高野大師御広伝』にみられる。両伝のどちらが先に成立したかの特定は難しい。空海伝についても泥土の仏像作りと童堂造りが五、六歳あるいは一二歳のときと認識が統一されていないが、空海伝をもとに泰澄伝を記した可能性が高い。いずれにせよ『伝記』にある五、六歳の泥土の仏像作りと童堂造りのこと、一一歳（一二歳）のとき神童と称し、晩年の結跏趺坐して定印を結び入定したとの内容については一一世紀初頭から一二世紀前葉にかけての空海伝を意識したもので、共通語句の点では一一世紀初頭の成立とされる『修行縁起』の影響を受けたとみている。

第三節　泰澄伝の成立と背景

一　中央で成立した泰澄伝

『伝記』の原形たる泰澄伝は一一世紀初頭から一二世紀前葉にかけて成立した空海伝の記述と酷似することから、その影響を受けた可能性について指摘した。注目されるのは『弘法大師行化記』の原本行化記を著したとされる藤原敦光である。保安年間は一一二〇～四年にあたるので、その点では敦光の「白山上人縁起」（一一二二年）と同時期である。これは泰澄の事蹟がすでに中央で広まっていて、鎮源の『法華験記』の神護景雲年間の入寂、大江匡房の『神仙伝』に収録された泰澄伝にみる九頭竜王から千手観音への変化、そして共通する小大徳の称号に関しても、確固とした伝ありきで異伝が成立したものと考えた。中央との関係性は下出積與が以下のように指摘する。[96]

『伝記』の平泉寺本の奥書にある「書本云、俗名通憲少納言入道信西本、以保元元年丙子三月十八日、自文庫盗取出、写畢云々」とあるのはほぼ信用できるので平安時代末期以来のものとなるが、注意すべきことは本書の原拠となったのが信西本とすれば、必ずしも越前在地のものではないと述べる。その点において敦光の「白山上人縁起」も保安二年（一一二一）の著作で平安時代後期のもので白山開創の事蹟について述べるが、彼は著名な学者で藤原明衡の子であることからみて同様に在地性の稀薄なものであるとし、この在地性が薄いということは一方からいえば、泰澄の事蹟が一地方の範囲内で伝えられるにとどまらず中央にまで響いていたことにもなるので、それだけ白山と泰澄の関係が有名なこととして、平安時代中期以降から全国的に広まっていたことを証するとしている。

また、本郷真紹は以下のように述べる。(97)中央で栄えた仏教文化が地方にも伝播した結果、地方寺院の建立や特定の信仰がおこなわれたという中央から地方への一方向のとらえ方をするのであれば、行基・空海の伝承や『伝記』の道昭・行基というように、中央で活躍した著名な僧の伝承が地方に残されるものであるが、逆に越前の地方僧である泰澄の足跡が都近辺の地域に多数残されていることは、各地に勧請された白山神社と合わせて重要な意味を含む。この点について従来は、後世修行の場として白山がしだいに中央でも認識され、開創者たる泰澄が山林修行僧の理想的な存在として受け取られ、行場としての性格を有する山岳寺院にその足跡を残したとか、気候条件によって実際に白山を遥拝できる近江・山城の地域で、その信仰が栄えた結果生じた現象であるといった解釈がなされる。

たしかに白山信仰あるいは行場としての白山の性格がしだいに認識され、その結果として白山と共通する要素を有する寺院に泰澄との関係に触れた伝が形成されたことは考えられるが、越前における山林修行や十一面観音の信仰が中央の影響を受けたとすれば、当然同様の性格を有する越前の寺院に道昭や行基と同様に、役小角や玄昉などの開基と伝えられるものがほとんど見受けられず、逆に中央で越前出身の泰澄の伝が多くうかがえることは、ある面では越前で展開された信仰の影響が中央にまでおよんで重視されたことを示すとみられている。

都やその周辺で泰澄の伝が語られるに至った契機として、やはり近江・京都・宇治など畿内から白山が見えることが大きい。他に調べると白山は愛知県からも見えることがわかり、となれば太平洋沿岸と日本海沿岸の両方から拝める希有な山といえるので、白山信仰の広がりについても改めて問い直す必要がある。遠くに聳える白山を望んだとき、そこから北東方向に展開する白の聖なる地は観音の住む補陀落浄土さながらに映じ、こうした地理的条件のなかで白山・泰澄の名が中央に知られるきっかけとなったのではないか。白山と泰澄に関わる伝が都まで及び、白山神社が勧請されていくなかで、宮廷あるいは中央寺院などでその伝記が記されたことも充分に考えられる。

下出・本郷の見解を受けて改めて注目するのは、『伝記』元和本の奥書にある「抑和尚伝記、雖所々相替、本々区々、此本者一条院御宇、於寛弘年中、仰勅従官庫申降処之本也、然於正本、為当社御貴宝、深入函納神殿畢、恐々、於写本者為将来亀鏡」の記述である。「雖所々相替、本々区々」とあるように内容を異にする泰澄伝が複数あり、なかでも元和本の原本たるものが一条天皇朝の寛弘年中（一〇〇四〜一二）に勅に依って官庫より「申降たる処の本」であった。寛弘年間は一一世紀前葉である。その頃に成立したとみられる『修行縁起』の空海伝と『伝記』にみる幼少期と入定に関する記述が酷似することから、どちらの影響下にあったかは判断しかねるが、泰澄の偉人化のため一一世紀の空海伝を意識し参考にしたと先に考えた。

加えて『伝記』と空海伝との共通点は五、六歳から一二歳までの幼少期と晩年の入定に至る記述に限定される。となると貞観二年（八六〇）の年紀をもつ『遷化之記』とスタイルが似る。『遷化之記』はその誕生から幼少期と修行に至る一四歳、そこから飛んで五五歳の十一面法による疱瘡終結と八六歳の入定遷化に至るまでを記したもので、天徳元年（九五七）よりも約一〇〇年古いとの理由で注目したが、結果的には『伝記』をもとに抽出されたものの、七歳のときの記述に独自性が認められること、誕生ならびに遷化というシンプルな構成から、仮に泰澄伝というものが存在したとすれば簡素なものであったと推察される。二つの『伝記』奥書の記述のどこかに何かしら事実があり、それを信じれば泰澄伝はその頃にある程度できあがっていた可能性が高い。いずれにせよ、先に触れたように貞観二年（八六〇）の年紀をもつ『遷化之記』と同時期であるので、白山の中央化の流れのなかで中央寺院などの影響により、泰澄の誕生と遷化の記というシンプルな伝が整備されたとしても不思議ではない。

これらを踏まえると、一一世紀までにできた泰澄伝は先に九点としてまとめたが、具体的には特定できないもののさらに遡るものも出てくるだろう。元々の泰澄伝は越前国に存在していたかもしれないが、その整備がなされたのは宮廷あるいは中央寺院など都やその周辺で成立した可能性を考えた。問題はこれらの要素が九、一〇世紀まで追えるかである。詰まるところこれらの史料からはなかなか見えてこず、これ以上突き詰めて検証するのは推測を重ねることになるので、新しい展開は望めない。あとは状況証拠になってしまうが、関連史料・彫刻・考古資料で間を埋めていくしかない。以前に拙稿の「泰澄がみた風景」で『伝記』にあらわれる場面と考古資料との検証をおこなったが[98]、それ以後も新資料が発見されているので、それらを踏まえて泰澄伝の原形に迫りたい。

二　九世紀の白山神と白山入山記録

九世紀まで遡り泰澄伝成立の行方を追う。まずは九世紀前葉になるが、中央でも山岳修行が重視されるようになり、それと関連して『釈家官班記』には以下のように記される[99]。

阿闍梨、七高山阿闍梨事、在二為憲口遊一

近江国比叡山、比良山、美濃国伊吹山、山城国愛護山、摂津国神峯寺、大和国金峯山、葛木山、

毎寺給二穀五十斛一

右承和三年三月十日宣俑、春秋各四十九日、於二件山々一、修二薬師悔過一、祈二天下五穀一也、勅以二高僧一云々、阿闍梨引二率伴僧一云々、七高山阿闍梨也

（『釈家官班記』上）

承和三年（八三六）には近江・美濃・山城・摂津・大和の五か国の七高山で薬師悔過がおこなわれたとあり、畿内周辺では高山が尊ばれる風潮となっていた。こうした官による山岳神に対する待遇の流れのなか国史に初めて白山神の名があらわれる。『日本文徳天皇実録』仁寿三年（八五三）十月己卯条には以下のように記される[100]。

加二加賀国白山比咩神従三位一

（『日本文徳天皇実録』仁寿三年十月己卯条）

加賀国の白山比咩神が朝廷から従三位の神階を叙せられた記事である。同年の記事を追うと、六月十日には大和国の

金峰神、同月十一日には尾張国の多天神、同月十五日は伊予国の村山神、七月五日に駿河国の浅間神が名神を預かると、七月十二日には多天神が従五位上、同月十三日には浅間大神が従三位に叙され、八月十五日には正二位勲一等の気多大神に封戸一〇煙・位田一〇町を加えた[101]。そのあとに白山比咩神の神階奉授の記事となるが、他との関連性は認められない。それから貞観元年（八五九）正月二十七日条には以下のようにある[102]。

加賀国白山比女神正三位

（『日本三代実録』貞観元年正月廿七日甲申条）

清和天皇の貞観元年正月二十七日に京畿七道の諸神二六七社に対して階を進め、あるいは新叙したとき、加賀国の白山比女神が正三位に叙せられる。比咩と比女の違いはあるが、同一の神名とみられる。神階昇叙の記事であるが、隣国の有力神である越前国の気比神と能登国の気多神が正二位から従一位とされたのに比べ高い地位とはいえない。これは広域統治圏の在地首長に成長した道君が、白山信仰の司祭権を掌握しその禅定道を支配することにより、ウジナを「道」に固定化させるに至ったという独自の政治展開がその要因ともみられる[103]。

なお延長五年（九二七）に完成した『延喜式』巻第一〇の神名下には以下のように記される[104]。

加賀国卌二座

加賀石川郡十座小並

白山比咩神社

（『延喜式』巻第一〇 神名下）

加賀国四二座のうち石川郡一〇座の筆頭に記載されるが、小社の扱いで名神大社の気比・気多神と比べ重視された形跡はなく、越前・若狭国にも白山神社は収載されていない。それでは、いつから白山や白山神が中央で知られる存在になったのか。白山比咩神が正一位に叙された九世紀中頃になると、白山には中央からの仏教徒が苦行をもとめ入山し練行を始める記事が散見される。最古のものが『日本高僧伝要文抄』所収の「尊意贈僧正伝」である[105]。

号曰㆓度賀尾寺㆒、有㆓苦行僧㆒、名曰㆓賢一㆒、（中略）元慶二年春、賢一永出㆓久住之伽藍㆒、遠入㆓越洲之白山㆒

（『日本高僧伝要文抄』第二「尊意贈僧正伝」）

東大寺僧の宗性が建長年間（一二四九～五六）に諸高僧伝について要文を抄出したものである[106]。賢一は一三代天台座主である尊意の幼年の師で、円珍に従い戒を受け、のちに座主に任じたとある。ここでは度賀尾寺（高山寺）にいる苦行僧の賢一が、元慶二年（八七八）春に越の白山に入るから再会を期し難いと告げ、尊意に薬師如来像を残して去ったことが記される。

他にも『日本三代実録』元慶八年（八八四）三月二十六日条に以下のような記事がある[107]。

廿六日丁亥、殞レ霜、僧正法印大和尚位宗叡卒、宗叡、俗姓池上氏、左京人也、幼而遊学、受二習音律一、年甫十四、出家入道、従二内供奉十禅師載鎮一、承二受経論一、登二棲叡山一、無二復還情一、天長八年受二具足戒一、就二広岡寺義演法師一、稟二学法相宗義一、数年復帰二叡山一、廻心向大、受二菩薩戒一、諳二究天台宗大義一、随二円珍和尚一於二園城寺一受二両部大法一、于レ時叡山主神仮二口於人一、告曰、汝之苦行、吾将二擁護一、遠行則双烏相随、暗夜則行火相照、以レ此可レ為二徴験一、厥後宗叡到二越前国白山一、双烏飛随、在二於先後一、夜中有レ火、自然照レ路、見者奇レ之、久之移二住東寺一、就二少僧都実恵一、受二学金剛界大法一、（中略）年七十六、終二於禅林寺一

（『日本三代実録』元慶八年三月廿六日丁亥条）

僧正法印大和尚位の宗叡が元慶八年（八八四）三月二十六日に亡くなったとある。宗叡は入唐八家の一人で、帰国ののち東寺に帰着すると権律師・権少僧正・東寺二長者を歴任し僧正に任じられたという[108]。この記事によると、一四歳で比叡山に入り内供奉十禅師の載鎮に師事して出家し、のちに広岡寺の義演から法相宗義、延暦寺の義真から天台宗大義を学んだ。円珍に従い園城寺で金剛界・胎蔵界の両部大法を受けた際に叡山神から苦行を庇護するとの託宣を受け、のちに彼が越前白山に至ったとき託宣の通り二羽の烏が前後を飛随し、また夜中に火があらわれ路を照らしたという。

賢一と宗叡は苦行目的の修行であり、中央の仏教徒にとって白山がその舞台であったことを示している。一二世紀後半の成立とされる『白山之記』[109]によれば、天長九年（八三二）に越前・加賀・美濃の三方面から登拝路ないしは拠点の馬場が開かれたとあるので、二僧の入山と軌を一にする。また、国学院大学が昭和六十一年（一九八六）に実施した白

山の調査により、山頂遺物のうち土器などに関しては九世紀後半のものが存在することから、『白山之記』にあるように九世紀中頃に禅定道が開かれたことは確実視でき、[110]加えて白山麓の拠点寺院や白山につながる禅定道沿いに九世紀の遺物が発見されることとも矛盾しないことから、高山に苦行を求め中央などの修行僧による入山が九世紀中頃に始まったものと考えられる。[111]

さらに二僧は円珍の法流に属するので、白山の修験化が園城寺系により進められたとの山岸共の見解があり、円珍の弟子である康済が昌泰二年（八九九）に立山に寺院を建立していることとも併せて考えるべきだとする。[112]康済は越前国敦賀出身で円珍に灌頂を受け、寛平六年（八九四）に天台座主と園城寺の長吏をかねるなど白山と寺門との関係性を考えるうえで重要といえる。[113]加えて『日本三代実録』元慶二年八月十三日丙子条には「勅以㆓加賀国石川郡止観寺㆒為㆓天台別院㆒」とある。[114]円珍が天台座主にあった元慶二年（八七八）に止観寺が天台別院となることも、おそらく同寺は白山と交渉する所が加賀国に多かったとする。[115]一方で由谷裕哉のように越前・加賀・美濃の白山三馬場が一一、二世紀頃そろって比叡山末寺となる以前には法相宗に属していたとの説が存在していたとし、平安時代中期頃に越前側で成立したとみられる草創期の白山修験道が、南都法相系の密教・修験道勢力の影響下にあったと述べる。[116]

三　『泰澄和尚伝記』にみる法相宗の影響

本郷真紹は越前以外の泰澄関係の寺院について泰澄伝を有する滋賀県と京都府の寺院のうち密教関係の寺院、特に修行場としての性格を有する山岳寺院が多いことに注目する。[117]行場として著名な京都府相楽郡和束町の金胎寺は、嘉吉元年（一四四一）の『興福寺官務牒疏』に白鳳四年（六七五）天武天皇の発願により役小角が開基し、養老六年（七二二）に「越智の泰澄」が再建したとある。また、金胎寺の北の登山口にあたる京都府綴喜郡宇治田原町の地にあった大道寺（現在廃寺）も天平勝宝八年（七五六）泰澄の建立と伝える。南山城と隣接する南近江の地にも養老六年（七二二）泰澄の開創と伝える岩間寺が存在する。南山城の地域には山林の行場とともに十一面観音を本尊とする寺院が多数存在し、比較的古い時期に建てられた白山神社が残るとし、本地域の特徴として興福寺の影響が非常に強く、また金胎寺・大道寺など行場として発展した山岳寺院は真言系の寺院で、このあたりの行場は役小角を開基とするものが多く、小角の住した葛城山はのちに真言系の修験の行場になるので、最澄とは逆に南都の諸宗派と融合する姿勢をとった空海の存在を考慮すれば、泰澄の伝は一概に天台宗との関係で形成されたとはいえないという。

先に検討したように『伝記』には一二世紀の要素として天台宗僧の浄蔵の口述をもとにした点、平泉寺の末寺化や越前国への山門の展開など天台宗派の強い影響があったことを指摘したが、その一方で泰澄が五、六歳や一一歳のときの記述、入定の場面などに空海伝と共通する部分があり真言宗系との関係性を指摘できる点では本郷の見解を裏付けるものである。加えて本郷は『伝記』の性格に天台宗の影響を強く意識する見解も見受けられるが、一概にそう言いきってしまってよいものかと疑念を抱く。伝に登場する道昭は日本における法相宗の祖と崇められる人物で、また玄昉も法相宗の僧であったという事実を指摘し、天台宗が一つの独立した宗派として確立する過程で、宗祖最澄は大乗戒壇の設立をめぐって南都（奈良）の諸宗と対立し、南都の学僧と積極的に論争した。特に関東における法相宗の中心的な存在であった徳一との三乗一乗をめぐる論争は有名であるが、このような法相宗と天台宗との確執の経緯を後世の天台宗の高僧が知らなかったとは考えられない。もし仮に天台宗の僧がことさら泰澄と道昭・玄昉といった法相宗の高僧とを結び付けた伝記を著述したとすれば、それは一体いかなる意図のもとでなされた作為ということになるのであろうかと述べる(118)。

これらの見解を踏まえると、『伝記』では法相宗との関係ばかりが目立つ。一一歳（一二歳）のときに北陸道での修行時に泰澄を見つけて神童と称したのは道昭で、四四歳のとき白山に訪れ泰澄と語り合い極楽での再会の約束したのが行基、五五歳のとき泰澄が訪ねていくと経論五〇〇〇巻を見せ、特に十一面経を授けたのが玄昉である。加えて、入唐し玄奘三蔵に法相教学を学んだ日本法相宗の開祖が道昭で、薬師寺で法相宗を主として教学を学んだのが行基、法相宗の義淵の弟子で、入唐し智周に法相を学び天平七年（七三五）に経論五〇〇〇巻の一切経と諸々の仏像を持ち帰ったのが玄昉であるので、泰澄と触れ合う僧のすべてが法相宗の人物といえる(119)。

日本における法相宗の流れを追う[120]。法相宗は奈良時代に最も勢力があり興福寺と元興寺が中心であった。道昭（六二九～七〇〇）が入唐し玄奘にしたがい法相をうけて帰朝し、元興寺に住したのが法相の初伝である。智通・智達が入唐し慈恩について法相を学び帰朝した。元興寺に住し法相を弘めたので元興寺の伝または南寺の伝という。次に玄昉（？～七四六）が入唐し智周に法相を学び経論五〇〇〇余巻をもたらして帰朝した。興福寺に住したので興福寺の伝または北寺の伝というが、朝廷の内道場に入り僧正に任ぜられる。また興福寺は藤原氏の氏寺であり、その支持をうけて栄え多くの学僧を輩出し、奈良時代は法相宗が最も盛んであった。義淵（六四四～七二八）も興福寺に住し学徳一世に高かった。道昭の下に行基（六六八～七四九）がおり、諸国を巡歴して井戸を掘り道をひらき橋をかけ、布施屋という無料宿泊所をもうけるなど産業の開発と社会事業につくし弟子も多く一世に栄えた。

ちなみに中国唐代の仏教家で、法相宗の初祖たる基（六三八～八二）が入定したのが永淳元年（六八二）のことである[121]。『伝記』によると泰澄の生年は天武天皇十一年（六八二）とあるので、基の没年に生まれたことになる。つまり泰澄伝の作者が基の没後を意識して泰澄の生年を設定し、道昭・玄昉・行基との接触も含めて考えると、泰澄の生涯が暗黙のうちに法相宗の人物と関わるように設定された可能性が高い。少なくとも『伝記』には法相宗とのつながりが認められ、泰澄伝の作者がそれを強く意識していことは確かであろう。

また、法相宗は本山が興福寺であるので、古代の越前・若狭の関係史料を見てみる。『日本三代実録』元慶五年（八八一）七月十七日条に以下のようにある[122]。

越前国丹生大野坂井等郡田地六百一町九段百五十八歩、依二天平勝宝元年四月一日　詔旨一、令下二興福寺一領得上、但天平勝宝元年以前為二公田一墾田之類、雖レ在二四至之内一、不レ聴レ領レ之

（『日本三代実録』元慶五年七月十七日癸亥条）

天平勝宝元年（七四九）四月一日詔により丹生・大野・坂井郡の田地六〇一町余を興福寺に施入したが、天平勝宝元年以前に公田であった地は、たとえ興福寺領の四至の内にあってもその領とはせず公田とするとの措置がとられる。

また『日本三代実録』元慶五年（八八一）九月二十六日条には以下のようにある。(123)

遠江国稲二千束、近江国穀三百斛、美濃、若狭、出雲、美作四ヶ国稲各二千束、備前穀二百斛、播磨三百斛、阿波稲二千束、伊予三千束、施二興福寺一、以充下造二鐘楼僧房一料上、並通二用三宝施料稲穀一

（『日本三代実録』元慶五年九月廿六日辛未条）

若狭国の稲二〇〇〇束をはじめ一〇か国の稲を興福寺に施入し、鐘楼・僧房造営料にあてる財源には三宝施料稲穀を用いる。それから『日本三代実録』元慶七年（八八三）十二月二十五日条には以下のようにある。(124)

越前国田地百十二町二百九十歩、加賀国田地二百十六町、依二天平勝宝元年四月一日　詔旨一、返二入興福寺一

（『日本三代実録』元慶七年十二月廿五日丁巳条）

結局のところ越前国の田地一一二町余は天平勝宝元年（七四九）四月一日詔により興福寺に再び施入されてしまう。畿内から近いこともあってか、奈良時代からの興福寺との関係が越前・若狭国にはあり、特に泰澄の痕跡が色濃く残る丹生・大野・坂井郡のあたりに興福寺領の田地が展開したことを示している。興福寺は藤原氏の氏寺の性格があり、越前国といえば奈良時代以来、歴代の国司をつとめた藤原氏とのつながりも強い。

『伝記』との関係でいえば貴女による夢告が霊亀二年（七一六）のこととして出てくるが、その一年前の霊亀元年（七一五）は藤原武智麻呂による気比神宮寺の創建譚があり、(125)日本最古級とされる神宮寺成立の経緯を記したもので、あわせて泰澄の修行地である越知山南麓に展開する劔神社の神宮寺も同時期の創建とみられる。拙稿で触れたので割愛するが、気比神と剣神は関係性が深く、ともに初期神宮寺をもつ神社として知られる。(126)『伝記』にある貴女の夢告も神仏習合につながりどこか親和性が感じられるので、『伝記』では霊亀二年という年紀を意識し設定した可能性が指摘できる。丹生・大野・坂井あたりの興福寺領で藤原氏との関係性が深いとすれば、そのなかで泰澄伝が語られたことも考えられるかもしれない。

他に本郷の指摘するように南山城や南近江にみられる泰澄開基の寺院の存在や『伝記』にみる幼少や入定の記述が空

海伝との共通することから真言宗との接点も考えられるので、一概にそれだけだとは断定できない。ただし泰澄伝への天台宗系による付加が一二世紀になされる以前に、法相宗・真言宗の影響のもとで伝が語られた可能性は指摘できるだろう。さらに真言宗の影響については『修行縁起』などの一一世紀の空海伝との類似性が指摘できるので、骨子の部分では『続日本紀』が手元にあれば記すことができるほど、純粋な意味では法相宗だけの影響を受けた伝はそれらよりも古く、仮に天徳本の存在が認められるとすれば一〇世紀あたりまで遡るかもしれない。

四　二つの山林寺院と越知山・白山の関係

白山に対する信仰について越知山周辺の遺跡と考古資料をもとに九世紀の状況の深究を深める。そこで越知山の入口部に位置する里の寺と称される明寺山廃寺[127]と、越知山神社の別当寺である元越知山山頂に展開する大谷寺遺跡[128]という二つの山林寺院の関係を白山とのつながりのなかで位置づけてみたい[129]。まず明寺山廃寺については越知山や白山がともに遥拝できる地にあることが特徴で、写経やその校訂、密教修法などの仏事を主体的とする遺物が多いなか、脇堂とされる掘立柱建物跡と「旦宮」と読める墨書土器からは神祇的な宮と祭祀の存在がうかがえ、しかも脇堂下から越知山を拝せる南西側の斜面に廃棄された土師器の短胴甕は、越知山の神に対する何らかの神祀りの儀式あるいは痕跡を思わせる。何より麓の拠点集落である鐘島遺跡からは「御山内」墨書土器が出土し、越知山の信仰圏を示す証拠といえる（第1図1）。明寺山廃寺は越知山の領域へ入る際の禊の場で、境界祭祀がおこなわれた場ともとらえられる。このように里に建てられた山寺は、ときに里の人々が写経し、万灯会のような仏教行事をおこなうとともに、越知山にまつわる神祇・道教的な祭式をおこなう信仰の空間で、修行のためだけの場ではなかったことがわかる。

大谷寺遺跡も越知山と白山をともに遥拝できる地を選定した点で共通する。泰澄が養老元年（七一七）に越知山から白山へ行場を移動したと語られるだけの地理的な要因が認められる。これまで写経や密教修法の仏事などが主体的とみられていた点では明寺山廃寺と酷似するが、トレンチ調査にもかかわらず緑釉陶器の香炉や灰釉陶器の浄瓶、「大谷」

第１図　「御山内」「山内」
墨書土器［縮尺1:5］
1　鐘島遺跡　　2　大谷寺遺跡

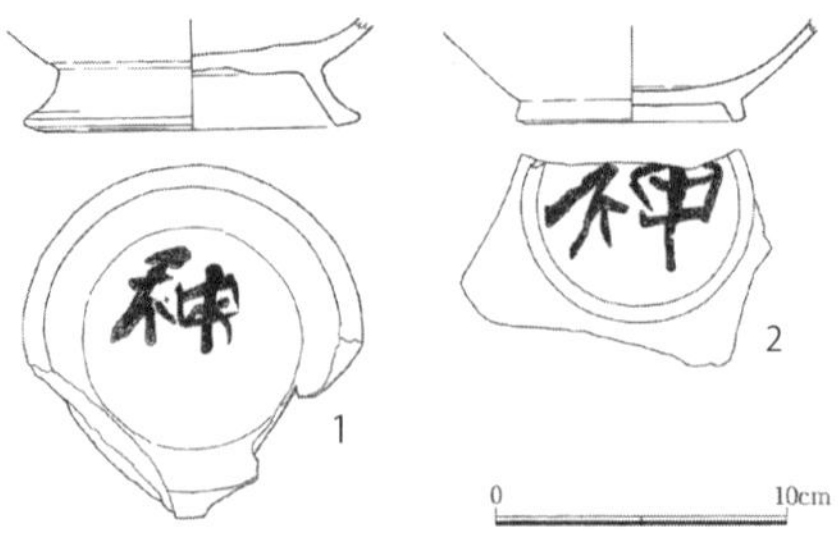

第２図　大谷寺遺跡出土「神」
墨書土器［縮尺1:5］
1　Ｊトレンチ　　2　Ｂトレンチ

「山内」などの墨書土器が出土し（第1図2）、なかでも「神」墨書土器の二点は白山を意識した小型の基壇状遺構の周辺で出土した（第2図）。つまり、山頂の広大な平坦面のなかでも「神」墨書土器が出土した地点は白山に最も近い東端で、その遥拝の場所として絶好のロケーションにある。仏教色の強いなか一部の場所で白山に対する神祀りの儀式を執りおこなっており、「神」墨書土器はその際に用いた器と考えられる。時期は神仏習合の進む平安時代前期とみられ、『伝記』の奥書にある伝記の成立した一〇世紀中頃という年代とも近い時期といえる。

二つの遺跡位置を調べると、越知山と白山を結んだ線上にほぼ配され（第3図）、しかもその出土遺物は泰澄入定後約六〇年後にあたる九世紀中頃以降のものが中心で、寺院内で神祀りをおこない一〇世紀前葉まで継続する点で共通している。しかも大谷寺遺跡では白山遥拝の場所に「神」墨書土器を廃棄し、明寺山廃寺では越知山側で特殊な祭祀を執りおこなっていた痕跡が認められる。これまで無関係とみられた両遺跡は広い視野で見ると、越知山―白山の聖なるライン上に形成されるなど、その関係性が九世紀中頃には山林寺院を介してつながり、ともに越知山あるいは白山を意識した経営がなされたとみられる。なかでも明寺山廃寺麓の鐘島遺跡と大谷寺遺跡からは同じ「山内」と墨書土器の出土がある。浅香年木は白山信仰を検討するなかで、「路」だけでなく「山」という広がりをもつ宗教的な空間とその施設こそが「山内」の語の根本にあった意味であろうとし、

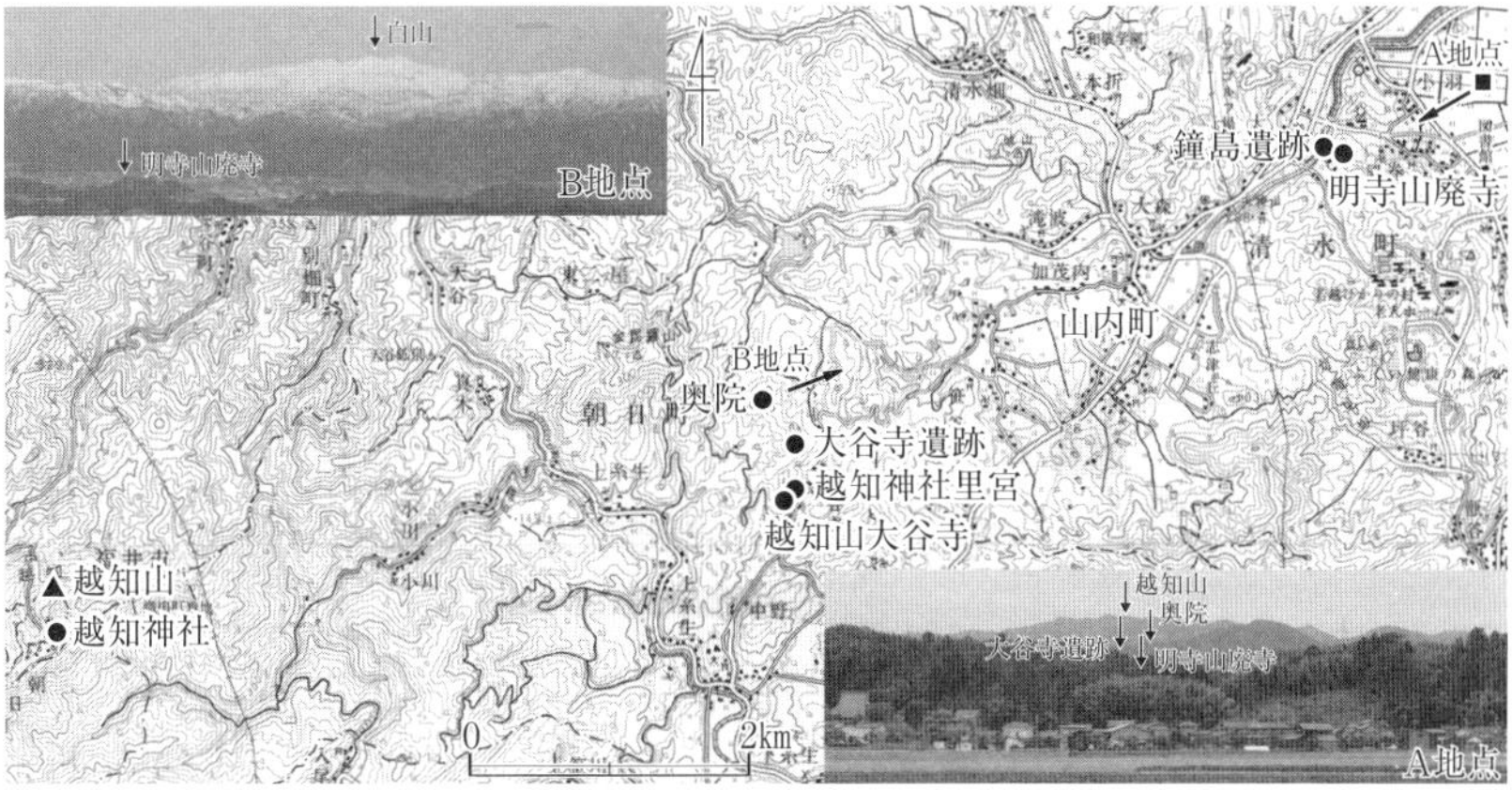

第３図　越知山と大谷寺遺跡・明寺山廃寺［縮尺 1:100,000］

「山」の地域とともに「山内」と呼ばれる宗教的な空間を形成していたと述べる[130]。

つまり明寺山廃寺と大谷寺には関連性があり、越知山内というひとつの宗教的な空間を形成していたことの証左となる。したがって、九世紀中頃における苦行を目的とした中央僧の白山への入山記録と、『白山之記』にみる三馬場の開通時期の一致、白山山頂で出土した九世紀後半の遺物と白山麓の拠点寺院出土の九世紀とみられる土師器・須恵器、禅定道で採集された考古資料なども踏まえると、いわゆる低山から高山へという九世紀中頃にみられる考古資料の画期を勘案すれば、泰澄の越知山から白山という『伝記』の流れについても九世紀中頃まで遡って考えることができるかもしれない[131]。

五　白山神の正体

少し時代は下ることになるが、『伝記』には泰澄の夢中に現れ導いた白山神は貴女とあるので、女性を思わせる存在として記される。しかし、林泉に訪れたとき大徳聴けに始まる貴女の告白には「日本秋津嶋、本是神国也、国常立尊、乃神代最初国主也、次国狭槌尊、（中略）、次伊弉諾尊、伊弉冊尊、謂之神世七代、吾身乃伊弉諾尊是也、今号妙理大菩薩、此神岳白嶺、乃吾神務国政時都也、吾乃日域男女元神也、天照大神乃吾伊弉諾尊子也」とあり、我は伊弉諾尊で、今は妙理大菩薩と号すとしている。つまり白山神は男神で、女神ではないことになる。九世紀中頃以来、白山神は比咩の名が示すように女神であるので、伊弉諾尊としていることに違和感がある。単なる誤認・誤記なのか。

そこで男神か女神かの問題を検討する。『釈書』『真言伝』をはじめ『伝記』の諸本では基本的に伊弉諾尊としているが、伊弉冊尊と注するのは平泉寺と尾添本だけである。山岸共は、最初に伊弉諾尊と伊弉冊尊の代表に男神を取っていたが、のちに姫神に合わせるために伊弉冊尊としたと述べる[132]。また本郷真紹も、白山神が伊弉冊尊つまり女性の神であると意識されていたことで、周知の通り二尊は国生みをおこなった夫婦神で、白山神が貴女の形で現れ、女性の神がふさわしいと観念されたことから、あえて伊弉冊尊をこれに比定すべきとする意識が働いたものとみている[133]。貴女との関係でいえば伊弉諾尊とあるのは誤記ともみられるが、『伝記』をはじめ『釈書』巻第一八「白山明神」でも「日本秋津島、本是神国也、国常立尊、乃神代最初国主也、次国狭槌尊、（中略）次伊弉諾尊、伊弉冊尊、謂之天神七代、吾是伊弉諾尊也、今号妙理大菩薩、此神嶽白嶺者、我主国之時都城也、我乃日域男女之元神也、天照大神者我子也、天忍穂耳尊我孫也」とあり、単なる誤記として片付けられない。他にも鎌倉時代末期から南北朝時代にかけての書写とされる『毘沙門堂本 古今集註[134]』には以下のように記される[135]。

神代事

国常立尊　国狭槌尊　豊斟渟尊

泥瓊尊　沙瓊尊　大戸之道尊　大戸間辺尊

面垂尊　惶根尊　伊弉諾尊（白山明神是也）　伊弉冊尊

已上謂之神世七代

（中略）

次天照大神ハ、イザナギ、イザナミノ御子也、此ニ神、即御於天

天照大神

正哉吾勝速日天忍穂耳尊　天照大神御子　或記云、正勝尊
天津彦彦火瓊瓊杵尊　治卅一万八千五百四十二年
彦火火出見尊　治六十三万七千八百九十二年
彦波瀲武鸕鷀草葺不合尊　治八十三万六千四十二年
已上謂之地神五代
（『毘沙門堂本 古今集註』）

一四世紀前葉から中葉にかけて白山明神ならびに妙理権現・妙理大菩薩は伊弉諾尊とする見解があったことになるので、男神たる伊弉諾尊をどう理解したらいいのか。国常立尊から始まる神世七代、神武天皇に至るまでの地神五代という神統系譜については鎌倉後期以降に流通、流伝した説話内容と深い関わりがあり、蒙古襲来という国際的な危機を始め当時の国際環境から神代紀が強く意識された結果として中世のある種の歴史意識、自国意識の反映とみられる(136)。しかも系譜のなかで地神五代を経由する際に伊弉諾尊が登場するが、それは天照大神が伊弉諾尊の子との認識からである。というのも記紀にあるように天照大神は伊弉諾尊の禊により生まれた三神の一神である。直接的には伊弉冊尊とは関係しない。系譜を述べる以上は神武天皇までスムーズにつなぐ必要があるので、伊弉冊尊とあっては系譜上断絶してしまう。それらを解消するため都合により白山神＝伊弉諾尊にしたとみている。

この部分は由谷裕哉の指摘のように『伝記』の開山伝承は比較的古い在来のモチーフ群Ｂ－Ｃ－Ｄと、より新しい伝承と思われる外来のモチーフ群Ａ－Ｅの二重構造で、Ｄの最後の部分で山麓の林泉で妙理大菩薩として本身を示した白山神が再度本身を示すため泰澄を白山禅頂に導く部分をつけ加えることにより両群を関係づけたものである(137)。『伝記』では日本秋津嶋はもと神国で、国狭槌尊から伊弉諾尊・伊弉冊尊までの神世七代とし、我は伊弉諾尊で今は妙理大菩薩と号し、神岳白嶺は我が神務国政時の都で、すなわち我は日域男女の元神だとしているので、国常立尊から神武天皇までの系譜は伊弉諾尊・伊弉冊尊に至り、天照大神は伊弉諾尊の子であるので矛盾なくつながることを意識した構造となる。白山神は本来女神で、貴女が伊弉諾尊とするは違和感があり直接は結び付かないため、『伝記』書写時などに疑問

第４図　木造十一面女神坐像

をもち後世の人々が誤記とみてきたのであろう。いずれにせよこの部分については一三世紀後葉頃に『伝記』が最終的に整備されたとき当時の思想的なものが反映したものとみている。

　このように『伝記』では伊弉諾尊を経由するものの、実際のところ白山神は女神だとする認識の方が強い。女神の系譜を補うものが、福井県丹生郡越前町天王に所在する八坂神社所蔵の木造十一面女神坐像〔福井県指定文化財〕（第４図）である。これに関する研究史は杉﨑貴英の論攷が有用である[138]。本像は頭部が十一面観音、それ以外が女神を表現した神仏習合を示すものである。全体が女神で、上部が十一面観音であるので『伝記』による貴女から十一面観音への変化をあらわし、かつ白山神の本地を示す象徴的な像といえる。口元にえくぼがあることから『白山之記』にある「正観音含咲宰官人也」の「含咲」の表現にふさわしい。制作年代に関しては諸説あるが、杉﨑貴英の見解にもとづけば平安時代末期から鎌倉時代初頭にかけてで、暦年代では一一八〇から一二一〇年にかけての時期とみられる。白山の本地仏を意識して制作された像であれば『伝記』にある泰澄を導いた貴女は白山神そのもので、女神であったことを示す。実際に八坂神社境内、またその神宮寺として展開した応神寺跡からは見事に聳える白山が遥拝できるので、白山神とその本地仏を一体とみなした神仏習合を示す像と考えられる。

六　大菩薩から妙理権現へ

ここでは『伝記』にある貴女の告白中の「妙理大菩薩」について深める。妙理大菩薩は八幡大菩薩のような古い菩薩号があったのか。菩薩とは観音などのように仏教では仏の次に位置づけられ、すべての生あるもの（衆生）の救済に努力し理想を現実する人をいう。これは神仏習合の思想面が徐々に前進するなかで神に菩薩号を奉るというもので一般的には九世紀頃に現われるが、八幡神の場合はもう少し早かったらしい。「八幡大菩薩」について逵日出典の研究成果をもとに見てみる。(139)

まず『新抄格勅符抄』所収の延暦十七年（九八）十二月二十一日の太政官符に「八幡大菩薩宮并比咩神封一千四百十一戸」とあり、(140)『類聚三代格』巻一所収の「大同三年（八〇八）七月十六日の太政官符」にも「応レ令下二国司一出中納八幡大菩薩宮上事」とある。(141)また『続日本後紀』天長十年（八三三）十月二十八日条には「縁二景雲之年八幡大菩薩所レ告」とあり、(142)「景雲之年」を神護景雲年間（七六七〜七〇）とみれば八世紀後半の事例といえる。一部の史料がのちの時代に編纂されたことを差し引いたとしても、おおむね八世紀後葉から九世紀前葉にかけて八幡神に菩薩号が奉献され、「八幡大菩薩」と称されていたことがわかる。

平安時代になると「八幡大菩薩」に変化が認められる。『東大寺要録』巻第四所収の「弘仁十二年（八二一）八月十五日官府」によると、「天応之初、計二量神徳一、更上二尊号一、曰二護国霊験威力神通大菩井、延暦二年五月四日託宣、吾無量劫中、化二生三家一、修二方便一、導二済衆生一、吾名是大自在王菩井、宜三今加レ号曰二護国霊験威力神通大自在王菩井一者如レ此之験不レ可二勝計一」とある。(143)八幡神は天応元年（七八一）に「護国霊験威力神通大菩井」の号を奉り、延暦二年（七八三）五月四日に「自在王」を加えて「護国霊験威力神通大自在王菩井」となる。『扶桑略記』欽明天皇三十二年正月条に「我名曰二護国霊験威身神大自在王菩薩一」、(144)『八幡愚童訓』上に「護国霊験威力神通大自在王菩薩也告給」とある。(145)これらの史料はのちに編纂されたので、これらを直ちに事実とすることはできないが、八幡神に対する菩薩号の奉献は『華厳経』『法華経』『自在王菩薩経』などの仏典にもとづくものという。具体的に鎮護国家の仏神として成長した姿がうかがえ、弥勒寺僧集団がなした仏典研究の一大結実とみられている。

また、伊勢国の多度神の菩薩号の事例も知られる。『多度神宮寺伽藍縁起并資財帳』には以下のようにある。(146)

桑名郡多度寺鎮三綱謹牒上
　神宮寺伽藍縁起并資財帳
以去天平宝字七年歳次癸卯十二月庚戌朔廿日丙辰、神社以東有井於道場満願禅師居住、敬造阿弥陀丈六、于時在人託神云、我多度神也、吾経久劫作重罪業、受神道報、今冀永為離神身欲帰依三宝、如是託訖雖忍数遍猶弥託云々、於兹満願禅師神坐山南辺伐掃、造立小堂及神御像号称多度大菩薩、次当郡主帳外従七位下水取月足銅鐘鋳造、并鐘台儲奉施、次美濃国近士県主新麿三重塔奉起
（『多度神宮寺伽藍縁起并資財帳』）

天平宝字七年（七六三）神社東の井於に道場があり、満願禅師が居住し丈六の阿弥陀如来を謹んで造った。多度神は長い間にわたり重い罪業をつくり、神道の報いを受けながら神として存在しているので、神身を離れて仏道に帰依したいとの託宣を発し、これを聞いた満願が神坐山の南辺を伐り掃うと、小堂を建て神像を安置し「多度大菩薩」と称した。次に、多度の主帳である水取月足が銅製の鐘と台を寺に納め、続いて新麿が三重塔を建てた。神身離脱譚による神宮寺の創建で、八世紀中頃の菩薩号の事例として注目される。多度神が菩薩と称されたのは、託宣をきっかけに多度神が仏に帰依し満願が小堂を建て神像を安置したことによる。この事例は例外的位置づけかもしれないが、九世紀中頃になると他の神への菩薩号の事例が知られる。『日本文徳天皇実録』天安元年（八五七）十月己卯条には以下のようにある。[147]

在二常陸国一大洗磯前、酒列磯前両神、号二薬師菩薩名神一
（『日本文徳天皇実録』天安元年十月己卯条）

常陸国に鎮座する大洗磯前・酒列磯前の両神は薬師菩薩名神を号するという記事で、九世中頃における神々を菩薩と称した早い事例である。

ここまで見てくると、官府などの公の文書に登場する神への菩薩号は八幡神がその端緒と考えられ、神仏習合におけるその果たした役割の大きさが注目される。八幡大菩薩の顕現は、仏典による神仏関係の理論づけを促進させるきっかけとなり、本地垂迹説が起こる引金となっていき、九世紀中頃には垂迹思想の嚆矢とみられる史料が散見される。

まず『日本三代実録』貞観元年（八五九）八月二十八日辛亥条には以下のようにある。[148]

依二十禅師伝灯大法師位恵亮表請一、始置二延暦寺年分度者二人一、其一人為二賀茂神一、可下試二大安楽経一、加中試法華経金光明経上、一人為二春日神一、可下試二維摩詰所説経一、加中試法華経金光明経上、表曰、恵亮言、皇覚導レ物、且実且権、大士垂レ迹、或王或神
（『日本三代実録』貞観元年八月廿八日辛亥条）

延暦寺の恵亮が賀茂神と春日神のために比叡山に年分度者二人を置くことを表請した文で、賀茂神分の一人は『大安楽経』、加えて『法華経』『金光明経』を修し、春日神分の一人は『維摩経』、加えて『法華経』『金光明経』を修するとあり、皇覚（如来）が教え導くのには実の姿もあれば仮の姿もあり、大士（菩薩）が仮の姿と現れるのにはあるいは王となり、あるいは神となると記される。

次に『石清水文書』大宰府牒の承平七年（九三七）十月四日条に以下のようにある。(149)

然則始自承平五年、且唱於知識令写経王、且運材木拽置於彼宮辺已了、彼宮此宮雖其地異、権現菩薩垂迹猶同、仍以彼弥勒寺分塔、欲造立此神宮寺也
（『石清水文書之二』「四八 大宰府牒」）

大宰府から筥崎宮に出された文書である。『法華経』を納める宝塔院が宇佐弥勒寺に予定されていたのが、筥崎神宮寺に変更されたことについて彼宮（宇佐宮）と此宮（筥崎宮）では土地は異なるが、権現菩薩（八幡大菩薩）が垂迹されることは同じだとしている。

また、応和二年（九六二）の奥書をもつ『大安寺塔中院建立縁起』には以下のようにある。(150)

行教云、通言語雖有貴約、未拝見御正体、世間又不信受歟、願垂示現、弥凝懇篤矣、詞未訖、和尚緑衫袖上仁、釈迦三尊顕現、弥凝信、戴頭頸上洛、途間物語不断
（『大安寺塔中院建立縁起』）

大安寺僧の行教は入唐帰朝の際、豊前国の宇佐八幡宮に一夏九旬の間参籠する。参籠中、衣の袖上に釈迦三尊が顕現しており、これは八幡神の本地を釈迦三尊とする考えが成立していたことを示唆する。いわゆる八幡本地衣上影現説話であるが、これを初出にそれ以降『続古事談』など多くの文献で散見されるようになる。(151)それが大江匡房の『神仙伝』などにみられるように一一から一二世紀にかけて古来の地域神に本地仏が設定され、本地垂迹説が結実する時代となっていく。

これらの史料により九世紀中頃から一〇世紀にかけて、仏菩薩の仮の姿としての神という観念が現れたことが読み取れる。『日本三代実録』貞観元年（八五九）八月二十八日にある「大士垂ㇾ迹」の記事は貞観二年（八六〇）の年紀をもつ『遷化之記』と年代が近い。内容的に『伝記』をもとに節略したのが『遷化之記』と考えたが、仮に七歳の記述が古い要素で、この頃に泰澄伝が中央で語られたとすれば、『日本三代実録』貞観二年（八六〇）二月十日・同年十二月二十日・翌年八月十六日に、越前国丹生郡出身の大学博士である大春日雄継が清和天皇に進講していることとも関係があるかもしれない(152)。

時代が下り一〇世紀中頃であったとしても、『大安寺塔中院建立縁起』にみられる八幡本地衣上影現説話は、八幡神の本地を釈迦三尊とする考えが成立していたことを意味するので、『伝記』の奥書で示された天徳元年（九五七）の年代にも近い。先の事例を勘案すると、泰澄伝にある十一面観音の垂迹が貴女に象徴される白山神とする思想が一〇世紀頃までに語られてもいいことになる。しかも、初期の神仏習合で登場する地域神のなかに宇佐の八幡神があることは知られるが、縁起上はそれより古いのが越前国の気比神、若狭国の若狭比古神である。詳細は拙稿の「越前国剣神考」で述べたが、それらに時期的に匹敵する初期神宮寺が、越知山麓に鎮座する劔神社の剣御子神宮寺である(153)。古くから広大な杜による神地が形成され、梵鐘（国宝）の銘文が示すように遅くとも神護景雲四年（七七〇）に剣御子神宮寺が創建されていた。劔神社境内に残された礎石、周辺で操業した瓦窯などを踏まえると、八世紀前葉まで遡り考古学的に証明できる初期神宮寺として全国でも希有な事例といえる。この劔神社の鎮座する織田からは、やはり白山が遥拝でき、その北側には越知山が位置する。神宮寺の創建に泰澄の関与を考えたことはあったが(154)、白山神と関係していた可能性も指摘できる。

加えて越知山周辺の考古資料を取り上げると、越前町の越知山大谷寺裏山に展開する大谷寺遺跡には、寺院の関連施設とみられる小型の基壇状遺構が検出されると、その周辺からは「神」墨書土器が出土し、しかもその出土地点は白山遥拝に最も適した立地でありその時期も九世紀後葉から一〇世紀前葉に比定できることから、十一面観音を本地として白山神を垂迹とする思想が生じていても不思議ではない。越前国には『伝記』にあるような泰澄を生む風土、神仏習合を深化するに至った土壌があったことが何よりの証左といえるだろう[155]。それは先に述べたように福井平野や丹南盆地などの平野部から白山がよく見えることと関係するが、実際に越知山を擁する丹生山地側に立つと、白く聳える白山は圧倒的な姿で、泰澄が白山へと向かい再び越知山へ帰ったとする回帰的な蓋然性が備わり、また『伝記』にあるような十一面観音を中心とする本地垂迹説が語られるに至った歴史的素地ができあがっていたとみられる。しかも、それが九世紀中頃における遺跡立地のあり方、遺構・遺物など考古資料にも色濃くあらわれている。

それでは、本地垂迹説が平安時代に説かれるようになり、またたく間に列島を席巻していった要因は何なのか。佐藤弘夫は以下のように述べる[156]。その背景には一〇世紀頃から急速に進展する彼岸表象の肥大化と浄土信仰の流行があったとし、この世と断絶した死後の世界としての他界浄土の観念が定着し、古代的な一元的世界観に対する他界浄土―此土の二重構造をもつ中世的な世界観が完成するという。そして阿弥陀仏の極楽浄土、観音菩薩の補陀落浄土、弥勒菩薩の兜率天浄土、薬師仏の浄瑠璃世界、釈迦仏の霊山浄土など他界浄土が人々の憧れの的となり、そうしたなかで天竺（インド）から遠く離れた辺土である此土では、末法辺土の救済主としての垂迹―神がクローズアップされる。垂迹がこの世に出現した理由は末法辺土の衆生を正しい信仰に導き、最終的に浄土に送り届ける役割があり、最も効果的な実践が垂迹のいる霊地におもむき結縁することであった。こうした思想状況のなかで白山が観音菩薩の住む補陀落浄土とみなされ、『枕草子』の記述のように一〇世紀末の宮廷でも認識されるに至った。特に、神仏習合の進んだ越前国では白山に十一面観音が住むとの認識はさらに遡り、遅くとも中央僧の入山の始まる九世紀中頃には存在していた可能性は高い。

ここまで見てくると、時代的には先駆的とされる八幡神の菩薩号の事例が八世紀後葉から九世紀初頭にかけて、大洗磯前・酒列磯前の両神が九世紀中頃であるので、神仏習合の歴史的素地をもつ越前国で、その象徴的ともされる白山神に対する菩薩号が存在したとすれば、いつになるだろうか。明確な史料は見出せないが、『越知神社関係文書』「一一法華八講会差定」には以下のように記される[157]。

□□明年三月会法花御八講知識輩

□□大徳 大□□々　郡定　足羽

右件御八講会者、奉為　大師聖霊□□也、依之年来之間、常住外来諸共、成願成伴、所令勤行也、仍国内檀那・郡中施主、殊垂慈心而、以加随分之一塵者、現世蒙　大師之加護而、定期於寿算松栢、後生□〔依カ〕如法之功力而、必徳利参於蓮台、故常住外来諸共可差定之状如件

文保元年三月十八日　公文在庁法師（花押）

惣公文大法師（花押）

小白山別当大法師（花押）

二和上大法師（花押）

一和上大法師（花押）

衆僧一大法師（花押）

少〔小〕勧進大法師（花押）

大勧請大法師（花押）

執当別当大法師（花押）

院主伝灯大法師（花押）

願主

大師聖霊

証誠

白山大菩薩

大行事

□□□《小白山カ》大明神
勧進
浄定行者
催使
八大金剛童子
（『越知神社関係文書』「一一　法華八講会差定」）

大谷寺の法華八講に関する史料で、文保元年（一三一七）三月十八日の年紀をもつが、「白山大菩薩」とあるのに注目する。元和本では「妙理」を「越知」とするなど越知山側の宣揚が認められたが、一四世紀前葉の史料に残る白山神に対する菩薩号を示す数少ない事例であるので、もっと評価する必要があるだろう。先に検討したように菩薩号は豊後国の八幡神の事例が八世紀後葉から九世紀初頭にかけてで、常陸国の大洗磯前・酒列磯前の両神の事例が九世紀中頃であった。推測の域を出ないが、神仏習合の進んだ越前国では、九世紀中頃までには白山神に対する菩薩号が存在していても不思議ではない。これは白山遥拝と関係の深い明寺山廃寺・大谷寺遺跡の白山を意識した立地や大谷寺遺跡出土の「神」墨書土器など九世紀後葉から一〇世紀前葉の遺物の存在からも首肯されるべきだろう。

しかし『伝記』は「白山大菩薩」でなく、「妙理大菩薩」と記される。ここでは天徳元年（九五七）の年紀をもつ伝記の存在を認め、十一面観音を本地仏としその垂迹を白山神とする思想的あるいは信仰的なものが越知山側に形成されていたとみるので、一〇世紀中頃までは純粋に「白山大菩薩」と認識された可能性が高い。そのあと十一面観音自体が不可思議な真理をもつ存在であったので「妙理」という用語を加えられ、「（白山）妙理大菩薩」と認識されるに至ったのだろうか。このことは八幡神が八世紀後葉に「八幡大菩薩」と菩薩号であったものが、「護国霊験威力神通大菩芹」となり「自在王」を加えて「護国霊験威力神通大自在王菩芹」「護国霊験威身神大自在王菩薩」と称されたことと同じ展開とみている。つまり一〇世紀中頃までに「白山大菩薩」から「（白山）妙理大菩薩」へと変化し、一一世紀に権現思想が本格化することで「（白山）妙理権現」が成立したとみられる。

また、「白山大菩薩」の痕跡は一二世紀後半の『白山之記』にある「白山妙理大菩薩」、「(白山)妙理権現」の痕跡は「僧西念願文」・『大伝法院本願聖人御伝』にある「白山妙理権現」に認められる。特に『白山之記』は『伝記』ありきの加賀側を宣揚する書物であり、菩薩の方が古い表現ととらえられるので、繰り返すが「妙理権現」から「妙理大菩薩」への流れではなく、「白山大菩薩」→「白山妙理大菩薩」の過程を経て「白山妙理権現」と称された可能性が高い。この証左として『伝記』にある「妙理」に注目すると、本文中では「妙理大菩薩」と六か所にわたり記されるが、奥書には「泰澄和尚者、妙理権現本地十一面観音普門示現声聞形而已」とある。奥書は天台宗の影響で一二世紀後半に加えられたとみるので、『伝記』にある二種類の「妙理」について用語の不統一のまま記されたことは二段階の編集がなされたことを意味する。その点からも「大菩薩」→「権現」という流れがわかるだけでなく、元々あった泰澄伝に対して大幅な書き換えをおこなわず、そのまま前段階のものを採用した可能性を示唆している。

七　泰澄の人物像とその関連する考古資料

最後に『伝記』の成立とは関係ないかもしれないが、重視すべき奈良時代の史料が『根本説一切有部毘奈耶雑事』巻第二一の奥書である[158]。

天平二年庚午六月七日、為
上酬慈蔭、下救衆生、謹書写畢
泰澄

(『根本説一切有部毘奈耶雑事』巻第二一)

奈良時代で唯一の「泰澄」と記された事例である。この人物が『伝記』に記された泰澄であったかは判断しかねるが、高瀬重雄が指摘するように「上は慈蔭に酬い、下は衆生を救わんがために謹書」したとすればこの写経が写経生ではなく、しかも泰澄みずからの手になったとすれば、その文字の精緻さや筆づかいの厳正さもその教養と人となりの一端を示しており、単なる在野の私度僧以上に、越の大徳と呼ばれるにふさわしい教養ある僧侶といわねばならないとする[159]。これについては深入りしないが、近年、福井県の泰澄伝承地ではその関連資料の発見が相次いでいる。その資料については拙稿の「泰澄がみた風景」で検討したが[160]、そのあと発見されたものも含め泰澄を考えるうえで重要な奈良時代とみられる考古資料を泰澄関連資料と位置づけ取り上げておく。

まずは福井県丹生郡越前町大谷寺に所在する越知山（標高六一二・八メートル）の山頂付近で採集された須恵器である[161]。採集場所は殿池の北側、駐車場下に展開する川沿いからで、山頂近くの遺物が長年の風雨や地形の崩れなどで転落し流れ出したものとみられる。甕の頸部から肩部にかけての部位で、残存幅五・六×縦八・五センチ、厚さ〇・七～一・一センチ、図上復元を試みると頸部径二五・二センチ、残存高三・八センチ、最大径三五・五センチをはかる。外面は縦方向のタタキ調整と横方向のカキメ調整、内面は同心円文のタタキ調整を施す。色調は内外面ともに灰色を呈する。胎土は緻密で、目立った含有物は少ないが、表面に白色粒子と黒色粒子が認められる。丹生窯産に特徴的で、頸部から肩部にかけて薄緑色の自然釉付着のあり方は越前町佐々生１・２号窯跡や樫津１号窯跡に類似品があり、色調や胎土の様相も酷似することから八世紀中頃に比定でき、天平宝字二年（七五八）に「越知峯大谷仙崛蟄居」の時期に近いものである。須恵器は一点のみにとどまるため、奈良時代のものが山頂付近に存在したとしか言えないが、誰かが越知山に登り何らかの痕跡を残したことは間違いなく、山林修行者であった可能性は高い。しかも甕は据え置くことが前提となるので、頂上付近に山林修行者の宿坊のような建物が存在したことも考えられるだろう。

なお、越知山関係でいえば『伝記』にある最初の修行地「越知峯坂本巌屋」とみられる比定地で採集された須恵器がある[162]。泰澄は巌屋に入り「礼拝数百遍」して「南無十一面観世音神変不思議」と唱え、そこを出て越知峯に登ったとあるが、その風景にふさわしい地が福井県丹生郡越前町小川に所在する白瀧洞窟である。洞窟手前には平石があり、そこから一五メートルほどの落差をもつ滝となる。岩屋は数人が入れるほどの広さで、内部では須恵器の甕破片が採集された[163]。縦七センチ×横七・五センチのもので、外面はタタキ調整と横方向のカキメ調整、内面は同心円文のタタキ調整を施す。色調は内外面ともに暗灰色を呈する。胎土は緻密で、目立った含有物は少ないが、表面に黒色粒子が認められる。

破片のため時期の比定は難しいが、七から九世紀までとみられる。

次に、福井県鯖江市上戸口町に所在する三峯寺跡の出土遺物である[164]。三峯寺跡は城山（標高四〇〇メートル）から文殊山（標高三六五メートル）へと至る尾根からやや下った標高三〇〇メートルの山腹に位置する。伝承によると三峯村は養老年間（七一七～二四）の開村で、文殊山の開山が養老元年（七一七）と同じであるので、泰澄との関係性が指摘できる。なお、三峰村の子安観音堂内の大銀杏には乳の出がよくない泰澄の母が訪れ、その気根を煎じて飲んだところ乳の出がよくなったとする伝承をもつ[165]。関連遺物は調査時に発見されたもので、報告書によると遺構・遺物の大部分は中世以降の所産であったが、Ⅳ区北端の一隅で八、九世紀の遺物が出土した。古代のものは須恵器・土師器・フイゴの羽口・火打石の可能性がある用途不明石製品で、須恵器は蓋・杯・盤・鉄鉢・広口鉢・瓶子・甕などである。土師器は椀・甕などで、椀はすべて赤彩を施し甕はその多くに吹きこぼれ痕が認められた。八、九世紀のものが中心であるが、最古とみられる杯蓋は開山時期に近い八世紀前葉のものである。須恵器中に転用硯や墨書土器を含まないが、鉄鉢が存在するため、山林寺院などの仏教的な施設が付近に存在していた可能性が高い。最古の遺物の時期が開村の伝承・文殊山の開山時期と重なるので、泰澄を考えるうえでも重要な考古資料といえる。

最後に、福井県福井市今市町に所在する今市岩畑遺跡で出土した「大徳」と記された墨書土器である[166]。本遺跡は泰澄の生誕地とみられる泰澄寺（福井市三十八社町）から北東に二・四キロに位置し、いわゆる麻生津近くに営まれた奈良時代の拠点集落である。本遺跡では大量の墨書土器が出土し、そのなかに「大徳」墨書を含んでいた。杯蓋で、内外面ともに回転ナデ調整を施す。色調は内外面にともに灰色を呈する。胎土は緻密で目立った含有物は少ないが、表面に黒色粒子が認められる。丹生窯跡群産とみられるが、なかでも佐々生窯跡のものに酷似している。口縁部が欠損するので時期は不明であるが、佐々生窯跡とみれば八世紀中頃のものとみられる。泰澄は越の大徳と称されるので、その人を示すものではないが、関連性がうかがえる考古資料として注目できる。

以上、泰澄に関連する遺跡・遺構・遺物で奈良時代とみられる四点を取り上げた。泰澄の実在を決定づける考古資料ではないが、これまで複数説にあるような泰澄のモデルになったであろうとされた山林修行者の存在から、それこそ泰澄的な人物、一歩迫って『根本説一切有部毘奈耶雑事』巻第二一の奥書にみられる「泰澄」を思わせるような人物、それこそ越知山で山林斗藪をおこなった泰澄という存在が浮かび上がるものといえるだろう。

第四節　『泰澄和尚伝記』成立過程にかかる予察

一　段階設定

『伝記』をもとに関連史料や一部考古資料など基礎資料になるものを中心に取り上げ、現存する『伝記』は数段階の過程を経て整備されて完成形になったとの演繹的私見のもと、その内容について時代を遡りながら検討した。その結果、いくつかの新知見を得ることもできたので、最後に本章の結論を整理しておく。なお一から四までの間で画期についてはその都度触れたが、改めて『伝記』完成に至る段階設定を明示しておく。揺籃期（九世紀後葉～一〇世紀中頃）［第一a・b画期］、形成期（一一世紀後半）［第二a・b画期］、発展期（一二世紀）［第三a・b画期］、完成期（一三世紀後葉～一四世紀初頭）［第四画期］としたが、『伝記』におけるどの要素がいつ成立し付加されたかを特定するのは、なかなか困難で推測の域を出ないものも多いが、史料などの成立の上限をとらえ、それが語られた社会的背景などを勘案したうえで比定したつもりであるので、飛鉢譚など未検討の部分も含め今後さらに検討していけばより明確な位置づけがなされていくものと考えている（第1表）。したがってここに提示する見解は予察の部分も含んでいると理解されたい。

二　揺籃期

まず『根本説一切有部毘奈耶雑事』巻第二一の書写をおこなった「泰澄」は越の大徳と呼ばれるにふさわしい教養ある僧侶とみられるので、『伝記』・『釈書』で記された越知山の泰澄であったとすれば『伝記』のモデルとなる人物とし

	『泰澄和尚伝記』と画期	伝記関係資料	関係史料・資料
600	632 基 682 682 越前国麻生津で誕生 687 5、6歳 泥土で仏像作り、童堂造り 692 11歳 道昭(法相宗)神童と称す(持統7年なら12歳) 695 14歳 越知峯坂本巌屋で修行		682 法相宗 初祖・基(法相宗)遷化 ・7c-9c 白瀧洞窟出土須恵器 ・8c前 三峯寺跡出土遺物
700 750	702 21歳 鎮護国家法師、臥行者弟子 712 31歳 浄定行者弟子 716 35歳 貴女の夢告 717 36歳 禅頂で、三所権現を感得 722 41歳 元正天皇の病治癒、神融禅師 725 44歳 行基(法相宗)の白山参詣 736 55歳 玄昉(法相宗)より十一面経授く 737 56歳 大和尚位、泰証→泰澄 758 77歳 越知峯大谷仙崛に蟄居 767 86歳 三重木塔を勧進造立 結跏趺坐し定印を結び遷化 『泰澄和尚伝記』より ※越前・若狭国 初期神宮寺の創建 ※大菩薩号 767 最澄 822 774 空海 835		・8c前 剣御子神宮寺の創建 715 気比神宮寺の創建（『家伝』） 730 『根本説一切有部毘奈耶雑事』巻21「泰澄」 ・8c中 越知山山頂須恵器 ・8c中 今市岩畑遺跡「大徳」 767 多度大菩薩・多度神宮寺創建 770 劔神社梵鐘 781 護国霊験威力神通大菩薩（『東大寺要録』） 783 護国霊験威力神通大自在王菩薩 （『東大寺要録』） 798 八幡大菩薩（『新抄格勅符抄』）
800 850	白山大菩薩？ 揺籃期 →第1a画期 誕生と遷化のシンプルな伝の成立か ※法相宗の影響 ※白山神(白山大菩薩)＝観音？ ※苦行目的による中央僧の白山入山 ※越知山-白山を意識した大谷寺遺跡・明寺山廃寺 ※越前・若狭国 興福寺領 以下略 891	860「神融大師誕生并遷化之記」 （『白山記録十種』）	808 八幡大菩薩（『類聚三代格』） 832 白山三馬場開通（『白山之記』） 833 八幡大菩薩（『日本後紀』） 836 七高山、薬師悔過（『釈家官班記』） 853 白山比咩神、従三位（『文徳天皇実録』） 857 大洗磯前・酒列磯前両神、薬師菩薩 （『文徳天皇実録』） 859 白山比咩神、正三位（『日本三代実録』） 垂迹の語（『日本三代実録』） 878 賢一、白山入山（『日本高僧伝要文抄』） 止観寺、天台別院（『日本三代実録』） 881 越前国興福寺領、公田（『日本三代実録』） 883 越前国興福寺領、返入（『日本三代実録』） 884 宗叡、白山入山（『日本三代実録』）
900 950	・泰澄大師と称す？ ・越の小大徳？ ・神融？ ・鎮護国家法師？ ・貴女→九頭龍王→十一面観音？ ・白山神(妙理大菩薩)＝十一面観音？ ・神護景雲年間、遷化？ ※垂迹思想 (白山)・妙理大菩薩 891 浄蔵 964 →第1b画期 法相宗と関わる年譜形式の伝か 天徳元年本の成立か 空白期 以下略 965 慶命 1038 ※白山は観音、補陀落浄土 ※権現思想	947 天暦元年本（『真言伝』） 957 天徳元年本（『伝記』金沢文庫本) 958 天徳２年本（『元亨釈書』）	・9-10c 大谷寺遺跡「神」「大谷」「山内」 ・9-10c 明寺山廃寺「旦宮」「山内」 927 白山比咩神社（『延喜式』） 937 八幡神、権現菩薩垂迹（『石清水文書』） 962 八幡神、本地釈迦三尊 （『大安寺塔中院建立縁起』） 969- 『御遺告』〔二十五箇条〕 998 「白山の観音」（『枕草子』） 10c末 『空海僧都伝』
1000 1050	→第2a画期 1004 「熱田権現の垂迹」 1007 金峯山の蔵王権現 形成期 ※真言宗の影響 ・泰澄大師と称す ・越の小大徳 ・神融 ・鎮護国家法師 ※本地仏の設定か ・貴女→九頭龍王→十一面観音 ・白山神(妙理大菩薩・妙理権現)＝本地十一面観音 ・神護景雲年間、遷化 ・5～6歳 泥土仏像作り、童塔造り ・11歳 神童 結跏趺坐し定印を結び遷化 (空海伝と共通) →第2b画期 (白山)・妙理権現 1063 西因 1132 1063 勝義 1078 覚宗 1152	1004-12 申降処之本（『伝記』元和本) 1043「越後国神融法師」 （『大日本国法華経験記』）	1002 『弘法大師伝』 1007 『金剛峯寺建立修行縁起』 1028 慶命、客人宮で七月の雪（『耀天記』） 1053-58 日泰、龍池の水を汲む（『本朝世紀』） 1053-64「越前ノ白山」（『新猿楽記』） 1078-81 西因、白山修行（『本朝続文粋』） 1089 『大師御行状集記』 1094-「浄蔵伝」（『扶桑略記』）
1100 1150	真言宗と関わる空海伝を意識した偉人化の伝か ※『神仙伝』「泰澄」は泰澄伝をもとにした異伝か 以下略 1103 末代 1152 空白期 ※天台浄土教の展開 阿弥陀信仰の盛行 ※「白山上人縁起」は都での 泰澄伝の流布を意味するか 以下略 →第3画期 天台宗と関わり浄蔵に仮託させた伝か ※越前国への 山門展開 発展期 ※天台宗の影響 ・浄蔵口述など天台宗に関する奥書の追加 ・越知山・白山の一体観の強調 ・三所権現の本地仏設定 御前峰＝妙理大菩薩＝十一面観音 別山＝小白山別山大行事＝聖観音 大汝峰＝大己貴尊＝阿弥陀如来 ※全国各地の大社・小社 の祭神に本地仏の設 定が進む ※越前側を意識し 加賀側で『白山 之記』の成立	-1111「泰澄」-（『本朝神仙伝』） 12c初「越後国神融聖人、縛雷起塔語第一」 （『今昔物語集』） 1121「白山上人縁起」（『本朝続文粋』） 1156 信西本（『伝記』平泉寺本) 1163- 『白山之記』	1102-07「大法師浄蔵」（『拾遺往生伝』） 1110 藤原為隆、白山権現参り（『永昌記』） 1118 『高野大師御広伝』 1132 勝義伝（『三外往生記』） 1142「僧西念願文」 1143 根来寺の白山社（『大伝法院本願聖人御伝』） 1147 平泉寺、延暦寺末寺（『百錬抄』『台記』 『本朝世紀』『華頂要略』） 1147 延暦寺、奏状提出（『平家物語』延慶本) 1149 末代、龍池の水を汲む（『本朝世紀』） 1152 『弘法大師御伝』 ・大谷寺三所権現像（大谷寺） ・阿弥陀如来立像（林光寺） 1180-85 白山天台山（『梁塵秘抄』） ・十一面女神坐像（八坂神社）
1200 1250	空白期 1261 劔阿 1338 完成期 →第4画期 ※1274・81 文永・弘安の役 神統譜を意識した説話的要素の強い伝か	1212-15「白山御厨池住龍王事」 「日吉客人宮霊験事」（『古事談』） 1219「白山の西因上人かたりける」 「巌間寺」（『続古事談』） 1223「客人宮事」（『耀天記』）	1231 『大法師浄蔵伝』 1249-51 浄蔵伝（『日本高僧伝要文抄』） 1257- 『私聚百因縁集』 1274-87 『皇代記』 1275-88 『倭姫命世記』
1300	・御前峰＝妙理大菩薩＝伊弉冉尊＝十一面観音 ・神世七代・地神五代、神統譜の記述 ・伏臥・飛鉢・足早・強力などの説話的要素の付加 ※「弊朽せる 一軸」の完成 ※20・30～50年経過後、 『元亨釈書』成立 ※『真言伝』『伝記』 金沢文庫本の成立 『伝記』金沢文庫本	1314「泰澄大師事」（『渓嵐拾葉集』） 1322「越知山泰澄」「白山明神」 1325 『真言伝』（『元亨釈書』） 『伝記』金沢文庫本 14c中 「白山権現垂迹」（『源平盛衰記』）	1339-43 『神皇正統記』 1358 『神道集』 ・1323 大谷寺九重塔 ・1352 大谷寺円山宝塔
1400 1500	『伝記』平泉寺本 『真言伝』 『伝記』尾添本 『伝記』尊経閣文庫本	1504-55 『伝記』平泉寺本 -1545 『伝記』尾添本 1592-96 『伝記』尊経閣文庫本	
1600	『伝記』元和本 『伝記』慶安本 『伝記』彰考館本	1619 『伝記』元和本 1649 『伝記』慶安本 1685 『伝記』彰考館本	
1700			1702 『本朝高僧伝』
1800	『伝記』東京大学史料編纂所本	1885 『伝記』東京大学史料編纂所本	

第１表　『泰澄和尚伝記』の成立過程

てはふさわしい。これが泰澄本人かはわからないが、その実在か否かにかかわらず、その修行地とされる越知山山頂付近からは八世紀中頃の須恵器甕片、その周辺の洞窟からも古代の須恵器甕が採集されるなど貴重な発見が相次いでいるので、八世紀に越知山とその周辺の丹生山地を行場とした山林修行者が活動する、山林斗藪の盛んな地であったことはたしかである。その関連でいえば文殊山奥の三峯山山頂付近に展開する鯖江市の三峯寺跡からは、その開山時期とみられる八世紀前葉の遺物が出土し、泰澄が生誕地の麻生津近くに展開した今市岩畑遺跡からは八世紀の「大徳」と墨書された須恵器も確認される。また、泰澄の修行地に最も近い拠点となる地が織田であり、劔神社境内に八世紀前葉の初期神宮寺が創建されたことも積極的に評価すれば、泰澄という人物が生まれ活動するだけの歴史的素地が越前国には備わっていたといえるだろう。

実際に泰澄について具体的に語り記されたのは、大谷寺遺跡や明寺山廃寺が盛行する九世紀後葉頃とみている。二つの遺跡は越知山―白山という配置を意識した遺跡のあり様で、共通する「山内」墨書土器の出土は同一の越知山信仰圏を思わせるもので、特に大谷寺遺跡は泰澄が亡くなったとの伝承地で「泰」を思わせる墨書土器が出土し、また寺院でありながらある白山側の一角で神祀りを執りおこなった痕跡も認められる。また、泰澄の開山伝承をもつ低山からは八、九世紀前半の遺物が出土するが、白山につながる標高一〇〇〇メートルを超える高山の山頂とその禅定道からは九世紀後半以降の遺物が採集され、拠点寺院の創建も進み、同時に中央僧の入山も認められるようになる。これは『伝記』にある泰澄の越知山から白山へという行場の移動を象徴するものといえるので、最初の泰澄伝が成立したとすれば『伝記』にある「大谷仙崛」を思わせる大谷寺遺跡の地域で「大谷」「神」など墨書で記されるのが九世紀後葉から一〇世紀中葉にかけての時期とみている。これを［揺籃期］ととらえる。

なかでも貞観二年（八六〇）の年紀をもつ『遷化之記』、『伝記』の天徳元年（九五七）に神興が筆記したとされる伝との時期と相応するが、遺跡の状況などから前者を第一a画期、後者を第一b画期としておく。『遷化之記』は『伝記』にもとづく偽書とみたが、七歳の記述など独自の内容もあり、九世紀後葉は苦行を求め中央僧が入山しているので、もともと越前国で流布していた泰澄の伝が彼らに知られることになった可能性が高いだろう。このことが一〇世紀中頃における泰澄伝の記述の直接的な契機となったものととらえられる。『伝記』のもととなる伝記が存在したとすれば、流布した伝承が越前国のなかで語られていたのか、それとも苦行目的の中央僧により都に持ち込まれ、伝の原形が成立したかは特定できないが、天徳元年（九五七）に何らかの形の書物が存在した可能性を考えておきたい。それより語られるだけの要素があまりにも多く、その素地が越知山周辺で熟成していたことだけはたしかである。仮に古い純粋な伝が成立していたとみれば、興福寺など法相宗の関係者が記述したか、あるいはその影響を受けた伝であった可能性が高い。

特に、越前国は気比神宮寺・剣御子神宮寺など初期神宮寺の創建など神仏習合の進んだ地であったので、大谷寺遺跡や明寺山廃寺の遺跡配列など九世紀の状況を勘案すると、古い記録こそないが、白山といえば八幡神でいうところの八幡大菩薩に象徴される、『伝記』にある白山神＝白山大菩薩という仏神としての認識がこの頃から確立し始め、そのような流れのなかで白山神を女神と位置づけ、十一面観音を本地とする垂迹思想が遅くとも一〇世紀には確立し、一一世紀にかけて流布していた可能性が高い。しかし『伝記』は「白山大菩薩」でなく、「妙理大菩薩」と記される。ここでは一〇世紀頃に天徳元年の年紀をもつ伝記の存在を認め、十一面観音を本地仏としその垂迹を白山神とする思想的あるいは信仰的なものが越知山側に形成されていたとみるので、九世紀後葉ないしは一〇世紀中頃までは純粋に「白山大菩薩」と認識されたが、泰澄伝の整備にあたり十一面観音という存在自体が不可思議な真理をもつものであったので、「妙理」という仏教用語が加えられ、「妙理大菩薩」あるいは「白山妙理大菩薩」と認識されはじめた。併せて白山は中央でも著名になった。九世紀後葉には宗派を超えて苦行を目的とした中央僧の行場として開かれていたことが大きく、一〇世紀末の『枕草子』にみる「白山の観音」の記述をはじめ、一一世紀には宮廷で白山を開いたされる泰澄の存在が語られるようになったとみている。それは白山が都から鬼門の方角に位置し、都の周辺の高所から見える地理的環境が大きく、しだいに中央でも白山は観音の住む補陀落浄土という認識が強くなった。

三　形成期

伝記の観点からみると、天徳・天暦の年紀をもつ三つの伝はすべて同系統で、天徳元年（九五七）の年紀を有していた一本の原姿たる泰澄伝だと結論づけた。ただ浄蔵口述とあるのは白山との関わりが一二世紀中頃に生まれたことから仮託とみたが、天徳本そのものの存在を否定したわけではなく、泰澄は越前国の生まれで、越知山で修行し養老年間に白山を開き、十一面観音の信仰者で神融の別称をもち、神護景雲年間に入定したというような、それこそ空海伝の影響を受け『遷化之記』で記されたようなシンプルな伝が成立していた可能性は高い。特に一一から一二世紀前葉にかけての時期に次の段階があったとみられる。これを［形成期］としたい。あえて区切れば二回の小画期を設定する。まず元和本の奥書に示された官庫から寛弘年間（一〇〇四～一二）に流出したとある伝で、これらを信じれば一一世紀に成立していた泰澄伝が存在し、一一世紀前葉を［第二a画期］とみたい。かつ中央とのつながりが感じ取れるもののなかに、藤原敦光の「白山上人縁起」がある。一二世紀前葉には泰澄という一聖僧がいて、養老年間に白山を開いたことが宮廷で語られていたことを示すので、一一世紀後葉には『伝記』の前提となるシンプルな泰澄伝なるものが中央で流布していた可能性が高い。したがって一一世紀末頃を［第二b画期］とみたい。

それを裏付けるのが、複数の人物を一人に仮託したとの説の根拠ともされる『法華験記』や『神仙伝』にみられる神融・泰澄の記述である。泰澄伝が成立していたがゆえに、その書物の性格あるいはその立場などから別の異伝が派生していったと結論づけた。つまり一二、一三世紀までに中央あるいは越前・加賀などに部分的に存在していた泰澄の伝をかき集めて、一四世紀にまとめて『伝記』を作ったとするのは論理的でなく、説明できないものが多々あることを再三説明した。問題はどの時点で、どこまでの内容を完備したかである。一一世紀までに完成していた泰澄伝は以下の九点に集約できる。㈠泰澄は大師と尊称された。㈡越の小大徳とされた。㈢神融と称された。㈣鎮護国家の法師となった。㈤霊亀二年（七一六）に女性の夢告があり、養老年間（七一七～二四）に白山に登った。㈥白山は中央で知られる修行地であった。㈦山頂において九頭龍王が現れ、本地たる十一面観音へ変化した。㈧白山といえば観音の住む補陀落の地で、十一面観音であった。㈨神護景雲年間（七六七～七〇）に亡くなった。

ただし『伝記』にある五、六歳の仏像作りと童堂造りのこと、一一歳（一二歳）のとき神童と称され、晩年に結跏趺坐して定印を結び入定したとの内容については一一世紀初頭から一二世紀前葉にかけての空海伝を意識したもので、共通語句の点では一一世紀初頭の成立とみた『修行縁起』と共通する部分が多いので、真言宗の影響を受けた古密教僧としての泰澄の偉人化が進んだ結果とみられる。

四　発展期

それから泰澄伝は一二世紀中葉から後半にかけて次の段階があった。これを［発展期］ととらえる。また平泉寺本の奥書に示された小納言の藤原通憲が所有する信西本が保元元年（一一五六）に文庫より盗み出されて書写されたとの伝であるので、越前国では平泉寺が延暦寺による末寺化の波が大きく、あわせて大谷寺もその傘下に入ったとみている。『伝記』の内容が越知山から白山、白山から越知山とする一体観は九世紀中頃からあるとしても、そこに白山登山の前に越知山で禊をするなどの記述からより両者の一体観が強調される。仮に園城寺が平泉寺との対抗により越知山に進出し伝記を創出したならば、わざわざ林泉の貴女の語りを経由する必要はない。つまり越知山側と平泉寺側をうまく取り込んだ形としている点で、一二世紀中頃に天台宗色に染まっていくなか延暦寺側から浄蔵という人物を登場させ、彼に語らせることでひとつに取りまとめた。この一二世紀中頃を［第三画期］ととらえる。何より伝記の内容についても泰澄が法相宗の人物とのつながりをもつもので、山門の手により泰澄伝を完全に書き換えられなかったのかの疑問についても、逆に解すれば泰澄の伝が中央で確立していたがゆえに手を加えることがかなわず、浄蔵口述という説明を加えることでうまく天台宗側に包括させ、神興筆記とし大谷寺に設定することで調整をはかったものと思われる。

加えて一二世紀後半の成立とみられる『白山之記』の記述があるので、白山三所権現の本地仏設定にも山門の影響が及び、小白山別山大行事を加えることで独自の主張に成功している。権現とは一〇世紀中頃までに「(白山)妙理大菩薩」へと変化したものが、一一世紀に本格化する権現思想が登場することで呼称されたと考え、一二世紀中頃の史料にも「白山妙理権現」が散見されるようになる。この頃から三所権現の本地仏が確立したとみられるが、その設定については越前側からの白山遥拝が条件で、天台宗による延暦寺末寺化がきっかけとなり越知山や白山関係寺院が取り込まれる形で生まれたものと考えた。そこには天台浄土教の影響で阿弥陀信仰を取り入れ妙理大菩薩との接続をはかり、十一面観音・聖観音・阿弥陀如来という最終的に仕上がったものは変則の形態で、その確立も一二世紀中頃とみられる。それに対応する本地仏が大谷寺所蔵の最古の白山三所権現の本地仏であり、平安時代後期という制作年代とも一致する。したがって一二世紀中頃に三所権現の要素が泰澄伝に加えられた可能性が高い。

五　完成期

最後に一二世紀後半に三所権現の要素の加えられた泰澄伝は、その一〇〇年後の一三世紀後葉に最終的な整備がなされる。これが［第四画期］で、一四世紀初頭までを［完成期］ととらえる。最新の要素とみた貴女の天神・地神の神統譜を語る場面については鎌倉時代後期以降に流通・流伝した説話内容とも深い関わりがある点で一三世紀後葉頃に下がり、あわせて伏臥・飛鉢・早足・強力などのさまざまな説話的要素が加えられたとみられる。加えて『釈書』奥書にある「弊朽せる一軸」、『真言伝』奥書にある「和尚之事、伝中より書出」とあるのはこの時に成立した伝であり、現在我々が目にしている『伝記』そのものであった可能性が高い。

おわりに

本章は、これまで根強くあった複数説や架空説に対するアンチテーゼであり、『伝記』を分解し、どれが本当の泰澄伝に記されたものなのか、それともすべてが創作なのかを検討し、最後に考古学などの調査成果を勘案した結果、泰澄伝が越前国で生まれる素地があり、九、一〇世紀頃に原形が成立しそのあと三段階の過程を経て現在の『伝記』へと整備されたことを明らかにした。今後はさらに事例を増やし、どの部分がどの時代を反映したものなのかを、さらに論じていきたい。

注

（1）平泉澄『泰澄和尚伝記』白山神社蔵版、一九五三年。本郷真紹「第七章 若越の文学と仏教　第三節 泰澄と白山信仰」『福井県史 通史編一 原始・古代』福井県、一九九三年。浅見和彦「泰澄伝承と北陸道―東国文学史稿(九)―」『説話論集第一七集 説話と旅』清文堂出版、二〇〇八年。

（2）長坂一郎「泰澄和尚伝と越知山」『福井県立博物館 紀要』第一号、福井県立博物館、一九八五年。

（3）『皇代記』（塙保己一 編『群書類従 第三輯 帝王部』続群書類従完成会、一九三三年 所収）。

（4）『倭姫命世紀』（大隅和雄 校注『日本思想大系一九 中世神道論』岩波書店、一九七七年 所収）。

（5）浅見前掲（1）文献。

（6）『渓嵐拾葉集』巻第八七「御法事 私苗」（大正一切経刊行会『大正新脩大蔵経 第七六巻 続諸宗部七』一九三一年 所収）。

（7）長谷川賢二「中世寺院における縁起の形成とその背景―泰澄伝承と越前国越知山をめぐって―」『徳島県立博物館研究紀要』第一号、徳島県立博物館、一九九一年。

（8）『拾遺往生伝』（井上光貞・大曾根章介 校注『日本思想大系七 往生伝 法華験記』岩波書店、一九七四年 所収）。

（9）長坂一郎「白山妙理権現の本地説成立と園城寺」『古代文化』第三九巻第三号、古代学協会、一九八七年。由谷裕哉「『泰澄和尚伝記』と白山修験道」『金沢工業高等専門学校 紀要』第一〇巻、金沢工業高等専門学校、一九八五年。、長谷川前掲（7）文献。

（10）『百錬抄』久安三年四月七日条（黒坂勝美 編『新訂増補 国史大系第一一巻 日本紀略後篇・百錬抄』吉川弘文館、一九二九年 所収）。

（11）『台記』久安三年四月七日庚子条（増補「史料大成」刊行会『増補 史料大成 第二三巻（台記一）』臨川書店、一九六五年所収）。
(12)『本朝世紀』久安三年四月十三日丙午条（黒板勝美『新訂増補 国史大系第九巻 本朝世紀』国史大系刊行会、一九三三年所収）。
(13)『華頂要略』久安三年四月条（鈴木学術財団『大日本仏教全書 第六五巻 史伝部四』講談社、一九七二年 所収）。
(14)『百錬抄』久安三年五月四日条。他にも『台記』久安三年五月四日丙寅条に記事がある。
(15)『台記』久安三年六月廿二日甲寅条。
(16)『寺門伝記補録』（仏書刊行会『大日本仏教全書 第一二七冊 園城寺伝記 寺門伝記補録』名著普及会、一九八一年 所収）。
(17) 長谷川前掲（7）文献。
(18)『延慶本 平家物語』第一本（栃木孝惟・谷口耕一 編『校訂 延慶本 平家物語㈠』汲古書店、二〇〇〇年 所収）。
(19)『長門本 平家物語』巻第二（市島謙吉 編『平家物語 長門本』国書刊行会、一九〇六年 所収）。
(20) 阿部来「三 平泉寺出土の土器皿と越前甕について A 平泉寺出土の土器皿の変遷」『史跡白山平泉寺旧境内発掘調査報告書』勝山市教育委員会、二〇〇八年。
(21) 志田延義「解説」『日本古典文学大系七三 和漢朗詠集 梁塵秘抄』岩波書店、一九六五年。
(22)『梁塵秘抄』（川口久雄・志田延義 校注『日本古典文学大系七三 和漢朗詠集 梁塵秘抄』岩波書店、一九六五年 所収）。
(23) 豊田武「延暦寺の山僧と日吉社神人の活動㈠」『法政史学』第二六号、法政大学史学会、一九七四年。同「延暦寺の山僧と日吉社神人の活動㈡」『法政史学』第二七号、法政大学史学会、一九七五年。
(24)『壬生家文書』「明法博士勘文案」（竹内理三 編『平安遺文 古文書編 第五巻』東京堂出版、一九六四年 所収）。二三五〇号。
(25) 戸田芳実「王朝都市と荘園体制」『岩波講座 日本歴史 古代四』岩波書店、一九七六年（『初期中世社会史の研究』東京大学出版会、一九九一年 所収）。
(26) 網野善彦「四 神人・供御人 ① 北陸の神人」『日本中世の百姓と職能民』（平凡社選書一七〇）、平凡社、一九九八年。
(27) 樋口健太郎「第四章 中世の織田―織田荘の世界 第一節 織田荘の成立と高階宗泰」・栗山圭子「第四章 中世の織田―織田荘の世界 第二節 織田荘の伝領過程」『越前町織田史（古代・中世編）』越前町、二〇〇六年。

(28)『妙法院文書』「八 亮性法親王庁解」(『福井県史 資料編二 中世』福井県、一九八六年 所収)。
(29)『天台座主記』(塙保己一・太田藤四郎 編『続群書類従 第四輯下 補任部』続群書類従完成会、一九二七年 所収)。
(30)『越知神社関係文書』「大門山王神田宛行状」(朝日町誌編纂委員会『朝日町誌 資料編二 越知山関係他』朝日町、一九九八年 所収)。
(31)平泉隆房「中世前期における白山信仰日吉信仰全国伝播についての一考察㈠―北陸道を中心として―」『日本学研究』第一六号、金沢工業大学日本学研究所、二〇一三年。
(32)梅澤あゆみ「平安時代後期の越前国における土師器の編年的考察」『越前町織田文化歴史館 研究紀要』第一集、越前町教育委員会、二〇一六年。
(33)望月精司「第Ⅲ章 今回報告区域出土の遺物」『額見町遺跡Ⅴ』小松市教育委員会、二〇一〇年。
(34)長谷川前掲(7)文献。
(35)山田昭「三外往生記」『群書解題 第二巻 消息部・文筆部・伝部』続群書類従完成会、一九六一年。
(36)『三外往生記』(塙保己一・太田藤四郎 編『続群書類従 八輯上 伝部』続群書類従完成会、一九二七年 所収)。
(37)「僧西念願文」(竹内理三 編『平安遺文 古文書編 第一〇巻』東京堂出版、一九六五年 所収)。補六七号。
(38)多賀宗隼「西念」『平安時代史事典』角川書店、一九九四年。平林盛得「西念」『国史大辞典』第一五巻、吉川弘文館、一九九六年。
(39)小野一「大伝法院本願聖人御伝」『群書解題 第二巻 消息部・文筆部・伝部』続群書類従完成会、一九六一年。
(40)『大伝法院本願聖人御伝』(塙保己一・太田藤四郎 編『続群書類従 第八輯下 伝部』続群書類従完成会、一九二七年 所収)。
(41)『林光寺文書』「林光寺由来書」(朝日町誌編纂委員会『朝日町誌 資料編二 越知山関係他』朝日町、一九九八年 所収)には以下のようにある。

(表紙)
「明治弐年巳八月

寺由来書附
丹生郡大谷寺村
林光寺」

覚相心得可置事

一、伝へ聞ク、抑当寺建立ノ初ハ、元慶年中林光律師与申僧、伝教大師御教道深く尊信ス、現当二世ノ利益御教法不断念仏道場即林光寺ト号シ寺相続仕来候、然ル間其節山門御支配寺ニ而有之候処、代々住僧出入万事遠国故、諸事六ツケ敷候ニ付、出願之趣ニ而何之頃哉、当所之大谷寺末御配《支脱》寺ニ候条無相違事ニ候、依之大谷寺様末寺越知山専修院林光寺与名乗り申候、即一山中菩提寺同様ニ而御一山八院方霊位案《安》置有之候、毎々追善作福之御法会相勤り申候、御吊所之寺ニ而有之候也

覚

一、当寺由来往古ゟ天台宗門ニ御座候
一、大谷寺下ノ寺　越知山別所専住《修》院林光寺
一、開山伝教大師　中興開基元海法師
　　但シ　滅罪所之寺
一、本尊　阿弥陀如来（観音菩薩 勢至菩薩）
一、寺間数　行五間ニ七間台所共
一、境内間数　百六拾四分　内厩《廟カ》所壱ヶ所
一、地蔵堂　壱ヶ所　但壱間ニ九尺
一、村除地山　五ヶ所所持仕候
一、檀家合　弐拾五軒支配仕候
一、持高　少々有之候、高壱斗
一、安政《当住寺》四巳六月ゟ住職罷居候、清順《当住》和尚
右者此度御改ニ付、文政年中寅年御改之通を以書付指上申候、以上

(42) 杉﨑貴英「越前町の彫像をめぐる覚書—白山信仰に関する二、三の作例を中心に—」『越前町織田文化歴史館 研究紀要』第二集、越前町教育委員会、二〇一七年。
(43) 長坂一郎「白山妙理権現の本地説成立と園城寺」『古代文化』第三九巻第三号、古代学協会、一九八七年。
(44) 下出積與「第二章 民間宗教者と地方の民衆 第二節 泰澄和尚と北陸の民衆」『古代日本の庶民と信仰』弘文堂、一九八八年。
(45) 山岸共「白山信仰と加賀馬場」『山岳宗教史研究叢書一〇 白山・立山と北陸修験道』名著出版、一九七七年。
(46) 下出前掲（44）文献。
(47) 山岸前掲（45）文献。
(48) 山岸共「白山権現の信仰的諸様相」『加能民俗研究』第一一号、加能民俗の会、一九八三年。
(49) 越知山大谷寺の越知山側最古の史料が承元二年（一二〇八）の年紀をもつ『越知神社関係文書』「二 公文・郡司代連署寄進状案」（朝日町誌編纂委員会『朝日町誌 資料編二 越知山関係他』朝日町、一九九八年 所収）であるが、「泰澄和尚」と記された点で注目される。

越知山大谷寺

奉寄進神領敷地神田馬上免田畠御油所在家等間事

四至 東限沢　南限古坂山并赤井谷織田境
西限海　北限大鷹取并焼尾境

右件於神領等者、任代々寄進状之旨、無相違奉寄進権現泰澄和尚等者、無懈怠可被備進也、然為天地長久・国土安穏・国吏泰平・息災延命、寄進之状如件

承元二年七月廿日　　公　文 在判
郡司代 在判

(50) 野村英一「彫刻編 二 越前の仏像」『福井県史 資料編一四 建築・絵画・彫刻等』福井県、一九八九年。
(51) 平川彰「序章」『仏典解題事典—新・仏典解題事典 第二版—』春秋社、一九七七年。
(52) 『往生要集』（石田瑞麿 校注『日本思想大系六 源信』岩波書店、一九七〇年 所収）。『日本往生極楽記』（井上光貞・大曾根章介 校注『日本思想大系七 往生伝 法華験記』岩波書店、一九七四年 所収）。『日本思想大系』所収の井上光貞「文献

解題―成立と特色―」によると、『日本往生極楽記』は永観元年（九八三）から寛和元年（九八五）にかけての成立とみられる。

(53)『続本朝往生伝』（井上光貞・大曾根章介 校注『日本思想大系七 往生伝 法華験記』岩波書店、一九七四年 所収）。真縁上人住愛宕護山月輪寺。常起誓願曰。法花経文常在霊鷲山及余諸住所。日本国豈不入余所乎。然則面奉見生身之仏。為充此願。専誦法花経。毎字修礼拝参度。供閼伽一前。差歴多年。漸尽一部。敢無所示。到第八巻内題。行業已満。其夜夢曰。可参石清水云々。彼宮毎朝開御殿戸之者。謂之宮主。忽見客僧在御帳前。大驚欲追却。此間石清水別当〈失其名〉遺使。告宮主僧曰。神殿之中定有客僧。不可左右。是今夜夢中蒙霊託之故也云々。爰知。生身之仏即是八幡大菩薩也。謂其本覚。西方無量寿如来也。真縁已奉見生身之仏。豈非往生之人乎。

(54)『長秋記』（増補「史料大成」刊行会『増補「史料大成」一七 長秋記』臨川書店、一九六五年 所収）。

(55)中村元「妙理」『広説仏教語大辞典 下巻』東京書籍、二〇〇一年。禅学大辞典編纂所『新版 禅学大辞典』大修館書店、一九八五年。

(56)『枕草子』（渡辺実 校注『新日本古典文学大系二五 枕草子』岩波書店、一九九一年 所収）。

(57)大曾根章介「新猿楽記」『国史大辞典』第七巻、吉川弘文館、一九八六年。

(58)『新猿楽記』（塙保己一 編『群書類従 第九輯 文筆部・消息部』続群書類従完成会、一九六〇年 所収）。

(59)矢野太郎「永昌記解題」『永昌記』『増補「史料大成」八 水左記 永昌記』臨川書店、一九七四年。

(60)『永昌記』（増補「史料大成」刊行会『増補「史料大成」八 水左記 永昌記』臨川書店、一九七四年 所収）。

(61)『本朝続文粋』巻第一一「白山上人縁起」。

(62)『大日本国法華経験記』巻下「第八一 越後国神融法師」（井上光貞・大曾根章介 校注『日本思想大系七 往生伝 法華験記』岩波書店、一九七四年 所収）。

(63)『本朝神仙伝』「四 泰澄」（井上光貞・大曾根章介 校注『日本思想大系七 往生伝 法華験記』岩波書店、一九七四年 所収）。

(64)山岸前掲(45)文献。

(65)下出積與「龍形神の意味」『日本歴史』第一八九号、日本歴史学会、一九六四年（下出積與 編『民衆宗教史叢書第一八巻白山信仰』雄山閣、一九八六年 所収)。
(66)『白山之記』(尾口村史編纂専門委員会『石川県尾口村史 第一巻・資料編一』尾口村、一九七八年 所収)。
(67)大曾根章介「藤原明衡」『国史大辞典 第一二巻』吉川弘文館、一九九一年。川口久雄『大江匡房』日本歴史学会、吉川弘文館、一九八九年。
(68)井上光貞「文献解題―成立と特色―」『日本思想大系七 往生伝 法華験記』岩波書店、一九七四年。
(69)飯田瑞穂「『泰澄和尚伝』をめぐって」『芸林』第三四巻第四号、芸林会、一九八五年。
(70)『贈大僧正空海和上伝記』(祖風宣揚会『弘法大師全集 首巻』吉川弘文館、一九一一年 所収)。
(71)『大僧都空海伝』(祖風宣揚会『弘法大師全集 首巻』吉川弘文館、一九一一年 所収)。
(72)『空海僧都伝』(祖風宣揚会『弘法大師全集 首巻』吉川弘文館、一九一一年 所収)。
(73)和多昭「空海僧都伝」『群書解題 第二巻 消息部・文筆部・伝部』続群書類従完成会、一九六一年。
(74)密教文化研究所 弘法大師著作研究会『定本弘法大師全集』第七巻、密教文化研究所、一九九二年。
(75)『御遺告』(長谷川寶秀 編『弘法大師伝全集 第一巻』六大新報社、一九三五年 所収)。
(76)上山春平『朝日評伝選二四 空海』朝日新聞社、一九八一年。松本昭『弘法大師入定説話の研究』六興出版、一九八二年。真保龍敞「解説 空海僧都伝」『弘法大師空海全集』第八巻、筑摩書房、一九八五年。白井優子「第Ⅰ部 入定伝説の形成 Ⅰ 史料となるおもな弘法大師空海伝」『空海伝説の形成と高野山―入定伝説の形成と高野山納骨の発生―』同成社、一九八六年。
(77)西田長男「『丹生祝氏文』と『弘法大師御遺告』と」『日本神道史研究 第四巻 中世編上』講談社、一九七八年。
(78)武内孝善「『空海僧都伝』と『遺告二十五ヶ条』」『密教文化』第二一八号、密教研究会、二〇〇七年。
(79)武内孝善「御遺告の成立過程―附・御遺告項目対照表一・二―」『密教学会報』第三五号、高野山大学密教学会、一九九六年。
(80)赤松俊秀「高野山御手印縁起について」『続鎌倉仏教の研究』平楽寺書店、一九六六年。
(81)辻本弘「空海入定留身説話の形成に関する一考察」『日本語と日本文学』第四六号、筑波大学国語国文学会、二〇〇八年。

小山靖憲「高野山御手印縁起の成立」『和歌山地方史の研究　安藤精一先生退官記念論文集』安藤精一先生退官記念会、一九八七年。
(82) 武内前掲（79）文献。武内孝善「御遺告の成立過程について」『印度学仏教学研究』第四三巻第二号、日本印度学仏教学会、一九九五年。
(83) 『金剛峯寺建立修行縁起』（武内孝善「『金剛峯寺建立修行縁起』の研究―㈠・本文校訂―」『高野山大学密教文化研究所紀要』第一一号、密教文化研究所、一九九八年 所収）。
(84) 武内孝善「『金剛峯寺建立修行縁起』の研究―㈠・本文校訂―」『高野山大学密教文化研究所紀要』第一一号、密教文化研究所、一九九八年。
(85) 康保五年（九六八）説は松本昭、一〇世紀末説は白井優子、一二世紀初頭説は阿部泰郎の見解がある。松本昭『弘法大師入定説話の研究』六興出版、一九八二年。白井前掲（76）文献。阿部泰郎『中世高野山縁起の研究』元興寺文化財研究所、一九八三年。
(86) 辻本前掲（81）文献。
(87) 和多昭「大師御行状集記」『群書解題 第二巻 消息部・文筆部・伝部』続群書類従完成会、一九六一年。
(88) 『大師御行状集記』（長谷川寶秀 編『弘法大師伝全集 第一巻』六大新報社、一九三五年 所収）。
(89) 和多昭「高野大師御広伝」『群書解題 第二巻 消息部・文筆部・伝部』続群書類従完成会、一九六一年。
(90) 『高野大師御広伝』（塙保己一・太田藤四郎 編『続群書類従 第八輯下 伝部』続群書類従完成会、一九二七年 所収）。
(91) 和多昭「弘法大師御伝」『群書解題 第二巻 消息部・文筆部・伝部』続群書類従完成会、一九六一年。
(92) 『弘法大師御伝』（塙保己一・太田藤四郎 編『続群書類従 第八輯下 伝部』続群書類従完成会、一九二七年 所収）。
(93) 和多昭「弘法大師行化記」『群書解題 第二巻、消息部・文筆部・伝部』続群書類従完成会、一九六一年。
(94) 『弘法大師行化記』（塙保己一・太田藤四郎 編『続群書類従 第八輯下 伝部』続群書類従完成会、一九二七年 所収）。
(95) 『弘法大師伝』（祖風宣揚会『弘法大師全集 首巻』吉川弘文館、一九一一年 所収）。
(96) 下出前掲（44）文献。

（97）本郷真紹「第七章 若越の文学と仏教 第三節 泰澄と白山信仰」『福井県史 通史編一 原始・古代』福井県、一九九三年。
（98）堀大介「泰澄がみた風景」『シンポジウム（山と地域文化を考える）資料集』第二〇回国民文化祭越前町実行委員会、二〇〇五年。
（99）『釈家官班記』（塙保己一 編『群書類従 第二四輯 釈迦部』続群書類従完成会、一九二八年）。
（100）『日本文徳天皇実録』仁寿三年十月己卯（廿二日）条（黒板勝美 編『新訂増補 国史大系第三巻 日本後紀 続日本後紀 日本文徳天皇実録』吉川弘文館、一九六六年）。
（101）『日本文徳天皇実録』仁寿三年六月己巳（十日）条。同年六月庚午（十一日）条。同年六月甲戌（十五日）条。同年七月甲午（五日）条。同年七月辛丑（十二日）条。同年七月壬寅（十三日）条。同年八月癸酉（十五日）条。
（102）『日本三代実録』貞観元年正月廿七日甲申条（黒板勝美 編『新訂増補 国史大系第四巻 日本三代実録』吉川弘文館、一九三四年 所収）。
（103）浅香年木「第二編 コシの首長層と古代の開発 第一章 道氏に関する一試考」『古代地域史の研究 北陸の古代と中世』法政大学出版局、一九七八年。
（104）『延喜式』巻第一〇 神名下（黒板勝美 編『新訂増補 国史大系第二六巻 交替式・弘仁式・延喜式』吉川弘文館、一九三七年 所収）。
（105）『日本高僧伝要文抄』「尊意贈僧正伝」（黒板勝美 編『新訂増補 国史大系第三一巻 日本高僧伝要文抄 元亨釈書』吉川弘文館、一九三〇年 所収）。
（106）黒板勝美「日本高僧伝要文抄 凡例」『新訂増補 国史大系第三一巻 日本高僧伝要文抄 元亨釈書』吉川弘文館、一九三〇年。
（107）『日本三代実録』元慶八年三月廿六日丁亥条（黒板勝美 編『新訂増補 国史大系第四巻 日本三代実録』吉川弘文館、一九三四年）。
（108）『入唐五家伝』「禅林寺僧正 宗叡」（塙保己一・太田藤四郎 編『続群書類従 第八輯上 伝部』続群書類従完成会、一九二七年 所収）。

(109)『白山之記』。
(110)国学院大学考古学資料館白山山頂学術調査団「白山山頂学術調査報告」『国学院大学考古学資料館紀要』第四輯、国学院大学考古学資料館、一九八八年。
(111)堀大介「低山から高山へ―古代白山信仰の成立―」『第一〇回記念春日井シンポジウム資料集』春日井シンポジウム実行委員会、二〇〇二年。
(112)山岸前掲(45)文献。
(113)『帝王編年記』(黒板勝美編『新訂増補国史大系第一二巻 扶桑略記 帝王編年紀』吉川弘文館、一九三二年所収)。
(114)『日本三代実録』元慶二年八月十三日丙子条。
(115)山岸前掲(45)文献。
(116)由谷前掲(9)文献。
(117)本郷前掲(97)文献。
(118)本郷前掲(97)文献。
(119)『続日本紀』文武天皇四年三月己未(十日)条(青木和夫・稲岡耕二・笹山晴生・白藤禮幸校注『新日本古典文学大系一二 続日本紀 一』岩波書店、一九九二年所収)。『続日本紀』天平勝宝元年二月丁酉(二日)条、『続日本紀』天平十八年六月己亥(十八日)条(青木和夫・稲岡耕二・笹山晴生・白藤禮幸校注『新日本古典文学大系一四 続日本紀 三』岩波書店、一九九二年所収)。
(120)平川前掲(51)文献。
(121)中村元・福永光司・田村芳朗・今野達・末木文美士編『岩波仏教辞典 第二版』岩波書店、一九八九年。
(122)『日本三代実録』元慶五年七月十七日癸亥条。
(123)『日本三代実録』元慶五年九月廿六日辛未条。
(124)『日本三代実録』元慶七年十二月廿五日丁巳条。
(125)『家伝』下「武智麻呂伝」(沖森卓也・佐藤信・大嶋泉『藤氏家伝 鎌足・貞慧・武智麻呂伝 注釈と研究』吉川弘文館、

一九九九年 所収)。
(126)本郷真紹「古代北陸の宗教文化と交流」『古代王権と交流三 越と古代の北陸』名著出版、一九九六年。
(127)古川登ほか『越前・明寺山廃寺─平安時代前期寺院址の調査─』清水町教育委員会、一九九八年。古川登ほか『風巻神山古墳群』清水町教育委員会、二〇〇三年。
(128)堀大介「福井県大谷寺遺跡の成立に関する一考察」『文化史学』第五五号、文化史学会、一九九九年。(本書第二編第五章)。堀大介ほか『朝日山古墳群・佐々生窯跡・大谷寺遺跡 重要遺跡範囲確認調査報告書』越前町教育委員会、二〇〇六年。
(129)堀大介「第四章 仏のなかの神 第四節 山林寺院での神祀りの可能性」『平成二十七年度 越前町織田文化歴史館 国宝梵鐘展示記念企画展覧会 神と仏 祈り・祟り・祀りの精神史』越前町教育委員会、二〇一五年。
(130)浅香年木「第三章 古代・中世」『石川県尾口村史 第三巻・通史編』尾口村、一九八一年。
(131)堀前掲(111)文献。
(132)山岸前掲(45)文献。
(133)本郷真紹『白山信仰の源流─泰澄の生涯と古代仏教─』法蔵館、二〇〇一年。
(134)片桐洋一「解題」『毘沙門堂本 古今集注』八木書店、一九九八年
(135)『毘沙門堂本 古今集注』(片桐洋一編『毘沙門堂本 古今集注』八木書店、一九九八年 所収)。
(136)浅見前掲(1)文献。
(137)由谷前掲(9)文献。
(138)杉﨑前掲(42)文献。
(139)逵日出典「第一章 八幡神宮寺の成立」『八幡宮寺成立史の研究』続群書類従完成会、二〇〇三年。同『神仏習合』六興出版、一九八六年。同『八幡神と神仏習合』講談社、二〇〇七年。
(140)『新抄格勅符抄』第一〇巻抄 神事諸家封戸(神封部)延暦十七年十二月廿一日 太政官符 太宰府(黒板勝美 編『新訂増補 国史大系第二七巻 新抄格勅符抄 法曹類林 類従符宣抄 続左丞抄 別聚符宣抄』吉川弘文館、一九三三年)。
(141)『類聚三代格』巻一 神社之事「大同三年七月十六日 太政官符」(黒板勝美 編『新訂増補 国史大系第二五巻 類聚三代格・

弘仁格抄』吉川弘文館、一九三六年）。
(142)『続日本後紀』天長十年十月戊申（廿八日）条（黒板勝美編『新訂増補 国史大系第三巻 日本後紀 続日本後紀 文徳天皇実録』吉川弘文館、一九三四年）。
(143)『東大寺要録』巻第四 諸院章第四「弘仁十二年八月十五日官府」（国書刊行会『続々群書類従 第一一 宗教部』続群書類従完成会、一九〇七年 所収）。
(144)『扶桑略記』欽明天皇三十二年正月条（黒板勝美 編『新訂増補 国史大系第一二巻 扶桑略記 帝王編年記』吉川弘文館、一九三二年 所収）。
(145)『八幡愚童訓』上（塙保己一 編『群書類従 第一輯 神祇部』一九二九年 所収）。
(146)『多度神宮寺伽藍縁起并資財帳』（西川順土 校注『神道大系 神社編 伊賀・伊勢・志摩国』神道大系編纂会、一九七九年 所収）。
(147)『日本文徳天皇実録』天安元年十月己卯（十五日）条。
(148)『日本三代実録』貞観元年八月廿八日辛亥条。
(149)『石清水文書之二』筥崎宮塔院所領官符「四八一 承平七年十月四日 大宰府牒」（東京帝国大学『大日本古文書 家わけ第四ノ二』東京帝国大学文科大学史料編纂掛、一九一〇年 所収）。
(150)『諸縁起 口不足本』「大安寺塔中院建立縁起」（高橋啓三 編『石清水八幡宮史料叢書二 縁起・託宣・告文』石清水八幡宮社務所、一九七六年 所収）。
(151)『続古事談』巻第四「神社仏寺」。
(152)『日本三代実録』貞観二年二月十日条、同年十二月廿日条、貞観三年八月十六日条。
(153)堀大介「越前国剣神考」『越前町織田文化歴史館 研究紀要』第一集、越前町教育委員会、二〇一六年。
(154)堀大介「氣比神宮」『歴史読本』二〇一三年二月号、新人物往来社、二〇一三年（『歴史読本』編集部『神社の古代史』KADOKAWA、二〇一四年 所収）。
(155)本郷前掲（133）文献。
(156)佐藤弘夫『神国日本』（ちくま新書五九一）、筑摩書房、二〇〇六年。

(157)『越知神社関係文書』「二一　法華八講会差定」（朝日町誌編纂委員会『朝日町誌 資料編二 越知山関係他』朝日町、一九九八年 所収）。
(158) 竹内理三編『寧楽遺文 中巻』東京堂、一九六二年。
(159) 高瀬重雄「白山・立山と北陸修験道」『山岳宗教史研究叢書一〇 白山・立山と北陸修験道』名著出版、一九七七年。
(160) 堀前掲（98）文献。
(161) 堀大介「越知山山頂採集の須恵器について」『越前町織田文化歴史館 館報』第六号、越前町教育委員会、二〇一一年。〔本書第二編附論一〕。
(162) 佐々木英治氏が越知山の踏査時に発見した遺物である。
(163) 堀大介「第四章 仏のなかの神 第五節 九頭竜王から十一面観音菩薩への変化」『平成二十七年度 越前町織田文化歴史館 国宝梵鐘展示記念企画展覧会 神と仏 祈り・祟り・祀りの精神史』越前町教育委員会、二〇一五年。
(164) 深川義之『三峯寺跡―第一・二・三次調査―』鯖江市教育委員会、二〇〇五年。
(165) 深川前掲（164）文献。
(166) 赤澤徳明ほか『今市岩畑遺跡（本文編）』福井県教育庁埋蔵文化財調査センター、二〇〇八年。

挿図出典

第1図　1は古川登「越前地方における古代の山寺―明寺山廃寺の再検討から―」『越前町織田文化歴史館 研究紀要』第一集、越前町教育委員会、二〇一六年の第2図、2は越前町教育委員会『朝日山古墳群・佐々生窯跡・大谷寺遺跡 重要遺跡範囲確認調査報告書』二〇〇六年の第93図212より転載。
第2図　左は越前町教育委員会『朝日山古墳群・佐々生窯跡・大谷寺遺跡 重要遺跡範囲確認調査報告書』二〇〇六年の第93図207、右は同文献の第86図14より転載。
第3図　国土地理院「福井」「鯖江」五〇〇〇〇分の一の地形図をもとに作成。写真は筆者撮影。
第4図　八坂神社所蔵、越前町教育委員会写真提供。

第二編　古代越知山信仰の諸相

第五章　福井県大谷寺遺跡の成立に関する一考察

はじめに

大谷寺遺跡は福井県丹生郡越前町大谷寺に所在し、越前町の北東部に位置する[1]（第5図）。標高三、四〇〇メートルの低山地が連なる丹生山地中部にあたる越前町は南北一七・九キロ、東西一七・三キロの範囲で、北西は福井市・東は鯖江市・南は越前市に接する。当町の北部域には糸生谷が展開し越知川が流れる。越知川は南方の常磐谷を流れる天王川と合流し、丹生山地を抜けて平野部に出て日野川に至る。現在の大谷寺区はその糸生谷で合流する中野川を北流した小規模な谷あいに位置する（第6図）。谷あいを囲む丘陵は金毘羅山の東南麓にあたり、西方五・三キロの地点には霊峰・越知山（標高六一二・八メートル）をあおぎ、東方には荒神山、南は烏ヶ岳より蔵王山に連なる山々に囲まれている。

大谷寺遺跡の南四〇〇メートルの地点には越知山大谷寺（以下、大谷寺と略する）が建つ。現在は天台宗の延暦寺末寺に属し、越知山三所大権現の別当として重要な位置にあった。この地は奈良時代に活動した泰澄が遷化した地として知られ、鎌倉時代にはその廟所として石造九重塔

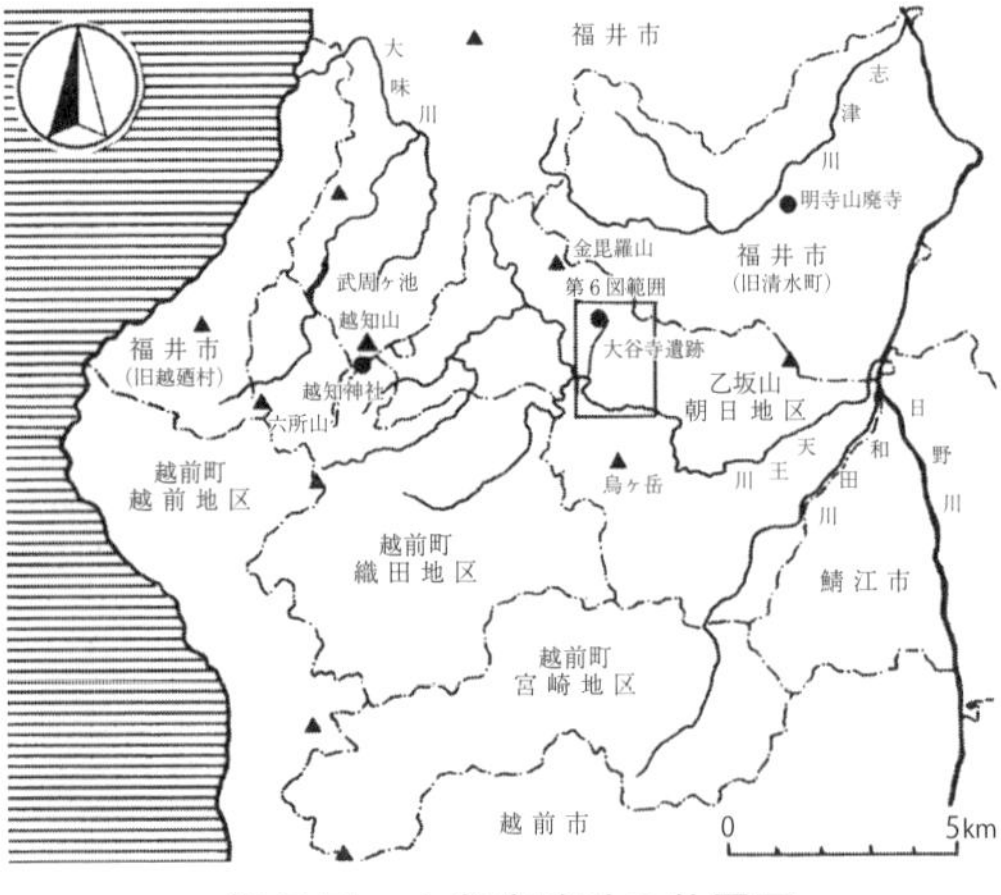

第5図　大谷寺遺跡の位置図

（国重要文化財）も建てられた。越知山・白山信仰にかかる仏像などが所蔵され、三所権現の本地仏は三尊一具として最古のものである。

このように数多くの文化財が残されるが、福井県教育委員会発行の『福井県遺跡地図』では「大谷寺塚」と記載されるに過ぎない(2)。平成十一年（一九九九）の時点では遺跡としての詳細な分布調査や発掘調査は実施されず、考古学的に明らかではなかった。しかし、それ以前にも遺跡としての認識があった。『福井県丹生郡誌』によると、その編纂時の昭和三十五年（一九六〇）以前に水野九右衛門が大谷寺裏山で須恵器を採集しており、中世以前の遺跡としてみられていた。その当時は遺物の散布量が多いことから須恵器の窯跡と判断し、須恵質の上造仏や須恵器の大甕などの遺物は平安時代のものと考えられている(3)。

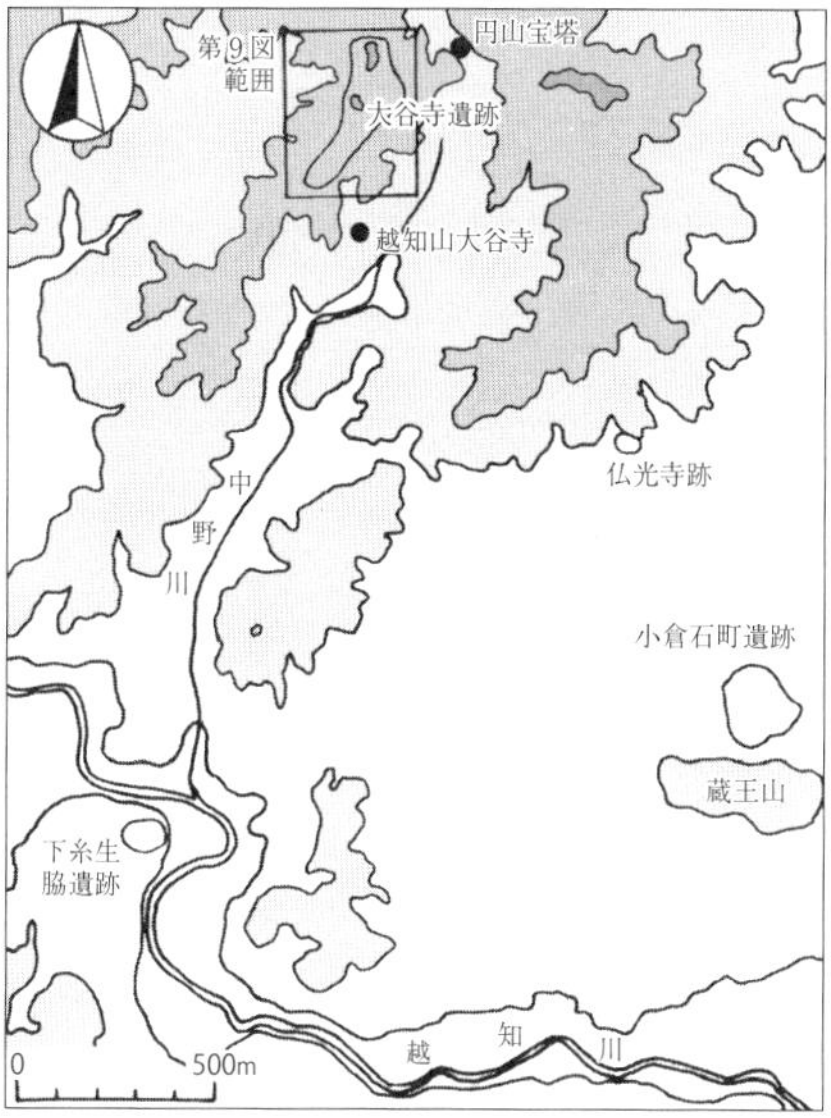

第６図　大谷寺遺跡周辺地形図

それから年月が経ち平成の時代となり、筆者を含めた同志社大学の学生らが大谷寺の裏山で九、一〇世紀の須恵器、中世前期の越前焼の鉢などを採集した。大谷寺大長院には須恵器・土仏・土師器などの伝世遺物も残されていたので、これらの遺物については福岡正春が福井県教育庁埋蔵文化財調査センター発行の『下糸生脇遺跡』の発掘調査報告書のなかで、遺物を中心とした資料紹介をおこなっている(4)。福岡の報告により標高二〇〇メートルをはかる大谷寺の裏山（元越知山）が遺跡として認識されただけでなく、平安時代には何らかの遺構が存在したことが明らかとなった。また、遺物の散布する一帯には大規模な平坦面が形成され、巡る溝・堀切などの遺構も確認された。現在の大谷寺の寺域にあたるので、大谷寺の関連施設としての可能性が指摘できる。

本章では、平成十一年（一九九九）三月から始めた踏査の成果を中心に、新たに採集された遺物も含めて報告をおこない、考古学的にみた大谷寺遺跡と越知山大谷寺の成立に関して若干の考察を加えたい。

第一節　大谷寺の寺譜と文化財

一　寺譜

大谷寺の寺譜について触れる。『泰澄和尚伝記』『元亨釈書』などによると、鎮護国家の法師で神融禅師たる泰澄は、七七歳のとき大谷の仙嶋に蟄居（帰山）し、神護景雲元年（七六七）三月十八日に結跏趺坐して定印を結び遷化したと記されるが、地名と寺名の共通性から現在の大谷寺がその比定地とみられる。(5) なお、『泰澄和尚伝記』の本文末尾・奥書によると、伝記は天台宗僧の浄蔵が口述し神興らが天徳元年（九五七）に筆記し成立したとある。神興は大谷精舎の根本人とあるので、その記述によれば一〇世紀中頃には神興のいたとされる大谷寺は存在し、泰澄にまつわる原姿たる伝が成立していたことになる。

『泰澄和尚伝記』元和本などによると、大谷寺の創建は持統天皇六年（六九二）で泰澄一一歳ということとなるが、現在のところそれを証する考古資料などは確認されていない。採集された考古資料を除けば、平安時代後期制作とされる仏像を有するので、その成立は一二世紀まで遡る。本寺にかかる史料についても承元二年（一二〇八）の年紀をもつ「公文・郡司代連署寄進状案」（『越知神社文書』）が最古で、同じような時期である。(6) その後の歴史については割愛するが、朝倉氏景・貞景・孝景と代々寺領を受けるなど祈願所として栄えたが、天正二年（一五七四）の一向一揆の際に一山全焼し、それ以降衰退の一路をたどったという。近世における寺院活動の様子は多くの古文書や伝記などからうかがえるので、ある時期には復興されたものとみられる。明治時代には神仏分離をむかえたが、寺内にある大長院は存続し現在に至る。

結局のところ泰澄の活動した時代と大谷寺所蔵の文化財には約四〇〇年の断絶があるので、その間を埋めるには考古資料が重要となる。

二　建造物と石造物

大谷寺の文化財について触れる。建造物として現存するのは、山麓では大長院の本堂（旧庫裡）・山門・鐘楼・宝物殿・黒門・地蔵堂・大師堂・秋葉堂・華表・越知神社里宮である。大長院裏の山道を五分ばかりのぼった、北に約四〇〇メートルの地点には大規模な平坦面がある。そこには本地堂・不動堂・金堂・西国三十三番観音堂・十王堂・鐘楼がある。これらの建造物は江戸時代ないしはそれ以降のものとみられる。また、大谷寺周辺には多くの石造物が遺存し、なかでも石造九重塔・円山宝塔は紀年銘をもつもので美術的価値も高い。

境内奥に位置する石造九重塔は凝灰岩製で、総高四・四メートル、幅〇・八二メートルをはかり、角形の蓮華座には「元亨／第三／癸亥三月四日／願主金資／行現／平末光」の刻銘をもつ。元亨三年（一三二三）に建てられたもので、昭和三十二年（一九五七）に指定された国の重要文化財である。[7] また、円山宝塔は凝灰岩製で、寺の北東約五〇〇メートルの地点にある塚状遺構の上に位置する。基礎には「如件観応三□七月十一日敬白」の刻銘をもち、観応三（一三五二）に建てられたとみられる。[8] さらに、北に五〇メートルの地点には地蔵が安置されており、その台座（五輪塔の地輪か）には観応二年（一三五一）の刻銘が残る。

これらの石造物は鎌倉時代末期から南北朝時代までのものである。特に、大谷寺の石造九重塔創建の元亨三年（一三二三）は『元亨釈書』が編述された翌年にあたり、この時期における泰澄信仰の高まりを表すものと考えられる。[9]

三　仏像と伝世遺物

本寺の本堂・宝物殿には数多くの文化財が所蔵される。詳細は割愛するが、秘仏として平安時代後期の造像とみられ

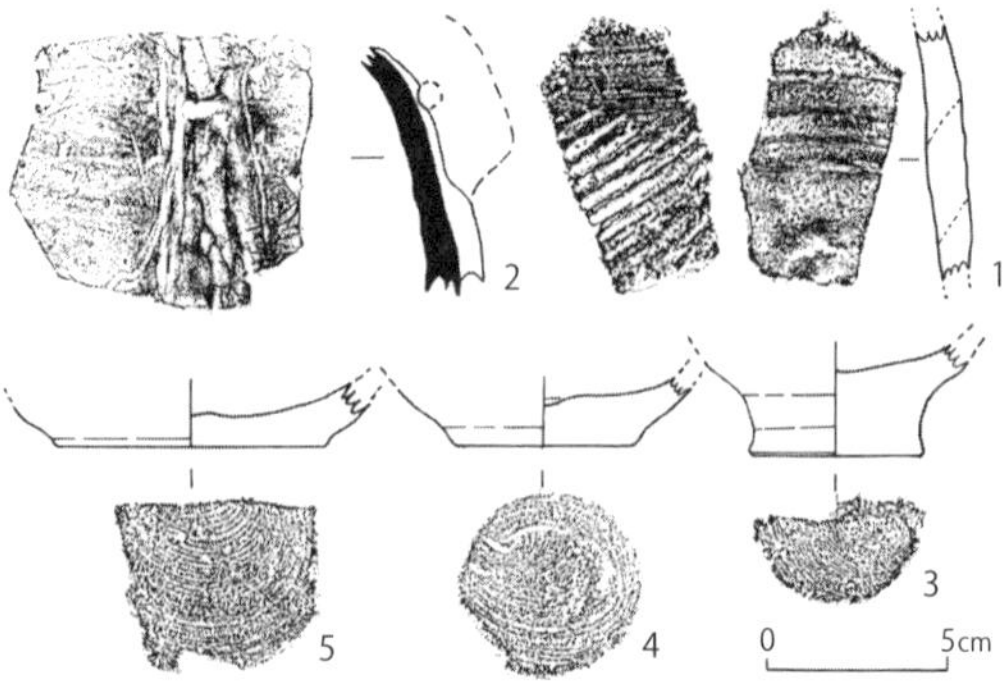

第7図　伝世遺物［縮尺 1:4］

第8図　土造仏［縮尺 1:2］

る三所権現の本地仏（十一面観音菩薩坐像・聖観音菩薩坐像・阿弥陀如来坐像）の三尊一具がある。また、寺宝として国重要文化財の木造泰澄及二行者坐像・不動明王像（平安時代後期）［現在は文化庁所蔵］、『大般若経』六〇〇巻などが所蔵される[10]。

大谷寺にはこれらの文化財の他に伝世遺物が所蔵される（第7図）。須恵器は甕片五点、双耳瓶片一点で、いずれも九、一〇世紀のものである。土師器は杯片二点、糸切りの柱状高台が二点で、後者は一二世紀のものである。出土地点は不明であるが、大谷寺裏山とみられる[11]。伝世遺物のなかには土造仏と懸仏が存在する。土造仏には二種類あり、聖観音菩薩立像が一点と善光寺式の阿弥陀三尊が二点である。前者は全長九・八センチをはかり、表面は漆地に彩色、背面は銀を施す。後者はともに酷似しており、残りのよい方は幅五・一センチ、残存長七・六センチをはかる（第8図）。型抜きし、素焼きである。像容は善光寺如来で、越知山大権現堂前の平坦面⑤に安置された石造仏と酷似している。台座の紀年銘が文久二年（一八六二）であることから江戸時代の所産と考えられる。懸仏は銅製で、全長六・六センチ、幅四・五センチをはかる。上端には穿孔がみられる。

以上のように土師器・須恵器などの伝世遺物は九、一〇世紀に比定でき、考古資料のなかでは最古のものである。糸切り痕をもつ柱状高台が一二世紀のもので、三所権現などの仏像は一二世紀のものが存在する。『越知神社文書』にみる大谷寺の歴史は一三世紀初頭まで追えるが、その他の伝世遺物や石造物などから中世前期になって発展した様相を示している。

第二節　踏査の事実報告

一　目的と方法

平成十一年（一九九九）三月以来、大谷寺の西山良忍住職をはじめ大谷寺区の協力なども得て、幾度となく裏山に訪れ、踏査した。その結果として多くの成果が得られたので報告をおこなう。その前に裏山一帯の小字について触れておく（第9図）。

図内の小字は大部分が堂山（ドウヤマ）、一部、釈迦堂（シャカドウ）で占め、その北西は後浚宮ヶ谷（ゴシミヤガダン）、羽々宮ヶ谷（ハバミヤガダン）、北東は上岩ヶ谷（カミイワガダン）が接する。遺物が散布する平坦面は大部分が堂山であり、堂跡の存在をうかがわせる。また、大谷寺の入口付近は馬谷（ウマダン）、大長院一帯は大門（ダイモン）、さらに中野川を北流した一帯は、天神堂（テンジンドウ）、堂上ヶ谷（ドジャガダン）などの小字がみられ、大谷寺関連の施設を復元するのに役立つといえよう。

実際に大谷寺裏山の踏査報告をおこなうが、主眼として第一には平坦面の確認、第二には散布する土器と分布範囲を押さえるとともに、第三には現状での礎石の確認、第四にはそれ以外の施設の確認などを視野に入れた。ここでは便宜上、Ⅰ・Ⅱ・Ⅲ・Ⅳの四つの区画に分け、平坦面、堀切、その他、遺物の散布状況に分けて説明することとする。

二　主要な遺構

(一)平坦面

現状では平坦面は一〇か所で確認できる。Ⅰ区には平坦面①～③、Ⅱ区には平坦面④～⑧、Ⅲ区には平坦面⑨、Ⅳ区には平坦面⑩が展開する。

平坦面①　平坦面④の北側に接する胃袋状の丘陵であり、現在の奥院までの参道の右手に位置する。その頂部には長

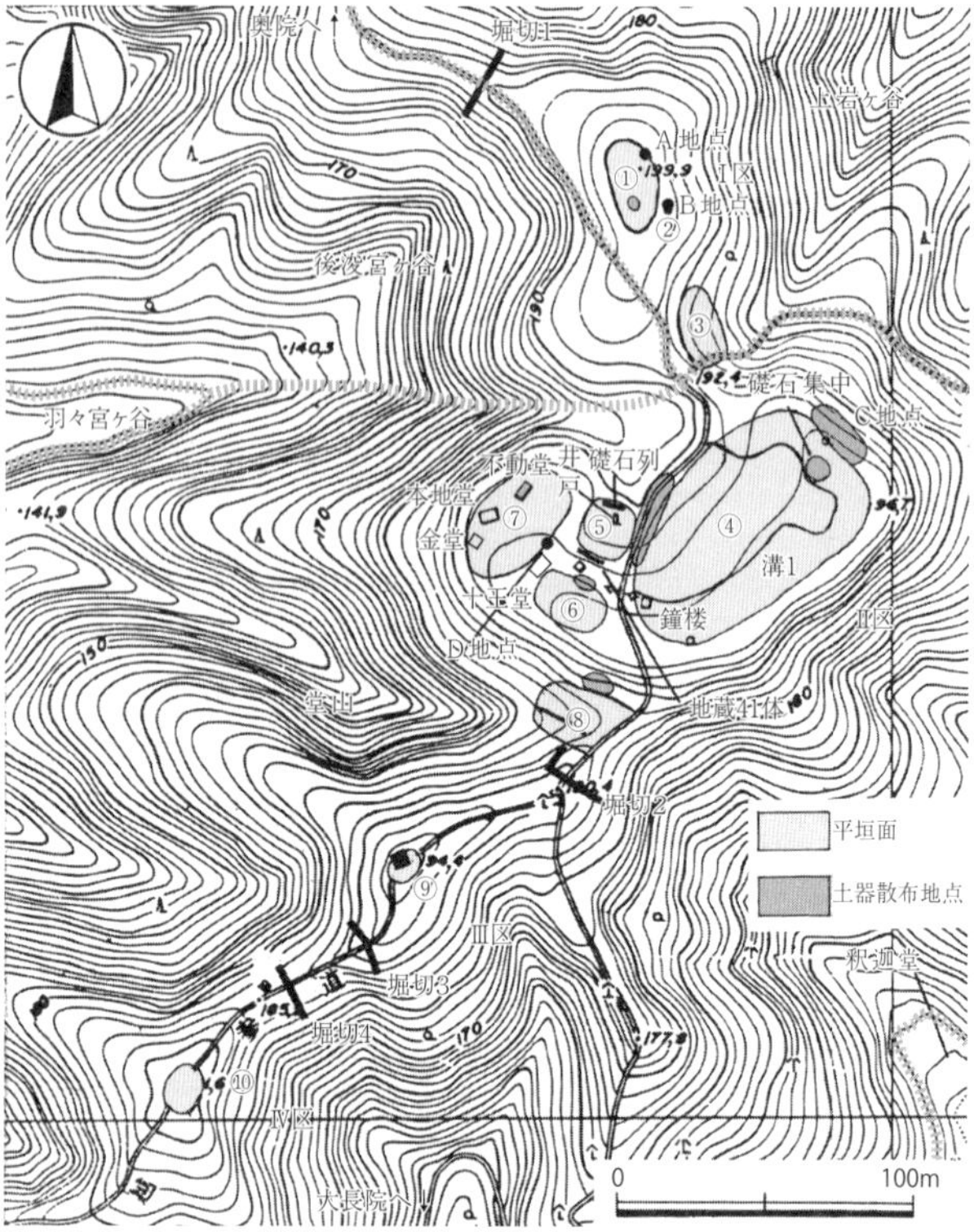

第９図　大谷寺遺跡地形図［縮尺 1:4,000］

径三〇×短径一五メートルの楕円形を呈する平坦面が形成されている。北東端（A地点）では越前焼の甕片が、南端では須恵器片が採集されている。

平坦面②　平坦面①の東側に位置し、小規模の平坦面を形成している。長径四・五×短径三・五メートルの長楕円形を呈し、斜面を削りだして造っている。ここでは越前焼の甕片を採集している（B地点）。

平坦面③　長径三〇×短径一三メートルの長方形を呈する。遺物は散布せず、植林のために切り開いたとも考えられる。

平坦面④　この一帯で最も大規模な平坦面であり、長径八五×短径六三メートルの長楕円形を呈する。中には長径七〇×短径五三メートルの不定形の溝が巡っており、東側の一角に一六×九メートルの長方形の張り出しが出ている。近年まで茶畑に利用されていたことから、これらに伴う溝の可能性もある。礎石が確認できるだけで七個あるが、原位置を保っているものは少ないといえる。西端には灯籠と鐘楼が建つ。遺物は須恵器片が大部分であり、東斜面（C地点）と参道沿いに多く散布する。

平坦面⑤　長径一八×短径一七メートルの長方形を呈する。現在、井戸や埋没した甕や比較的新しい礎石列が残存する。西側の道沿いに四一体の地蔵が安置されている。ここには道場が近年まで存在していたと聞いている。
平坦面⑥　長径二四×短径一六メートルの長方形を呈する。現在、建物が一棟ある。道沿いに須恵器片を採集している。
平坦面⑦　平坦面④から約二メートル高い地点に位置し、長径三九×短径三〇メートルの楕円形を呈する。越知山大権現などの建物が三棟ある。ここでは斜面（D地点）において越前焼の鉢が採集されている。
平坦面⑧　平坦面④から四メートル程下がった参道の西側に位置し、長径二三×短径二〇メートルの長方形を呈する。ここでは谷（北西）に向かってのびる直線溝が確認できる。須恵器片が北側の斜面で若干採集されていることから、平坦面④から流れてきたと考えられる。
平坦面⑨　長径一〇×短径八メートルの楕円形を呈する。中央には現在、建物がある。
平坦面⑩　長径一四×短径九メートルの楕円形を呈する。
このように大谷寺裏山では大小一〇か所の平坦面を確認しているが、遺物の散布状況などから平坦面⑤・⑥は平坦面④と一連のものである可能性が高い。

(二) 礎石

平坦面④・⑤で礎石が散乱する。平坦面④の礎石は七個を数え、集中するのは溝の東側の六個である。これらは長径約四〜六〇×短径約三〜五〇センチ前後の平坦な石である。この一帯は以前に茶畑であったことから、原位置を保つものは少ない。平坦面⑤では一〇個確認でき、西端では一〇個が並ぶ。長径四〇〜五〇センチ×短径二五〜四〇センチ程の石で構成され、井戸や埋没した甕の付近にもみられる。近年まで道場があったことから、それらに伴うものと考えられる。比較的新しい時期の所産であろう。

(三) 堀切

堀切は四か所で確認される。いずれも幅約四メートルをはかる。堀切1はA区の北西端に、堀切2はB区とC区の中央に、堀切3はC区の南西端に、堀切4はC区とD区の中央に位置する。堀切2は参道の北東側で向きを北にとり、平坦面⑧に接している。いずれも各区を取り囲むことから一種の境界線なのか、あるいは山城的性格として防御を意識したものなのか、今後の検討を要する。特に、堀切2と平坦面⑧は参道が合流する地点にあたり、堀切はL字状を呈しながら平坦面に接して土塁を形成することから、この一帯には何らかの施設があった可能性が高い。

(四) その他

平坦面⑤には井戸や埋没した甕が残る。近年まで道場が存在し、その時の所産とみられる。井戸は素掘りで、地上部には円柱筒状の石造井桁が設置されていた。また、南に四メートルの地点には越前焼の甕が埋置され、現在も水を湛える。甕の口縁形態から江戸時代の所産と考えられる。機能としては手水が適当であろうか。

このように本遺跡では大小一〇か所の平坦面やそこに巡る溝、境界を意識したような堀切、また建物跡の存在を示す礎石なども確認できた。特に、平坦面④に巡る不定形の大溝は区画溝である可能性が高く、今後、発掘調査によりこれらの時期的なものも解明できるであろう。

三　遺物の散布状況

この一帯は土師器・須恵器片が至るところに散布するが、特に斜面や参道に多い。須恵器片は平坦面①・④・⑥・⑧、中世の遺物は平坦面①・②・⑦、土師器片は平坦面④の道沿いで確認できる。最も多くの須恵器片が散布するのは平坦面④の東斜面（C地点）である。細片のものが多いが、実測可能な遺物も存在する（第10図1～11）。遺物の詳細は福岡の報告に譲るが、これらの遺物の時期は九世紀後半～一〇世紀前半の時期と考えられる。[12]この地点で特筆すべきは二点の墨書を施した須恵器である（第11図）。破片のため全体は不明であるが、「ル」「┛」という墨書が確認できる。「ル」は杯蓋内側の中央付近、「┛」は杯身の底にみられる。

中世の遺物で図化できるものは三点ある。A地点のものは口縁端部を大きくつまみ上げる越前焼の甕で、一三世紀中頃とみられる（第12図1）。B地点のものは口縁端部をわずかにつまみ上げた越前焼の甕で、肩部には自然釉を施し

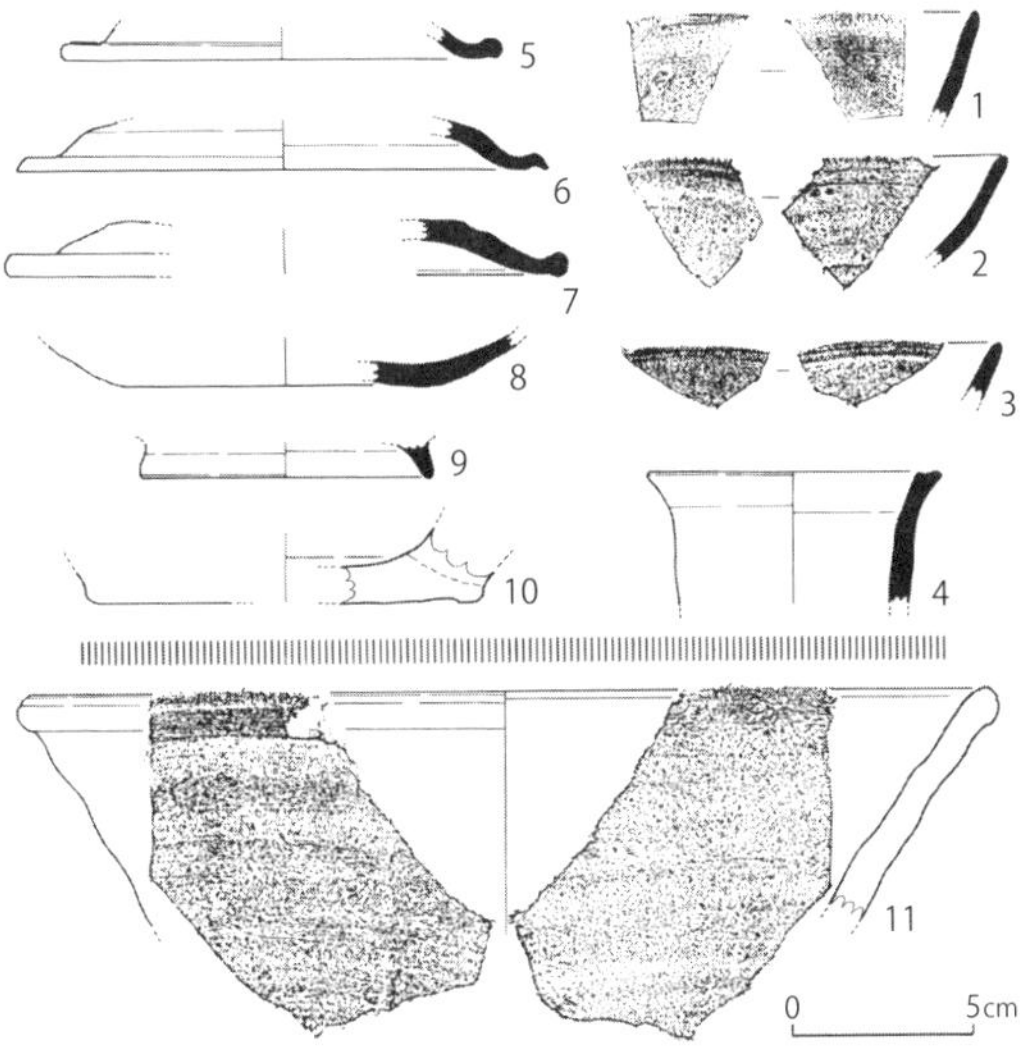

第10図　表面採集遺物（1）［縮尺 1:4］
1〜10 はＣ地点、11 はＤ地点にて採集
1〜9 は須恵器、10 は灰釉陶器、11 は越前焼

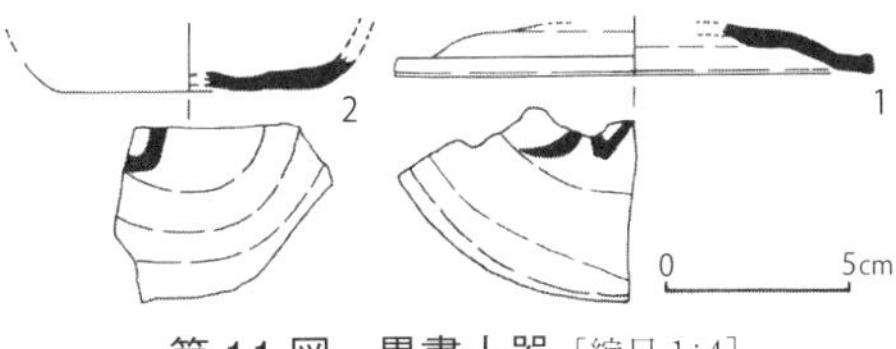

第11図　墨書土器［縮尺 1:4］
1・2ともにＣ地点にて採集

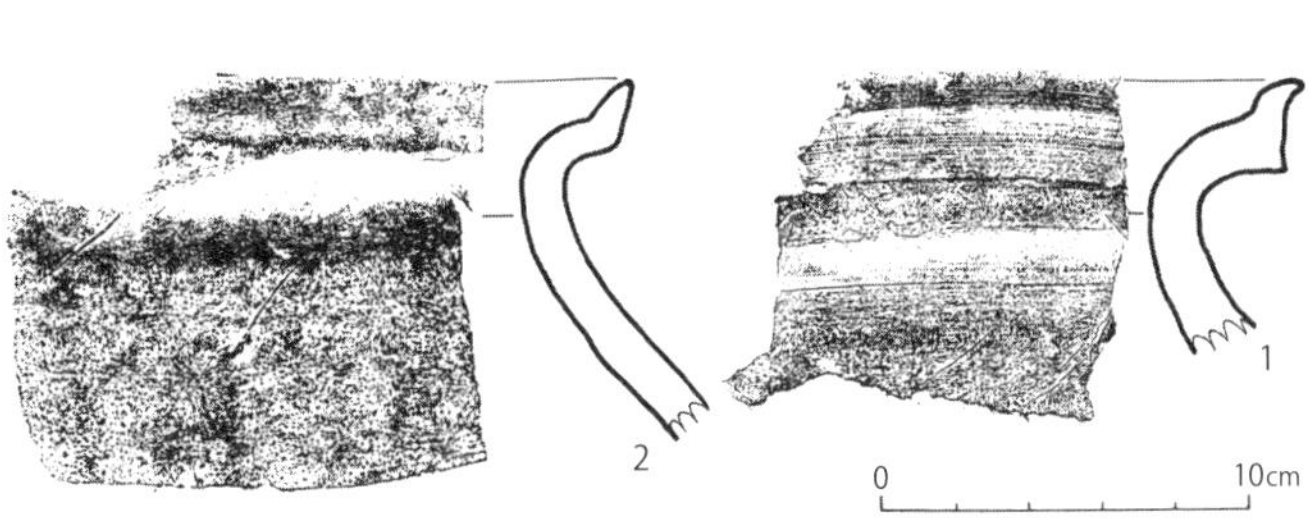

第12図　表面採集遺物（2）［縮尺 1:4］
1 はＡ地点、2 はＢ地点にて採集

一三世紀前半とみられる（第12図2）。D地点のものは口縁端面に沈線が残存する越前焼の鉢で、一三世紀中頃とみられる（第10図11）。

今回の報告において表面採集遺物が現段階では九世紀後半〜一〇世紀前半の時期と一三世紀以降の二時期を中心としていることがいえる。

第三節　周囲の遺跡

それでは、大谷寺遺跡に関連する周囲遺跡について近年の発掘調査の事例を取り上げる。

まず、下糸生脇遺跡は丹生郡越前町下糸生脇に所在し、大谷寺遺跡から南南西一・八キロの地点、越知川右岸の段丘上に位置する(13)。福井県教育庁埋蔵文化財調査センターが平成八年（一九九六）に河川工事に伴う発掘調査を実施した。縄文時代を中心に弥生・平安時代の遺構が検出され、古代では八世紀後半から一〇世紀代にかけての遺構・遺物が中心である。墓とみられる遺構（HSX02・03）からは九世紀の遺物が出土した（第13図2〜8）。なかでも須恵器の長頸壺、土師器の内黒椀は注目される(14)。長頸壺は東海系に近いが、在地で模倣された可能性が高く、九世紀前半に位置づけられる（第13図1）。内黒椀はピット状遺構（SK40）から出土し九世紀後半に比定できる（第13図9・10）。ともに福井県内ではあまり例をみないものである。また、遺物包含層

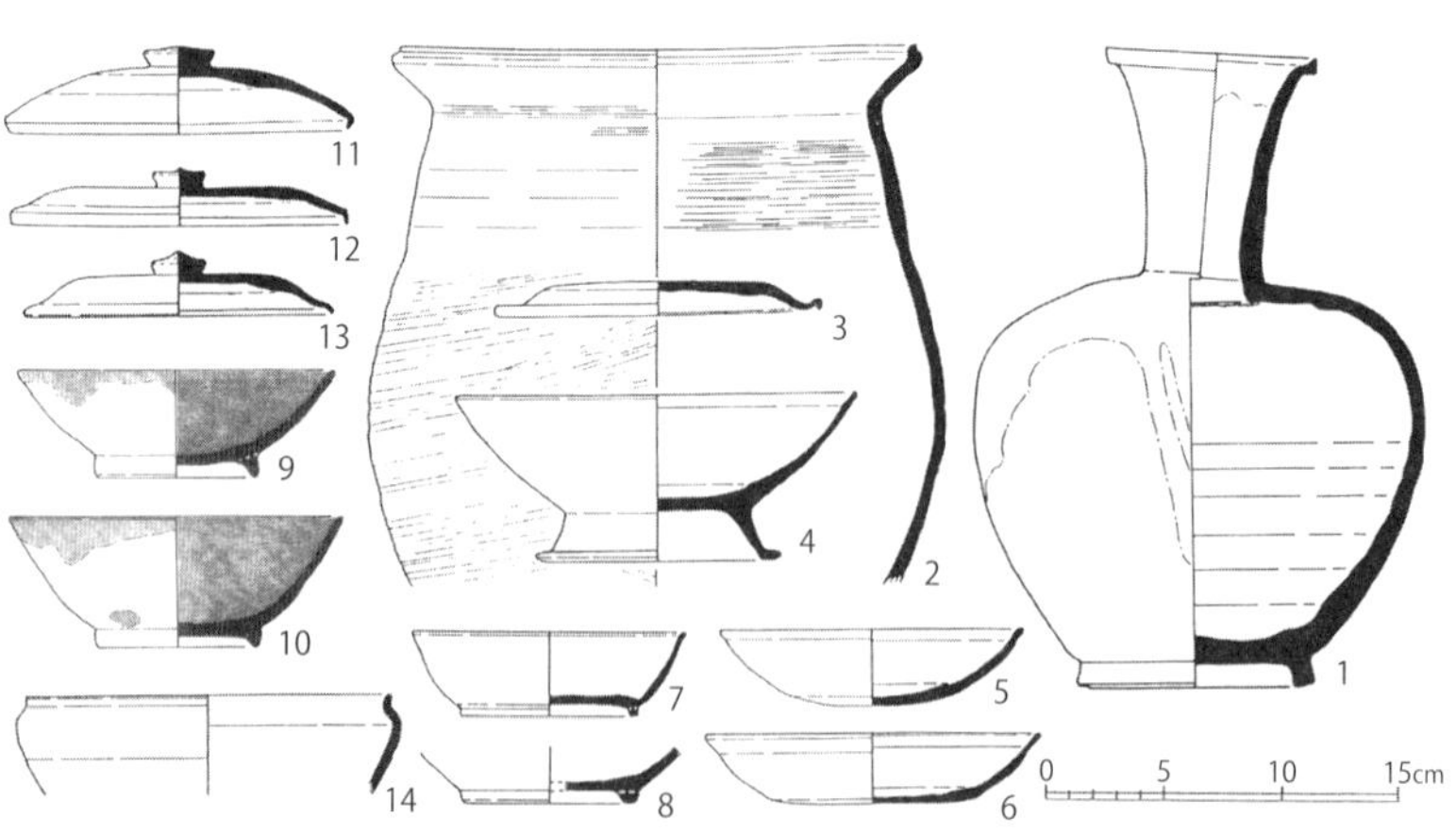

第13図　下糸生脇遺跡出土遺物［縮尺1:6］
1　HSX01　2〜8　HSX02・03　9・10　SK40　11〜14　遺物包含層

からは須恵器の鉄鉢といった仏具も出土した（第13図14）。このように本遺跡出土の須恵器は大部分が九世紀で、大谷寺遺跡と近い時期のものといえる。

次に、小倉石町遺跡は丹生郡越前町小倉に所在し、大谷寺遺跡から南東一・七キロの蔵王山北側に位置する。[15] 福井県教育庁埋蔵文化財調査センターが平成九年（一九九七）、同十年（一九九八）に県営中山間地域総合整備事業に伴う発掘調査を実施した。この一帯は攪乱が激しく、平成九年度の調査では鍛冶屋敷地区において中世（一三世紀）の掘立柱建物跡が二棟検出された。出土遺物には土師器皿・越前焼、青磁・白磁、瀬戸・美濃焼などがあり、鍛冶屋敷という小字に関連する遺物として鉄滓が少量出土した。また、平成十年度の調査では越前焼の甕が出土する近世の円形土坑や一六世紀の礎石建物が一棟検出された。本遺跡は丹生郡内でも調査例の少ない中世の遺跡であり、一三世紀を中心とした集落跡であることが判明している。

これらの遺跡は大谷寺遺跡から二キロ以内に位置し、しかも時期的に非常に近く大谷寺遺跡を考えるうえで重要な遺跡といえよう。

第四節　若干の考察

一　古代の大谷寺遺跡

本遺跡は須恵器の発見により古くから窯跡として認識されていたが、踏査の結果、以下のことが判明した。㈠須恵器はⅠ～Ⅱ区と広範囲に散布する。㈡須恵器は細片が多く、残存状況が悪い。なかには墨書を施したものを含む。㈢窯にしては標高が高く、溶着資料がない。以上のことから大谷寺遺跡が窯跡である可能性は低い。

それでは、どういった性格の遺跡なのか。まず、山上という遺跡の立地や墨書を施した須恵器を含むことから、福井県内の山中で発見される山林寺院跡の可能性が高い。近くの下糸生脇遺跡では須恵器の鉄鉢や内黒の土師器椀が出土しており、両遺跡の関連性も指摘できる。特に内黒椀出土例は福井県内では六遺跡と少なく、いずれも寺院・荘園関連といった特定の遺跡でしか出土しないことが指摘されているからである[16]。

また、北陸では八から一〇世紀にかけて数多くの山林寺院の存在が知られており[17]、福井県では福井市の明寺山廃寺[18]、南条郡南越前町のマンダラ寺遺跡などがある。特に、大谷寺から北西四・四キロに位置する明寺山廃寺では基壇をもつ礎石建物や掘立柱建物などが検出され、墨書を施した須恵器・瓦塔・須恵器の鉄鉢・「寺」の施印土器・転用硯・水晶製の数珠玉など九～一〇世紀初頭の遺物が出土した。寺院活動は九世紀後半が中心で、大谷寺遺跡の時期とも重なる。

以上を勘案すると、大谷寺遺跡はこの時期の山林寺院であった可能性が高い。ただし、墨書を含むだけでは断定できないため、今後の調査に期待するところが大きい。

二　中世の大谷寺遺跡

本遺跡で再び遺物が確認できるのは一三世紀以降である。これらの遺物は本寺に関連する遺物であり、大谷寺の所在に関して現在地が当時の寺域を反映しているか否かという問題は残るものの、現存する遺構もこれ以降である可能性が高い。文献史料でも本寺の寺領域を示すものは確認できないが、『越知神社文書』のなかの最古の文書として承元二年（一二〇八）七月二十日付の公文書発行の土地寄進状の記載がある。したがって、大谷寺の成立は鎌倉時代初頭まで確実に遡ることができる。

それでは、大谷寺遺跡の成立を考古資料の面から検討してみたい。本遺跡では九、一〇世紀の遺物が確認できるが、その性格が寺院跡という前提に立つと、二つの解釈ができる。第一は、大谷寺の成立が九世紀後半にまで遡り、現在のところその間を埋める資料が発見されていないだけで、連綿と中世にまで存続していた可能性があるという解釈である。第二に、大谷寺はあくまで鎌倉時代初頭の成立であって、九世紀代の遺物は北陸一帯にみられる山林寺院のひとつであり、廃絶したあとに同じ場所に寺を創建したという解釈である。

そこで、大谷寺の成立に関して高島穣による文献史学からの見解に注目したい[19]。高島は、一五世紀半ばの大谷寺では自らの寺譜に関する認識が錯綜しており、そのなかには大谷寺の成立を当時より二五〇年前とする見解があったと考えた。となれば大谷寺の成立は中世以降であるという可能性が高く、遺物の時期にみられる断絶と合致し興味深い。

発掘調査がなされていない現段階での言及は以上とすべきで、大谷寺成立の時期を明確に比定することは時期尚早である。ただ、確実にいえることは大谷寺の裏山には大谷寺遺跡が存在し、大規模な平坦面や堀切・礎石などがみられ、墨書を施す須恵器を含めた九、一〇世紀の遺物や一三、一四世紀の中世陶器を採集したという事実である。今後さらに調査が進めば、より明らかな像を結ぶことになるだろう。本稿では大谷寺遺跡を中心としたが、今後は踏査の範囲を越知山一帯にまで広げ、考古学だけではなく文献史学・美術史など多方面との共同研究を進めていきたい。

注

（1）遺物が散布する一帯の小字は「堂山」「後浚宮ヶ谷」「上岩ヶ谷」と広範囲であるため、本稿では大字の「大谷寺」を遺跡名とする。寺名と遺跡名が同じであるが、越知山大谷寺と大谷寺遺跡との関連性がはっきりしない現段階では「越知山大谷寺遺跡」とは呼称しない。

（2）福井県教育委員会『福井県遺跡地図』一九九三年。

（3）丹生郡誌編集委員会・芦原慧明ほか『福井県丹生郡誌』一九六〇年。

（4）福岡正春「丹生郡朝日町越知山大谷寺遺跡採集の遺物について」『下糸生脇遺跡―一級河川越知川改修・一般県道別所朝日線整備・県営担い手育成基盤整備事業に伴う調査―』福井県教育庁埋蔵文化財調査センター、一九九九年。

（5）『泰澄和尚伝記』の最古の写本は正中二年（一三二五）書写の金沢文庫本とされる。

（6）『越知神社関係文書』「二 公文・郡司代連署寄進状案」（朝日町誌編纂委員会『朝日町誌 資料編二 越知山関係他』朝日町、一九九八年 所収）。

（7）増永常雄「越前大谷寺層塔覚書」『史迹と美術』第一七二号、史跡美術同攷会、一九四六年。

（8）川勝政太郎「大谷寺円山石造宝塔の様式」『史迹と美術』第二六六号、史跡美術同攷会、一九五六年。

（9）上田三平「泰澄大師石塔」『越前及若狭地方の史蹟』歴史図書社、一九七四年。
（10）近藤喜博ほか『白山を中心とする文化財』福井県・文化庁、一九七二年。
（11）福岡前掲（4）文献。
（12）福岡前掲（4）文献。
（13）赤澤徳明ほか『下糸生脇遺跡─一級河川越知川改修・一般県道別所朝日線整備・県営担い手育成基盤整備事業に伴う調査─』福井県教育庁埋蔵文化財調査センター、一九九九年。
（14）奥村牧弘「第五章 平安時代の遺構と遺物」前掲（13）文献 所収。
（15）坪田聡子「小倉石町遺跡」『第一三回発掘調査報告会資料─平成九年度に福井県で発掘調査された遺跡の報告─』福井県教育庁埋蔵文化財調査センター、一九九八年。清水孝之「小倉石町遺跡」『第一四回発掘調査報告会資料─平成十年度に福井県で発掘調査された遺跡の報告─』福井県教育庁埋蔵文化財調査センター、一九九九年。
（16）奥村前掲（14）文献。
（17）久保智康「北陸の山岳寺院」『月刊考古学ジャーナル』第三八二号、ニューサイエンス社、一九九四年。同「北陸の山岳寺院（Ⅱ）」『月刊考古学ジャーナル』第四二六号、ニューサイエンス社、一九九八年。
（18）古川登ほか『越前・明寺山廃寺─平安時代前期寺院址の調査─』清水町教育委員会、一九九八年。
（19）高島穣「越知山大谷寺の成立」『文化史学』第五五号、文化史学会、一九九九年。

挿図出典
第5・6図　国土地理院の五〇〇〇〇分の一「福井」「鯖江」の地形図をもとに作成。
第7・8・10～12図　筆者、松田度・福岡正春・村上雅紀氏による図化・トレース。
第9図　福井県朝日町二五〇〇分の一地形図Ⅵ-KJ92-3をもとに作成。
第13図　福井県教育庁埋蔵文化財調査センター『下糸生脇遺跡─一級河川越知川改修・一般県道別所朝日線整備・県営担い手育成基盤整備事業に伴う調査─』一九九九年の第92図、第93図8～10・12、第94図1・3、第96図1～3、第97図16より転載。

第六章　越知山山岳信仰の遺跡群―大谷寺遺跡を中心に―

はじめに

福井県は木ノ芽峠を境に嶺北・嶺南に分かれる。旧国でいえばほぼ越前・若狭にあたるが、嶺北は敦賀市を除いた範囲である。嶺北のほぼ中央を南越盆地と福井平野が南北に縦断し、それらに画された西側に展開する山塊が丹生山地である。山地は東西長二〇キロ、南北長二七キロをはかり、福井市・丹生郡越前町・越前市にわたる。標高四、五〇〇メートルの丘陵は日本海沿岸の間際まで迫り、山地内には多数の小盆地や谷がモザイク状に展開している。山地の中央には越知山（標高六一二・八メートル）、六所山（標高六九八メートル）、小六所山（標高六四二メートル）、エボシ山（標高六三〇メートル）がそびえる。

第14図　南越盆地から見た丹生山地

第15図　越知山から見た白山

白山を開いた泰澄和尚が最初に修行した地が丹生山地の中部あたりで、その象徴的な存在として越知山が位置づけられる。越知山山頂に立てば北東方向に白山連峰、西側に日本海が見える（第15図）。沖合に出ると、その風貌と立地から漁業や航海の際に山アテとして利用される目立つ存在であった。これまで丹生山地では泰澄伝承の密な分布地域のなかに山林寺院や宗教施設が確認され、奈良・平安時代の須恵器の鉄鉢や瓦塔などの仏具、瓦・硯・鴟尾などを焼く窯跡も発見されてきた。これらの山林寺院の発掘調査事例は少なく、また仏具や瓦の供給先についても特定できていない状況にあり、当地域の考古学的な調査・研究は始まったばかりである。

本章では、丹生山地のなかでも発掘調査が実施された丹生郡越前町の大谷寺遺跡を中心に、越知山山岳信仰の遺跡を紹介する。併せて本地で確認された宗教施設について簡単に触れてみたい。

第一節　越知山と越知山大谷寺

一　越知山と越知山山岳信仰跡

泰澄開基の伝承をもつ越知山は近年、日本百霊峰にも選ばれた北陸最古級の霊山で、現在は山頂一帯の平場に越知神社が鎮座している。最北端の山頂から奥院・臥行者旧跡・千体地蔵尊・神宝庫・大師堂・室堂・日宮神社（護摩堂）・殿池・御膳水・本殿・拝殿・別山神社を配する。神仏習合時代の名残は所々に認められ、越知山は白山と同じ三所権現の本地仏を祀る。本地は本社の鎮座する大御前が十一面観音菩薩、別山神社の鎮座する別山が聖観音菩薩、奥院の鎮座する越知山山頂が阿弥陀如来である。かつては三尊一具の本地仏や銅造の本地仏などが山上の建物群に安置されていた。

古くは『福井県丹生郡誌』によると、山頂付近において須恵器の大甕が出土し、平安時代の開山時期が指摘され、明治年間には瓦経の出土事例があった(1)。瓦経は表面に仏像で型を印刻し、裏面に願文を刻む。「願以此功徳普及於一切我等与衆生皆供成仏道 応永十一年（一四〇四）九月日願主祐盛」とある。他に一三世紀の越前焼の経容器も採集された(2)。その後、福井県教育委員会は昭和四十八年（一九七三）に越知山山岳信仰跡［福井県指定文化財］として指定し(3)、近年の発見としては山頂付近で採集された八世紀中頃の須恵器甕の破片が報告されている(4)。

考古学的な開山時期は奈良時代で、山岳信仰の霊地として開かれたとみられる。永正十一年（一五一四）の『越知神社文書』によると越知山と白山とで両界曼荼羅が成立するという（越知神社社頭仏閣修理勧進状(5)）。このように越知山は古文書・建物跡・仏像の存在などから中・近世に至るまで山岳信仰の重要な拠点となり、白山と並ぶ山岳信仰の聖地と考えられていた。

二　越知山大谷寺と大谷寺遺跡

越知山から五・三キロほど東に別当の越知山大谷寺がある。泰澄和尚が天平宝字二年（七五八）白山から下山し蟄居するとともに入定した地とされる（第16図）。『越知神社文書』によると、大谷寺は嘉元四年（一三〇六）には真言系寺院（弘法大師御影供料田寄進状）であったが、天文元年（一五三二）には天台系寺院（大谷寺宛朝倉孝景沙汰状）として記載される。現在は天台宗で、延暦寺末寺である。その寺領は承元二年（一二〇八）の時点で、四至に「東限沢　南限古坂山并赤井谷織田境　西限海　北限大鷹取并焼尾境」（越知山大谷寺宛公文郡代司寄進状）と記されるので、越知山を中心に広大な寺域であったことがうかがえる。また、文明十年（一四七八）には中宮平泉寺に対する本寺本宮（越知山年中行事）として位置づけられた。

境内には大長院の本堂（旧庫裡）・山門・鐘楼・宝物殿・黒門・地蔵堂・大師堂・秋葉堂・華表・越知神社里宮を配する。谷奥には石造九重塔［国重要文化財］が建つ（第17図）。元亨三年（一三二三）銘をもつ泰澄和尚の廟所である。また、寺の北東五〇〇メートルの谷間には、直径一八メートルの円形を呈する塚状遺構の頂部に、観応三年（一三五二）銘をもつ石造宝塔（円山宝塔）［越前町指定文化財］が建ち、その周囲を平坦面と堤で囲む遺構が存在している。円山塚

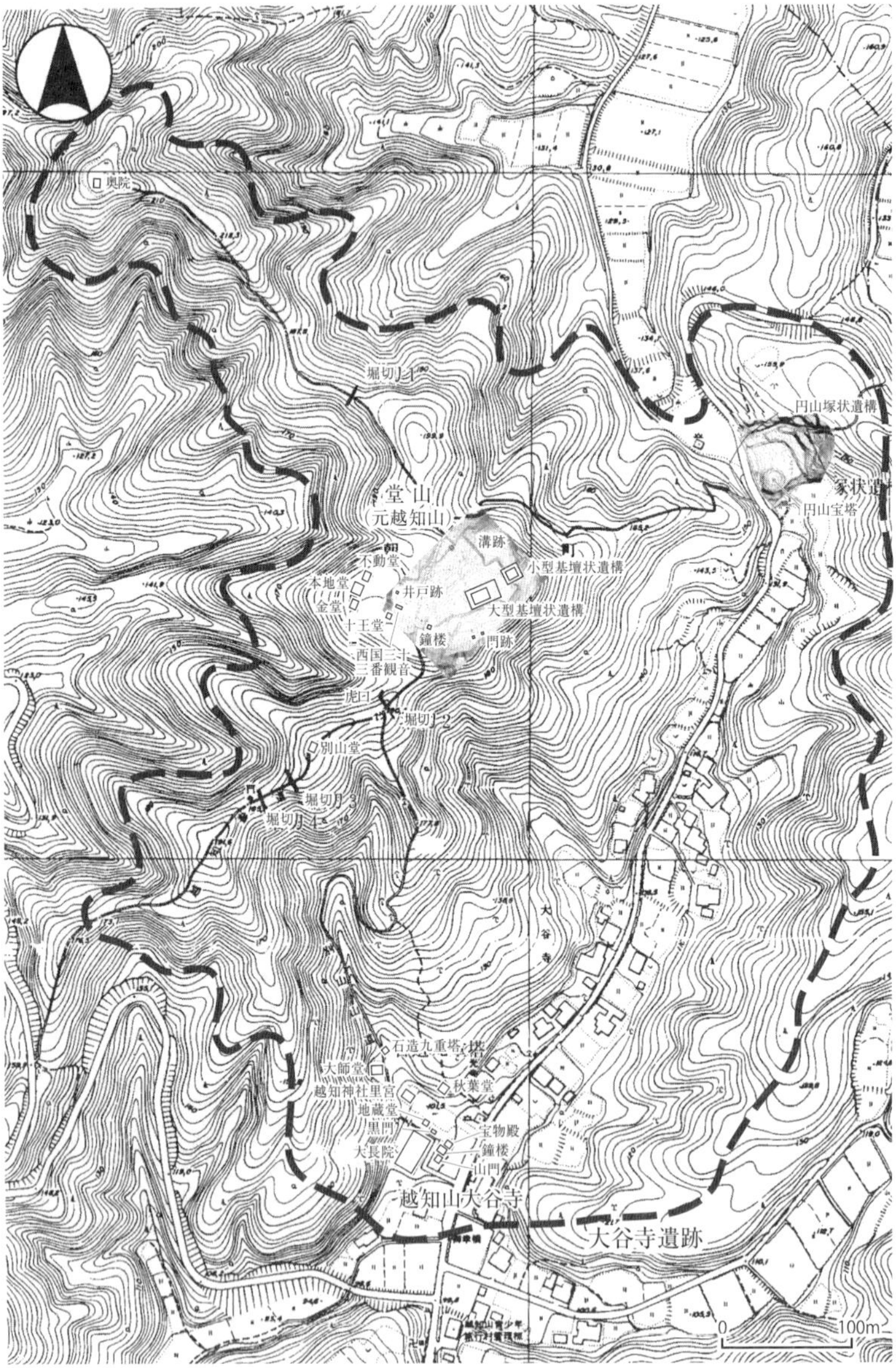

第16図　越知山大谷寺と大谷寺遺跡［縮尺1:6,500］

第 19 図　木造蔵王権現立像

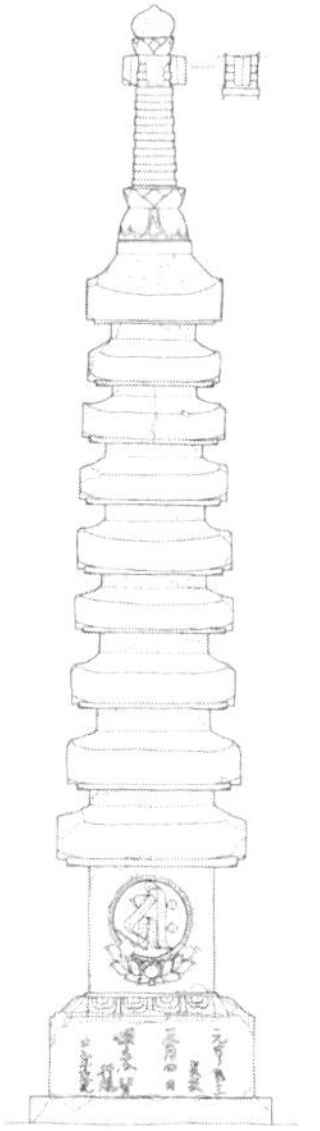

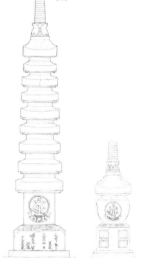

第 17 図　石造九重塔と円山宝塔

［縮尺 1:60］

第 18 図　三所権現の本地仏

左：阿弥陀如来坐像　中央：十一面観音菩薩坐像　右：聖観音菩薩坐像

状遺構と呼ぶ。大規模な記念物であり、寺域の境界を示したものと考えられる。

越知山大谷寺は数多くの文化財を有する。国指定一件一点・県指定一件八点・町指定八件二三点。一か寺で有する指定文化財の数は県内随一といえる。なかでも平安時代後期の三所権現の本地仏〔福井県指定文化財〕は越知山信仰を知るうえで貴重な仏像である（第18図）。近年発見された木造蔵王権現立像〔越前町指定文化財〕は平安時代の制作で、大谷寺最古級の仏像として注目できる（第19図）。加えて、大谷寺はかつて「明応二年（一四九三）五月廿六日」の銘をもつ木造泰澄及二行者坐像〔国重要文化財、現在は文化庁所蔵〕を有していた。

大谷寺の裏山は堂山地区といい、校庭ほどの広大な平坦面が展開する。地元では、元越知山（標高二〇〇メートル）と呼ぶ。越知山の山塊から谷を挟んだ、金毘羅山（標高三四七メートル）の東南麓にあたる。尾根で繋がるが、独立した低山である。

平坦面には本地堂・不動堂・金堂・西国三十三番観音堂・十王堂・鐘楼・井戸跡を配する。本地堂の南には別山、一〇分ほど北に歩いた尾根上に奥院がある。各所に別山堂と奥院の建物を配し、元越知山上でも三所権現が形成されている。山頂には平安時代の山林寺院跡が展開し、中・近世の城郭遺構の痕跡も残している。その範囲は越知山大谷寺を中心にその裏山から谷間にかけて展開する東西六五〇メートル・南北八五〇メートルをはかる大規模な遺跡である。

第二節　大谷寺遺跡の概要

一　大谷寺遺跡の分布調査

遺跡が学術的に紹介されるのは水野九右衛門の報文を嚆矢とする。水野は、本遺跡で採集された須恵器の散布量からその性格を窯跡と考えた(6)。『全国遺跡地図一八 福井県』においても「大谷寺窯跡」として記載されていた(7)。当時は須恵器窯跡の認識があった。その後、遺跡の存在は忘れ去られる。福井県教育委員会発行の『福井県遺跡地図』でも記述は

認められず、「大谷寺塚」（円山塚状遺構のこと）が中・近世の遺跡として取り上げられたに過ぎない。(8)

再び注目を浴びたのは平成十年（一九九八）以降、同志社大学の学生たちによる分布調査からである。(9)調査は大谷寺堂山地区と平地区を中心におこなわれ、須恵器・土師器・灰釉陶器・越前焼などの採集遺物、大谷寺の伝世遺物の報告がなされた。特に、須恵器は九世紀後半から一〇世紀前半にかけての時期に比定できることから、遺跡の成立を平安時代前期に遡らせて考えた。

分布調査が進むと、平坦面や堀切・礎石・溝遺構が堂山地区を中心に広範に展開することが判明した。(10)須恵器の杯・皿・椀、土師器に加えて灰釉陶器の浄瓶、越前焼などの資料が増え、平安時代前期の須恵器には墨書を含んだ。遺跡の性格は墨書土器や仏具の存在、高所に位置することから古代の山林寺院跡と考えた。

平成十二年（二〇〇〇）度以降、朝日町教育委員会が文化財悉皆調査事業を実施した。(11)堂山地区に偏りがちな調査を、大谷寺九重塔や円山宝塔などの石造物調査を含め大谷寺区全域を対象とした。大谷寺とその周辺には遺物が散布しており、約四〇万平方メートルの大規模な範囲を想定した。

伝世品についても報告がなされた。中川あやは大谷寺伝世の洲浜桜花双鳥鏡に考古学的な検討を加え、製作年代を一二世紀末から一三世紀初頭に比定した。(12)野澤雅人は土師器の柱状高台・糸切り痕をもつ底部・椀を一一、一二世紀、土師器皿を一三世紀前半から一四世紀前半に比定した。(13)これらの調査・研究の成果から大谷寺遺跡は九世紀後半から一四世紀前半まで連綿と存続することが明らかとなった。

一方で、山頂における城郭遺構の調査も進んだ。(14)堀切は五本、平坦面は一五面確認され、ひとつの平坦面については虎口・土塁を有した。虎口は折れをもつに留まり桝形に発展しないことから千田編年Ⅱ期に比定された。築造契機については天正元年（一五七三）の織田信長の越前侵攻に備えたか、天正二年（一五七四）の一向一揆からの自衛という可能性が指摘された。一向一揆による全山全焼という伝を裏付ける成果といえる。

二　大谷寺遺跡の発掘調査

朝日町教育委員会（平成十七年度は合併により越前町教育委員会）は、平成十四から十七年度にかけて堂山地区と大谷寺周辺および円山塚状遺構の測量調査と試掘調査を実施した[15]。堂山地区では詳細な測量調査の成果により、門跡・基壇跡・溝跡などを確認した（第20図）。基壇跡の盛土は今でも明瞭に残る。発掘調査では、これらの規模と時期を確認することを目的として、A〜Jの一〇か所にトレンチを入れた。

H・Iトレンチでは大型の基壇状遺構が検出された。裾部で南北二五・二メートル×東西一六メートルの長方形を呈し、高さ〇・五〜〇・九メートルをはかる。平坦部は南北一二・一メートル×東西一〇メートルの長方形を呈し、基壇は地山の削り出しによる。平坦面上では溝状遺構・土坑・柱穴跡などが検出された。建物に関連する遺構と考えられる。遺構の深さは比較的浅く、周辺に礎石が散乱することから、礎石を据えた遺構（SX01・02）と考えられる。基壇状遺構の上に建物跡が存在したとすれば、礎石建物であった可能性が高く、講堂などの大型建物が予想される。

造成時期の特定は難しい。土坑（SK01）では、一二世紀後葉頃の土師器皿や底部片が出土した。遺構のなかで最新の時期となる。また、付近から出土の土師器皿・陶磁器類は一一世紀から一二世紀に比定できる。東側の据部では土師器皿や底部が大量に廃棄されていた。出土遺物の状況から基壇状遺構は一三世紀までは機能したと考えられる。

基壇状遺構の上面では方向の異なる溝状遺構（SD01）が検出された。時期比定はできなかったが、暗渠と考えられる。別の時期の建物跡が存在した可能性が高い。他に、基壇状遺構の周辺からは柱穴跡や性格不明な遺構が検出されたが、部分的な調査のため遺構の性格はわからなかった。

Jトレンチでは小型の基壇状遺構が検出された。裾部で南北一三・二メートル以上×東西一四・七メートル、高さ〇・四〜一・三メートルをはかる。平坦部では南北八・八メートル×東西八・四メートルの長方形を呈する。造成土・盛土中に含まれた須恵器は九世紀中頃から一〇世紀前葉に比定できた。それ以降の遺物を含まないため、基壇の造成は一〇

第20図　大谷寺遺跡の遺構配置図［縮尺1:1,300］

世紀前葉に限定できる。建物に伴う柱穴跡は確認できなかったが、付近に礎石が露出することから、のちに上部に礎石建物が建てられた可能性が高い。遺構の中央部には盗掘坑が掘削されていた。仏舎利狙いであれば塔跡の存在が想定できるが、付近からは「神」墨書が出土したため、神社遺構とも考えられる。

造成以前には下層遺構が存在した。地山は二つの面的に広がる平坦面が展開し、北側では谷状地形が展開する。下層遺構に柱穴跡六基・土坑一基・溝遺構一基が検出された。遺物は出土しなかったが、基壇状遺構の造成以前の九世紀中頃から一〇世紀前葉にかけての時期に比定できる。

こうした遺跡の分布調査と発掘調査の成果によって、平安時代を中心に営まれた山林寺院であることが確実となった。また、その後の出土遺物の時期から大型・小型の基壇状遺構などを含めた平坦面の建物群は一三世紀まで機能していたと考えられる。

三　大谷寺遺跡の出土遺物

大谷寺遺跡では、須恵器・土師器・灰釉陶器・緑釉陶器・陶磁器・越前焼などが出土した（第21図）。特殊品として香炉・六器・転用硯などの仏具、墨・煤付着の土師器・須恵器、墨書土器など、寺院活動を示すものが目立った。

須恵器は蓋・皿・杯・椀が多く、九世紀中頃から一〇世紀前葉に比定できる。杯蓋の天井部に鈕の痕跡が認められるため、九世紀前葉に遡る可能性が高い。また、転用硯、灯心抽痕をもつ器、墨書土器などの遺物は、僧による継続的な寺院活動の痕跡を示すものである。灰釉陶器六点は九世紀中頃から一〇世紀に比定できる。過去に灰釉陶器の浄瓶も採集されている。緑釉陶器は三点出土した。香炉の蓋一点と鈕一点、椀一点。九世紀中頃から一〇世紀にかけての仏具と考えられる。

他に、平安時代の土師器、それを以降の土師器皿が多い。一〇世紀中頃の土師器椀が一定量認められ、土師器の多くはロクロ土師器で底部に糸切り痕を残す。一〇、一一世紀に比定できる。採集資料も含め柱状高台は一二世紀に比定で

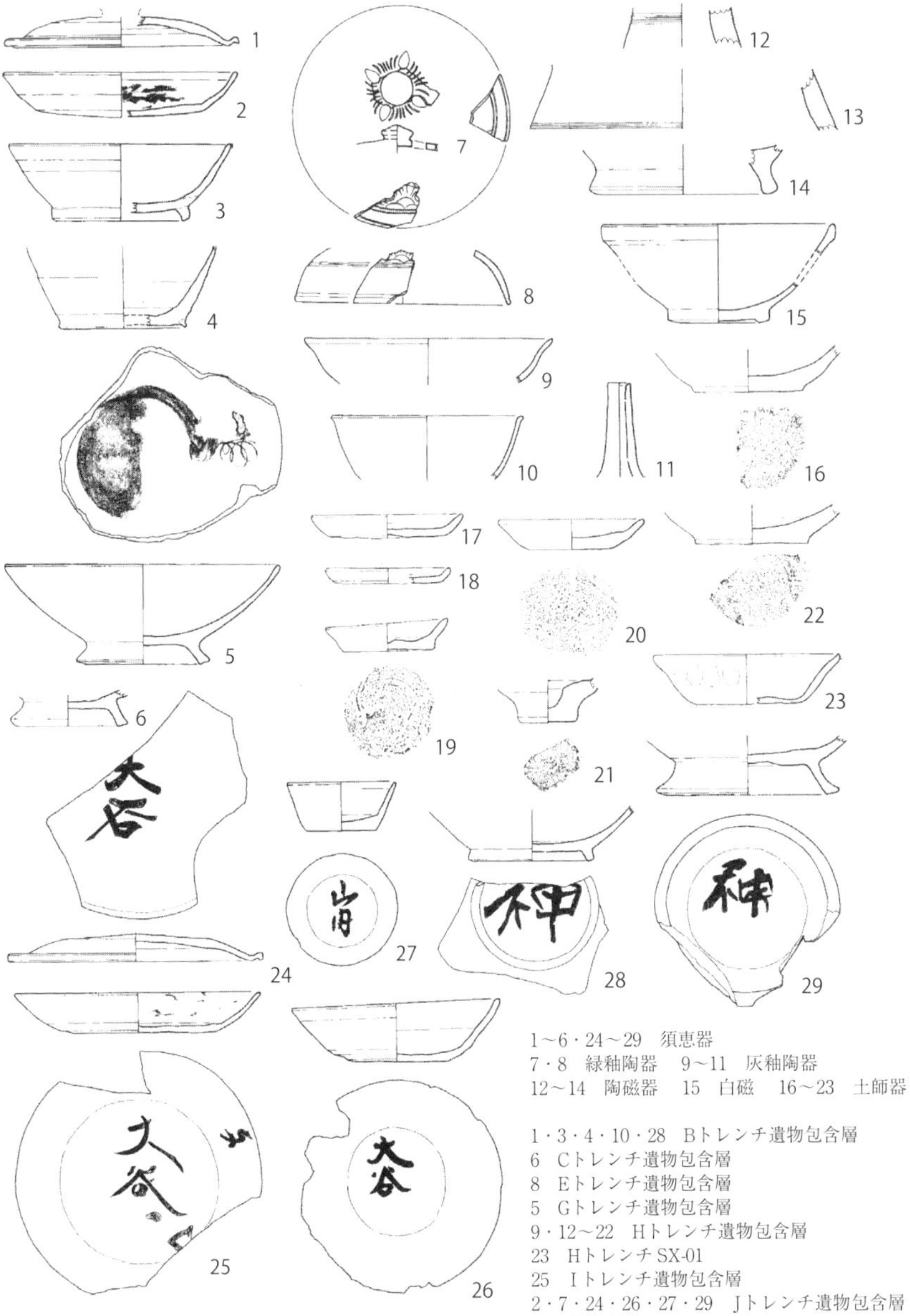

1～6・24～29　須恵器
7・8　緑釉陶器　9～11　灰釉陶器
12～14　陶磁器　15　白磁　16～23　土師器

1・3・4・10・28　Bトレンチ遺物包含層
6　Cトレンチ遺物包含層
8　Eトレンチ遺物包含層
5　Gトレンチ遺物包含層
9・12～22　Hトレンチ遺物包含層
23　HトレンチSX-01
25　Ⅰトレンチ遺物包含層
2・7・24・26・27・29　Jトレンチ遺物包含層
11　採集資料

第21図　大谷寺遺跡出土遺物［縮尺1:5］

きる。手づくねの土師器皿は回転ロクロから手づくねへの過渡期のものが多く、コースター型のものを含め一二、一三世紀に位置づけられる。

古瀬戸の壺は肩部から胴部にかけて沈線による条線が施され、安定した高台がつく。白い肌に薄緑がかった釉薬をもち、古瀬戸Ⅱ期、一三世紀前葉に位置づけられる。浄瓶・水瓶などの仏具の可能性も考えられる。貿易陶磁器の白磁碗も出土した。太宰府編年白磁碗ⅩⅡ類、一一世紀後葉から一二世紀前葉に位置づけられる。いずれも一二、一三世紀におさまる。

遺跡からは大量の遺物が出土したが、越前焼が少ないことにひとつの特徴がある。越前焼が平安時代末期（一二世紀後葉）に成立するため、それを数点しか含まないことは土師器皿・陶磁器の時期とも符合する。山頂に展開する伽藍などの遺構は一三世紀前葉には廃絶し、その中心施設は現在の大谷寺大長院周辺に集約されていき、山頂は白山遥拝の聖地として一部の建物を残すに留まったとみられる。

四　大谷寺遺跡の墨書土器

発掘調査では墨書土器が数多く出土した。判読可能なものは一四点であった。「神」二点、「泰《カ》」一点、「大」二点、「□国」一点、「大谷」の三点、「東」一点、「公我女」一点、「鴨家」一点、「山内」一点、「戌」一点。墨書は須恵器の食膳具に施され、杯蓋は上面、有台椀や無台杯・皿は底面に記載された。

大半の文字が一点に対して「大谷」は数点が確認できる。「大」は「大谷」と推定できる。いずれも九世紀後葉から一〇世紀前葉に位置づけられる。「大谷」は人名か寺名あるいは土地名かはわからないが、その名が平安時代前期に遡ることは間違いない。

「神」は九世紀後葉から一〇世紀前葉にかけての須恵器椀の裏面に書かれた。寺院に付属する神社的な建物が付近にあったのか。大谷寺における神仏習合を示す資料として重要だと考えている。また、『泰澄和尚伝記』を筆記した大谷寺の僧、神興聖人の頃に近づく資料ではある。

「山内」は寺域を示す。須恵器は無台杯であるが、通常と比べて特殊な器形を有する。窯跡や消費地での類例は少なく、仏具として使用された可能性が高い。密教法具の「六器」に形態が類似するため、その代用品として用いられていたのかもしれない。他の出土品をみると、緑釉陶器の香炉は「火舎」、灰釉陶器の浄瓶は「華瓶」の役割を果たしたと考えられる。九世紀中頃から一〇世紀にかけての時期に密教壇供が造られ、山頂で密教修法をおこなっていたのだろうか[16]。

第三節　丹生山地の宗教施設

最後に、丹生山地における宗教施設をみてみたい（第22図）[17]。

大谷寺南一・五キロの地点には下糸生脇遺跡が存在する。遺構は古代墓が検出され、八世紀後半から一〇世紀の須恵器の鉄鉢・黒色土器・灰釉陶器が出土したため、大谷寺に関連した宗教施設と考えられる。天王川右岸に展開する朝日久保遺跡では八、九世紀の須恵器の鉄鉢・灰釉陶器・土師器の鍋が採集された。付近には泰澄開基で、木造正観世音菩薩立像［福井県指定文化財］を本尊とする朝日観音が位置する。天王川左岸の八坂神社前に展開する八坂神社遺跡では、八、九世紀の須恵器の鉄鉢が採集された。八坂神社には木造阿弥陀如来坐像・釈迦如来坐像［国重要文化財］、木造十一面女神坐像［福井県指定文化財］の彫刻が所蔵されており、天王宮に伴う神宮寺である応神寺関係のものとみられる。

丹生山地の北端に位置する福井市の高尾山山頂（標高四一七メートル）の直下には高尾山遺跡が存在する。須恵器の採集により、古代の山林寺院と考えられた。志津川下流の丘陵上（標高五〇メートル）に立地する福井市の明寺山廃寺は、九世紀に盛行した里の山寺である。基壇状建物を中心に掘立柱建物がL字状に配置された。須恵器の鉄鉢・多量の転用硯・墨書土器・瓦塔・水晶小玉が出土し、写経などの寺院活動がうかがえる。廃寺下には七世紀後半から一〇世紀にかけての鐘島遺跡が展開する。有力氏族の集落跡と考えられ、須恵器の鉄鉢から仏堂跡の存在がうかがえる。

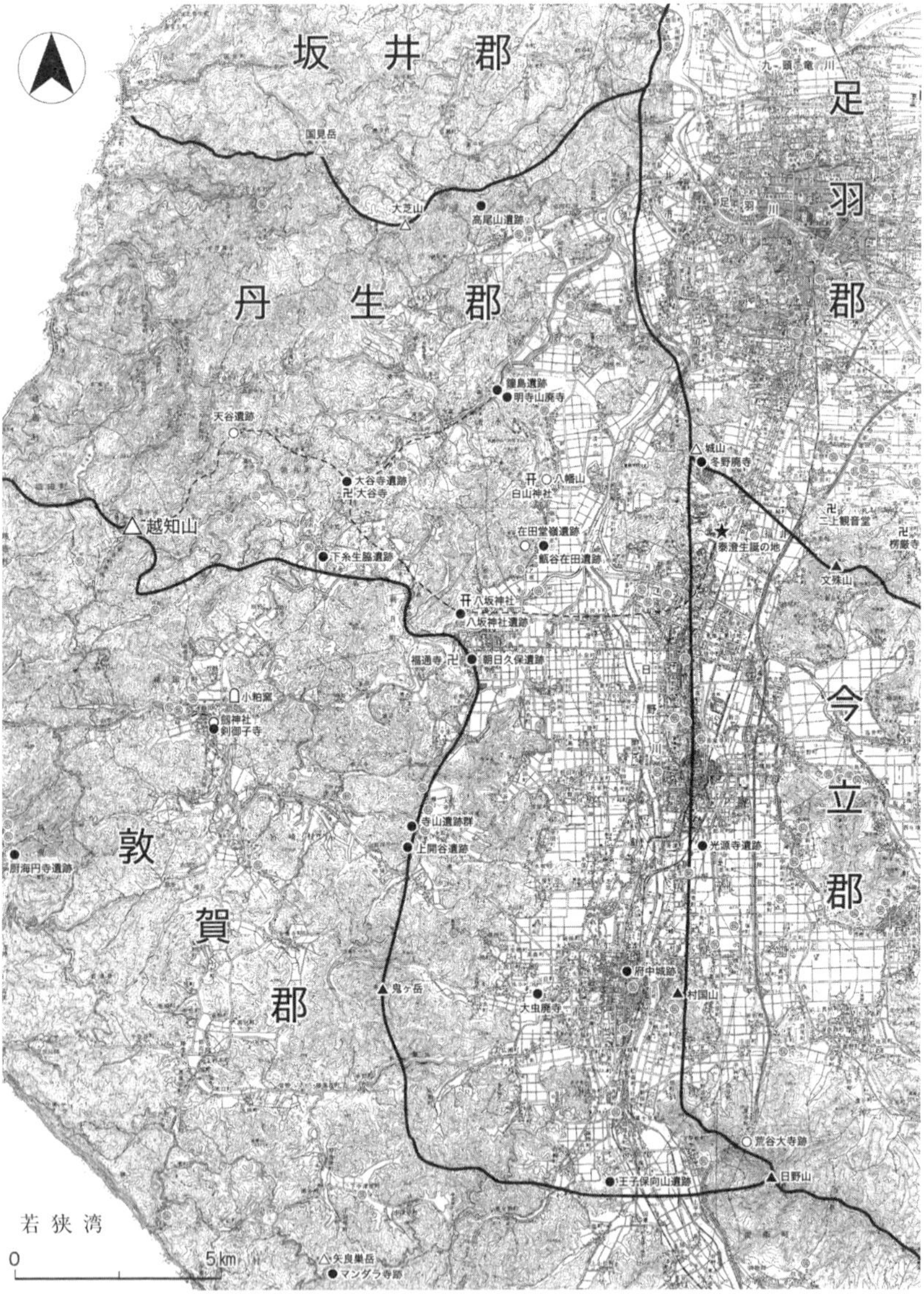

第22図　古代を中心とした越前町周辺の宗教施設（郡境は推定の部分もある）
黒塗りは遺物出土、白抜きは遺物なし、㊓は泰澄伝承

丹生山地の東麓、福井市の甑谷在田遺跡D地点では九世紀の須恵器の鉄鉢・転用硯・墨書土器などが出土した。簡素な仏堂跡が存在し、その裏の乙坂山中腹に展開する在田堂嶺遺跡との関係が考えられる。北側の八幡山山頂では基壇状遺構が残存し、付近の白山神社には平安時代後期の木造聖観音菩薩像・地蔵菩薩立像があり、寺院跡であった可能性が高い。丹生山地中部では越前町の上開谷遺跡・寺山遺跡群が知られる。上開谷遺跡では採集された八、九世紀の須恵器の鉄鉢などから古代の山林寺院とみられる。海岸段丘上には越前町の厨海円寺遺跡が存在し、平安時代の柱状高台土師器・須恵器・灰釉陶器などが出土した。付近には泰澄開基の西徳寺が位置しており、寺院跡であった可能性は高い。

越前二宮・劒神社は越知山に最も近い奈良時代の宗教施設として注目される。神社所蔵の梵鐘［国宝］は「剣御子寺鐘／神護景雲四／年九月十一日」の銘文をもち、劒神社境内に創建された神宮寺の存在を示すことから神仏習合の鐘としても知られる。越前町教育委員会が平成二十二年（二〇一〇）に実施した境内の発掘調査では、剣御子寺の梵鐘の年代（七七〇年）に近い時期の須恵器が出土した[18]。境内近くからは白山が見えることから越知山山頂遺跡や大谷寺遺跡と同様に白山遥拝の寺社として丹生山地では重要な位置を占める。

最後に、日野川を挟んだ西側にそびえる鬼ヶ岳（標高五三二メートル）がある。別名は丹生岳で、かつて山頂には式内社の大虫神社が鎮座していたという。山頂で採集された転用硯などの須恵器は八、九世紀のもので、宗教施設の存在ないしは何らかの祭祀を執りおこなった痕跡とみられる。

丹生山地は古代の坂井郡・丹生郡・敦賀郡からなるが、各郡内の目立つ山あるいは郡境、近くに主要道が通るなど交通の要所に宗教施設は展開しており、これほど集中するのは山林の占める割合が多い本地域の特徴といえる。他にも、日野山・文殊山・吉野ヶ岳など、いわゆる越前五山の山頂などでも八、九世紀の遺物が確認されており、数々の寺院や宗教施設が山麓を取り囲むような状況で、平安時代制作の彫像なども伴う。それこそ標高一〇〇〇メートルを超えない山々（低山）において、八世紀後半から九世紀にかけて山全体でひとつの信仰空間（山内）を形成している。そこでは泰澄開基の伝承をもつことも興味深い事象といえる。

おわりに

越知山と大谷寺遺跡は奈良時代の須恵器の存在や遺跡規模などから、丹生山地における山岳信仰の中心的な位置づけであった可能性が高い。『泰澄和尚伝記』にもとづく開山は七世紀末から八世紀前葉にかけての時期とみられるが、山頂における考古学的な痕跡は八世紀中頃のものが確認できるので、その頃には越知山を中心とした信仰圏が形成されていたとみられる。近年の悉皆調査によると、丹生山地には三〇以上の滝や洞窟などが確認されている。なかでも越前町小川に所在する白瀧洞窟は滝を包含した行場で、内部からは須恵器甕の破片も採集された。『泰澄和尚伝記』に記された坂本岩屋を思わせる風景ではあるが、須恵器の年代を踏まえると奈良時代に活動した山林修行者の存在が想定され、越知山は行場としての開拓が早かったことを示している。

加えて部分的な考古資料を根拠とするが、丹生山地の各麓には天王川下流域の朝日観音・八坂神社・八坂神社遺跡、志津川下流域の鐘島遺跡・明寺山廃寺、越知山南東麓の劔神社・剣御子寺といった拠点的な宗教施設が奈良から平安時代前期にかけて存在していたとみられる。特にこの三か所は平野から丹生山地に向かう主要道の入口部、その拠点寺社と越知山をつなぐ中継地としての性格を有している。これらの拠点寺社から少し山塊に足を踏み入れると、越知山山頂に至るまでは多数の尾根筋でつながり、越前海岸側なども含めるとそのルートは多岐にわたる。越知山の山塊のなかに尾根筋が網目のように広がり、滝や岩場を含めた面的に広がる行場も想定できる。そのいくつかでは考古学的な痕跡が確認されるので、その実態は明らかになりつつある。今後の調査において、より具体像に迫りたいと思う。

注

（1）丹生郡誌編集委員会・芦原慧明ほか『福井県丹生郡誌』丹生郡町村会、一九六〇年。

（2）福井県陶芸館『水野九右衛門コレクション目録Ⅰ』一九九七年。

(3)武藤正典「史跡 越知山山岳信仰跡」『文化財調査報告』第二五集、福井県教育委員会、一九七五年。
(4)堀大介「越知山山頂採集の須恵器について」『越前町織田文化歴史館 館報』第六号、越前町教育委員会、二〇一一年。〔本書第二編附論一〕。
(5)『越知神社文書』は朝日町誌編纂委員会『朝日町誌 資料編二 越知山関係他』朝日町、一九九八年を参考とした。
(6)前掲(1)文献。
(7)国土地理協会『全国遺跡地図一八 福井県』一九八〇年。
(8)福井県教育委員会『福井県道跡地図』一九九三年。
(9)福岡正春「丹生郡朝日町越知山大谷寺遺跡採集の遺物について」『下糸生脇遺跡—一級河川越知川改修・一般県道別所朝日線整備・県営担い手育成基盤整備事業に伴う調査—』福井県教育庁埋蔵文化財調査センター、一九九九年。
(10)堀大介「福井県大谷寺遺跡の成立に関する一考察」『文化史学』第五五号、文化史学会、一九九九年。〔本書第二編第五章〕。
(11)堀大介ほか『朝日町文化財調査報告書Ⅰ』朝日町、二〇〇一年。堀大介「大谷寺遺跡の調査報告」『朝日町文化財調査報告書Ⅱ』朝日町教育委員会、二〇〇一年。
(12)中川あや「伝・越知山大谷寺所蔵の和鏡—洲浜桜花双鳥鏡」『朝日町文化財調査報告書Ⅰ』朝日町、二〇〇一年。
(13)野澤雅人「大谷寺遺跡で採集された土師質土器の報告とその年代観」『あさひシンポジウム二〇〇三記録集 山の信仰を考える—越知山と泰澄を深めるために—』朝日町教育委員会、二〇〇四年。
(14)佐々木志穂「中世大谷寺遺跡の城郭構造」『あさひシンポジウム二〇〇三記録集 山の信仰を考える—越知山と泰澄を深めるために—』朝日町教育委員会、二〇〇四年。
(15)堀大介ほか『朝日山古墳群・佐々生窯跡・大谷寺遺跡 重要遺跡範囲確認調査報告書』越前町教育委員会、二〇〇六年。
(16)奈良国立博物館『特別展「古密教—日本密教の胎動—」目録』二〇〇五年。
(17)堀大介「低山から高山へ—古代白山信仰の成立—」『第一〇回記念 春日井シンポジウム資料集』春日井シンポジウム実行委員会、二〇〇二年。
(18)堀大介「平成二十二年度劔神社境内地遺跡発掘調査報告」『越前町織田文化歴史館 館報』第六号、越前町教育委員会、二〇一一年。

挿図出典

第14図　佐々木英治氏写真提供。
第15図　筆者撮影。
第16図　越前町教育委員会『朝日山古墳群・佐々生窯跡・大谷寺遺跡　重要遺跡範囲確認調査報告書』二〇〇六年の第61・72・95図をもとに作成。
第17図　越前町教育委員会『朝日山古墳群・佐々生窯跡・大谷寺遺跡　重要遺跡範囲確認調査報告書』二〇〇六年の第65・69図より転載。
第18図　越知山大谷寺所蔵、越前町教育委員会写真提供。
第19図　越知山大谷寺所蔵、越前町教育委員会写真提供。
第20図　越前町教育委員会『朝日山古墳群・佐々生窯跡・大谷寺遺跡　重要遺跡範囲確認調査報告書』二〇〇六年の第72図をもとに作成、写真は越前町教育委員会提供。
第21図　越前町教育委員会『朝日山古墳群・佐々生窯跡・大谷寺遺跡　重要遺跡範囲確認調査報告書』二〇〇六年の第86図1・14・24・34・40、第87図53・62、第88図75・83・89・98・100・110・111・120、第89図133・134・138、第90図161・162、第92図185・190・201、第93図205・207・212より転載。
第22図　堀大介「低山から高山へ―古代白山信仰の成立―」『第一〇回記念　春日井シンポジウム資料集』春日井シンポジウム実行委員会、二〇〇二年の図4より転載。

附論一　越知山山頂付近採集の須恵器について

はじめに

平成二十二年（二〇一〇）十月十六日、山本昭治（福井県文化財保護指導委員）による採集資料の提供を受け、越前町教育委員会は平成二十二年（二〇一〇）十月十七日・十九日・二十七日の三回にわたり、福井県丹生郡越前町大谷寺にある越知山（標高六一二・八メートル）山頂付近の分布調査を実施した。(1) 採集遺物は須恵器・土師器・越前焼・陶磁器・磁器など一一点を数えた。遺物の検討をおこなうと、採集遺物である須恵器の一点が奈良時代のものである可能性が高くなった。本稿では本越知山山頂付近で採集された須恵器（以下、採集須恵器）の概要について報告をおこなう。

一　採集場所

遺物の採集場所は越知山山頂の殿池から駐車場下までの間に流れる川沿いである。詳しく述べると、社務所下の平坦地には殿池と呼ばれる池があり、そこから谷間にむかって小さな川が流れるが、遺物は川沿いに散布し地表に露出した状態で発見された。もとは山頂近くにあった遺物が長年の風雨や地形の崩れなどで転落し、流れ出したものと考えられる。

二　採集遺物

採集遺物は一一点を数える。内訳は須恵器一点・土師器四点・陶器二点・陶磁器一点・磁器三点である。須恵器と越前焼を除けば江戸・明治時代以降のものである。陶器の二点は越前焼で、一三世紀頃の片口鉢の口縁部と近世の越前焼甕の一部であった。ここでは須恵器の詳細について述べる。

須恵器は甕の頸部から肩部にかけての部位である（第23図）。残存幅五・六センチ×縦八・五センチ、厚さ〇・七〜一・一センチをはかる。破片であったが、頸部の径で図上復元を試みると、頸部径二五・二センチ、残存高三・八センチ、最大径三五・五センチをはかる。外面は縦方向のタタキ調整と横方向のカキメ調整、内面は同心円文のタタキ調整と横方向のカキメ調整を施す。色調は内外面ともに灰色を呈し、胎土は緻密である。目立った含有物は少なく、表面には白色粒子と黒色粒子が認められる。特に、黒色粒子は粘土に含まれた鉄分などの微粒が溶けたものとみられる。また、頸部から肩部にかけて薄緑色を呈したガラス質の自然釉が付着するので、比較的高温で焼成されたことがうかがえる。

三　須恵器の年代

採集須恵器は口縁部の欠損した甕の頸部から肩部にかけての破片であるが、本来ならば正確な時期比定は難しい。しかし、胎土に黒色粒子を含むなど越前町に展開する丹生窯跡に特徴的な様相が認められるので、これらの資料との比較検討が必要である。

丹生窯跡は福井県最大規模の須恵器窯跡で、六一基以上からなり、東西約六キロ、南北約一三キロの範囲に分布している[2]。主に鎌坂支群・佐々生支群・樫津支群・小曽原支群の四支群に分かれ、操業時期は八世紀前葉から一〇世紀前葉にかけてで、鎌坂支群→佐々生支群→樫津支群→小曽原支群という時期的な変遷が追える。

これまで採集資料の紹介や発掘調査報告がなされた窯跡は多く、鎌坂支群では小粕1・2号窯

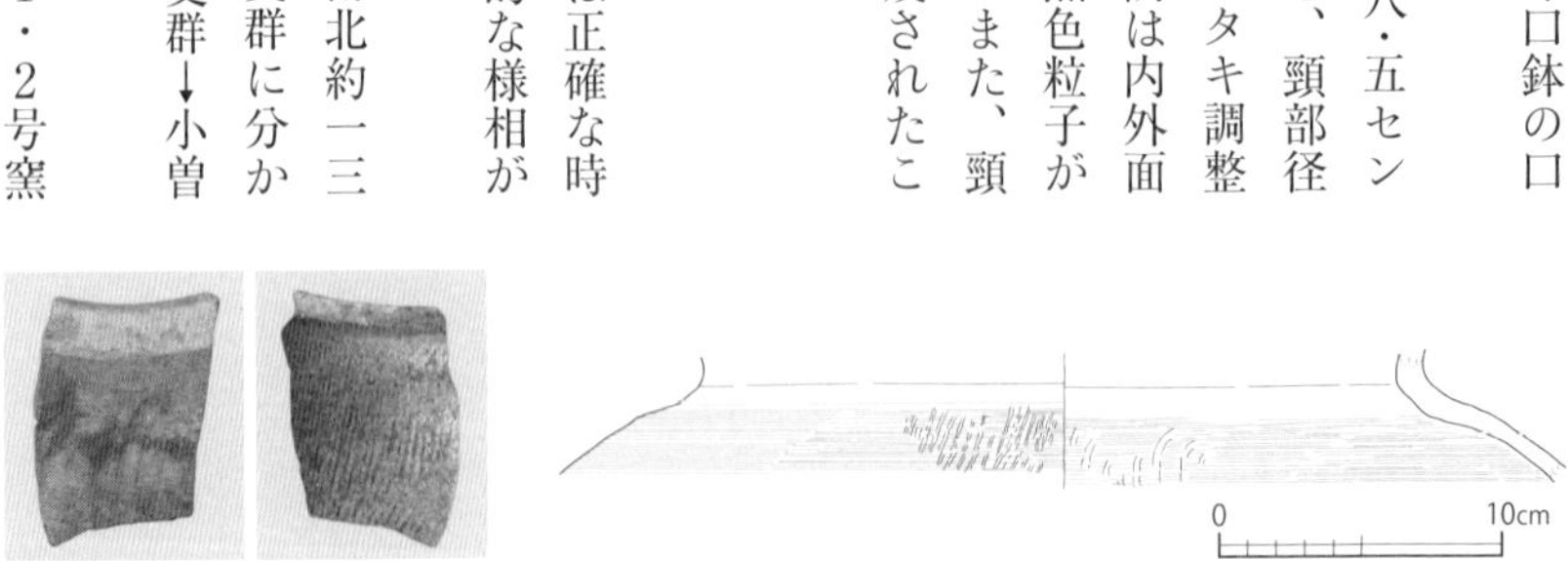

第23図　越知山山頂付近採集の須恵器［縮尺1:5、写真は縮尺不同］

跡、佐々生支群では佐々生1・2号窯跡、樫津支群では樫津1・3・4・5・14号窯跡、舟津1号窯跡、八田新保1号窯跡、小曽原支群では神明ヶ谷窯跡、上長佐1・2号窯跡、鉢伏1～3号窯跡、金刀比羅山宮登り口窯跡などがあげられる。(3) これらの資料にもとづけば破片でも窯場の特定と時期比定は可能である。

それでは、採集須恵器に特徴的な色調・胎土や自然釉を中心に他の窯跡のものと比較する。まず鎌坂支群の小粕窯跡（八世紀前葉）の須恵器は色調や胎土など全体の風合いは明らかに異なるので、本窯跡産のものではない。小曽原支群の窯跡群（九、一〇世紀）の須恵器を観察すると、焼成温度のせいかガラス質の自然釉が付着することは少なく、胎土は荒く色調も濃い青灰色を呈し、全体的に粗野なつくりである。つまり、採集須恵器は八世紀前葉、九から一〇世紀前葉にかけての製品であった可能性は低いだろう。

これらに比べると、採集須恵器はガラス質の薄緑色を呈する自然釉が付着するだけでなく、全体的に堅緻で、しっかりとしたつくりをしている。類例を探すと、佐々生支群（八世紀中頃）・樫津支群（八世紀後半）で生産された須恵器に色調や胎土、自然釉の風合いが似る。その点から八世紀中頃から後半に位置づけることは可能だが、あえて窯を特定すれば佐々生支群の佐々生1・2号窯跡と灰原資料、樫津支群の樫津1号窯跡とみられる。したがって、これらの窯で焼かれた可能性が高く、八世紀中頃と時期が限定できるものと考えている

おわりに

八世紀中頃の丹生窯跡の須恵器が越知山山頂付近から採集されたことは意義深い。越知山といえば泰澄による開山伝承が知られる。『福井県丹生郡誌』によると、越知山山頂では明治年間には室町時代の瓦経、昭和年間には平安時代の大甕が出土したといい、(4) 他にも一三世紀の越前焼の経容器も採集されている。しかし、これらは平安時代以降で、奈良時代に遡るものではない。

採集須恵器の時期を越前国の須恵器編年と暦年代をもとに、より限定すれば西暦七四〇～七六〇年頃とみられる。(5) 泰

澄の事蹟を記した『泰澄和尚伝記』によると、泰澄が天平宝字二年（七五八）に、白山から越知山に蟄居した時期に近い。奈良の都では聖武天皇による国分寺造立の詔（七四一年）や大仏造立の詔（七四三年）の頃で、越前町における考古学の動向でいえば、佐々生窯跡において須恵器鉄鉢などの仏具が大量に生産され、越前国の宗教施設などに供給していた時期である。(6)

また、これまで泰澄が開いたとの伝承をもつ山々の山頂を踏査すると、須恵器が採集されることは多かった。(7) 時期なものの上限は文殊山が八世紀後半、白山が九世紀中頃、吉野ヶ岳が九世紀であり、越前五山などの信仰の山では奈良時代後半から平安時代前期にかけての時期が主体であった。一方、越知山については『福井県丹生郡誌』の成果にとどまり、考古資料にもとづく開山時期などは不透明な部分があった。そういう意味において山頂付近で須恵器が出土したことは、越知山山岳信仰を解明するうえでの重要な成果のひとつとなるだろう。

採集須恵器は一点のみの発見であり、それが泰澄の活動と直接結び付くか否かは今後の課題といえるが、ひとつ言えるのは誰かが八世紀中頃に越知山に登り、須恵器を何かに使用したということである。古くから山は神聖な地との認識があるので、山頂付近で須恵器を残したとすれば、それは山頂で祭祀や儀式をおこなった限られた人物で、あるいは低山で活動していた山林修行僧であった可能性も指摘できる。採集須恵器は甕という性格上、水の確保のため据え置くことが前提であれば、越知山頂上付近に滞在できるような施設が存在したことも考えられるだろう。

注

（1）越知山山頂付近は「越知山山岳信仰跡」として昭和四十八年五月一日に福井県の史跡に指定された。史跡については、武藤正典「史跡 越知山山岳信仰跡」『文化財調査報告』第二五集、福井県教育委員会、一九七五年、越知山および大谷寺の史料に関しては、朝日町誌編纂委員会『朝日町誌 資料編二 越知山関係他』朝日町、一九九八年などに詳しい。

（2）田中照久「丹生古窯跡群」『シンポジウム 北陸の古代土器研究の現状と課題』資料編、石川県考古学研究会・北陸古代土器研究会、一九八八年。
（3）堀大介「越前町の須恵器生産と展開」『越前町織田史（古代・中世編）』越前町教育委員会、二〇〇六年。
（4）丹生郡誌編集委員会・芦原慧明ほか『福井県丹生郡誌』丹生郡町村会、一九六〇年。
（5）堀大介「古代須恵器編年と暦年代―越前・加賀を中心に―」『あさひシンポジウム二〇〇三記録集 山の信仰を考える―越知山と泰澄を深めるために―』朝日町教育委員会、二〇〇四年。
（6）堀大介ほか『朝日山古墳群・佐々生窯跡・大谷寺遺跡 重要遺跡範囲確認調査報告書』越前町教育委員会、二〇〇六年。
（7）堀大介「低山から高山へ―古代白山信仰の成立―」『第一〇回記念 春日井シンポジウム資料集』春日井シンポジウム実行委員会、二〇〇二年。同「泰澄がみた風景」『シンポジウム（山と地域文化を考える）資料集』第二〇回国民文化祭越前町実行委員会、二〇〇五年。同「泰澄と丹生の山林寺院」『越前町織田史（古代・中世編）』越前町教育委員会、二〇〇六年。

挿図出典

第23図　筆者による図化・トレース。越前町教育委員会写真提供。

附論二　越知山山頂採集の須恵器について

はじめに

越前町の越知山山頂付近で採集された須恵器は平成二十二年（二〇一〇）発見のものが知られていたが[1]、平成二十九年度に越前町織田文化歴史館で開催される企画展覧会の準備調査時に、越知山山頂で採集された須恵器の存在を越知神社の大谷義鷹宮司を通じて知った[2]（第24・25図）。山頂付近あるいは山頂で発見された須恵器は二点目となるので、その重要性を考え幾度か実物を観察したが、器種の特定には至らなかった。それから実測をおこない、類例を調べていくなかで平瓶の可能性を考えるようになった。本稿では採集須恵器の分析をおこない、福井県内出土の事例との比較のなかで器種と時期を特定し、さらには山頂で発見された須恵器の意味について若干の考察をおこなう。

一　採集場所

平成二十二年（二〇一〇）の採集須恵器は殿池から駐車場下までの間に流れる川沿いでの発見で、もとは越知神社付近にあった遺物が長年の風雨や地形の崩れなどで転落し流れ出したものと考えたが、厳密にいえば越知山山頂で確認されたものではなかった[3]。今回報告する須恵器の採集場所は、越知山山頂（標高六一二・八メートル）に鎮座する奥院へ参拝する石段と、臥行者旧跡へ降りる石段の中間付近の踊り場からであった。踊り場は小規模な平坦面で、東側には臥行者旧跡が展開し白山が遥拝できる絶景の場所に位置している。木の根の下からの出土で、口頸部全体が完全に露出した状態であったが、山頂付近から流れ出したのか、その場に意図的に埋められたものが経年で露出したのかはわからない。後者であれば山頂から少し東側に位置するので、大谷寺遺跡や白山の方を意識し埋納がおこなわれたことも考えられる。

二　須恵器の観察

須恵器は口頸部だけが完形のものである。壺ないしは瓶などの器種で、小型品である（第26図）。外反しながら伸びる口頸部は、端部を軽く摘まむようにわずかに拡張させ、幅六ミリの面をもつ端部は外傾し、わずかな窪みが認めら

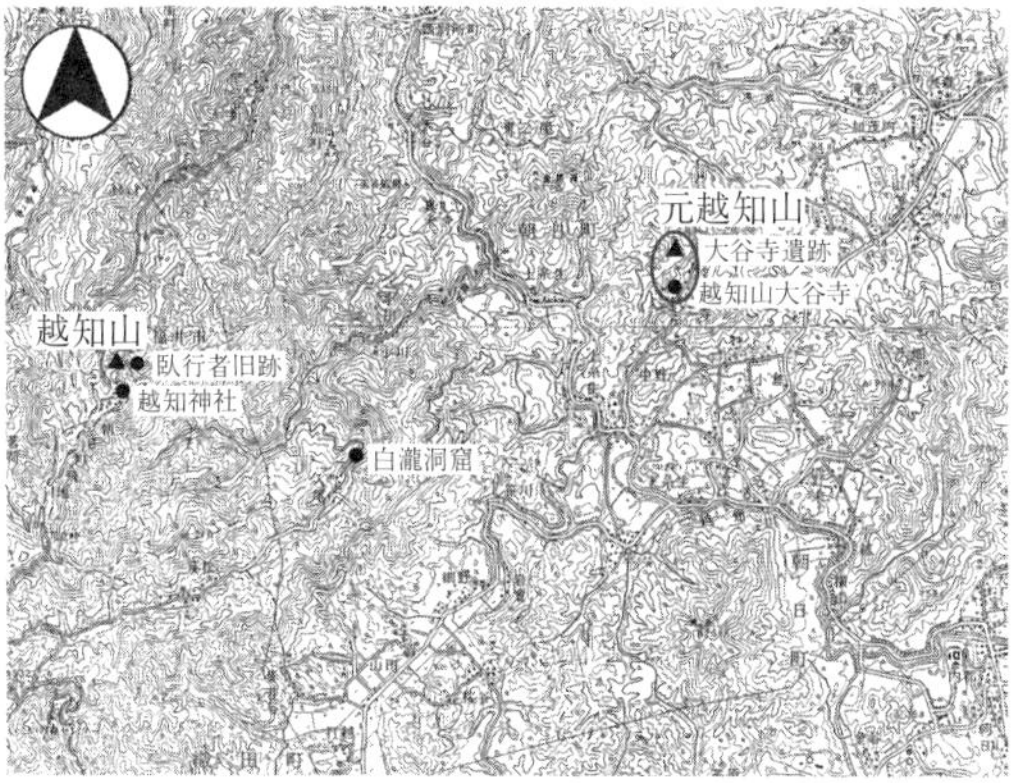

第24図　越知山と大谷寺遺跡［縮尺 1:50,000］

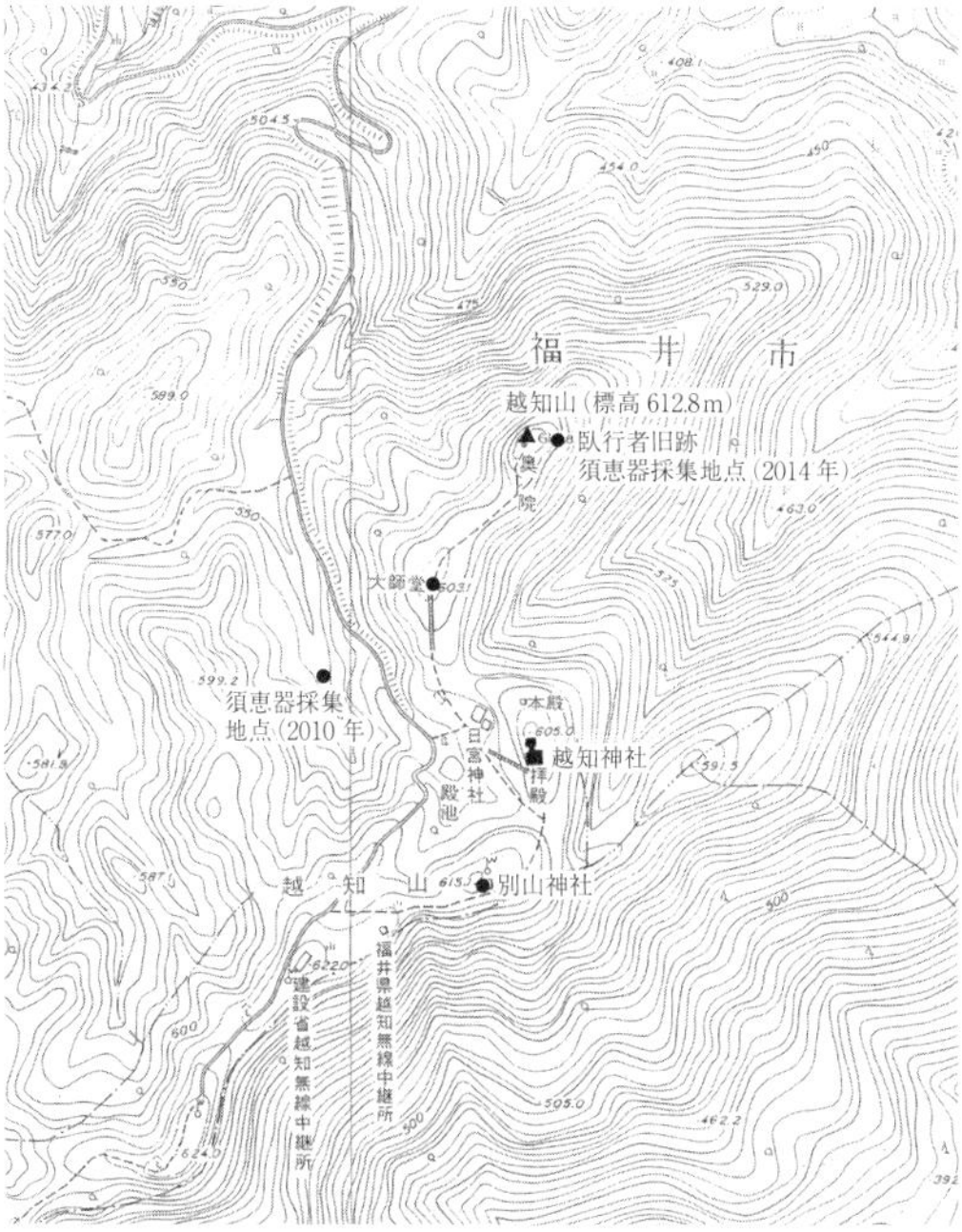

第25図　越知山山頂付近と須恵器採集地点
［縮尺 1:10,000］

れる。器壁は四ミリ程で、接合部付近は厚みがある。口径は四・八センチ、残存高は三・〇センチ、頸部は最細の部分で二・六センチ、頸部内径は一・〇センチをはかる。胴部から剥離した痕跡があり、外面には押捺が明瞭に認められるので、口頸部と胴部との接点を粘土で覆い固定したとみられる。頸部には横二・五センチ、縦五ミリ程度をはかる長方形を呈した剝落のない面が一方向につく。内外面ともに回転ナデ調整を施す。焼成は良好で、部分的に降灰が認められる。色調は内外面ともに暗灰色を呈し、胎土は緻密である。目立った含有物は少なく、直径一ミリ以内の白色粒子を含む。丹生窯跡の須恵器に特徴的な黒色粒子は顕著ではない。

三　器種の特定

部分的な資料であるため、須恵器の器種と時期が問題となる。頸部には横二・五センチ、縦五ミリの剝落のない面が

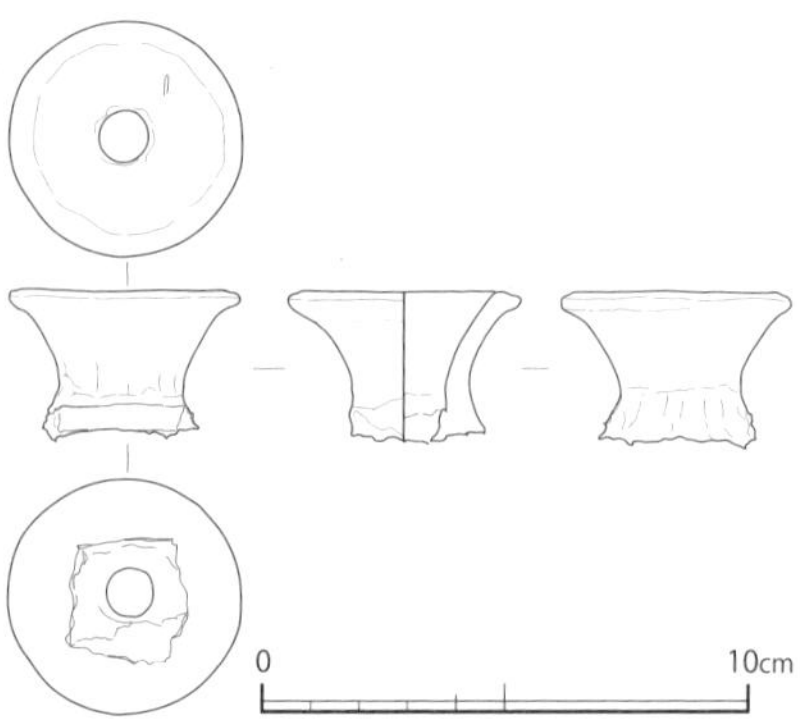

第26図　越知山山頂採集の須恵器［縮尺 1:3］

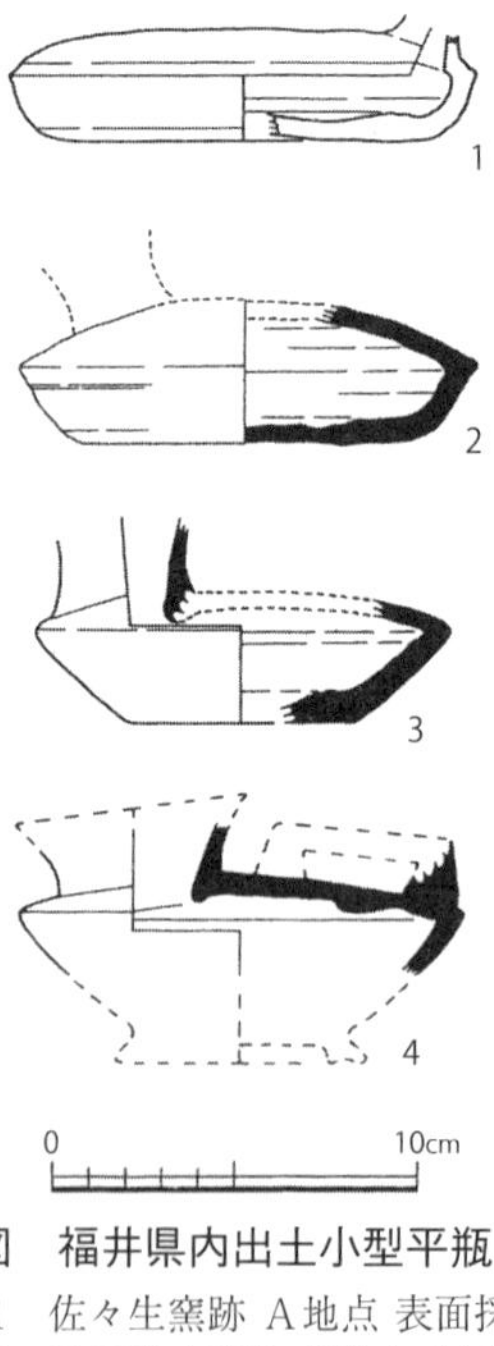

第27図　福井県内出土小型平瓶［縮尺 1:4］
1　佐々生窯跡 A地点 表面採集資料
2　天王前山遺跡 遺物包含層
3　太田・小矢戸遺跡 遺物包含層
4　今市岩畑遺跡 SK677

一方向につき、他の三方向は押捺と剝離の痕跡が明瞭である。欠落のない面が一か所だけ形成されることは、口頸部に対して胴部が均等に展開する小型の壺や、俵形の上面中央に口頸部を付ける横瓶などの類いではない。瓶であれば口頸部が胴部の端に接合されることで、剝落のない細長い面が形成されたとすれば平瓶であった可能性が高い。(4)

福井県内の事例をみると、小型の平瓶は少ない。越前町の佐々生窯跡Ａ地点、同町の天王前山遺跡遺物包含層、大野市の太田・小矢戸遺跡遺物包含層、今市岩畑遺跡ＳＫ677出土のものを取り上げたが、(5)いずれも口縁部が欠損しており、越知山のものと直接比較することは難しい（第27図）。なかでも太田・小矢戸と今市岩畑の平瓶は胴部に対して口頸径が大きく、全体的な形態が酷似するのは佐々生窯跡のものである。口頸部は欠損するが、頸部径は三センチ程度で、頸部で同じ三センチをはかる越知山のものと似た規格である。佐々生窯跡のものの胴部は最大径が直径一一センチ、高さ二・八センチをはかる円盤状となるので、越知山のものが平瓶であれば同じような胴部が付属したとみられる。ちなみに、天王前山遺跡のものは胴部最大径一二・四センチをはかり、佐々生窯跡と同規格であるが、器高三・七センチと少しが高い。

四　平瓶の時期

太田・小矢戸遺跡と天王前山遺跡のものは遺物包含層出土で、時期比定は難しい。佐々生窯跡のものは溜池南のＡ地点の採集資料であるが、その上には１・２号窯跡が造られ窯体も遺存するので、これらに伴う灰原資料とみられる。平成十五、十六年（二〇〇三、四）に窯体や灰原の試掘調査を実施しており、八世紀中頃（八期）に時期が限定できる。(6)そのため佐々生窯跡の平瓶に関しては当該期に比定できる。また、今市岩畑遺跡ＳＫ677は土坑からの一括資料であり、共伴遺物に有鈕杯蓋・有台杯・無台杯・甕などの須恵器一三点がある。有鈕杯蓋の四点、有台杯の三点、無台杯の四点は全体の形態が判明する資料で、八世紀前葉（六期）に比定できる。類例は少ないが、これらの資料から越知山の平瓶は八世紀前半から中頃にかけての時期に位置づけておく。

五　若干の考察

越知山山頂採集の須恵器が平瓶であれば、山頂で出土したことの意味は何か。平成二十二年（二〇一〇）に採集された須恵器の甕は水溜などの日常品としての用途を想定したが、平瓶ならば祭祀的なもので、小型品ということを踏まえると非日常的な容器ともとれる。破片であるので内容物までは特定できないが、泰澄伝承をもつ信仰の山の山頂で平瓶が出土するのは、山の神、広くは地の神を祀るために何らかの品を地中に埋める行為ととらえられないか。そこで、平瓶を用いた地鎮遺構の事例を取り上げる。

藤原宮大極殿院南門にとりつく回廊に埋納されたSX10713という遺構では、銅銭と水晶を入れた平瓶が埋納されていた（第28図[7]）。平城京などの出土例から地鎮遺構と判断され、外容器として用いられた平瓶などは地鎮具とみられている。平瓶は復元口径九・九センチ、頸部外径五・〇センチ、体部最大径二〇・二センチ、現存高一三・六センチ、復元高一四・七センチをはかる。遺構内からは同一個体の口縁部破片が出土し、埋納時に口縁を打ち割った可能性が高い。時期は七世紀後半から末に比定される。頸部内径が一・九センチと極端に狭く、直径二・四センチをはかる銅銭は平瓶の内部には入らないことから、こうした類の平瓶を意図的に祭祀に用いた可能性が指摘されている。

平瓶には九点の水晶が納められており、口縁部から内部へ落とし込まれた状態であった。長さ二・一～四・一センチ、太さ一・〇センチ前後の六角柱状の透明水晶の原石で、すべて根元から折り取られ採取後の加工は施されていない。水晶は地鎮の供養の作法を記した『陀羅尼集経』が記す七宝のひとつで、大宰府政庁の南門・中門の地鎮遺構に出土例

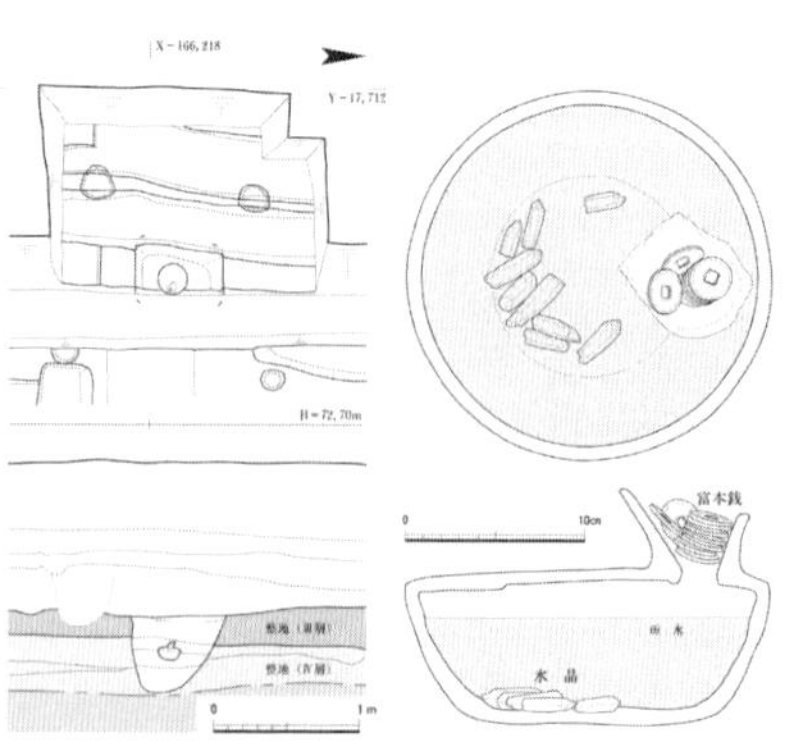

第28図　SX10713平面・断面図と出土地鎮具
［左 縮尺1:100　右 縮尺1:8］

があるという。平瓶の口縁に詰められていた銅銭はすべて富本銭で、飛鳥池遺跡の出土品とは異なるタイプのものであった。

地鎮に関する文献上の初見は『日本書紀』持統天皇五年（六九一）十月二十七日（甲子）条にある「使者を遣して新益京を鎮め祭らしむ」の記事で、翌年六年（六九二）五月二十三日（丁亥）条には「浄広肆難波王等を遣して、藤原宮地を鎮め祭らしむ」とある。これらは藤原宮の地鎮祭の記事で、大極殿院南門出土の地鎮遺構と年代的に近接し、宮城内から発見された最古の地鎮遺構として、また律令国家が直接執りおこなった地鎮供養の実態を知るうえで貴重な発見とみられている。

平瓶を用いた地鎮具と遺構の存在は藤原宮殿の中枢部からの出土であったが、ＳＸ10723遺構は上部が削平され、南面回廊の基壇築成土との関係は明らかでなく、その位置も大極殿院の中軸線や回廊の柱筋などと一致せず、地鎮の対象は特定できていない。大極殿院南門・大極殿院回廊・大極殿院全域・藤原宮地全体のいずれを対象とした地鎮供養か、今後慎重な検討が必要という。いずれにせよ平瓶を用いた地鎮遺構の事例であるので、越知山山頂で平瓶が出土した意味を考えるうえで注目される。

おわりに

泰澄和尚による開山伝承が知られる越知山山頂から須恵器が採集されたことの意義は大きい。これまでは八世紀中頃の須恵器甕が確認されていたが、今回で二例目となる須恵器は平瓶と特定し、八世紀前半から中頃にかけての時期に比定した。破片であるのでそれ以上の言及は控えるが、平瓶であれば内容物を入れたことが想定でき、もし埋納されたとすれば地鎮めの意味合いで、地鎮具の埋納であったともとらえられる。採集地点は越知山山頂から東側の少し下ったところで、正面には白山を遥拝できる絶好の場所に位置している。須恵器がその場で意図的に埋納されたとすれば、白山神に対する祭祀行為の痕跡ともとれるかもしれない。

注

（1）堀大介「越知山山頂採集の須恵器について」『越前町織田文化歴史館 館報』第六号、越前町教育委員会、二〇一一年。〔本書第二編附論二〕。

（2）須恵器は水野和雄氏が平成二十六年（二〇一四）九月十七日に発見した。採集した詳しい地点は奥院に向かって登る石段の一番下にある擬宝珠状の石柱から一・五メートル、左石柱から三・六五メートルの交点にある木の根の下で、口頸部を上にした状態であった。越知山山頂の社殿基礎より約一・〇メートル下に位置する。山頂が標高六一二・八メートルであるので、採集場所は標高約六一一・八メートルをはかる。

（3）堀大介ほか『朝日町文化財調査報告書Ⅰ』朝日町、二〇〇一年。鈴木篤英ほか『天王前山古墳群』福井県教育庁埋蔵文化財調査センター、二〇一五年。田中勝之ほか『太田・小矢戸遺跡』福井県教育庁埋蔵文化財調査センター、二〇一五年。赤澤徳明ほか『今市岩畑遺跡（本文編）』福井県教育庁埋蔵文化財調査センター、一九九八年。

（4）石川県羽咋郡宝達志水町に所在する宿向山遺跡の出土事例から、須恵器の多口瓶の一部であった可能性も指摘できるが、ここでは平瓶として考えた。宮下栄仁ほか『宿向山遺跡』石川県立埋蔵文化財センター、一九八七年。

（5）堀大介ほか『朝日山古墳群・佐々生窯跡・大谷寺遺跡 重要遺跡範囲確認調査報告書』越前町教育委員会、二〇〇六年。

（6）堀大介「古代須恵器編年と暦年代―越前・加賀を中心に―」『あさひシンポジウム二〇〇三記録集 山の信仰を考える―越知山と泰澄を深めるために―』朝日町教育委員会、二〇〇四年。

（7）高田貫太・青木敬・豊島直博・箱崎和久・松村恵司「Ⅱ 飛鳥・藤原宮跡等の調査概要 一 藤原宮の調査第148次」『奈良文化財研究所 紀要二〇〇八』奈良文化財研究所、二〇〇八年。

挿図出典

第24図　国土地理院の五〇〇〇〇分の一「福井」「鯖江」の地形図をもとに作成。

第25図　福井県朝日町二五〇〇分の一地形図Ⅵ-KE00-2をもとに作成。

第26図　筆者による図化・トレース。

第27図　1は朝日町『朝日町文化財調査報告書Ⅰ』二〇〇一年の第41図100、2は福井県教育庁埋蔵文化財調査センター『天王前山古墳群』二〇一五年の第30図230、3は同『太田・小矢戸遺跡』二〇一五年の第21図114、4は同『今市岩畑遺跡（本文編）』一九九八年の第215図21より転載。

第28図　奈良文化財研究所『奈良文化財研究所紀要二〇〇八』二〇〇八年の第71・75図より転載。

第三編　古代白山信仰の成立と展開

第七章　越知山・白山一体観の信仰に関する一考察

はじめに

泰澄の事蹟を記した『泰澄和尚伝記』（以下、『伝記』と略する）によると、養老元年（七一七）の泰澄による越知山（低山）から白山（高山）への行場移動が示されたが、現状ではそれを証する考古資料は認められない。低山から高山への移動の考古学的な画期は九世紀中頃で、僧侶による呪験力の獲得を目指した行場の拡大の結果とし、こうした状況が『伝記』にある泰澄の事蹟へ反映したものととらえた(1)。白山開山一三〇〇年記念を契機に『伝記』の記述内容や文言を検討し、時期的な上限を押さえ、原伝の成立を本文末尾・奥書にある一〇世紀とし、その完成に至るまで三段階の付加を想定した(2)。その根拠のひとつとしたのが越前町の大谷寺遺跡と福井市の明寺山廃寺の研究成果であり、平成二十五年度の越前町織田文化歴史館開催の企画展覧会時に両遺跡での神祀りの可能性について触れ(3)、平成二十九年度の企画展覧会時に越知山・白山を結んだ線上に山林寺院が配列されることを確認した(4)。

本稿では、奈良・平安時代前期を対象とし、越知山・白山を一体ととらえる視点に立ち、両山出土の遺物、両山を結んだ直線上に営まれた山林寺院の遺構・遺物、遺跡間の関係性を中心に検討し、こうした考古学的に検証される事象が『伝記』原伝の成立時に内容も含め影響していたことを明らかにしたい。

第一節　事例の検討

一　越知山山頂遺跡と白山山頂遺跡

越知山は標高六一二・八メートルをはかり、対象となる時期の遺物は山頂とその付近で確認された。山本昭治が山頂付近で採集した越前町教育委員会所蔵の須恵器一点[5]、水野和雄が山頂で発見した越知神社所蔵の須恵器一点[6]である。前者は甕の頸部で、その胎土や焼成の具合から越前町の佐々生窯産（八世紀中頃）に比定し貯蔵具としての使用を考えた。後者は小型の口縁部で、他の類例との比較から平瓶（八世紀）と特定し地鎮などで使用した祭祀具と考えた。なお県内では、永平寺町の浄法寺山山頂出土の赤彩した土師器杯にガラス製首飾りを入れ、同じような杯四点で蓋をし埋納した事例、坂井市の火燈山山頂出土の煤付着の須恵器を埋納した事例があるので[7]、意図的な埋納とみれば越知山は奈良時代に宗教性を有し、山の信仰に関わる人物が祭祀を執りおこなった可能性が高い。

白山は標高二七〇二メートルをはかり、対象となる時期の遺物は御前峰遺跡と白山室堂遺跡で確認された。国学院大学考古資料館白山山頂学術調査団が昭和六十一、二年[8]（一九八六、八七）、白山市教育委員会が平成十九、二十年（二〇〇七、八）に調査を実施し[9]、須恵器は御前峰遺跡の一一点、白山室堂遺跡の一点である。椀・瓶の破片が多いなか、糸切り痕をもつ底部は鉄鉢、瓶は浄瓶とみれば仏具、壺の蓋は透かしのある類似品との比較から祭祀具とみられる。いずれも九世紀後半から一〇世紀前葉にかけての時期で、誰かがその頃に登頂し山頂で祭祀を執りおこなった可能性が高い。

このように越知山では八世紀、白山では九世紀後半の遺物があり、他にも白山に至る標高一〇〇〇メートル前後の高山の山頂、山麓にある拠点寺院（豊原寺跡・平泉寺跡）では九世紀の須恵器が確認されている[10]。『白山之記』には白山三方の馬場が天長九年（八三二）に開かれ参詣が始まったとあり、九世紀後葉には宗叡・賢一の二僧による入山記録が認められる。低山から高山への移動は考古資料と文献史料の時期の一致から九世紀中頃が画期で、それ以降には僧をはじめとする人々が盛んに白山に登り、その山麓や山頂、白山に至る山々の山頂に遺物を残す祭祀や埋納をおこなうようになった。

二　大谷寺遺跡の事例

直線の最西に位置するのが大谷寺遺跡で、福井県丹生郡越前町大谷寺に所在する。越知山からは直線距離で五・三キロをはかり、金毘羅山から南東方向にのびる尾根上に立地する。越知山・白山の両方を遥拝できる地で、泰澄による白山への行場移動が語られる景観的要因がある。遺跡は標高二〇〇メートルの元越知山山頂に展開する大規模な平坦面に営まれた。同志社大学の学生による再発見がきっかけとなり、詳細な分布調査によって山林寺院の可能性が高くなった。[11]

その後、朝日町・越前町教育委員会が平成十四から十七年にかけて発掘調査を実施した結果、大型と小型の基壇状遺構・基壇を囲む溝・参道跡・門跡などが確認された。[12]大型の基壇状遺構は裾部で長軸二五・一メートル、短軸一六・〇メートルをはかり、礎石や礎石が抜き取られた遺構（ＳＸ01・02）の存在から上部には礎石建物が建ち、他の遺構との配置から南面する本堂とみられる。出土遺物から九世紀中頃から一三世紀初頭まで機能したと考えられる。

出土遺物は須恵器の蓋・皿・杯・椀が多く、九世紀中頃から一〇世紀前葉に比定できる。天井部に鈕の痕跡がある杯蓋は九世紀前葉に遡る可能性が高い。須恵器には文字墨書をもつもの・墨の付着した転用硯・灯心油痕のある杯・皿、筆ならしをした椀があり、写経など僧による継続的な寺院活動の痕跡がうかがえる。緑釉陶器の香炉や須恵器・灰釉陶器の浄瓶、須恵器の小型無台杯などは仏具であり、それぞれ香炉・華瓶・六器とみれば密教修法など仏事での使用が考えられる。

平坦面の北東端には小型の基壇状遺構がある。裾部で南北一三・二メートル以上、東西一四・七メートルをはかる。掘立柱か礎石建物かは特定できなかったが、上部は八・五メートル四方の小型建物が想定できる。付近からは九、一〇世紀の須恵器が多く出土し、須恵器椀の底部に記された「神」墨書土器二点から神祀りをおこなう神社遺構と考えた。[13]白山の正面にあたり遥拝の最良地にあるので、平坦面北東の一角で「神」の器を用いた白山神に対する祭祀がおこなわれた可能性が高い。

他に、須恵器杯・皿の底面に記された「大谷」墨書土器があり、九、一〇世紀に比定できる。『伝記』によると泰澄の蟄居・入定した地が「大谷仙崛」であり、奥書には原伝を記した神興聖人は大谷精舎の根本人とあるので、その内容の信憑性の高さを示している。のちほど触れるが、須恵器の無台杯の底面に記された「山内」墨書土器は越知山内を意味し、大谷寺を中心とした越知山の信仰圏を示すもので、文字の再検証により明らかとなった須恵器杯の底面に記された「鴨家」墨書土器は、丹生郡の郡領層の居住地とみられる鐘島遺跡との関係性を探るうえで重要な発見となった。(14)

三　明寺山廃寺・鐘島遺跡の事例

明寺山廃寺は福井県福井市風巻町字明寺・大森町字明寺山に所在し、丹生山地を流れてきた志津川が平野部に注ぎ込む渓口部の丘陵上に立地する。遺構は標高五五〜六三メートルに位置し、平野部との比高は約四八メートルをはかる。丘陵の頂を削り出しや盛土で平坦面をつくり、建物や関連施設などを建てる。(15)出土遺物から八世紀末頃に創建され、一〇世紀前葉に廃絶する山林寺院であり、賀茂郷の有力氏族が檀越となって創建した里の寺とみられている。(16)

南北軸を意識しL字形に配置する本堂（SH9501）と脇堂（SH9504）が主要建物で、各堂の前庭には約二〇メートル四方の平坦面が形成される。本堂の基壇は東西辺長一六・一メートル、南北辺長一〇・五メートルをはかり、桁行三間×梁行二間の礎石建物として復元された。基壇前面にある前後二列の柱穴は創建期と建替期の足場痕跡とみられる。中央よりやや北にある掘立柱建物（SH9502・9503）は一間×三間のもので、ひとつの柱穴だけが六〇センチと深いことから幡を下げる竿を立てたことがわかり、現在の施餓鬼会をおこなう仮設舞台のようなものと考えられている。(17)

出土遺物は須恵器・土師器が中心で、九、一〇世紀のものが大半である。「寺」施印土器・「寺」墨書土器、土師質瓦塔、須恵器の鉄鉢・浄瓶、緑釉陶器（二彩か）の瓶子、水晶製丸玉（数珠）がある。発火具として火打石、建築部材として鉄釘、造営関係遺物として鉄素材・椀形滓・スラグなどの鋳造関係遺物がある。文房具の墨丁、杯蓋・皿・椀の転用硯、写経終了を示す「写了」墨書や朱墨があるので、写経だけでなく校正もおこなわれていた。須恵器の小型無台杯・瓶子を六器・華瓶とみれば密教修法がおこなわれたことを示し、大量の灯明具は万灯会のような法会が想定されている。[18]

脇堂（ＳＨ9504）は桁行三間×梁行二間の掘立柱建物で、丘陵斜面に面した舞台造りとみられる。塔院と考えられたが、[19]須恵器の無台皿底面に記された「日宮」墨書土器と脇堂が礎石建物でないことから神社遺構の可能性を考えた。[20]脇堂の下部から西側斜面に向かって廃棄場所Ａ・Ｂ群があり、小型の土師器短胴甕が大量に廃棄されていた。短胴甕は破片ばかりで未使用品を意図的に打ち割ったとみられ、人面墨書土器のように空の容器を用いて人々の苦悩などを払う、あるいは何かを封じることに用いた可能性が指摘されている。[21]

大量廃棄には相当の経済力が必要となるので、山麓に営まれた鐘島遺跡と関係している。本遺跡では大型掘立柱建物跡群が検出され、緑釉陶器の出土量は県内随一で、県内唯一の越州窯の青磁碗も確認できるので、丹生郡の郡領層の居住で、明寺山廃寺の活動にかかわった集団ともみられている。[22]また、山林寺院での大量廃棄は特殊事例にあたり、須恵器の杯蓋に記された「御山内」墨書土器を踏まえると、脇堂の背後に聳える越知山との関係が指摘できる。脇堂において道教的あるいは神祇的な祭祀がおこなわれたとすれば、越知山内への入山時に禊など穢れを祓う目的が考えられる。

四　朝宮大社遺跡の事例

朝宮大社遺跡は福井県福井市朝宮町に所在し、片山丘陵の北東端にあたる。日野川が丘陵に沿って蛇行する部分の突端に位置し、周辺には同時期の集落遺跡は認められない。遺構は丘陵頂部の三か所の平坦面と山麓部の二か所の平坦面からなる。[23]中心的な遺構は標高七二メートルに位置する東面する平坦面である。東西四〇メートル・南北四〇メートルをはかり、西側には南北二〇メートル、東西一一メートルの平坦面が二メートル高く造られ、前面の平坦面東端から西平坦面の奥までは五一メートルをはかる大規模なものである。前庭部に対して本堂が一段高く営まれる明寺山廃寺と似た構造とみれば、西側平坦面は本堂、東側平坦面は前庭部と考えられる。

中心平坦面の付近では土師器五点・須恵器二〇点の遺物が採集された。須恵器の杯・椀の身・蓋の口縁部が主で、灰白色の色調のものや底部と口縁部の接合部が不明瞭な椀、一〇世紀の土師器椀に特徴的な高台片は九世紀後葉・一〇世紀前葉に比定できる。ただ、厚手の杯口縁部は硬質のため八世紀末まで遡る可能性が高い。転用硯とみられる須恵器の杯片、鉄鉢らしき底部もあるので、山林寺院の可能性が高い(24)。

中心平坦面の北東端には五×七メートル規模の小型平坦面が張出部のように付属する。長軸が越知山・白山の直線方向に伸び、白山を意識した平坦面といえる。推測の域は出ないが、朝宮や大社という字の存在と景観的な条件から神社遺構が存在した可能性を指摘したい。

本遺跡は平坦面の規模の点から古代北陸最大級の山林寺院で、岩盤を掘削して大規模に営まれていることから丹生郡にある越前国府など公的な権力により営まれ、また丹生郡の最東端に位置し足羽郡との郡境にあたることから、国府守護のために機能した神仏を併せもつ宗教施設と考えておきたい。

第二節　若干の考察

これまで個別に検討されてきた大谷寺遺跡と明寺山廃寺であったが、朝宮大社遺跡を含め越知山・白山を結ぶ直線上に営まれた山林寺院であるので、ここでは関係性を中心にまとめる（第29図）。

まず、大谷寺遺跡には「山内」、鐘島遺跡には「御山内」と同じ字句がある(25)。浅香年木は白山信仰を検討するなかで、「路」だけでなく「山」という広がりをもつ宗教的な空間とその施設こそが「山内」の語の根本にあった意味だとしている(26)。これは大谷寺遺跡から鐘島遺跡までが越知山内という宗教的な空間を形成していたことの証左となる。それを裏付けるように両遺跡の間には山内町があり、古代越知山信仰圏の痕跡を今に残している。

次に、大谷寺遺跡と明寺山廃寺は越知山・白山遥拝の山林寺院で、ともに神社遺構があり、写経・仏事だけでなく神祀りをおこなった可能性が高い。特に、明寺山廃寺は越知山のある西側の崖に面し、下部に未使用の土師器短胴甕が大量に廃棄された。丹生山地の入口部にあたるので、越知山内への入山あるいは白山入山時に禊をおこなった可能性が高い。

さらに、明寺山廃寺のある丘陵上には「明寺山」「明寺」「寺ヶ平」の字が残り、明寺が実際の寺名とみられている。[27]「明」には「あける」「よあけ」、「旦」にも同じ意味があるので、[28]神宮寺的な性格をもつ宗教施設だったのかもしれない。他に「旦」は「あさ」とも読む。朝宮大社遺跡も字を採用した遺跡名であるので、山林寺院の一角に「朝宮」という社の存在が想定される。つまり「明寺」「旦宮」「朝宮」は両遺跡の関係性を示している。

最後に、大谷寺遺跡の「鴨家」墨書土器である。『和名類聚抄』には越前国丹生郡のひとつに賀茂郷があるが、賀茂神社のある福井市大森町付近に比定され、[29]鐘島遺跡を中心とした地域とみられている。[30]鐘島遺跡は郡領級の豪族の居住地で、賀茂郷の郷倉ともみられている。「鴨家」墨書土器は鐘島遺跡からもたらされた可能性があり、賀茂郷の領域や大谷寺遺跡の造営主体者を考えるうえで重要な資料といえる。

おわりに

越知山・白山を結んだ直線には、西から越知山—（五・三キロ）—大谷寺遺跡—（四・三キロ）—明寺山廃寺—（四・〇キロ）—朝宮大社遺跡があり、およそ四、五キロの距離で均等に配列される。これは両山を意識し営まれた可能性が高いので、

両山を一体とする信仰圏を「越知山・白山一体観の信仰」と定義する。その成立は八世紀末の可能性はあるが、確実な遺物は九世紀からである。両山を一体とする信仰圏が『伝記』が成立したとされる一〇世紀には確立しているので、従来の想定以上に両山の関係性が強

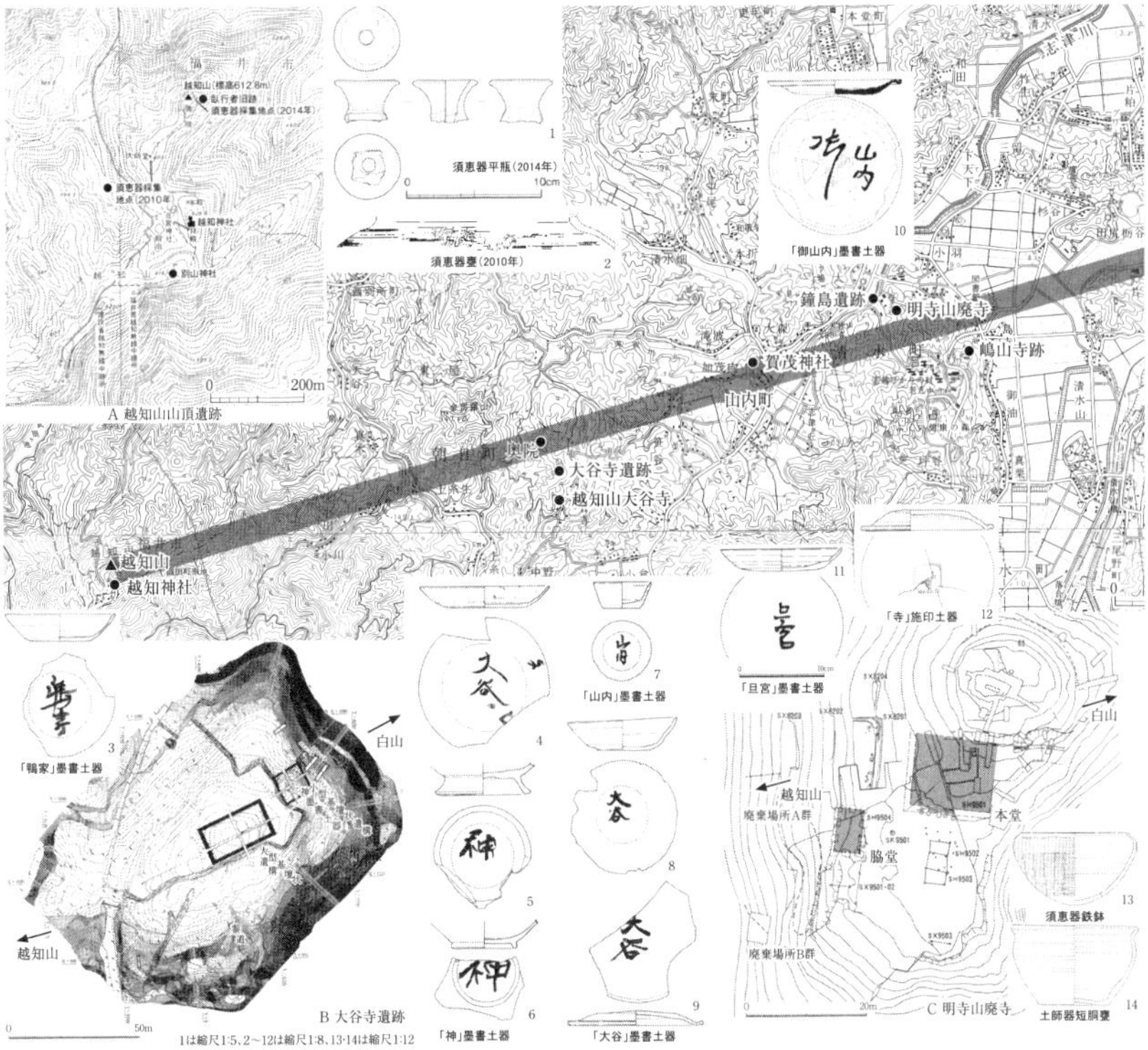

第29図　越知山・白山を結んだ線上にある遺跡と関連遺構・遺物

固であることを再認識した。また、『伝記』奥書には白山の禅定は清浄な仙崛で、容易には登り難い所であるので、まずは越知峯に登り魔難を払い、怨霊を退けてから参詣すべきだとしている。明寺山廃寺における土師器大量廃棄を重視すれば、越知山内だけでなく白山入山時の禊の行為とすれば、『伝記』内容の信憑性の高さを示すことになる。

最後に直線上の遺跡を探すと、朝宮大社遺跡から一八・七キロ先に永平寺町浅見に所在する浅見金道口遺跡があった。福井県教育庁埋蔵文化財調査センターが中部縦貫道路の建設に伴う発掘調査を実施した結果、掘立柱建物跡一棟が検出され、八世紀後半から九世紀にかけての遺物が出土した(31)。須恵器の鉄鉢・硯、「☆」「寺」「西方」「西女」墨書土器、小型の三彩壺・緑釉陶器の椀・灰釉陶器の浄瓶があるので、桁行三間×梁行一間の建物は仏事をおこなう宗教施設で、五芒星の存在から陰陽道的な祭祀もおこなわれた可能性が高い。

注目されるのは建物長軸（N－73°－E）が越知山・白山を結んだ直線（N－74°－E）と同じ方向で、「西」墨書が数枚あるのは越知山の方角を意識したものか。何より現地からは白山が遥拝でき、それ以上近づくと見えなくなる間際の地にあり、浅見（あざみ）の地名が朝宮を思わせることから両山を意識した宗教施設と考えられる。

三遺跡では緑釉陶器などの高級品を伴い、明寺山廃寺が郡領層、朝宮大社遺跡は国レベルの造営主体が想定され、大谷寺遺跡も大規模な平坦面が展開し「国」墨書土器も存在する。越知山・白山一体観の信仰圏が広域的に確立していたとすれば、その母体はどこにあるのか、今後は山林寺院の階層性の問題や社会的な背景について検討していきたい。

注

（1）堀大介「低山から高山へ―古代白山信仰の成立―」『第一〇回記念 春日井シンポジウム資料集』第一〇回春日井シンポジウム実行委員会、二〇〇二年。
（2）堀大介「『泰澄和尚伝記』成立過程の基礎的研究」『越前町織田文化歴史館 研究紀要』第二集、越前町教育委員会、二〇一七年。〔本書第一編第一～四章〕。
（3）堀大介「第四章 仏のなかに神 第四節 山林寺院での神祀りの可能性」『平成二十七年度 越前町織田文化歴史館 国宝梵鐘展示記念企画展覧会 神と仏 祈り・祟り・祀りの精神史』越前町教育委員会、二〇一五年。
（4）堀前掲（2）文献。堀大介「疑問一〇 越知山・白山の関係は、中世の認識か？」『平成二十九年度 越前町織田文化歴史館 泰澄・白山開山一三〇〇年記念企画展覧会 異人探究 泰澄十一の疑問』越前町教育委員会、二〇一七年。
（5）堀大介「越知山山頂採集の須恵器について」『越前町織田文化歴史館 館報』第六号、越前町教育委員会、二〇一一年。〔本書第二編附論一〕。
（6）堀大介「越知山山頂採集の須恵器について」『平成二十九年度 越前町織田文化歴史館 泰澄・白山開山一三〇〇年記念企画展覧会 異人探究 泰澄十一の疑問』越前町教育委員会、二〇一七年。〔本書第二編附論二〕。
（7）堀前掲（1）文献。

(8) 国学院大学考古学資料館白山山頂学術調査団「白山山頂学術調査報告」『国学院大学考古学資料館 紀要』第四輯、国学院大学考古学資料館、一九八八年。
(9) 白山市教育委員会『白山山頂遺跡群調査報告書』二〇一一年。
(10) 堀前掲（1）文献。
(11) 堀大介「福井県大谷寺遺跡の成立に関する一考察」『文化史学』第五五号、文化史学会、一九九九年。〔本書第二編第五章〕。
(12) 堀大介ほか『朝日山古墳群・佐々生窯跡・大谷寺遺跡 重要遺跡範囲確認調査報告書』越前町教育委員会、二〇〇六年。
(13) 堀前掲（3）文献。
(14) 堀前掲（4）文献。
(15) 古川登ほか『越前・明寺山廃寺―平安時代前期寺院址の調査―』清水町教育委員会、一九九八年。
(16) 古川登「明寺山廃寺の創建と変遷、その活動について」『越前・明寺山廃寺―平安時代前期寺院址の調査―』清水町教育委員会、一九九八年。
(17) 古川登「明寺山廃寺」『季刊考古学』第一二二号、雄山閣、二〇一二年。
(18) 古川前掲（17）文献。
(19) 古川前掲（16）文献。
(20) 堀前掲（4）文献。
(21) 古川前掲（16）文献。
(22) 田中伸卓「丹生郡の古代氏族と郷について」『越前・明寺山廃寺―平安時代前期寺院址の調査―』清水町教育委員会、一九九八年。
(23) 古川登・堀大介「越前最大級の古代山林寺院、朝宮大社遺跡」『平成二十九年度 越前町織田文化歴史館 泰澄・白山開山一三〇〇年記念企画展覧会 異人探求 泰澄十一の疑問』越前町教育委員会、二〇一七年。
(24) 古川登「朝宮大社遺跡と方山真光寺」『越前町織田文化歴史館 研究紀要』第三集、越前町教育委員会、二〇一八年。
(25) 古川登「越前地方の古代の山寺―明寺山廃寺の再検討から―」『越前町織田文化歴史館 研究紀要』第一集、越前町教育委員会、二〇一六年。

（26）浅香年木「第三章 古代・中世」『石川県尾口村史 第三巻・通史編』尾口村、一九八一年。
（27）古川前掲（16）文献。
（28）諸橋轍次『大漢和辞典』大修館書店、一九五七年。
（29）舘野和己・櫛木謙周「第四章 律令制下の若越 第一節 地方のしくみと役人 二 若越の郷（里）」『福井県史 通史編一 原始・古代』福井県、一九九三年。
（30）田中前掲（22）文献。なお、賀茂神社境内は九、一〇世紀の遺物散布地で、『延喜式』巻一〇に収載された丹生郡の式内社のひとつ「雷神社」であった可能性が高い。
（31）鈴木篤英ほか『浅見金道口遺跡 三重山城遺跡 浅見東山遺跡―中部縦貫自動車道建設に伴う調査―』福井県教育庁埋蔵文化財調査センター、二〇〇六年。

挿図出典

第29図　下図は国土地理院「福井」「鯖江」五〇〇〇〇分の一の地形図。Aは堀大介「越知山山頂採集の須恵器について」『異人探究 泰澄十一の疑問』越前町教育委員会、二〇一七年の第2図、B・Cは堀大介「第四章 仏のなかに神 第四節 山林寺院での神祀りの可能性」『神と仏 祈り・祟り・祀りの精神史』越前町教育委員会、二〇一五年の346・325、Dは古川登・堀大介「越前最大級の古代山林寺院、朝宮大社遺跡」『異人探求 泰澄十一の疑問』越前町教育委員会、二〇一七年の第1図より転載。遺物は1が堀大介「越知山山頂採集の須恵器について」『異人探究 泰澄十一の疑問』越前町教育委員会、二〇一七年の第3図、2は堀大介「越知山山頂採集の須恵器について」『越前町織田文化歴史館 館報』第六号、越前町教育委員会、二〇一一年の第1図、3～9は越前町教育委員会『朝日山古墳群・佐々生窯跡・大谷寺遺跡 重要遺跡範囲確認調査報告書』二〇〇六年の第86図14、第90図161・162・207、第93図205・212、10は古川登「越前地方の古代の山寺―明寺山廃寺の再検討から―」『越前町織田文化歴史館 研究紀要』第一集、越前町教育委員会、二〇一六年の第2図、11～14は清水町教育委員会『越前・明寺山廃寺―平安時代前期寺院址の調査―』一九九八年の第19図40、第20図56、第32図322、第36図366より転載。

第八章　古代白山信仰の考古学的検討—『泰澄和尚伝記』の風景を求めて—

はじめに

白山連峰は福井・石川・岐阜の三県にまたがり、主峰たる御前峰（標高二七〇二メートル）、その北に位置する大汝峰（標高二六八四メートル）、福井・岐阜の県境にある別山（標高二三三九メートル）が中心である。九頭竜川・手取川・長良川の水源となり各平野に恵みの水をもたらすため、白山を神とする信仰が成立するのは当然のなりゆきであった。白山信仰の開創者が僧泰澄で、その事蹟は『泰澄和尚伝記』（以下『伝記』と略する）に詳しい。内容の真偽や成立時期は諸説あるが、詳細な文言の分析と年代的な付加の検討をおこない、奥書に示された一〇世紀の原伝の存在を認め、四段階の成立過程を明らかにした(1)。その根拠のひとつとしたのが泰澄ゆかりの地に存在する考古資料であるが、部分的にしか取り上げなかった。また、平成十七年（二〇〇五）には『伝記』にある風景を考古学的に検討したが、その後の新資料の蓄積があり再検討の必要が出てきた(2)。

本章では、泰澄の誕生から遷化に至るまでを『伝記』の記述にもとづき、そこに登場する地名やその周辺に展開する遺跡、宗教施設、特徴的な遺構・遺物を取り上げ、その風景について検討する(3)。また、福井県内には各地域で信仰の対象となる低山や白山につながる高山の山頂、泰澄開基の伝承をもつ社寺や山林寺院において考古学的な痕跡が認められ、また九世紀における低山から高山への行場移動の過程が追えるので、こうした事象の『伝記』内容への影響の可能性についても検討する。

第一節　泰澄の生誕地と修行地の越知山

一　泰澄の生誕地、麻生津

『伝記』によると、泰澄は俗姓が三神氏で、越前国麻生津に居住する三神安角の二男、母は伊野氏で白玉の水精を取って懐中に入れる夢を見て懐妊し、天武天皇十一年（六八二）六月十一日に誕生したとある。

麻生津は福井市浅水町付近とみられるが、文献に登場するのは平安時代である（第30図）。『和名類聚抄』（高山寺本）巻七　郷里部二には「丹生郡　朝津安左不豆」、同書（大東急記念文庫本）七　国郡部一一には「丹生郡　朝津阿佐布豆」とあるので、一〇世紀までには「アサフヅ」と呼ばれ、『伝記』の「麻生津」につながる地名であった(4)。また、『延喜式』巻第二八の兵部省には「越前国駅馬松原八疋、鹿蒜・淑羅・丹生・朝津・阿味・足羽・三尾各五疋」、『催馬楽』律には「安左牟川乃波之乃」（朝津《あさむづ》の橋の）とあるので(5)、津の付く名称と南北を縦断する浅水川の存在から河川交通の要所で、古代北陸道の朝津駅にも近いことから陸上交通の拠点であったとみられる。

周辺の遺跡をみると、経ヶ岳から延びる丘陵の支脈裾には福井市の麻生津窯跡があり、八基の窯跡が古代五～八期（七世紀末～八世紀前半）に操業していた。同じ時期の越前市の王子保窯跡群が丹生駅、あわら市の細呂木窯跡群が三尾駅の付近に位置することを考えると、当時の交通位置的要因も窯の立地に大きな役割を果たしたことが指摘されている(6)。なお、光宗

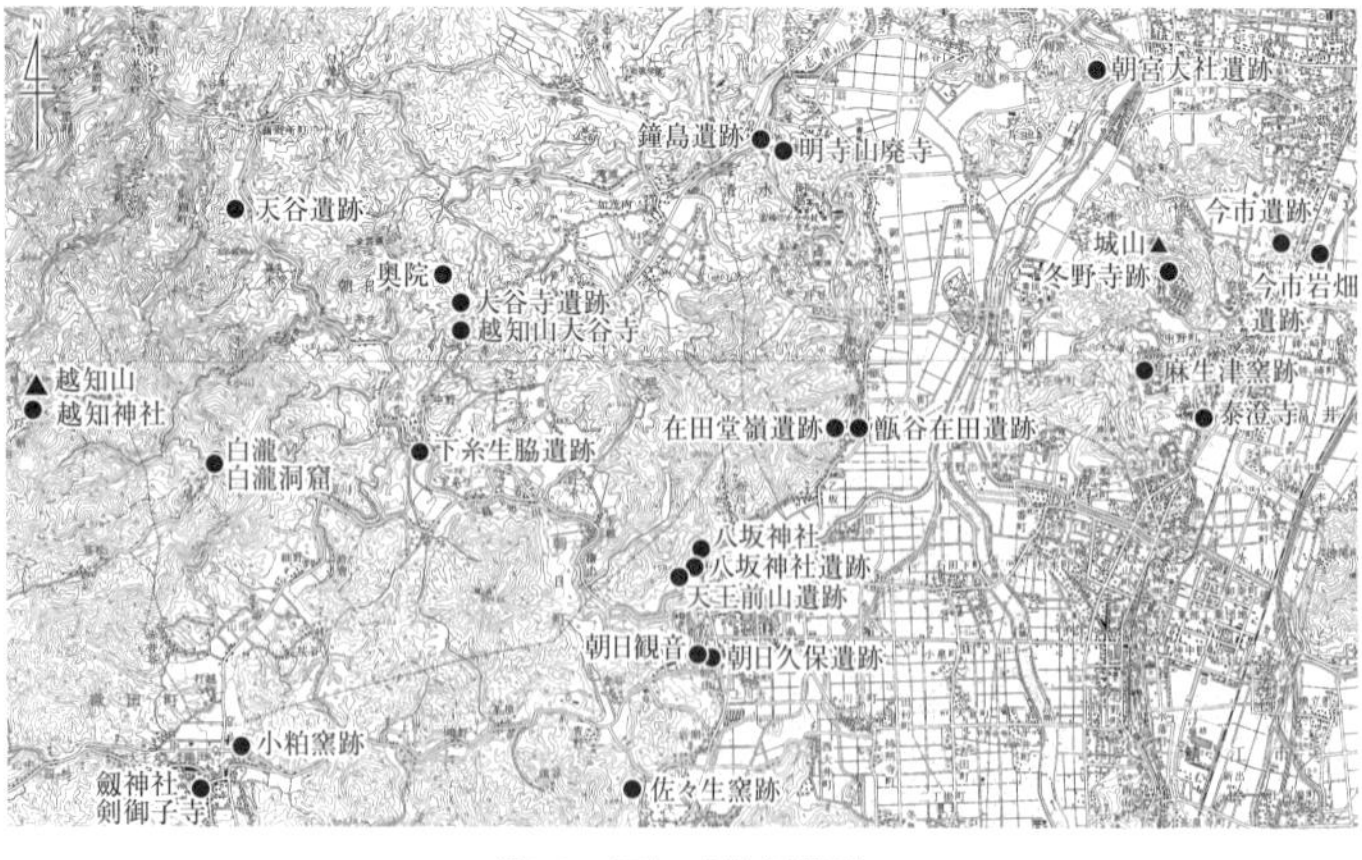

第30図　関連遺跡

の『渓嵐拾葉集』（一四世紀）に記された泰澄の父が船守であったとの伝承も、麻生津のもつ古代以来の歴史性に由来していた可能性が高い。(7)

次に、『伝記』によると、持統天皇七年（六九三）［平泉寺本は六年］に入唐帰朝の聖人である道昭が北陸道へ修行に出て、三神安角の蓬屋に来宿した折、頭に円い光がかかり頭上に天蓋のある泰澄を見て神童だと見抜き、両親に大事に養育することを告げたとある。道昭が実際に本地に赴いたかは別として、その風景を考えるうえで重要な二つの遺跡を取り上げる。

今市遺跡は福井市今市町に所在し、旧・朝六ツ川（浅水川）の自然堤防上に立地する。(8)福井市教育委員会が平成二十六年（二〇一四）に発掘調査した結果、道路遺構・掘立柱建物三棟・柵列一条・溝一条が検出され、奈良・平安時代の土師器・須恵器などが出土した。調査区の西端で検出された道路遺構は盛土構築で、端は溝状に窪み、路面幅は約一二メートル以上、長さ約八メートル以上をはかり、現在の市道に沿って南北方向に走る。遺構に伴う出土遺物はなかったが、堆積状況から九世紀以前の古代北陸道とみられている（第31図）。1区からは赤彩した土師器の杯、「八十」墨書をもつ須恵器の鉄鉢、杯蓋の転用硯などの遺物が出土し、越前町の佐々生窯跡産で古代八期（八世紀中頃）のものとみられる。官道建設を契機に集落が築かれ、仏堂などの宗教施設が併設された可能性が高い。

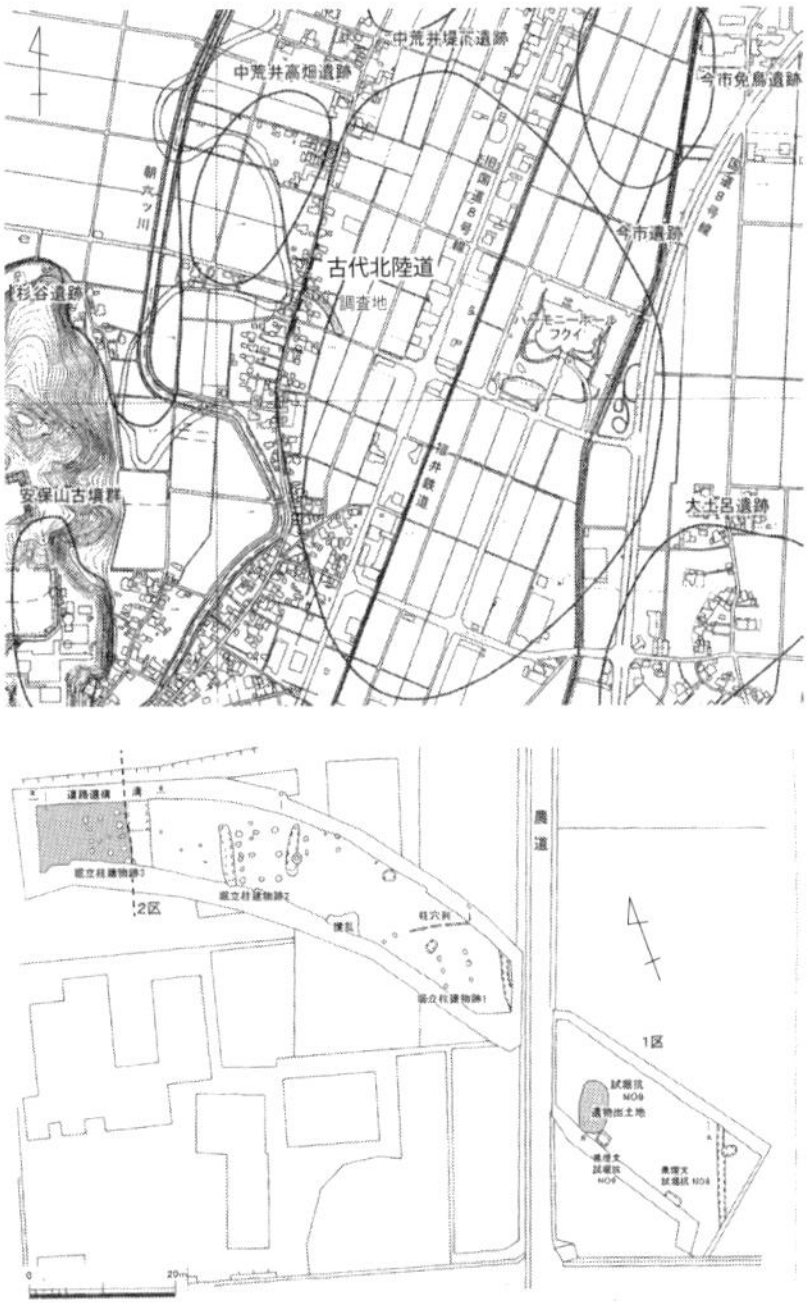

第31図　上：今市遺跡と調査地位置図
［縮尺 1:10,000］
下：全体遺構平面図
［縮尺 1:600］

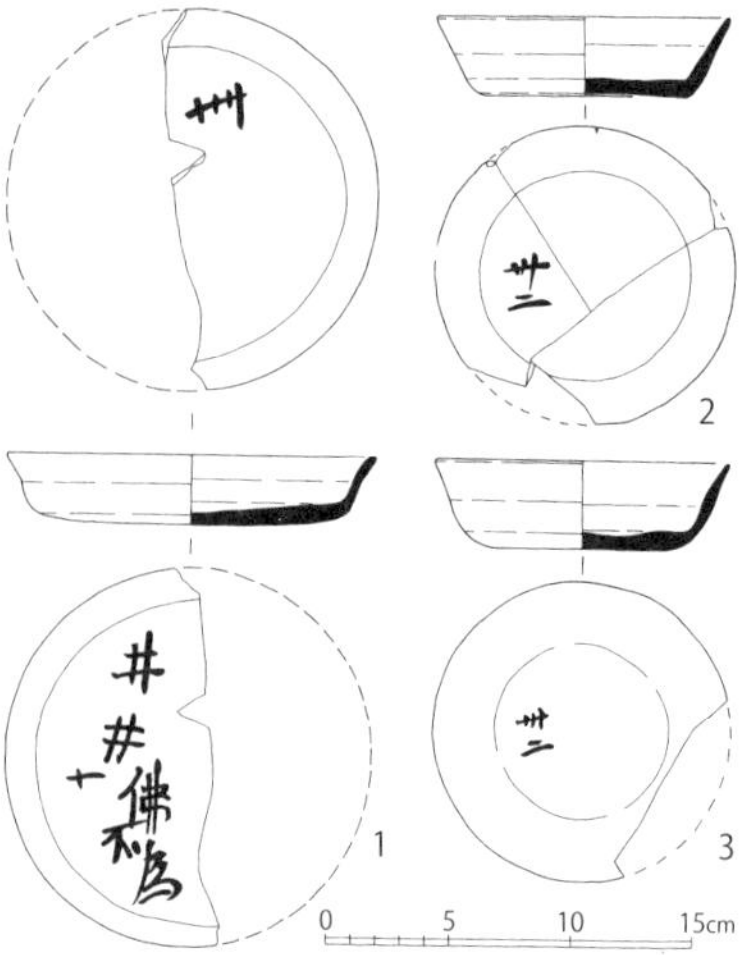

第32図　今市岩畑遺跡出土墨書土器［縮尺1:6］
1・2　SK592　　3　SK533

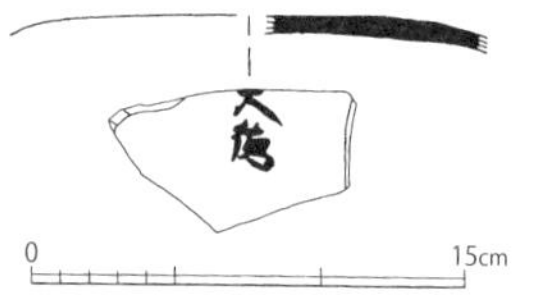

第33図　「大徳」墨書土器［縮尺1:5］

今市岩畑遺跡は福井市今市町に所在し、今市遺跡の調査区から東四〇〇メートルの地点に位置する。七世紀末から一〇世紀にかけて存続した集落跡である。福井県教育庁埋蔵文化財調査センターが平成五年（一九九三）に発掘調査を実施した結果、掘立柱建物跡・土坑・井戸などが検出され、数多くの土師器・須恵器などが出土した。[9] 墨書土器が多く、「井」「卅二」「卌」「十」などの記号・数字が確認できる（第32図）。遺物は古代八～一〇期（八世紀中頃～九世紀前葉）のもので、「仏奉為」と記された墨書土器、鉄鉢・転用硯などの存在から仏事をおこなう宗教施設が存在した可能性が高い。なかでも須恵器の杯蓋内側に「大徳」と記された墨書土器は佐々生窯産で[10]、古代八期（八世紀中頃）に比定できることから「越大徳」と称された泰澄の同時代資料として重要である（第33図）。

他に、城山（標高二〇二メートル）中腹に位置する福井市冬野町の冬野寺跡がある。現在は猿田彦神社が鎮座し、神社に伝わる縁起額には泰澄開基三番目の霊地として大宝年間（七〇一～四）頃に草創されたとある。[11]『帰雁記』には「又其頃陣をささへられつると盛衰記に書たりし冬野山といふも有。此麓の冬野寺は西行法師が宿りし寺なりと云伝ふ。」とあり、文安二年（一四四五）の年紀をもつ「越前国真光寺東寺修造料足奉加人数注進状」に記載された「蕗野寺」とみられる。[12]『福井県遺跡地図』（遺跡番号〇一一六二二）には城山山頂付近が城跡で、「南居城跡」として登録されるが、寺跡としての記述はなく神社のある山麓まで分布域は及んでいない。[13] 神社周辺の字名は「堂ノ庭」で、神社のある尾根状

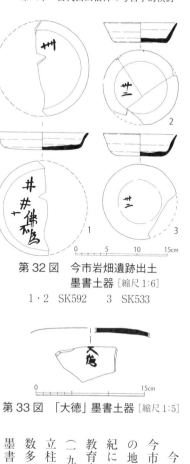

には平坦面が展開し礎石も確認できる。また、神社に安置された木造十一面観音菩薩立像（県指定文化財）は制作年代が一一世紀前半頃に比定できるので、[14] 遅くとも平安時代には仏堂をもつ宗教施設が存在した可能性は高い。

河川・陸上交通の要所であった麻生津には、泰澄の生まれたとされる七世紀末頃には拠点集落が営まれ、有力氏族の居住区には仏事をおこなう宗教施設が存在していた。付近には古代北陸道が通り、西側の丘陵部には須恵器窯が操業し、城山中腹には冬野寺という山林寺院が創建された可能性が高く、平安時代の木造十一面観音立像も安置されていた。七世紀末に発展する本地域は泰澄の生誕地あるいは道昭との譚が生まれる歴史的な素地を有している。

二　越知峯と坂本岩屋

『伝記』によると、泰澄一四歳［元和本・大谷寺本では一一歳］の時、八弁の蓮華の上に座る夢を見たが、横にいた高僧は泰澄に「あなたは知らないかもしれないが、私はあなたの本師である。西の方に住んでいる。（中略）」と語った。その夢告が契機となり泰澄は夜な夜な外出するが、そのことを父・三神安角は不審に思い、嫡男の安方に命じて後をつけさせた。泰澄は坂本の岩屋に入り数百辺礼拝し「南無十一面観世音神変不思議」と唱え、越知峯に登ったと記されている。

まず、越知峯とは丹生山地で二番目に高い西の越知山（標高六一二・八メートル）か、それとも越知山大谷寺裏山の元越知山（標高二〇〇メートル）を指すのかは『伝記』の記述だけでは特定できないが、両者を含む丹生山地一帯を指すことに異論はないだろう。西の越知山に関しては『福井県丹生郡誌』のなかで須恵器の大甕が出土したとあり、考古学的な開山時期は平安時代とみられてきたが、[15] 平成二十二年（二〇一〇）に山頂付近で古代八期（八世紀中頃）の須恵器甕の肩部、[16] 平成二十六年（二〇一四）にも越知神社奥院のある山頂で、八世紀の平瓶とみられる須恵器が発見された。[17] 破片のため詳細な時期は難しいが、平瓶であれば特殊品にあたるので、地鎮的な意味合いで意図的に埋められた可能性が高い。

須恵器の甕は八世紀中頃と特定したが、平瓶については奈良時代としかいえない。七世紀末まで遡れば、『伝記』に

第34図　白瀧と白瀧洞窟

あるように泰澄が修行を開始した頃の資料となるが、泰澄による越知山の開山が「茗荷村三助由緒」（『茗荷村三助文書』）に記された養老元年（七一七）であれば[18]、それに近い時期ともいえる。現状では『伝記』の「越知峯」は西の越知山なのか、元越知山なのかは特定できないが、誰かが奈良時代に西の越知山に登り、平瓶を埋める祭祀をおこなったことだけは確かである。

次に「坂本岩屋」についてである。『広辞苑』によると、岩屋とは岩に横穴をあけて造った住居、天然にできた岩間の洞穴との意味がある[19]。自然にできた岩の裂け目を指すならば、ある程度の空間が必要である。現在の伝承地は越前町上糸生（森）の「金堂」とみられるが、内部に収められた木造十一面観音立像（現在、大谷寺所蔵）は鎌倉時代の制作とされるので、その設置は中世まで追える[20]。とすれば「金堂」は『伝記』の最終的な完成とともに中世に設置された可能性が高い。

一方、佐々木英治は丹生山地の悉皆調査をおこない、「坂本岩屋」を越前町小川の白瀧洞窟に比定する[21]。洞窟は大谷寺区から南西三キロの地点で、越知川の谷沿いに位置している。越知山の登山口のある越前町の小川から

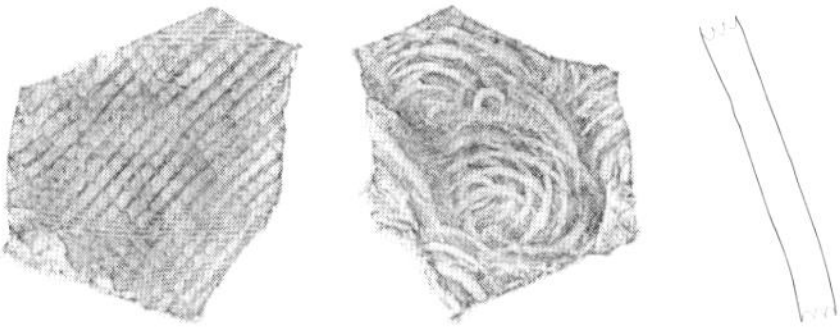

第35図　白瀧洞窟の須恵器［縮尺1:4］

行けば渓谷を川沿いに二キロほど遡り、越知山山麓にあたる越前町の入尾から崖を降れば間近である。滝は一五メートルほどの落差をもち、地元では「白瀧」と呼ぶ（第34図1）。滝上には坐禅石があり、奥には岩の裂け目により形成された岩屋が展開する（第34図2・3）。内部は数人が入れる規模で、須恵器甕の体部片が採集された（第35図）[22]。破片のため時期の比定は難しいが、胎土に直径一ミリ前後の黒色粒子を含むことから丹生窯産の可能性が高く[23]、自然釉のかかる硬質な感じから焼成温度の高さがうかがえるので、奈良時代前半期とみておきたい。

なお、『伝記』には泰澄が「南無十一面観世音神変不思議」と唱えたあと越知峯に登ったとあるが、「登」前の文字を諸本で見ると、金沢文庫本・元和本は「挙登」、平泉寺本と尊経閣文庫本は「攀登」と書かれる。「挙げて登る」では意味が通らないので、「攀《よ》じ登る」が正しいであろう。実際に白瀧洞窟を出ると、目の前に急峻で直立に近い岩壁が上方に伸びるため、洞窟から越知山へ行くには絶壁をよじ登る必要がある（第34図4）。険しい山と渓流と滝の存在から修行場にふさわしく、伝記の筆記に関わった人物は白瀧洞窟の存在を知っていた可能性が高い。丹生山地の分布調査は進むが、「坂本岩屋」の条件を備える場所は他にない。その点で須恵器は物的証拠であり、『伝記』の内容の信憑性の高さを示している。

三　湖東式瓦と剣御子寺

『伝記』によると、泰澄修行のきっかけとして「本師」の存在が語られたが、具体的には記されてない。臥行者は泰澄が鎮護国家の法師とされた大宝二年（七〇二）、神部浄定は和銅五年（七一二）に弟子となるが、それ以前のことは記されていない。「本師」は夢の中の存在でしかなかったのか。丹生山地にはモデルとなる「本師」の居住した宗教施設が存在していても不思議ではない。

越知山周辺では七世紀の宗教施設は確認されていないが、八世紀前葉であれば瓦や須恵器を生産した越前町織田の小粕窯跡がある。[24] 織田町教育委員会が平成三年（一九九一）に1・2号窯の発掘調査を実施した結果、1号窯は全長八・二メートルをはかる地下式の窖窯、2号窯は全長六・一メートルをはかる窯体内部が有段となる窖窯である（第36図）。窯体内を含め灰原からは大量の有台杯・無台杯・甕などの須恵器、軒丸瓦・丸瓦・軒平瓦・平瓦・鴟尾・熨斗《のし》瓦などの瓦類、須恵器の円面硯・水注などの仏具が出土しており、遺物は古代六・七期（八世紀前葉）に比定できる。

特徴的な遺物には単弁蓮華文をもつ軒丸瓦や指圧波状文をもつ軒平瓦がある。的矢俊昭によると、瓦の文様の特徴から滋賀県湖東を中心に分布する湖東式の系譜で、軒丸と軒平のセットは小粕と湖東だけだという。[25] 湖東式を創建瓦とした塔ノ塚廃寺や野々目廃寺などは近江国の愛知郡にあり、渡来系氏族である朴市《えち》秦氏が居住した地域と考えられる。他の近江出土の湖東式も渡来系氏族とかかわりのある氏寺のもので、その祖型は百済・新羅寺院の軒丸瓦にみられ、百済・公州の西穴寺址には同一文様があるため朝鮮から畿内を経由せずに伝えられたという。[26]

織田にも渡来系氏族とのつながりがある。織田は『和名類聚抄』に記載された敦賀郡伊部郷に相当し、[27]『新撰姓氏録』山城国諸蕃によれば「伊部造　出ㇾ自㆓百済国人乃里使主㆒也」とあり、伊部氏は百済国人の乃里使主で、渡来系氏族の子孫とみられる。[28] また、天平神護二年（七六六）の「越前国司解」（『東南院文書』）によれば敦賀郡伊部郷戸主の秦曰佐山の居住が確認でき、[29] 越前町の劔神社境内隣接地では陶質土器（五世紀後葉～六世紀前葉）が出土した。伊部郷の中心地にあたる劔神社付近は秦氏の居住地であった可能性が高い。[30] 他にも丹生山地には福井市大森町の美濃峠古墳出土の陶質土器（五世紀後葉～六世紀前葉）、越前町の番城谷山5号墳出土の陶質土器（四世紀末）などが確認されており、朝鮮半島の加耶や新羅とのつながりが強い。[31]

湖東式軒瓦が滋賀県湖東あたりに偏った分布を示すなか、丹生山地に一か所だけ点在する意味については秦氏同士のつながりが想定される。湖東地域の愛知《えち》郡の地は朴市秦氏の拠点で、織田の地は越知《おち》山南麓の伊部郷に拠点とする秦氏である。「エチ」「オチ（ヲチ）」は「越」の同音になるので、拠点は異なるものの本来は同族で、何かしら交流をもっ

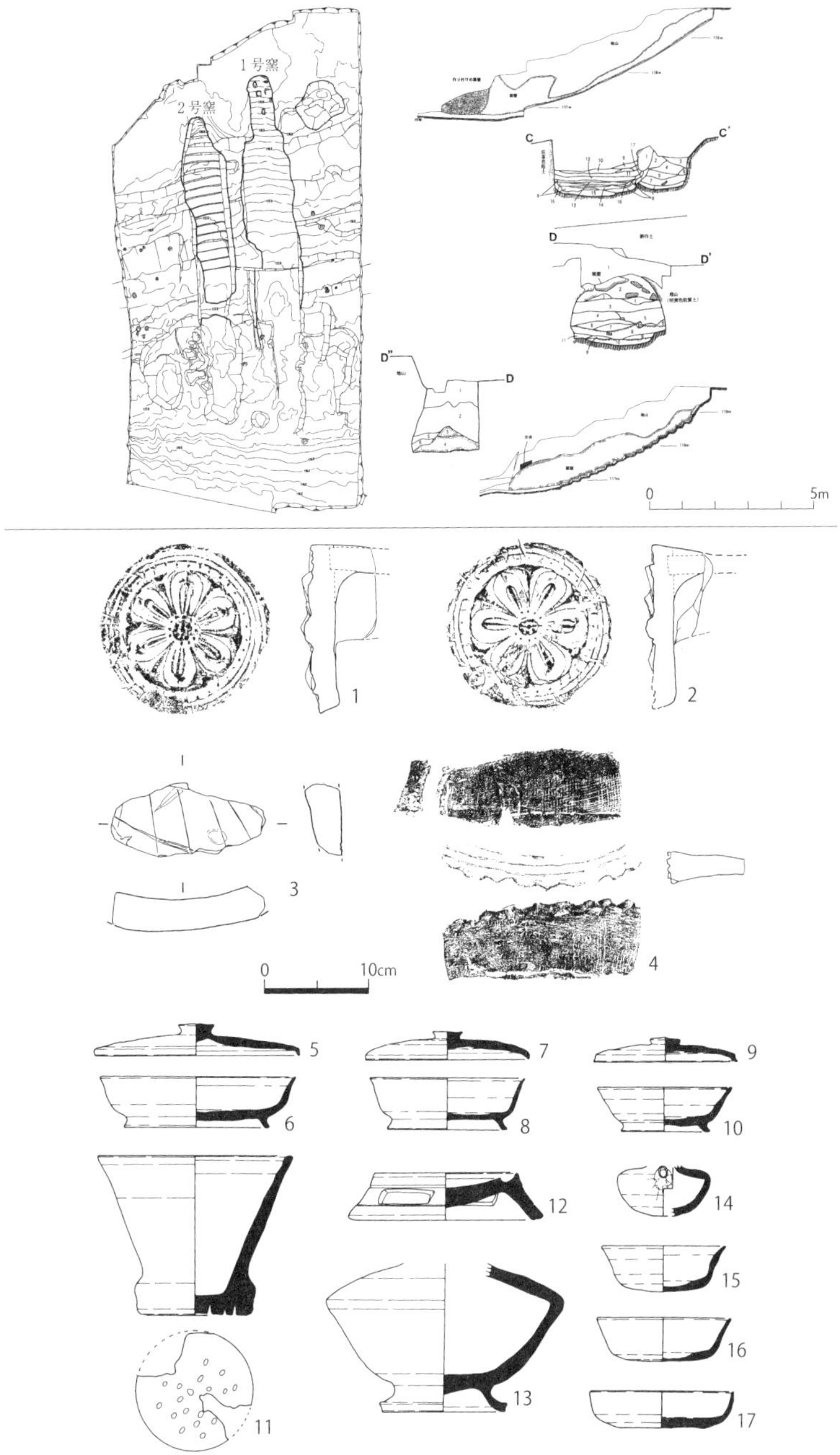

第36図　上：小粕窯跡［縮尺 1:250］　下：小粕窯跡出土遺物［縮尺 1:8］

第37図　左：梵鐘の銘文　右：劔神社の梵鐘（国宝）

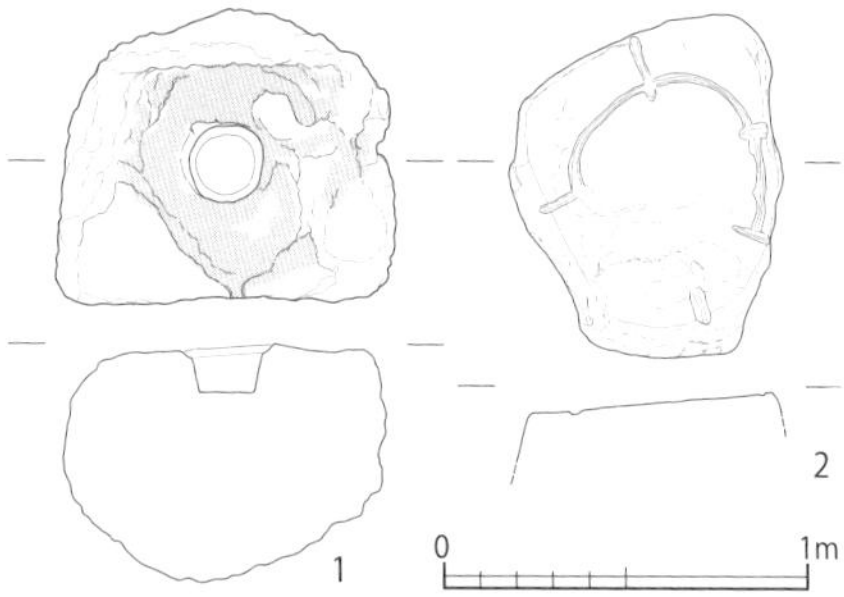

第38図　劔神社境内の礎石［縮尺 1:40］

ていた可能性は高い。湖東と織田のつながりは『日本書紀』皇極天皇元年（六四二）九月条からも知られる。[32]九月三日、天皇は大臣（蘇我蝦夷）に詔し百済大寺起工時に近江と越の丁《よほろ》の動員があり、九月二十一日には板蓋宮の造営に越より数千人が動員されている。[33]この時に越と近江の技術者同士が関係をもち、織田の寺院造営に際して何らかの支援があったとみたい。[34]とすれば小粕窯跡の瓦は湖東との技術交流の結果として生まれたものであり、その檀越たる氏族は秦氏であった可能性を高めてくれる。

小粕窯跡の須恵器や瓦は劔神社境内に創建された神宮寺（剣御子寺）に供給されたとみられる。劔神社に伝わる梵鐘（国宝）は「剣御子寺鐘／神護景雲四／年九月十一日」の銘をもち、剣御子神社に伴う剣御子神宮寺（剣御子寺）が七七〇年に存在したことを示している（第37図）。劔神社境内には礎石や心礎が存在し（第38図）、小粕窯跡の軒瓦や須恵器の年代が八世紀前葉であるので、剣御子寺の成立が奈良時代初頭に遡る可能性が高い。[35]発掘調査の成果によると神地は古くから存在し、その一角に創建されたことも確実視できる。[36]『伝記』で語られる泰澄伝は本地垂迹を示す譚で、神融は神仏習合を思わせる禅師号であるので、初期神宮寺の成立との関係性を考える必要がある。仮に本師が存在した場所を想定すれば、越知山内の拠点寺院で奈良時代には鎮座していた劔神社の一角に創建された剣御子寺であった可能性が高い。

また、泰澄の修行地は越知山であり、その山麓にあたる織田の地に初期神宮寺が創建された年代は、小粕窯跡の出土遺物から七一〇年代とみられる。『伝記』にある白山開山した養老元年（七一七）の年代に近い時期である。泰澄の実在性の議論につながるが、『根本説一切有部毘奈耶雑事』巻第二一の奥書を記した泰澄が白山開創者と同一人物である可能性が高いので、(37) 今後は越知山山頂や白瀧洞窟に須恵器を残した人物との関係、剣御子神宮寺の創建への関与も含め検討していく必要がある。

第二節　白山入山に至るまで

一　文殊山・三峯寺跡と泰澄ゆかりの越前五山

『伝記』によると、養老元年（七一七）四月一日、泰澄三六歳のとき白山麓・大野の隅を流れる筥川［金沢文庫本は苔川、平泉寺本は筥河］の東、伊野原に赴くとある。福井県内に残る泰澄伝承を整理すると、泰澄が白山に至る頃には越前五山の開山があり、文殊山・吉野ヶ岳は養老元年（七一七）とみられている。

なかでも文殊山は標高三六〇メートルをはかり、越前五山の中心的な位置づけである。山頂付近では平坦面や石列が確認され、八世紀後半から一〇世紀の遺物が採集された。(38) 青木豊昭によると「寺」墨書土器は八世紀後半のものといい、実測図の掲載された須恵器椀は古代一四、一五期（九世紀後葉）に比定できるので(39)（第39図）、奈良・平安前期の仏事をおこなう宗教施設が存在した可能性が高い。麓には数々の寺院が展開し、二上観音堂に安置された木造十一面観音菩薩立像は九世末から一〇世紀初めにかけての制作とみられる県内最古級のもので、(40) 文殊山を中心とした信仰空間が奈良・平安前期に確立していたことを物語る。

なお、泰澄による文殊山の開山伝承を裏付けるような考古資料が鯖江市上戸口町の三峯寺跡で確認

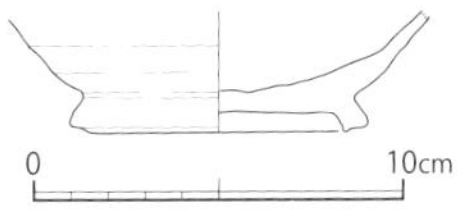

第39図　文殊山山頂の須恵器［縮尺1:4］

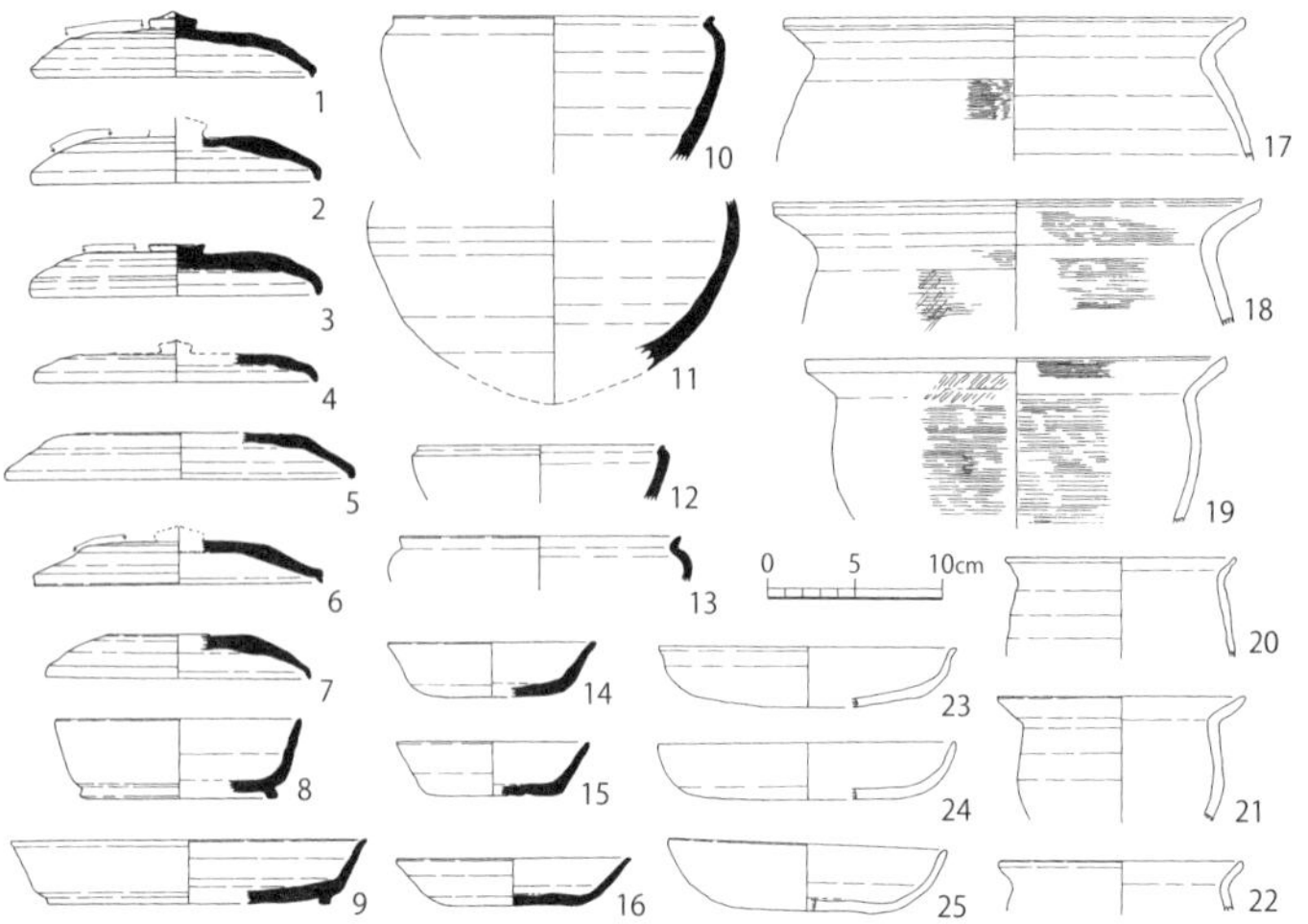

第40図　三峯寺跡出土遺物［縮尺1:6］
11〜6　須恵器　17〜25　土師器

された。本遺跡は上戸口町の東北方向に位置し、城山（標高四〇〇メートル）から文殊山（標高三六四メートル）へと至る尾根からやや下った標高約三〇〇メートルの山腹に立地する。かつて三峯村が存在していたが、過疎化により昭和十二年（一九三七）に廃村となった。伝承によると三峯村は養老年間（七一七〜二四）の開村というが、文殊山の開山が養老元年（七一七）であるので、泰澄の伝承が転化したととらえられる[41]。また、三峰村の子安観音堂内にある大銀杏は乳の出のよくなかった泰澄の母が訪れ、その気根を煎じて飲んだところ乳の出がよくなったとの伝承をもつ。加えて村に残る「坊屋敷」「宮ノ下」の字名は三峯寺や白山神社などの社寺の存在を裏付けるものである。

　三峯寺跡については鯖江市教育委員会が平成十三年（二〇〇一）から十五年（二〇〇三）にかけて発掘調査を実施した結果、古代の宗教遺物が出土した[42]。村からは上戸口へと至る血の川の源流があり、川が開いた谷筋の両側にあたる東西一〇〇メートル×南北一二五メートルの範囲には四〇の平坦面があり、そのうち五つを調査対象とした。遺構・遺物の大部分は中世以降の所産であったが、Ⅳ区北端の一隅で出土した八、九世紀の遺物は山頂付近からの流れ込みであった（第40図）。

　出土遺物には須恵器・土師器・緑釉陶器・フイゴの羽口・用途

不明の石製品（火打石か）がある。須恵器は蓋・杯・盤・鉄鉢・広口鉢・瓶子・甕で、土師器は赤彩された椀・吹きこぼれ痕のある甕などであった。古代六〜一五期（八世紀前葉〜九世紀後半）を中心とするが、須恵器の杯蓋は最古のもので古代六・七期（八世紀前葉）に比定できる。転用硯や墨書土器はないが、鉄鉢・瓶子など仏具を含むので、仏事をおこなう宗教施設が山頂付近に存在していたか、あるいは仏具や赤彩のある土師器椀なども用いた祭祀を執りおこなう地であったか、のちに三峯寺の興隆を考えると、前身となる山林寺院であった可能性が高い。県内の山林寺院は八世紀後半から九世紀にかけて盛行することから八世紀前葉の遺物は貴重である。[43] 文殊山を中心とした信仰圏に含まれ、山頂付近に展開する三峯村には七一七年の開村（寺ならば開基）伝承をもつので、考古資料と照応した事例といえる。

三峯山の西に位置する文殊山は、越知山も含め越前五山に数えられる。白山を除いた四山は越前国の各郡を代表する信仰の山で、標高一〇〇〇メートルを超えない低山である。他の五山についても触れておく。

日野山は標高七九四メートルをはかり、丹生郡の南境に位置し敦賀郡との境界とみている。過去に山頂では須恵器が採集されたと聞く。北側中腹には荒谷大寺跡が存在し、平坦面などの遺構と石造物が残る。周辺には寺社が展開し平安時代の彫像も存在する。なお、北側に位置する村国山（標高二三八メートル）山頂では無台皿（古代九・一〇期、八世紀後葉）（第41図）、日野川を挟んだ西側の鬼ヶ岳（標高五三二メートル）山頂では須恵器片（古代八・九・一五期、八世紀後半・九世紀末）が採集されている（第42図）[44]。

吉野ヶ岳は標高五四七メートルをはかり、足羽郡を代表する低山である。山頂から少し下った平坦面には蔵王堂が建ち、その付近では須恵器壺（八、九世紀）の底部が採集された。[45] これまで遺跡として認識されてこなかったが、考古学的な開山は遅くとも平安前期で、山上付近で何らかの祭祀が執りおこなわれていたことは確かである。蔵王堂には平安後期制作の聖観音菩薩立像

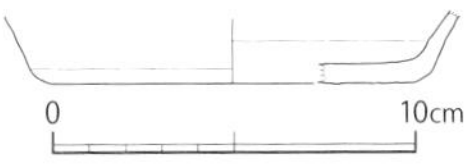

第41図　村国山山頂の須恵器［縮尺1:4］

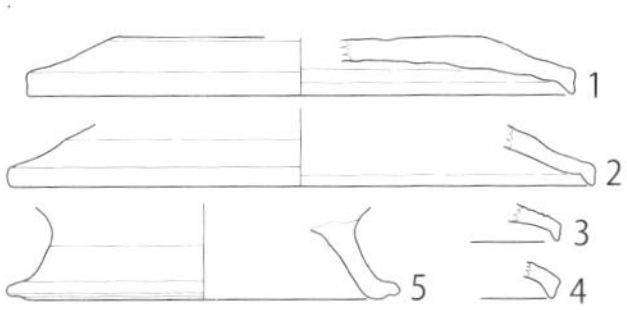

第42図　鬼ヶ岳山頂の須恵器［縮尺1:4］

が所蔵されており、仏堂が平安時代には展開していた可能性が高い。

以上、遺物の時期を押さえると、越知山は八世紀中頃、文殊山は八世紀後半（三峯寺跡は八世紀前葉）、吉野ヶ岳は八、九世紀で、日野山も八、九世紀と聞く。このように郡で中心となる低山には考古学的な痕跡が確認できる。奈良時代の考古資料となれば越知山・文殊山で、宗教遺物としては越知山の平瓶・文殊山の「寺」墨書土器・三峯寺跡の鉄鉢・瓶子にとどまる。部分的な痕跡ではあるが、山頂周辺や山麓には寺社が展開し、平安時代の彫像などが現存することを考えると、奈良・平安前期には低山を中心とした信仰圏が形成されていた可能性が高い。

二　伊野原と伊野氏の由来

『伝記』によると、伊野原に赴いた泰澄は観念を凝らして呪功を運び、天に喚び掛け、骨を砕き肝を屠るまでに力をいれると、先日夢に出てきた貴女が再び現れ、「ここは貴方の母の産穢の場所で、結界ではない。この東の林泉は私が現れるところである。早く来なさい」と命じて姿を消したとある。

伊野原は母の故郷、伊野氏は母の姓であった。勝山市には猪野という地名があり、この一帯は九頭竜川により形成された河岸段丘で、下位には畔川遺跡・上高島遺跡・猪野毛屋遺跡・北市遺跡、上位には猪野下田遺跡・岡横江畔高遺跡・猪野口南幅遺跡がある。特に下位段丘は比較的安定した平場を形成し、遺物の分布が濃いことからも中心集落が存在したとみられる[46]（第43図）。発掘調査がなされた二つの遺跡を以下に取り上げる。

北市遺跡は勝山市教育委員会が平成六年（一九九四）に発掘調査を実施した結果、掘立柱建物跡六棟・竪穴住居跡一八棟・土坑・溝などが検出された。掘立柱建物の棟方向は南北方向を指し、その周囲を竪穴住居が取り囲むように配置される。遺物は約二万点の須恵器・土師器・灰釉陶器などが出土、「良」「秋吉」「室」「継」などの墨書土器一〇〇点程を含む。九世紀前半を主体とするが、八世紀後葉のものも含む[47]。『和名類聚抄』（大東急記念文庫本）などに記載のある「大野郡　毛屋郷」の推定地で[48]、本遺跡から二・四キロに位置する勝山市昭和町の三谷遺跡でも「毛屋郷《カ》」墨書土器が

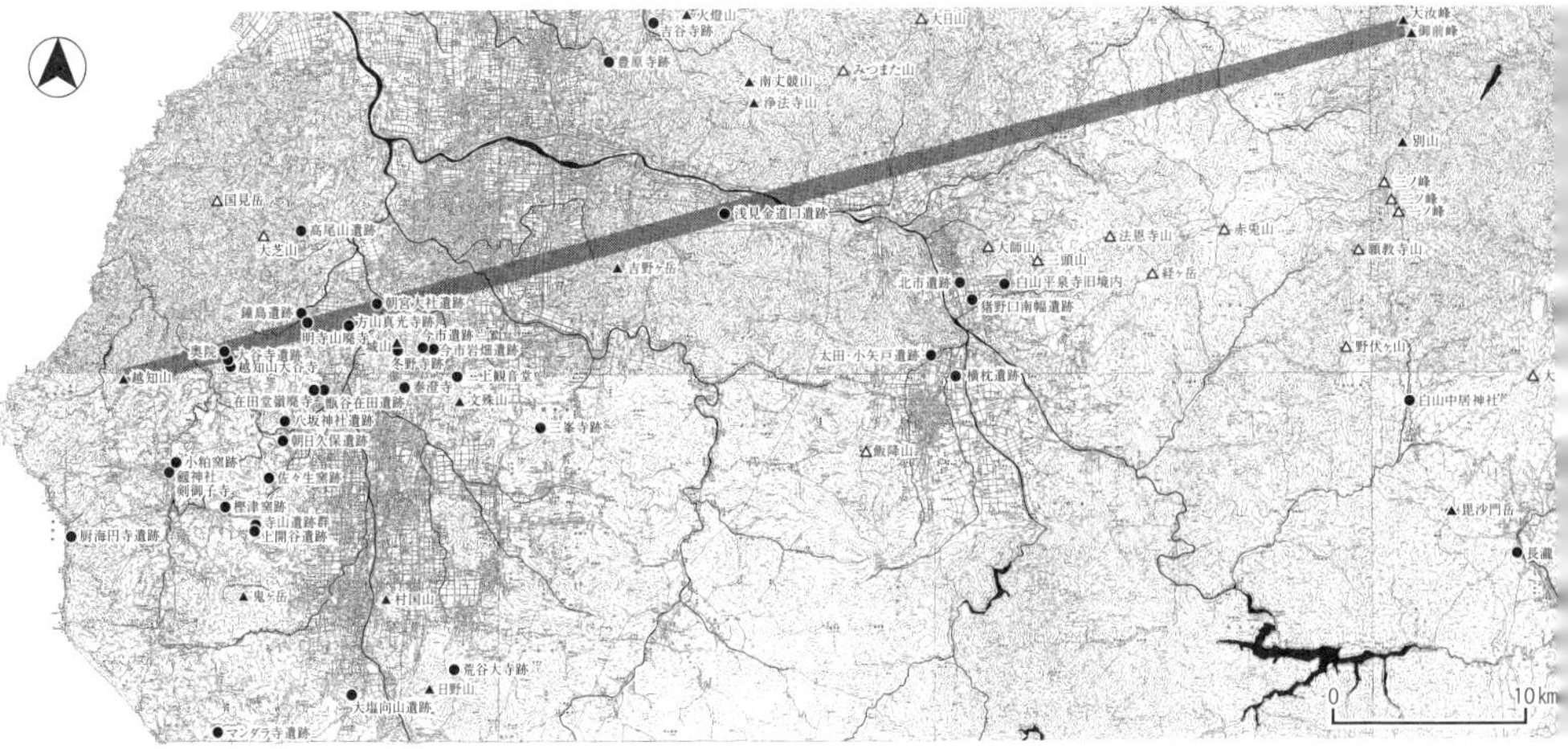

第43図　関連遺跡２

確認されている。[49]

北市遺跡の東約一キロに位置する猪野口南幅遺跡は、勝山市教育委員会が平成八年（一九九六）に発掘調査を実施した結果、掘立柱建物跡・土坑などが検出され、土師器・須恵器などが大量に出土した。[50]ＳＢ04出土土器は古代八期（八世紀中頃）が最古で、それ以外の遺物は九・一〇世紀が大半であった。遺物は須恵器・土師器・黒色土器・灰釉陶器で、鉄鉢などの仏具は認められない。「北」「永」「井」「井□」と墨書で記された須恵器は古代一四、一五期（九世紀後半）に比定できる。「井□」の二文字目は、縦棒とそれに重なる横方向の筆遣いから「口」の字で、「井口」であった可能性が高い（第44図）。

「井口」は地形的な特徴に由来したとみられる。南北に縦断する河岸段丘の裂け目には自噴井があり、手前を意味する「口」に相当すれば「井口」と呼ぶことになる。隣接する大野市の太田・小矢戸遺跡出土の須恵器の有台杯の底部にも「井口」墨書がある（第45図３）。古代一〇期（八世紀末）に比定できるので、猪野口南幅の「井口」墨書土器より年代的に古い。[51]なお、同遺跡では包含層出土の須恵器杯の底面に「伊」「伊野」と記された墨書もある（第45図１・２）。破片なので時期は判断しかねるが、八世紀に比定できる。御清水で知られる大野市にも自噴井が所々にあるので、同じ立地に由来する地名とみておきたい。

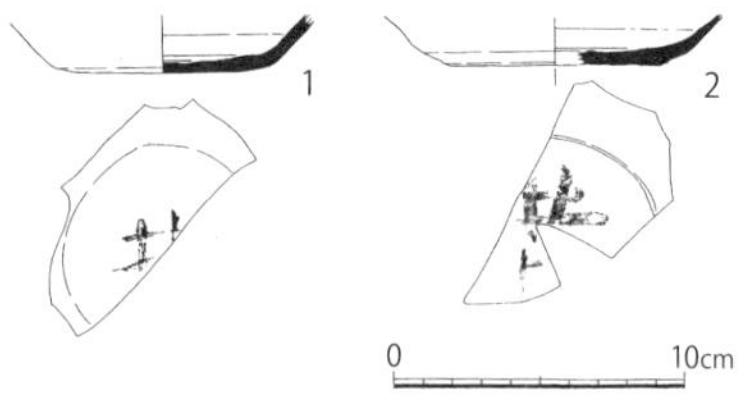

第 44 図　猪野口南幅遺跡出土墨書土器［縮尺 1:5］

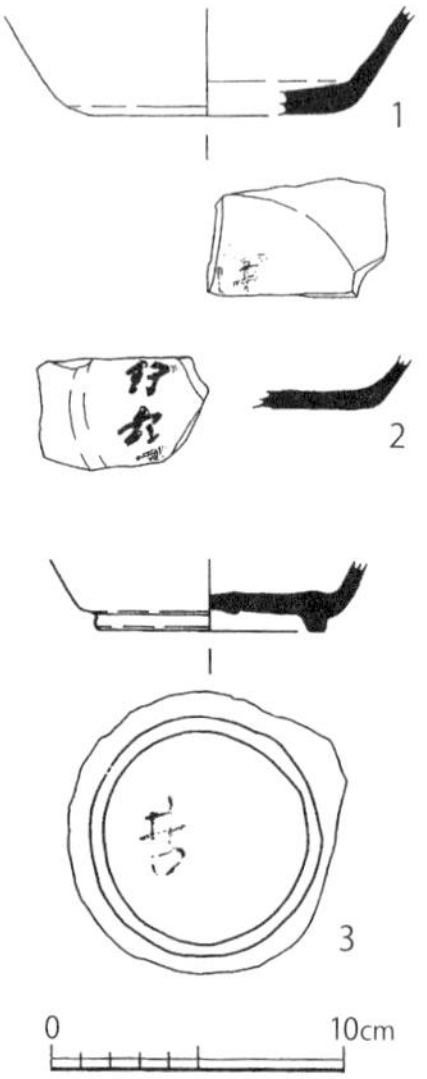

第 45 図　太田・小矢戸遺跡出土墨書土器［縮尺 1:5］

「井口」を「井ノ口」「井野口」と読めば『伝記』の「伊野氏」「伊野原」に通じる。猪野口南幅遺跡は『伝記』の成立した九、一〇世紀を主体としているが、太田・小矢戸遺跡は八世紀が中心で鉄鉢・瓦塔などの仏具も確認できる。太田・小矢戸遺跡の近くには大野市の横枕遺跡があり、八世紀後半から一〇世紀にかけての大型掘立柱建物跡群が検出され、公的な施設（郷倉）とみられる[52]。

このように奈良・平安前期の大野郡には伊野・伊野原につながる墨書があり、宗教施設や公的施設が存在していた。したがって『伝記』が成立した一〇世紀には、伊野原の地名や泰澄母の氏族名を生む歴史的素地を有していたことになる。

三　白山平泉寺旧境内出土の須恵器

『伝記』によると、泰澄が養老元年（七一七）白山入山の際に林泉に赴くと、再び貴女が現れ、「自分は伊弉諸尊で、妙理大菩薩と号す」と語ったとある。霊地たる「林泉」は白山平泉寺旧境内にある「御手洗池」とみられており、その創建譚はここに由来している。

白山平泉寺旧境内は勝山市教育委員会が約三〇年にわたり発掘調査を実施しているが、九、一〇世紀の須恵器が確認される程度で、八世紀に比定できる遺物は確認されていない。藤本康司は発掘された庬大な量の遺物から六三点の須恵器を抽出し、その器種と分布域について検討した(53)。須恵器は南谷を中心とした一三地点に多く、その分布が古代平泉寺の活動範囲を示していたと推察する。宝珍伸一郎も平泉寺白山神社境内に隣接した地点で須恵器が散見されることから、古代の白山平泉寺は現在の境内および隣接地の比較的限定された範囲におさまっていたと述べる(54)。藤本は須恵器六三点を食器（供膳具含む）・貯蔵具・調理具・仏具・不明に分類し、仏具の割合の多さに注目した(55)。仏具と位置づけられた遺物は九点（約一四パーセント）で、外面に回転ヘラケズリを施す金属器模倣品が三点、底部に回転糸切り痕をもつ特殊品二点を含む。小片のため全体像は不明であるが、他の器種と形状が異なることから仏具あるいは何かの祭祀具と考えられる。

また、藤本は特殊品の多さを猪野口南幅遺跡との比較で明らかにした(56)。猪野口南幅の須恵器は四三八八点を数え、内訳は食器二二五五点、貯蔵具二一〇一点、調理具二八点、仏具四点であった。金属器模倣品・水瓶・鉄鉢などの仏具が全体に占める割合は一パーセントに達せず、白山平泉寺の特殊品の多さが際立つ結果となった。つまり、古代の白山平泉寺は一般集落と異なり、仏事をおこなう宗教施設が存在していた可能性が高い。須恵器は八世紀末に遡る可能性は残すが、九、一〇世紀を中心とした時期におさまるものである。

広大な調査面積に比べ須恵器の量が少ないのは、保存目的のため下層遺構まで調査されることが少ないことに起因するが、白山入山の始まる平安前期には小規模な堂宇であったのか、大規模な伽藍をもつ寺院であったかは判断し難い。ただ、林泉の地は現在の平泉寺白山神社に比定できると思うが、一〇世紀の原伝中に林泉の記述があったかは懐疑的で、天台宗の要素が加筆される一二世紀の成立とみておきたい。

第三節　白山修行から大谷仙崛へ

一　白山入山の記録と白山山頂の須恵器

『伝記』によると、泰澄が白山天嶺の禅定に登り緑碧池のほとりで一心不乱に祈念すると、最初に九頭龍王が現れ次に白山神の本地仏である十一面観音の玉体が出現し、それから左の孤峰で聖観音の現身とする小白山別山大行事、右の孤峰で阿弥陀如来の現身とする大己貴を感得し、そのまま白山の峰に居したとある。養老元年（七一七）に泰澄によって開山がなされ、越知峯に蟄居する天平宝字二年（七五八）まで修行したという。白山の開山時期については文献史料と考古資料から追うことができる。

まず、『日本三代実録』元慶八年（八八四）三月二十六日条には、禅林寺の僧宗叡が師の円珍に従い園城寺で両部大法を受けた際に叡山神から彼の苦行を庇護するという託宣を受けると、のちに彼が白山に至ったとき二羽の烏が飛随し暗夜に火があって彼を導いたという[57]。また、『尊意贈僧正伝』には鹿賀尾寺（高山寺）の僧賢一が元慶二年（八七八）に越の白山に入るから再会を期し難いと告げ、尊意に薬師像を残して去ったという[58]。二僧の記事は苦行などの修行目的の入山で、白山神を拝するためではなかったとされている[59]。白山神は『日本文徳天皇実録』仁寿三年（八五三）十月己卯条に「加賀国白山比咩神従三位」とあり[60]、二僧の入山記録以前に国史に登場している。また、長寛元年（一一六三）の成立とされる『白山之記』によると、天長九年（八三二）には越前・加賀・美濃の三馬場から白山山頂に至る禅定道が開かれ、嘉祥元年（八四八）には白山本宮が鎮護国家の壇場として定め置かれたとある[61]。加賀側の史料になるが、白山登拝には九世紀中頃にひとつの画期が認められる。

次に、白山山頂出土の遺物である（第46図）。御前峰では頂上部尾根の南西崖地斜面に遺物が集中して散布しており、国学院大学考古学資料館白山山頂学術調査団が昭和六十一、二年（一九八六、七）に実施した調査では、平安時代から近代までの遺物約二〇〇〇点が確認された[62]。須恵器は九点あり、内訳は糸切り無調整のベタ高台をもつ椀一点、小型

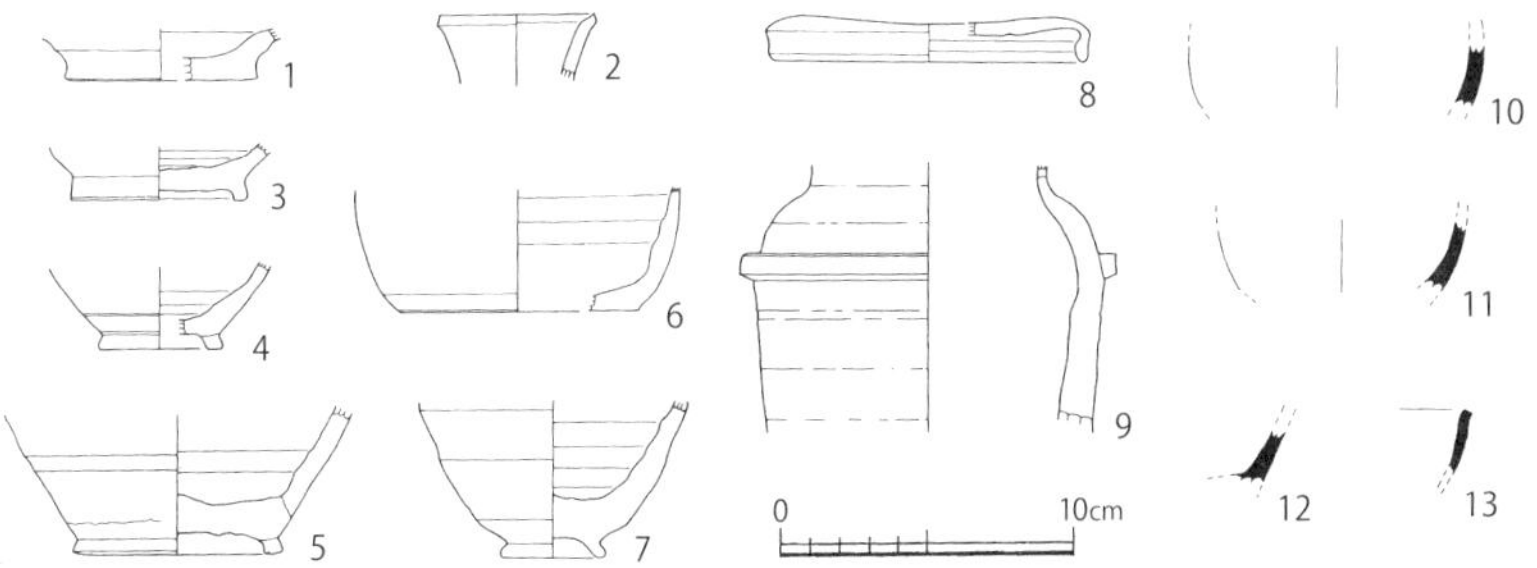

第46図　白山山頂出土の須恵器［縮尺1:5］
1～12　御前峰遺跡　13　白山室堂遺跡

の瓶で口縁部一点と高台のある底部一点、倒卵形の体部をもつ瓶の底部二点、灰釉手付類似の器形をもつ瓶底部一点、砲弾状の体部をもつ瓶の下半部一点、天井部にヘラケズリ痕跡をもつ壺蓋一点、肩部に突起のある瓶一点である。いずれも破片のため用途・器種は特定できないが、古代一四～一六期（九世紀後半～一〇世紀前葉）とみられる。ただ、糸切り痕をもつ須恵器は椀ではなく鉄鉢で、瓶の破片は水瓶とすれば仏具とみられる。壺の蓋についても透かしをもつ類似品から特殊品の可能性が指摘できる。また、白山市教育委員会が平成十九年（二〇〇七）から二十二年（二〇一〇）にかけて実施した白山山頂遺跡群の調査においても須恵器四点が報告された[63]。御前峰遺跡では須恵器瓶の胴部から底部にかけての破片が二点、瓶底部の破片一点、白山室堂遺跡では須恵器椀の口縁部一点があり、いずれも古代一六期（一〇世紀前葉）とみられる。

白山山頂の須恵器は九世紀後半に比定できるので、中央僧による白山入山や白山神の記録のあらわれた九世紀後半と同時期である。この頃から僧をはじめとする人々が盛んに登り、仏事や祭祀を執りおこなったとみられるが、その具体的な内容までは特定できない。本格的な白山入山は九世紀後半で一致するが、遺物はあくまでも廃棄にともなうので、それ以前の状況は分からない。泰澄は養老元年（七一七）に白山登頂を果たすが、現在のところ考古学的な痕跡は認められない。ここでは『伝記』が成立したとされる一〇世紀と、文献・考古資料の時期が一致する点を強調しておきたい。

二　白山の拠点社寺と白山禅定道の成立

白山には古くから禅定道と呼ばれる登拝路が開かれていた。各登り口を馬場と称し、特に越前・加賀・美濃のものが知られる。馬場には越前の白山平泉寺、加賀の白山本宮、美濃の白山長瀧寺といった拠点社寺が開かれ、泰澄開基の伝承を有する。

勝山市の白山平泉寺旧境内には出土遺物の分析から九世紀の宗教施設が存在していた可能性が高い。加賀禅定道の拠点である白山本宮についても、白山比咩神の神階奉授を根拠とすれば九世紀には成立していた。『白山之記』によれば江沼郡には白山五院（柏野寺・温泉寺・極楽寺・大聖寺・小野坂寺）、三箇寺（那谷寺・温谷寺・栄谷寺）、加賀国府周辺には白山中宮八院（護国寺・昌隆寺・松谷寺・蓮花寺・善興寺・長寛寺・涌泉寺・隆明寺）など白山信仰にかかわる寺院が数多く展開する。(64) なかでも石積基壇をもつ高尾廃寺は平安中期には建立され、白山五院のひとつである「小野坂寺」との関連性が指摘できる。岐阜県郡上郡白鳥町の白山長瀧寺は養老年間（七一七〜二四）に泰澄が開創したというが、現在のところ考古学的な痕跡は認められない。

三か所以外にも白山関係寺院が知られる。福井県坂井市丸岡町の白山豊原寺は、室町時代に成立した「白山豊原寺縁起」（『豊原春雄家文書』）によると、泰澄が大宝二年（七〇二）に開基し、天長年間（八二四〜三四）に昌滝和尚が中興したとある。(65) 豊原寺跡は丸岡町教育委員会が五年にわたり華蔵院・伝講堂跡・推定僧坊跡・中世墓地などの発掘調査を実施した結果、講堂跡の発掘調査では九〜一一世紀の須恵器・土師器・灰釉陶器が出土した。灰釉陶器の浄瓶などの仏具を含むので、中興期には寺院として成立していたとみられる。(66) このように白山をめぐる拠点的な社寺の成立は平安前期に遡る可能性が高い。

白山入山の記録が九世紀中頃以降で、実際に白山山頂では九世紀後半よりも古相の遺物が確認されていないことと齟齬はきたさない。考古資料をもとに禅定道の復元を試みると、加賀禅定道として本宮→中宮→尾添→白山のルートは

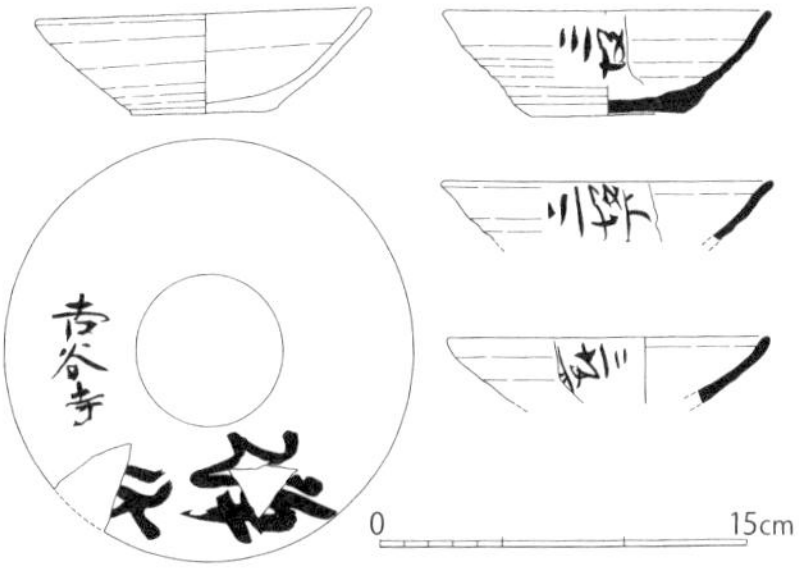

第47図　浄水寺跡出土墨書土器
［縮尺 1:6］

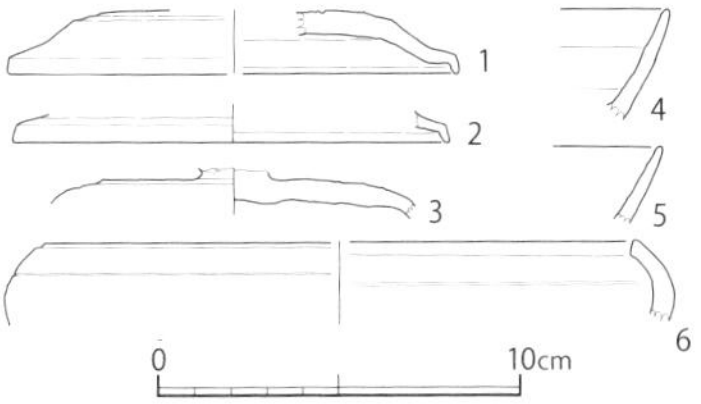

第48図　南丈競山山頂の須恵器
［縮尺 1:4］

知られるが、それを裏付ける考古資料は少ない。しかし、国府→中宮のルートは復元可能である。加賀国府近くに展開する石川県小松市の浄水寺跡では「三坂」「吉谷寺」などの墨書土器が出土し、国府から三坂峠を越えて白山に向かう途中の地名（吉谷町）に関連する文字資料が確認できる（第47図）[67]。国府の背後にそびえる観音山を中心としたひとつの信仰空間が形成されるので、観音山→三坂峠→吉谷→中宮→白山のルートが想定できる。このことは一〇世紀には加賀国府から三坂峠を越え、中宮を経由して白山に登拝する加賀禅定道が成立し、国府・中宮八院を拠点とした白山信仰圏の形成を示している[68]。

美濃禅定道の拠点である長瀧寺の背後には毘沙門岳（標高一三八六メートル）がそびえる。ここでも須恵器片・灰釉陶器などが採集され、長瀧寺との関係性が指摘できる[69]。毘沙門岳からは尾根筋を通ると白山へとつながり、毘沙門岳→野伏ヶ岳→願教寺山→別山というルートでつながる。考古学的な痕跡は少ないが、毘沙門岳山頂の須恵器は古代に遡ることを示している。なお、越前禅定道の拠点である白山平泉寺旧境内から白山への禅定道を裏付ける考古資料は確認されていないが、三頭山→法恩寺山→経ヶ岳→赤兎山→三ノ峰→白山というルートが想定される。

加えて、三馬場の禅定道以外に別ルートが存在した可能性は高い。豊原寺背後にそびえる南丈競山（標高一〇四五メートル）の山頂では鉄鉢・転用硯などの須恵器（九世紀）が採集された（第48図）[70]。浄法寺山と比べ山頂の平坦面は広く、仏具も確認できることから仏事をおこなう堂宇が存在していたか、それとも単なる祭祀跡なのかは判断できない。そのまま尾根沿いに東に行くと、浄法寺山（標高一〇五三メー

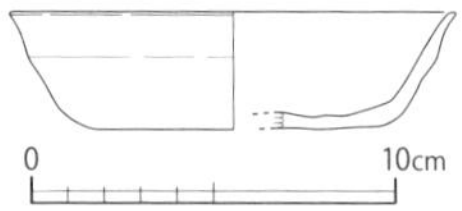

第49図　火燈山山頂の須恵器［縮尺1:4］

トル）につながり、山頂では須恵器片・八花鏡片（九世紀）などが採集された。(71)他にも赤彩した土師器一点にガラス製の首飾りを入れ、同じような土師器四点（九世紀）で蓋をして山頂に埋納した事例が知られる。(72)また、豊原寺東の吉谷寺跡の背後には火燈山（標高八〇三メートル）がそびえ、山頂からは煤の付いた須恵器の無台杯（九世紀）が採集された。その山名の通り火にまつわる祭祀を執りおこなっていた可能性が高い（第49図）。

ルートについては豊原寺から南丈競山→浄法寺山→みつまた山、また吉谷寺から火燈山→みつまた山が想定できる。みつまた山（標高一〇六〇メートル）からは大日山（標高一三六六メートル）を経由して白山へ向かうことになる。豊原寺跡・吉谷寺跡や白山につながる山々の山頂で確認された考古資料は九世紀に比定できることから、別ルートの禅定道が平安前期（九世紀）には開通していた可能性が高い。なお、越中と加賀の国境に位置する医王山（標高九三九メートル）山頂付近の医王山三千坊遺跡、医王山鳶岩遺跡では九世紀後半〜一〇世紀の須恵器が採集されている。(73)そのため医王山→大門山→大笠山→笈ヶ岳→三方岩岳→白山というルートが想定できる。

三　越知峯大谷仙崛への蟄居

『伝記』によると、長年白山で苦行を修した泰澄は、天平宝字二年（七五八）七七歳の年に下山し、越知峯の大谷仙崛に蟄居したとある。

その比定地が越知山大谷寺付近である。仙崛とあるので、洞窟状のものが想定されるが、周辺の分布調査では確認されていない。『広辞苑』によると「仙崛（窟）」は仙人のすみか、俗世間をはなれたすみか、との意味がある。(74)仙窟とは仙人としての一面をもつ泰澄が、晩年に俗世間を離れ住んだ場所とも解釈できるので、必ずしも洞窟状のものを想定しなくてもいい。ただ、大谷寺は谷あいの奥まった地にあり、全体的な地形としては洞窟のようにもとらえられる。

越知山大谷寺は越知山から直線距離五・三キロの金毘羅山東南麓に位置し、裏山の元越知山（標高二〇〇メートル）には大谷寺遺跡が展開する。古くは『福井県丹生郡誌』には須恵器が採集されたとあり[75]、平成十一年（一九九九）には同志社大学の学生達が分布調査を実施し、転用硯・墨書土器・仏具の存在から平安前期の山林寺院の存在を明らかにした[76]。遺跡の中心は山頂の大規模な平坦面にあり、採集資料は平安時代の須恵器の杯・皿・椀、土師器、灰釉陶器の浄瓶、鎌倉時代の越前焼などで須恵器のなかには墨書を含んだ。伝世遺物として平安時代の須恵器、柱状高台の土師器、土師器の底部、中世の土師器皿などがある。これらの遺物の時期は多少の断絶を含むが、九世紀中頃から近世にいたるまで連綿と認められる。

朝日町教育委員会（平成十七年の合併後、越前町教育委員会となる）は平成十四年（二〇〇二）から十七年（二〇〇五）にかけて発掘調査を実施した。測量調査では門状遺構・大小の基壇状遺構・溝跡を確認し、発掘調査では基壇状遺構の規模は裾部で長軸二五・一×・短軸一六・〇メートルをはかり、上部には礎石建物が存在した可能性が高い[77]。出土遺物は古代一二～一六期（九世紀中頃～一〇世紀前葉）の須恵器・土師器が中心で、一一から一三世紀にかけての土師器なども出土した。特に、須恵器の杯・皿などを転用した硯、緑釉陶器の香炉、須恵器の浄瓶などの仏具、墨・煤付着の土師器・須恵器などの遺物は寺院活動の痕跡を示している。

また、平坦面の北東側には小型の基壇状遺構があり、付近では「神」墨書土器二点が出土した。古代一四～一六期（九世紀後葉～一〇世紀前葉）のもので、白山遥拝の最適地にあたることから寺院内の神社遺構で神祀りの痕跡とみている[78]。墨書土器の再検討で判明した「鴨家」墨書土器は賀茂郷の拠点である鐘島遺跡との関係や大谷寺の経営を考えるうえで重要で[79]、県内唯一出土の緑釉陶器の香炉はその財力を示している。これらの考古資料を勘案すると、大谷寺遺跡を『伝記』にある「大谷仙崛」に比定するのが妥当であろう。

第四節　泰澄の入定と『泰澄和尚伝記』の本文末尾・奥書

一　丹生山地の宗教事情

『伝記』によると、泰澄は天平宝字二年（七五八）に越知峯の大谷仙崛に蟄居したとあるが、八世紀中頃の丹生山地の考古学的な状況を見ると、須恵器の鉄鉢などの仏具が生産され、消費地での出土も確認されている。採集資料が多く発掘事例も少ないので、遺跡の性格までは特定できないが、他の仏具から山林寺院とみられる遺跡も存在する。

生産地としては越前町の丹生窯跡があり、鎌坂・佐々生・樫津・小曽原の四支群が知られる。越前町佐々生の佐々生窯跡は平成十四、五年（二〇〇二、三）に朝日町教育委員会が発掘調査を実施した結果、窯体内や灰原から大量の須恵器が出土した[80]。鉄鉢・瓦塔などの仏具が特徴的で、時期は古代八期（八世紀中頃）に比定できる。鉄鉢は県内最多の出土量をほこり、奈良時代の信仰解明に重要である。八世紀後半になると越前町の樫津窯跡や舟場窯跡が操業し、仏具の生産は続く。県内の同時期の窯と比べその量は多い。丹生窯跡が越前国の仏具生産の中心地であり、背後には国衙などの関与が想定される。

消費地としては越前町の二遺跡が知られる。朝日久保遺跡は越前町朝日に所在し、表採遺物は八、九世紀のものがほとんどで、なかには須恵器の鉄鉢、灰釉陶器を含む[81]。本地はもと朝日観音（現在は観世音山の丘陵中腹にあり）があったというので、古代の宗教施設であった可能性が高い。朝日観音といえば養老年間（七一七〜二四）の泰澄開基の寺院で、本尊は泰澄自作の木造正観音菩薩立像である。次に、八坂神社遺跡は越前町天王に所在し、八、九世紀の須恵器や須恵器の鉄鉢などが採集された[82]。付近には八坂神社所蔵の木造阿弥陀如坐像、木造釈迦如来坐像［国重要文化財］、木造十一面女神坐像［福井県指定文化財］などがあるので、神宮寺の応神寺跡であった可能性は高い。なお、天王前山遺跡では福井県教育庁埋蔵文化財調査センターが発掘調査を実施した結果、八、九世紀の須恵器の鉄鉢などの宗教遺物が出土している[83]。

越前町には平地だけでなく、山林にも宗教施設が営まれる。越前町の上開谷遺跡・寺山遺跡群は山頂から少し下った標高約一六〇メートルの地点で須恵器の鉄鉢が採集され、山林寺院の可能性が指摘された（第50図[84]）。昭和六十三年（一九八八）福井県立歴史博物館に寄贈された採集資料で、須恵器の杯・広口壺の口縁部片で、九世紀が大半を占め八世紀のものを含むという[85]。須恵器の鉄鉢は金属器模倣を意識した二条の沈線が施される。丹生山地北部に位置する福井市大森町の明寺山廃寺（標高五〇メートル）は丘陵上に立地し、八世紀末から一〇世紀にかけて盛行した里の寺である[86]。本堂と脇堂がL字に配置され、須恵器の鉄鉢、多量の転用硯・墨書土器、瓦塔、数珠玉が出土し、写経がおこなわれていた。廃寺の下に展開する鐘島遺跡は七世紀後半から一〇世紀にかけての集落跡で、中国製の白磁・大和産の緑釉陶器・灰釉陶器などの高級品が出土することから郡領級の有力者の居館とみられ、鉄鉢などを含むことから仏堂の存在がうかがえる[87]。

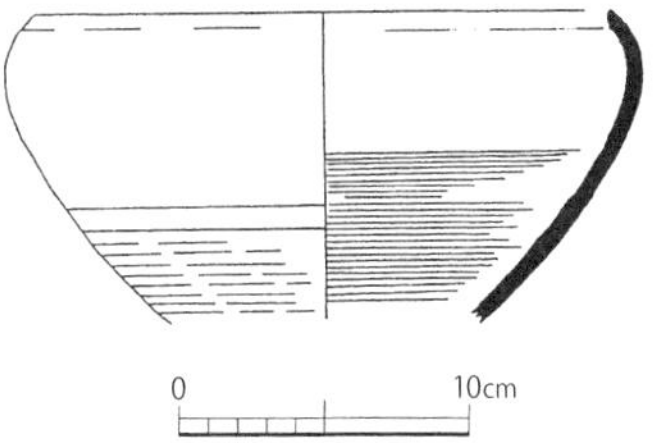

第50図　上開谷遺跡の須恵器
［縮尺 1:5］

これらの宗教施設から越知山への参詣があったのだろうか。復元を試みると、北部では志津川付近に展開する明寺山廃寺と鐘島遺跡、南部では泰澄の修行道の入口部にある八坂神社遺跡、泰澄開基の朝日観音と朝日久保遺跡が拠点の宗教施設になる。これらは越知山に向かう主要道にあり、その交差点に位置する大谷寺遺跡は中継地点にあたる。越知山参詣のルート沿いには天谷遺跡があり、数々の平坦面や字などから寺院であった可能性が高い。越知山山頂では奈良時代の須恵器が確認され、越知山南東麓の織田盆地には剣御子寺が建てられたので、これらを関連づければ南東側からのルートも想定される。いずれにせよ越知山を基点とした信仰圏が奈良・平安前期には形成されていた可能性が高い。

他にも丹生山地には宗教施設が存在する。丹生郡の北境は国見岳から大芝山（標高四五五メートル）の尾根線上が想定できるが、付近の高尾山（標高四一七メートル）山頂直下では古代山林寺院とされる福井市本堂町の高雄山遺跡が展開する[88]。東麓の福井市甑谷町の甑谷在田遺跡D地点では土師器甕、須恵器の鉄鉢・特殊形状蓋、転用硯や墨書土器（古代九〜一二期）などが出土し、仏教系の信仰空間が八世紀後半から九世紀中頃にかけて存在した可能性が高い。(89) その裏の乙坂山中腹には甑谷の仏光寺や在田の堂之嶺という字名が残り、山林寺院とみられる遺構をもつ在田堂嶺遺跡が展開することから、甑谷在田遺跡との関係性が指摘できる。その北側の八幡山山頂には基壇状遺構が存在し、付近の白山神社には木造の聖観音菩薩立像・地蔵菩薩立像が安置されるため寺院であった可能性が高い。(90) 日本海沿岸の海岸段丘上に展開する越前町の厨海円寺遺跡では、平安時代の柱状高台土師器・須恵器・灰釉陶器などが出土した。(91) 寺院かは明確でないが、付近には建てられた泰澄開基の西徳寺との関係性が指摘できる。

二　加賀・能登・越中の山頂遺跡・山林寺院

越前国の宗教文化を考えるにあたり加賀国石川郡・能美郡と一部能登国・越中国を対象とし、山頂遺跡・山林寺院などの宗教遺跡・宗教関連遺跡について取り上げる（第51図）。(92)

加賀国石川郡の中心である倉ヶ岳（標高五六五メートル）では、山頂直下の平坦面（標高五一〇メートル）において八世紀後半〜末の遺物が採集された。その周辺には額谷カネカヤブ遺跡（八、九世紀）、額谷御廟谷遺跡（一〇世紀）、四十万ヒッカジ遺跡（止観山寺跡）などの山林寺院が展開する。特に丘陵中腹に立地する三小牛ハバ遺跡（八世紀後半〜九世紀末）では掘立柱建物・竪穴建物が検出され、銅板鋳出仏、奈良三彩壺、須恵器の鉄鉢・水瓶、暗文赤彩鉢、土師器脚付香炉、灯明杯、布目瓦、転用硯、「三千寺」「沙弥古万呂」の墨書土器が出土した。この一帯は『日本霊異記』下巻第一四によると、神護景雲三年（七六九）頃、優婆塞の小野朝臣庭麿が山林修行していたことが知られる。

能美郡の観音山（標高四〇二メートル）周辺でも山林寺院が展開する。宮竹うっしょやまA遺跡（八世紀後半〜一二世紀前半）では五山石・掘立柱建物・石垣・土坑が検出され、須恵器の鉄鉢・転用硯、「大阪寺」墨書土器が出土している。庄が屋敷B遺跡（八世紀後葉〜一〇世紀）では掘立柱建物が検出され、須恵器鉄鉢・水瓶、転用硯などが出土した。

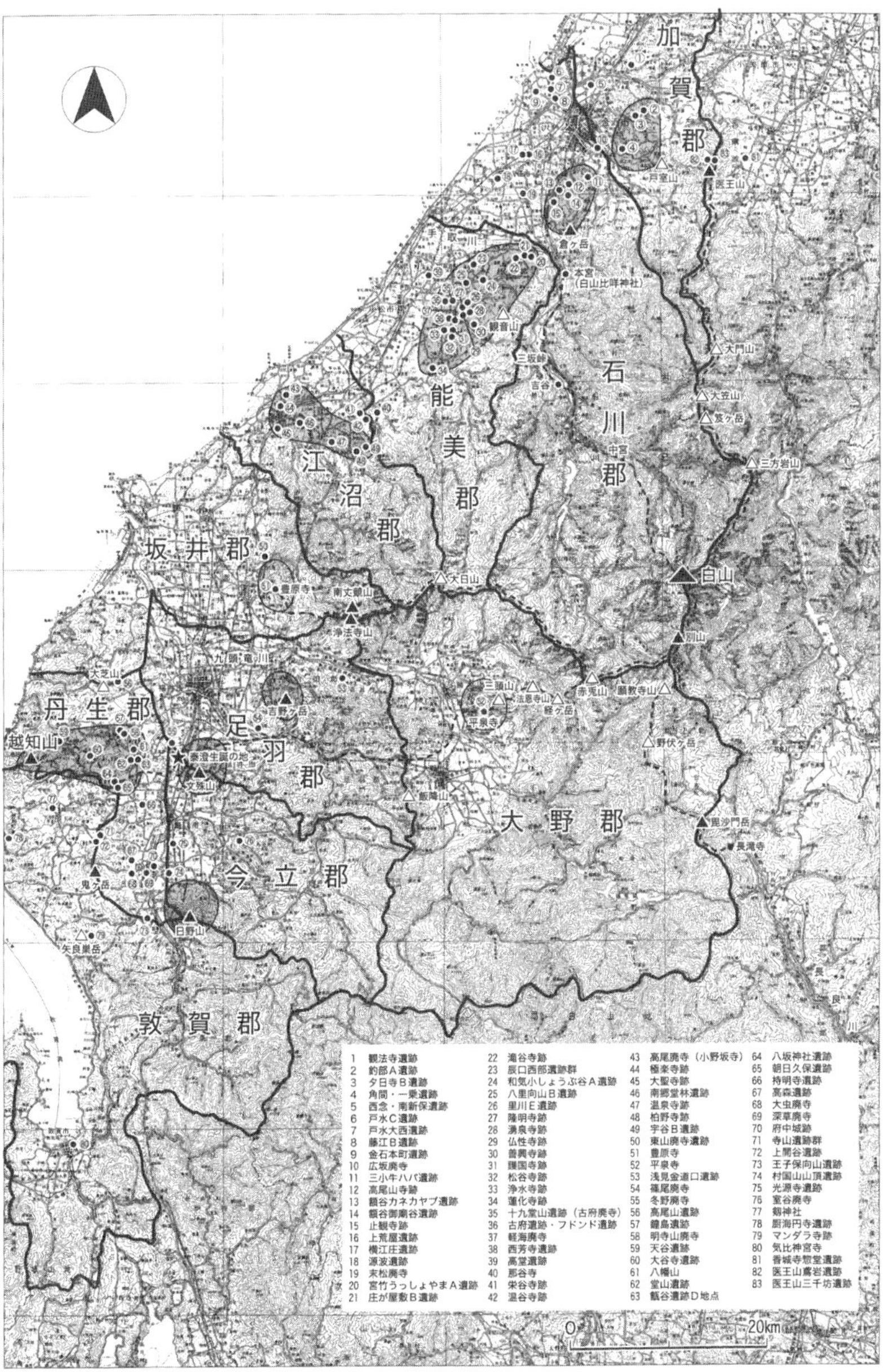

第51図　古代を中心とした越前・加賀の宗教施設（郡境は推定の部分もある）
（▲遺物が確認された山、△遺物が未確認の山）

八里向山B遺跡（九世紀前半）では礎石建物・掘立柱建物が検出され、三彩小壺、土師器灯明杯が出土した。里川E遺跡（九世紀後半〜一〇世紀前半）は礎石建物・掘立柱建物が検出され、須恵器・土師器・鉄釘が出土した。付近には和気小しょうぶ谷A遺跡（八世紀）も存在する。

越中と加賀の国境に位置する医王山（標高八九六メートル）や戸室山（標高五四七メートル）周辺では、加賀側の角間遺跡・一乗遺跡（九世紀後半〜一二世紀）、釣部A遺跡（一〇世紀前半）、夕日寺B遺跡（一一、一二世紀）、観法寺遺跡（推定弥勒寺跡）（八〜一一世紀）が、越中側の香城寺惣堂遺跡（八世紀末、九世紀末〜一二世紀）が展開し、古代山林寺院と考えられている。また、能登の石動山（標高六六四メートル）でも天平寺などの寺院が展開し、ひとつの信仰空間を形成している。

このように越前・加賀では八世紀後半から九世紀にかけて山林寺院などの宗教施設が数多く存在し、その多くは七世紀後半に建立された寺院と異なり、瓦葺でない檜皮葺や板葺の建物であった。国境・郡境あるいは郡の中心に展開し、平野・海から見て目立つ山の周辺に集中している。近くには道路が走るなど交通の要所に位置することが多いのも特徴で、標高一〇〇〇メートルを超えない山々（低山）においてひとつの信仰空間を形成したとみられる。なかでも越知山・文殊山・吉野ヶ岳・日野山・観音山・医王山・石動山などの山々には泰澄伝承があり、須恵器が確認されることは『伝記』の風景を考えるうえで意義深い。八、九世紀に増加する山林寺院も九世紀末から一〇世紀初頭までに一時衰退・消滅する事例が多く、逆に九世紀後葉に成立する寺院には比叡山などの中央寺院との本末化が進む例も含め、中世まで続く事例も確認できる。(93)

三　『泰澄和尚伝記』の本文末尾と奥書

『伝記』の本文末尾には、天徳元年（九五七）三月二十四日に風土旧記を勘案し、門跡の首老である浄蔵貴所から直接対面して聞いた談話により、その門徒である小僧神興らが大まかに泰澄の操行を書き記し、後代の亀鏡（模範）として備えようとするものだとある。

口述者の浄蔵は大谷寺・平泉寺などが天台宗の延暦寺末寺となった一二世紀後半の仮託で[94]、実際の筆記者は僧神興とみられる。奥書の「或人云」によると、大谷精舎寺院の仏法興隆の根本人とある。これを信じれば一〇世紀に成立した『伝記』原伝の筆記者は大谷寺僧ということになる。泰澄入定の地とされる大谷寺遺跡には平安前期の山林寺院が営まれ、泰澄死後六〇年後の九世紀中頃までは遺物で追え、しかも「大谷」墨書土器から「大谷仙崛」であることは確実視されるので、神興という名前かはわからないが、大谷寺にいた実在の僧であった可能性が高く、『伝記』の風景を知る人物としてふさわしい。

次に、注目するのは『伝記』本文末尾で記された越知山・白山の関係である。伝え聞くところによると、泰澄が常に言うことには「白山の禅定は結界無漏の清浄な仙崛であり、容易には登り難い所である。まずは越知峯に登って魔難を払い、怨霊を退けてから参詣すべきである。末代悪世において厳重の勝利を得るか否かは、ひとえに妙理大菩薩にかかっているのである」と。この泰澄の言葉は真実である。今現に朝野・遠近を見ても、白山に参拝する人々は竹や葦のように数多く、将来において、いよいよその霊験は不可思議なものとなろう。

越知山・白山の一体観の信仰が説かれ、越知山での禊が強調される。両山の関係性については長谷川賢二が『伝記』以外に白山登頂前に越知山修行をおこなったと明確に示された史料はなく、『渓嵐拾葉集』の記事を最初とみて越知山↓白山の流れが山門のなかで一四世紀前葉に確立し『伝記』の成立に影響を与えたと述べる[95]。つまり中世の認識とされてきたが、その関係は以下の事実により平安前期に遡る可能性が高い。それは両山を結んだ直線には、西から越知山—(五・三キロ)—大谷寺遺跡—(四・三キロ)—明寺山廃寺—(四・〇キロ)—朝宮大社遺跡があり、およそ四、五キロの距離で主要な山林寺院が均等に配列されるからである。両山を意識し意図的に直線上に営まれたことから「越知山・白山一体観の信仰」と定義できる。こうした両山を一体とする信仰圏の成立は八世紀末の可能性はあるが、確実な遺物は九世紀からである。

各遺跡の関係性を述べると、大谷寺遺跡の「山内」、鐘島遺跡の「御山内」と同じ字句の墨書土器があり、大谷寺遺跡から鐘島遺跡までが越知山内という宗教的な空間を形成していたことの証左となる。それを裏付けるように両遺跡の間には山内町があり、古代越知山信仰圏の痕跡を今に残している。そして大谷寺遺跡と明寺山廃寺は越知山・白山遥拝の山林寺院で、ともに神社遺構があり、写経・仏事だけでなく神祀りをおこなった可能性が高い。特に、明寺山廃寺は越知山のある西側の崖に面する「旦宮」が鎮座しており、下部には未使用の土師器短胴甕が大量に廃棄されていた。丹生山地の入口部にあたるので、越知山内への入山あるいは白山入山時に禊をおこなった痕跡とみられる。

第52図「鴨家」墨書土器［縮尺1:5］

また、明寺山廃寺は丘陵上に残る字から明寺が実際の寺名で、「明」「旦」には「あける」「よあけ」の同じ意味がある(96)ので、本来は神宮寺的な性格をもつ宗教施設だったのかもしれない。他に「旦」は「あさ」とも呼ぶ。朝宮大社遺跡も字名を採用した遺跡名であるので、山林寺院の一角に「朝宮」という神社の存在が想定される。つまり「明寺」「旦宮」「朝宮」は両遺跡の深い関係性を示している。さらに大谷寺遺跡の「鴨家」墨書土器である（第52図）。『和名類聚抄』には越前国丹生郡のひとつに賀茂郷があるが、賀茂神社のある福井市大森町付近に比定され(97)、鐘島遺跡を中心とした地域とみられている(98)。鐘島遺跡は郡領級の豪族の居住地で、賀茂郷の郷倉ともみられている。「鴨家」墨書土器は鐘島遺跡からもたらされた可能性があり、賀茂郷の領域や大谷寺遺跡の造営主体者を考えるうえで重要な資料といえる。

以上のことから「越知山・白山一体観の信仰」という両山を一体とみる信仰圏は、『伝記』が成立したとされる一〇世紀には確立していたので、『伝記』にある泰澄が養老元年（七一七）に越知山から白山へ行場を移動し、再び越知山へ帰山する回帰的なあり方が語られるだけの歴史的な素地があり、原伝の筆記者が泰澄の象徴たる事蹟として内容に組み込んだ可能性は高い。また、奥書にある白山登頂前に越知峯で魔難を払い、怨霊を退けてから参詣すべきだとする記

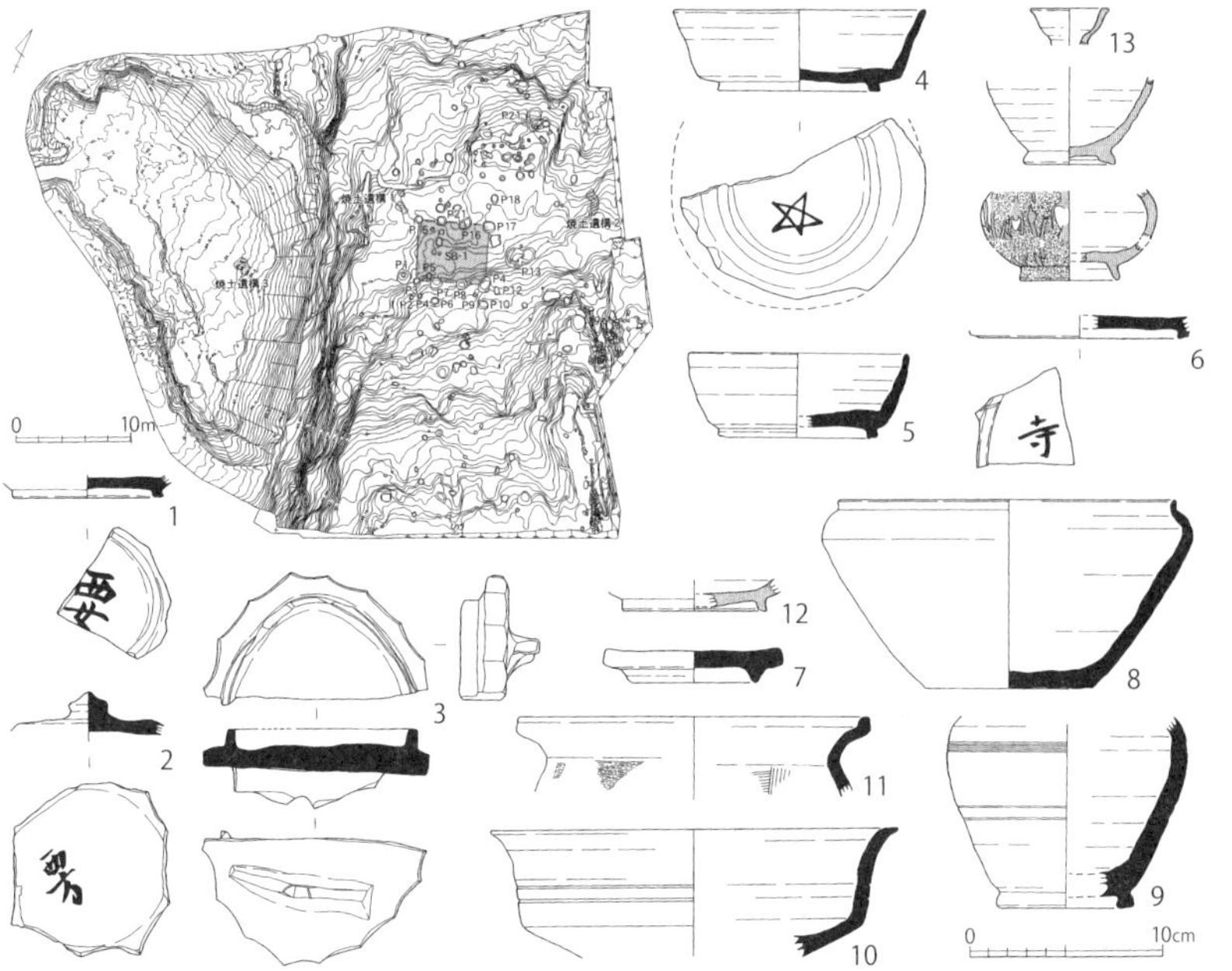

第53図　浅見金道口遺跡の遺構図・出土遺物［遺構図は縮尺1:1,000、遺物は縮尺1:6］
1〜10　須恵器　11　土師器　12　緑釉陶器　13・14　灰釉陶器　15　三彩

述についても、明寺山廃寺における未使用土師器の大量廃棄を重視し越知山内だけでなく白山入山時の禊の行為とすれば、内容の信憑性の高さを示すことになる。加えて越知山から白山への登頂の際に西から始まり、白山を遥拝しながら巡礼したこともあったかもしれない。

その根拠として朝宮大社遺跡から一八・七キロ先、永平寺町浅見に所在する浅見金道口遺跡をあげたい。本遺跡では掘立柱建物跡一棟が検出され、古代九〜一四期（八世紀後半〜九世紀中頃）の遺物が出土した（第53図）[99]。須恵器の鉄鉢・硯、「☆」「寺」「西方」「西女」墨書土器、小型の三彩壺・緑釉陶器の椀・灰釉陶器の浄瓶があるので、桁行三間×梁行一間の建物は仏事をおこなう宗教施設で、五芒星の存在から陰陽道的な祭祀もおこなわれた可能性が高い。注目するのは建物長軸（N‐73°‐E）が越知山・白山を結んだ直線（N‐74°‐E）と同じ方向で、「西」墨書が数枚あるのは越知山の方角を意識したことによるのだろうか。何より現地からは白山が遥拝でき、それ以上近づくと見えなくなる間際の地にあり、浅見（あざみ）の地名が朝宮を思わせることから両山を意識した宗教施設と考えられる。

こうした事例を踏まえると、越知山から三二・三キロも離れた地であるが、白山遥拝の地として越知山・白山の線上に営まれ、建物の方向と一致することは偶然として片付けられない。両山の方向を意識した造営とすれば、越知山・白山一体観の信仰が九世紀に確立していたことになり、『伝記』の泰澄の動きを象徴するように実際に越知山から直線的に山林寺院を巡礼し、白山へ登頂したあと再び同じコースをたどり越知山に戻ったことも想定される。しかし、これらを証するには既知の調査事例を再検証し分布調査をおこない、類例を増やしていく必要があるだろう。

おわりに

『伝記』の記述をもとに、これまで考古学の立場から論じられることの少なかった泰澄とその伝の内容について、ゆかりの地の地域性や歴史性、遺跡の分布・遺構・遺物の検討を通じて原型となる風景を時系列で概観した。以下に結論を述べる。

まず、最初の修行地とされる越知山からは奈良時代の須恵器が二点、坂本岩屋のモデルとみられる白瀧洞窟からも奈良時代の須恵器一点が確認された。越知山南東麓に鎮座する劔神社では奈良時代初期の神宮寺が創建され、泰澄が白山開山したとされる養老元年（七一七）に近い時期である。泰澄のような山林修行者が活動し、神宮寺の創建に関与していたことは充分に考えられるが、これらの考古資料だけでは白山開創者かは特定できない。ひとついえるのは『伝記』にある本師や泰澄が奈良時代の人物であったとすれば、越知山山麓で唯一の宗教施設である剣御子寺とそこに居住した僧がモデルとなった可能性は高い。

泰澄の実在性については『根本説一切有部毘奈耶雑事』巻第二一の奥書の人物を白山開創者とみたので、[100]今後はゆかりの地における考古資料との関係を検討していく必要がある。ただ、『伝記』では八世紀前半に泰澄による越知山（低山）から白山（高山）への移動が示されたが、白山にはそれを証する考古資料は認められない。しかし、越前・加賀では郡境・国境沿いや郡の中心に位置し、海・平野から見て特徴的な低山の山頂には須恵器が確認され、周囲には山林寺院などの宗教施設が展開し、八世紀後半から九世紀にかけてひとつの信仰空間を形成している。その多くに泰澄伝承が認められることは興味深い。

次に、『伝記』については一〇世紀に成立した原伝の存在を考えたが、九、一〇世紀の白山をめぐる越前・加賀・美濃の宗教事情が踏まえられた可能性が高い。白山山頂や白山につながる標高一〇〇〇メートル級の山々には九世紀の須恵器があり、白山入山の記録と年代的に一致している。九世紀中頃には画期があり、白山山麓の拠点的な社寺から白山へむかう禅定道が成立し、白山を中心とした高山のネットワークが確立した可能性が高い。これは低山から高山への信仰の変化であり、僧による呪験力の獲得を目指した行場拡大の結果でもあった。それにあわせて白山関係の社寺や禅定道の広域的な整備がなされたとみられる。ただ、資料が少ないため白山へのルートの復元は難しいが、今後の調査成果によってより具体像が結ばれていくであろう。

さらに、『伝記』奥書には、天徳元年（九五七）に浄蔵口述・神興筆記として成立したとあるが、浄蔵というのは仮託と考えた。神興の実在性についても証明できないものの、一〇世紀に越知山内で実際に活動していた人物とみられる。それは『伝記』が泰澄ゆかりの生誕地、修行地や蟄居地など越知山内の宗教事情を知ったうえで記されているからである。したがって『伝記』は完全な創作ではない。加えて越知山と白山を結んだ直線上には三つの越前国を代表する山林寺院が並び、「越知山・白山一体観の信仰」とも呼べる状況が九、一〇世紀に成立しており、『伝記』にある泰澄の越知山→白山→越知山という回帰的な動きを思わせるものである。これらの遺跡の存在や神祀りの痕跡は『伝記』原伝の成立を裏付けている。

しかも、『伝記』にある貴女から十一面観音への変化譚は一〇世紀以降に本格化する本地垂迹説を示したもので、「神融（かみと）け」とする禅師号についても泰澄に込められた神仏習合の祖というメッセージが読み取れる。越知山から白山へ直線的に巡礼していくルートが存在したかはわからないが、浅見金道口遺跡の事例はそれを裏付けるものとして注目したい。『伝記』では泰澄による越知山から白山へという行場移動があり、再び越知山に戻るが、両山を一体的に遥拝するだけでなく回帰的な巡礼システムが確立していたとすれば、四つの遺跡配列は大きな意味をもつことになるだろう。以上の結論から『伝記』は九、一〇世紀に至る宗教事情を、泰澄という人物に反映させた可能性が高いことを改めて認識するに至った。しかし、これは泰澄の存在を架空視し伝記の内容をすべて一〇世紀に記述したとする見解ではなく、あくまで『伝記』原伝の成立を九、一〇世紀に求めるものである。泰澄の実在性の議論については『根本説一切有部毘奈耶雑事』巻第二一をもとに終編で論じることとしたい。

注

（1）堀大介「『泰澄和尚伝記』成立過程の基礎的研究」（『越前町織田文化歴史館 研究紀要』第二集、越前町教育委員会、二〇一七年。〔本書第一編第一～四章〕）。

（2）堀大介「泰澄がみた風景」『シンポジウム（山と地域文化を考える）資料集』第二〇回国民文化祭越前町実行委員会、二〇〇五年。

（3）『泰澄和尚伝記』はすでに検討した校訂本〔堀前掲（1）文献〕にもとづき、元和本・大谷寺本など校訂本と異なる点は〔　〕のなかで併記する。『泰澄和尚伝記』の現代語訳は、本郷真紹『白山信仰の源流―泰澄の生涯と古代仏教』法蔵館、二〇〇一年を参考とした。本稿で用いる土器編年と暦年代観は、堀大介「古代須恵器編年と暦年代―越前・加賀を中心に―」『あさひシンポジウム二〇〇三記録集 山の信仰を考える―越知山と泰澄を深めるために―』朝日町教育委員会、二〇〇四年にもとづく。

（4）『和名類聚抄』（『福井県史 資料編一 古代』福井県、一九八七年 所収）。

（5）『延喜式』巻第二八 兵部省（『福井県史 資料編一 古代』福井県、一九八七年 所収）。『催馬楽』（『日本古典文学大系三 古代歌謡集』岩波書店、一九五七年 所収）。

（6）青木豊昭「第一章 序説 第二節 周辺の環境 二 歴史的環境」『安保山古墳群』福井県教育委員会、一九七六年。

（7）『渓嵐拾葉集』巻第八七「御法事 私苗」（大正一切経刊行会『大正新脩大蔵経 第七六巻 続諸宗部七』一九三一年 所収）。

(8) 福井市教育委員会『今市遺跡』二〇一六年。
(9) 赤澤徳明ほか『今市岩畑遺跡（本文編）』福井県教育庁埋蔵文化財調査センター、一九九八年。
(10) 堀大介「疑問1　泰澄は実在したのか？」『平成二十九年度　越前町織田文化歴史館　泰澄・白山開山一三〇〇年記念企画展覧会 異人探究　泰澄十一の疑問』越前町教育委員会、二〇一七年。
(11) 『猿田彦略縁起』（福井県立博物館『秋期企画展　泰澄ゆかりの神仏―泰澄寺・蕗野寺・朝日観音の秘仏―』二〇一二年 所収）。作品解説では、本縁起が記されたのは元禄四年（一六九一）四月とするが、江戸時代終わり頃に編集された『越前国名蹟考』に本縁起がまったく引用されていないことから、縁起そのものは記載年に成立していたが、額として作られたのは『越前国名蹟考』成立以降として弘化三年（一八四六）としている。
(12) 『帰雁記』（杉原丈夫・松原信之 編『越前若狭地誌叢書』上巻、松見文庫、一九七一年 所収）。『京都府立総合資料館所蔵文書』「八六　越前国真光寺東寺修造料足奉加人数注進状」（『福井県史 資料編二 中世』福井県、一九八六年 所収）。
(13) 福井県教育委員会『福井県遺跡地図』一九九三年。
(14) 河村健史「作品解説　一〇　十一面観音菩薩立像　一躯」『秋期企画展　泰澄ゆかりの神仏―泰澄寺・蕗野寺・朝日観音の秘仏―』福井県立歴史博物館、二〇一二年。
(15) 丹生郡誌編集委員会・芦原慧明ほか『福井県丹生郡誌』丹生郡町村会、一九六〇年。
(16) 堀大介「越知山山頂採集の須恵器について」『越前町織田文化歴史館　館報』第六号、越前町教育委員会、二〇一一年。〔本書第二編附論一〕。
(17) 堀大介「越知山山頂採集の須恵器について」『平成二十九年度　越前町織田文化歴史館　泰澄・白山開山一三〇〇年記念企画展覧会 異人探究　泰澄十一の疑問』越前町教育委員会、二〇一七年。〔本書第二編附論二〕。
(18) 『茗荷村三助文書』「一　茗荷村三助由緒」（朝日町誌編纂委員会『朝日町誌　資料編二　越知山関係他』朝日町、一九九八年所収）。
(19) 新村出 編『広辞苑　第六版』岩波書店、二〇〇八年。
(20) 三井紀生『越知山大権現の神仏と石造物』越前町教育委員会、二〇一七年。

(21) 佐々木英治「白山信仰の原点 北陸最古の霊場越知山に泰澄の修行地を肌で追う」『越知山泰澄の道』越知山泰澄塾、二〇〇九年。佐々木英治氏の精力的な踏査により越知山周辺の修行場の状況が明らかになりつつある。滝は平成十六年二月現在の数であり、今もなお増えつつある。
(22) 佐々木前掲（21）文献。図化に際しては佐々木英治氏の御協力を得た。
(23) 詳細は以下の文献による。堀大介「疑問4『泰澄和尚伝記』は完全な創作なのか?」『平成二十九年度越前町織田文化歴史館 泰澄・白山開山一三〇〇年記念企画展覧会 異人探究 泰澄十一の疑問』越前町教育委員会、二〇一七年。
(24) 的矢俊昭『小粕窯跡発掘調査報告書』織田町教育委員会、一九九四年。
(25) 的矢俊昭「第六章 考察」『小粕窯跡発掘調査報告書』織田町教育委員会、一九九四年。
(26) 小笠原好彦「八 近江の仏教文化」『古代を考える 近江』吉川弘文館、一九九二年。
(27) 『和名類聚抄』（『福井県史 資料編一 古代』福井県、一九八七年 所収）。
(28) 『新撰姓氏録』山城国諸蕃（佐伯有清『新撰姓氏録の研究 本文篇』吉川弘文館、一九六二年 所収）。
(29) 『東南院文書』「四四 越前国司解」天平神護二年十月二十一日（『福井県史 資料編一 古代』福井県、一九八七年 所収）。
(30) 古川登「越前町織田劔神社隣接地出土の陶質土器について」『越前町文化財調査報告書Ⅰ』越前町教育委員会、二〇〇六年。
(31) 古川登「福井県清水町・当山美濃峠古墳の陶質土器と中国古代の銭貨について」『古代学研究』第一四五号、古代学研究会、一九九九年。同「福井県丹生郡における新羅系陶質土器について」『韓式系土器研究Ⅶ』韓式系土器研究会、二〇〇一年。堀大介「海を渡った陶質土器」『平成二十五年度越前町織田文化歴史館企画展覧会 海は語る ふくいの歴史を足元から探る』越前町教育委員会、二〇一三年。
(32) 『日本書紀』皇極天皇元年九月乙卯（三日）条（坂本太郎・家永三郎・井上光貞・大野晋『日本古典文学大系六八 日本書紀』下、岩波書店、一九六五年 所収）。
(33) 『日本書紀』皇極天皇元年九月癸酉（二十一日）条。
(34) 的矢前掲（25）文献。
(35) 堀大介「劔神社と神仏習合を考える」『越前町織田文化歴史館 平成二十二年度企画展覧会図録 神仏習合の源流をさぐ

る―氣比神宮と劔神社―』越前町教育委員会、二〇一〇年。
(36) 堀大介「越前・剣御子神宮寺の検討」『森浩一先生に学ぶ 森浩一先生追悼論集』同志社大学考古学シリーズ刊行会、二〇一五年。
(37) 堀大介「おわりに『泰澄和尚伝記』の成立過程と泰澄像」『平成二十九年度越前町織田文化歴史館 泰澄・白山開山一三〇〇年記念企画展覧会 異人探究 泰澄十一の疑問』越前町教育委員会、二〇一七年。
(38) 文殊山山頂付近の山林寺院は「文殊山奥山萩谷廃寺」という遺跡名がある。青木豊昭氏が分布調査を実施し、平成二十四年(二〇一二)四月五日付けの福井新聞朝刊で紹介された。
(39) 久保智康「第二節 古代の信仰と寺院」『福井市史 通史編1 古代・中世』福井市、一九九七年。
(40) 藤川明宏「参考 十一面観音立像 一躯」『平成二十八年秋季特別展 福井の仏像―白山を仰ぐ人々と仏たち―』福井市立郷土歴史博物館、二〇一六年。
(41) 深川義之「第一章 三峯寺の位置と環境」『三峯寺跡―第一・二・三次調査―』鯖江市教育委員会、二〇〇五年。
(42) 深川義之『三峯寺跡―第一・二・三次調査―』鯖江市教育委員会、二〇〇五年。
(43) 堀大介「泰澄と丹生の山林寺院」『越前町織田史(古代・中世編)』越前町教育委員会、二〇〇六年。
(44) 堀大介「低山から高山へ―古代白山信仰の成立―」『第一〇回記念 春日井シンポジウム資料集』第一〇回春日井シンポジウム実行委員会、二〇〇二年。
(45) 堀前掲(44)文献。
(46) 宝珍伸一郎ほか『猪野口南幅遺跡 勝山南部第一地区県営土地改良総合整備事業実施に伴う埋蔵文化財発掘調査報告書』勝山市教育委員会、二〇〇〇年。
(47) 宝珍伸一郎「北市遺跡」『第一二回福井県発掘調査報告会資料―平成八年度に福井県内で発掘調査された遺跡の報告―』福井県教育庁埋蔵文化財調査センター、一九九七年。
(48)『和名類聚抄』(『福井県史 資料編一 古代』福井県、一九八七年 所収)。
(49) 松村英之「第一章 原始・古代の勝山 第六節 律令による支配」『勝山市史 第二巻 原始〜近世』勝山市、二〇〇六年。

(50) 宝珍ほか前掲（46）文献。
(51) 木村孝一郎ほか『太田・小矢戸遺跡―一般県道本郷大野線道路改良工事に伴う調査―』福井県教育庁埋蔵文化財調査センター、二〇一三年。田中勝之ほか『太田・小矢戸遺跡―中部縦貫自動車道建設事業に伴う調査―』福井県教育庁埋蔵文化財センター、二〇一五年。
(52) 鈴木篤英ほか『横枕遺跡―一般国道一五七号道路改良工事に伴う調査―』福井県教育庁埋蔵文化財調査センター、二〇一四年。
(53) 藤本康司「国史跡白山平泉寺旧境内出土須恵器からうかがえる古代の様相について」『平成二十九年度越前町織田文化歴史館 泰澄・白山開山一三〇〇年記念企画展覧会 異人探究 泰澄十一の疑問』越前町教育委員会、二〇一七年。
(54) 宝珍伸一郎「㈢出土遺物」『白山平泉寺遺跡―急傾斜地崩壊対策工事に伴う発掘調査報告―』勝山市教育委員会、二〇一二年。
(55) 藤本前掲（53）文献。
(56) 藤本前掲（53）文献。
(57) 『日本三代実録』元慶八年（八八四）三月二十六日条（黒板勝美 編『新訂増補国史大系第四巻 日本三代実録』吉川弘文館、一九三四年 所収）。
(58) 『日本高僧伝要文抄』「尊意贈僧正伝」（黒板勝美 編『国史大系第三一巻 日本高僧伝要文抄 元亨釈書』吉川弘文館、一九三〇年 所収）。
(59) 山岸共「白山信仰と加賀馬場」『山岳宗教史研究叢書一〇 白山・立山と北陸修験道』名著出版、一九七七年。
(60) 『日本文徳天皇実録』仁寿三年十月己卯条（黒板勝美 編『新訂増補 国史大系第三巻 日本後紀 続日本後紀 日本文徳天皇実録』国史大系刊行会、一九六六年 所収）。
(61) 『白山之記』（尾口村史編纂専門委員会『石川県尾口村史 第一巻・資料編一』尾口村、一九七八年 所収）。
(62) 国学院大学考古学資料館白山山頂学術調査団「白山山頂学術調査報告」『国学院大学考古学資料館 紀要』第四輯、国学院大学考古学資料館、一九八八年。

(63)小阪大「第三章 調査について 第三節 山頂部の主要遺構と遺物」『白山山頂遺跡群調査報告書』白山市教育委員会、二〇一一年。
(64)『白山之記』。
(65)『豊原春雄家文書』「白山豊原寺縁起」（豊原史跡保存会十周年記念誌編集委員会『越前 豊原　豊原史跡保存会十周年記念誌』豊原史跡保存会、二〇〇九年 所収）。
(66)小野正敏ほか『豊原寺跡Ⅰ～Ⅶ』丸岡町教育委員会、一九八〇～五年。
(67)柿田祐司ほか『小松市 浄水寺跡』石川県教育委員会、二〇〇八年。
(68)松山和彦「北陸における古代寺院の一様相」『越前・明寺山廃寺―平安時代前期寺院址の調査―』清水町教育委員会、一九九八年。
(69)堀前掲（44）文献。
(70)堀前掲（44）文献。
(71)久保前掲（39）文献。鏡は福井県立博物館『古鏡の美―出土鏡を中心に―』一九八六年に写真が掲載されている。赤彩した土師器の埋納については松井政信氏にご教示を得た。実際に浄法寺山に登ると、山頂では古代の須恵器片が確認される。
(72)堀前掲（44）文献。
(73)医王山文化調査委員会『医王は語る』福光町、一九九三年。
(74)新村前掲（19）文献。
(75)丹生郡誌編集委・芦原前掲（15）文献。
(76)堀大介「福井県大谷寺遺跡の成立に関する一考察」『文化史学』第五五号、文化史学会、一九九九年。（本書第二編第五章）。
(77)堀大介ほか『朝日山古墳群・佐々生窯跡・大谷寺遺跡 重要遺跡範囲確認調査報告書』越前町教育委員会、二〇〇六年。
(78)堀大介「第四章 仏のなかに神 第四節 山林寺院での神祀りの可能性」『平成二十七年度 越前町織田文化歴史館 国宝梵鐘展示記念企画展覧会 神と仏 祈り・祟り・祀りの精神史』越前町教育委員会、二〇一五年。
(79)堀大介「疑問一〇 越知山・白山の関係は、中世の認識か？」『平成二十九年度越前町織田文化歴史館 泰澄・白山開山

一三〇〇年記念企画展覧会 異人探究 泰澄十一の疑問』越前町教育委員会、二〇一七年。平成二十九年度 越前町織田文化歴史館企画展覧会の準備調査時に、上部が「白」、下の方が「宮」と見えることから「白山宮」と読めないものかと考え、平川南氏に依頼し再検討をおこなった。一見すると、二～三文字が確認できる。まず下の文字は「宮」あるいは「家」と判読できる。「宮」であれば下の「口」の部分が少し左側に寄り、「ふ」にあるような左右の点の痕跡も認められるので、「家」と考えた方が妥当である。上は一文字か二文字なのかが問題となる。二文字ととらえると、「白」とそれ以外の文字となる。文字が重なるせいか、「山」の異体字と判断するのも難しいという。平川氏は「鴨」と判読された。左の「甲」偏の部分を「申」のように突き出す「鴨」の字もあるとのご指摘を受けた。

（80）堀ほか前掲（77）文献。
（81）堀前掲（44）文献。
（82）堀前掲（44）文献。
（83）鈴木篤英ほか『天王前山古墳群』福井県教育庁埋蔵文化財調査センター、二〇一五年。
（84）久保智康「国府をめぐる山林寺院の展開―越前・加賀の場合―」『国宝と歴史の旅』通巻三号、朝日新聞社、一九九九年。
（85）的矢俊昭「第二章 宮崎村の遺跡」『岡ヶ遺跡発掘調査報告書』宮崎村教育委員会、一九九八年。
（86）古川登ほか『越前・明寺山廃寺―平安時代前期寺院址の調査―』清水町教育委員会、一九九八年。
（87）古川ほか前掲（86）文献。
（88）久保前掲（84）文献。
（89）古川登ほか『甑谷』清水町教育委員会、二〇〇二年。
（90）堀前掲（44）文献。
（91）鈴木篤英ほか『厨海円寺遺跡 厨遺跡』福井県教育庁埋蔵文化財調査センター、二〇〇八年。
（92）久保前掲（39・84）文献。堀前掲（43・44）文献。松山前掲（68）文献。出越茂和「古代北陸における官寺・山寺・里寺」『北陸の考古学Ⅲ（石川考古学研究会会誌第四二号）』石川考古学研究会、一九九九年。以上の文献をもとにした。
（93）出越前掲（92）文献。
（94）堀前掲（1）文献。

(95) 長谷川賢二「中世寺院における縁起の形成とその背景—泰澄伝承と越前国越知山をめぐって—」『徳島県立博物館 研究紀要』第一号、徳島県立博物館、一九九一年。
(96) 諸橋轍次『大漢和辞典』大修館書店、一九五七年。
(97) 舘野和己・櫛木謙周「第四章 律令制下の若越 第一節 地方のしくみと役人 二 若越の郷（里）」『福井県史 通史編一 原始・古代』福井県、一九九三年。
(98) 田中伸卓「丹生郡の古代氏族と郷について」『越前・明寺山廃寺—平安時代前期寺院址の調査—』清水町教育委員会、一九九八年。
(99) 鈴木篤英ほか『浅見金道口遺跡 三重山城遺跡 浅見東山遺跡—中部縦貫自動車道建設に伴う調査—』福井県教育庁埋蔵文化財調査センター、二〇〇六年。
(100) 堀前掲（10・37）文献。

挿図出典
第30図　国土地理院の五〇〇〇〇分の一「福井」「鯖江」「永平寺」「大野」の地形図をもとに作成。
第31図　福井市教育委員会『今市遺跡』二〇一六年の第4・6図より転載。
第32図　福井県教育庁埋蔵文化財調査センター『今市岩畑遺跡（本文編）』一九九八年の第203図25・27、第201図13より転載。
第33図　福井県教育庁埋蔵文化財調査センター『今市岩畑遺跡（本文編）』一九九八年の第49図24より転載。
第34図　越前町教育委員会写真提供。
第35図　筆者による拓本。
第36図　織田町教育委員会『小粕窯跡発掘調査報告書』一九九四年の第15～17図をもとに作成。
第37図　劔神社所蔵、越前町教育委員会写真提供。劔神社拓本提供。
第38図　筆者、古川登氏による図化、筆者によるトレース。
第39図　久保智康「第二節 古代の信仰と寺院」『福井市史 通史編一 古代・中世』福井市、一九九七年の図67をトレースして掲載。

第40図　鯖江市教育委員会『三峯寺跡─第一・二・三次調査─』二〇〇五年の第31図1～7・13・15、第32図21・23・27、第33図43～46、第48・51・52、第35図59～61・67・69・71より転載。
第41図　堀大介「朝日町とその周辺の遺跡─泰澄大師を考古学する─」発表資料、二〇〇一年の第9図よりトレースして転載。
第42図　堀大介「朝日町とその周辺の遺跡─泰澄大師を考古学する─」発表資料、二〇〇一年の第10図よりトレースして転載。
第43図　国土地理院の五〇〇〇〇分の一「梅浦」「福井」「鯖江」「永平寺」「大野」「越前勝山」「荒島岳」「白山」「白鳥」の地形図をもとに作成。
第44図　勝山市教育委員会『猪野口南幅遺跡』二〇〇〇年の第53図90、第56図167より転載。
第45図　福井県教育庁埋蔵文化財調査センター『太田・小矢戸遺跡』二〇一五年の第72図79、第77図181、第84図336より転載。
第46図　国学院大学考古学資料館白山山頂学術調査団「白山山頂学術調査報告」『国学院大学考古学資料館 紀要』第四輯、国学院大学考古学資料館、一九八八年の第30図1～8、第32図1、白山市教育委員会『白山山頂遺跡群調査報告書』二〇一一年の第13図3～5、第24図85より転載。
第47図　石川県教育委員会『小松市 浄水寺跡』二〇〇八年の第91図1021、第100図1157、第101図1178・1179より転載。
第48図　堀大介「朝日町とその周辺の遺跡─泰澄大師を考古学する─」発表資料、二〇〇一年の第7図よりトレースして転載。
第49図　筆者による図化・トレース。
第50図　宮崎村教育委員会『岡ヶ遺跡発掘調査報告書』一九九八年の図1より転載。
第51図　堀大介「低山から高山へ─古代白山信仰の成立─」『第一〇回記念 春日井シンポジウム資料集』第一〇回春日井シンポジウム実行委員会、二〇〇二年の図5より転載。
第52図　越前町教育委員会『朝日山古墳群・佐々生窯跡・大谷寺遺跡 重要遺跡範囲確認調査報告書』二〇〇六年の第93図210より転載。
第53図　福井県教育庁埋蔵文化財調査センター『浅見金道口遺跡 三重山城遺跡 浅見東山遺跡─中部縦貫自動車道建設に伴う調査─』二〇〇六年の遺構図は第5図、遺物は第12図80、第13図120、第14図130、第16図53、第17図1・5・6・8・14～19・21より転載。

終編　泰澄は実在したのか

第九章　泰澄の思想と信仰―『根本説一切有部毘奈耶雑事』巻第二一の検討を中心に―

はじめに

泰澄研究に関する争点は泰澄が実在か否か、その事蹟を記した『泰澄和尚伝記』（以下、『伝記』と略する）の信憑性の問題につきる。泰澄の名が奈良時代の国史に見えないことは架空説を進めるもので、ここ近年の越知山や泰澄ゆかりの地での考古資料の発見は実在説を強めるものである。しかし、文献研究では新出史料でもなければ議論は平行線をたどり、考古資料が増えても決定打がなければ状況証拠が積みあがるばかりで、これ以上の展開は難しい。これらに折り合いをつけるために改めて検討すべき史料に、宮内庁書陵部所蔵の『根本説一切有部毘奈耶雑事』（以下、『雑事』と略する）巻第二一がある。[1]奥書には「天平二年庚午六月七日、為／上酬慈蔭、下救衆生、謹書写畢／泰澄」とある。この泰澄が白山信仰の開創者と同一人物かは定かでなく、研究者により意見は分かれるが、仮にそうならばその存在を確認できる奈良時代唯一の史料となる。

本稿では『雑事』巻第二一奥書にみる写経の目的とその文字・内容などに注目し、書写をおこなった人物の思想・信仰的なものを探り、『伝記』に記された事蹟や奈良時代の歴史的背景を踏まえ、その人物が白山信仰の開創者として従来認識されてきた泰澄か否か、その実在性についても併せて検討する。

第一節　来歴と奥書に対する研究史

一　概要と来歴

『雑事』は唐の僧義浄が八世紀に翻訳した四〇巻からなる経典である。そのうち「泰澄」書写は巻第二一で、田中塊堂の『日本写経綜覧』では「泰澄書写経」(2)、奈良国立博物館の『奈良朝写経』では「九、根本説一切有部毘奈耶雑事巻第二十一　一巻」(3)、『上代写経識語注釈』では「奈良朝写経九」とされたものである。(4)

『雑事』巻第二一は宮内庁書陵部所蔵で、その収蔵漢籍集覧により概要を以下に述べる。(5) 子部釈家類、函架番号五一二・四一。巻子装で、本文は黄檗染楮紙。一七紙を継ぎ、全長八・八七メートルをはかる。毎紙は幅約五二・六センチで、第一紙は四九・四センチ、第一七紙は四七・五センチをはかる。経紙には淡墨の界線が引かれる。界高は約二〇・五センチ、界幅は約二・〇センチ、第一七紙だけは界高約二二・一センチ、界幅約二・一センチをはかる。毎紙二六行・毎行一七字が基本であるが、一五・一六、一八～二〇字の場合もある。

また、『大正新脩大蔵経』所収の『雑事』巻第二一と比較すると、三〇二頁上段一二行二文字目から中段の九行七文字目までの四四四文字が欠損している。(6) 一紙＝四四二文字を想定すると一紙分が欠如したことになるので、本来は一八紙で構成されていた。何かの原因で一紙分を削除しつないだものとみられる。継いだ部分の紙背には単辺方形陽刻で「法隆寺／一切経」の黒印があり、法隆寺による後補がなされている。見返し右肩には「越大徳泰澄真筆」（江戸時代か）と記された題簽が付くので、白山開創者である泰澄が書写した経典として後世に認識されたことを示している。

その来歴を追うと、宮内庁書陵部が昭和二十七年（一九五二）に刊行した『和漢図書分類目録』「宗教　仏教　一二五　経論・疏釈・語録」には「根本説一切有部毘奈雑事　巻第二一　唐　釈義浄　天平二写（釈泰澄）「法隆寺一切経」印」とある。(7) 小倉慈司は宮内庁書陵部所蔵の奈良朝写経の来歴を検討し、平成二十四年（二〇一二）度末時点で四一部の存在を確認、そのうち明治二十四年（一八九一）に内閣文庫より宮内庁に移管された書籍だと分かるのは三三部だと述べる。(8) いわゆる「秘閣本」であるが、詳細については平井芳雄・長澤孝三の論攷にあり、『雑事』巻第二一のことは『古文書仮目録』購入之分「第九十号」に「一　有部雑事経巻廿一　古写　壱巻」と記されている。[9]

三三部のうち一六部については田中光顕編の『古経題跋随見録』に詳しい。[10] 巻第二には「根本説一切有部毘奈耶雑事巻第二十一／天平二年庚午六月七日、為　上酬慈蔭下救衆生謹書写畢　泰澄／紙背合縫押法隆寺一切経印」、頭注には「十九年十月廿八日／島田蕃根氏持参／図書寮蔵」とあるので、島田蕃根が明治十九年（一八八六）十月二十八日に持参したことが分かる。他にも田中光顕編の『古芸余香』には「新収書　古写本」の項目に「根本説一切有部毘奈耶雑事巻第二十一　一巻」とあり、奥書・様式・黒印などの詳細が記される。[11]

島田蕃根（一八二七～一九〇七）は幕末・明治時代の仏教学者で、明治十二年（一八七九）に内務省社寺局・内閣記録局・修史局などに出仕、同年から宋・元・明・高麗などの大蔵経版を対校し、五年で縮刷大蔵経を刊行した人物である。[12] 島田は仏教典籍が散佚するのを惜しみ、その収集・保存に努めたというので、どのような経緯で入手したかは分からないが、法隆寺旧蔵本が内閣文庫に収められると、明治二十四年（一八九一）には宮内庁図書寮所蔵になったとみられる。

二　奥書に対する評価

『雑事』巻第二一の奥書にある「泰澄」については、これまで研究者が様々な見解を提示しているので、時系列で一覧にした（第2表）。これらを整理すると、以下の三点になる。

一は、泰澄の真筆と積極的に認める見解である。具体的には、泰澄の筆と考え、その筆蹟として唯一無二のものとする平泉澄、[13] 泰澄の真蹟として珍重すべきとする宮内庁書陵部、[14] 越の大徳としての泰澄であることが挙証のうえで否定されない以上、その存在を架空視できないとする文化庁、[15] 平城京に来て南都仏教と接し、経典について勉学した一端は察せられると考えた村山修一、[16] 独特の筆致から書写した人物の個性とし、白山開創者たる泰澄らしさとみる藤川明宏[17]がいる。

研究者	年代	内容	文献
田中塊堂	1942	泰澄の何人かは分からないが願意も極めて簡潔であり当時の書法をよく現はしてゐる。	注 18
平泉澄	1953	若し本書にいふが如く、泰澄といふ名が、天平九年に賜はつたものとするならば、これは同名異人としなければならぬ。しかし今五十六歳に至るまで、本名が定まってゐないといふのも不思議である。元亨釈書には、澄自ら落髪し、未だ名づくるに暇あらず、俗呼んで越の大徳となすとあるが、五十六歳まで名づくるに暇あらざるわけもないであらう。神融禅師の名も、元正天皇の養老六年に賜はつた所であるといふが、是亦いかがであらうか。ひそかに思ふに泰澄は、その初めより父の名を慕つて自ら名づけたところであらう。若し果して然りとするならば、また玄昉将来の経論五千余巻を披閲したといふ事が事実であるとするならば、即ち泰澄の名は早くより名づけられ、ひとり行力のすぐれたるのみならず、其の学識高邁であつたとするならば、天平二年泰澄の奥書ある写経は、大師の筆に成るものとしてよいであらう。若し果してさうだとするならば、これは今のところ大師の筆蹟として唯一無二のものであらう。	注 13
宮内庁 書陵部編	1960	泰澄は加賀の白山の僧で、一般には「越の大徳」として通つている。加賀の人とも言われるが、越前の人で、天武帝の白鳳二年（674）に生れた。（中略）。この泰澄の真蹟の伝来は実に珍重すべきものである。	注 14
下出積與	1962	平泉博士はこれを泰澄の真蹟とされ、山田英雄氏らはこれをもととして奈良時代に実在した人物とされている（日本古典文学大系『今昔物語』Ⅲ 130 頁）。既に本文でのべたように、奈良時代の越前に泰澄のような民間仏教徒が存在したことは認め得る。しかし、その泰澄が書陵部蔵の写経にある泰澄であるという証拠は一つもない。証拠がないから否定すべきだとはもちろんいえないが、伝記にいうような官僧でなければ考えられない経歴は作為されたものとする筆者の立場からすれば、これについては消極的にならざるを得ない。伝記においてすら泰澄という名のあらわれるのが天平九年以後であるということは、やはり無視できないことと思う。同名異人と考えるのが穏当ではなかろうか。	注 27
高瀬重雄	1969	なお『寧楽遺文』のなかに、泰澄の名を記した文書がある。しかし白山を開いたという泰澄と同一人か否かは、なお検討を要すると思う。	注 19
近藤喜博	1972	われわれが調査に当って驚いたのは、泰澄は架空か、それとも実在かと、しばしば問われたことである。泰澄はそれほど、不安定な存在であるのだろうか。宮内庁書陵部の「法隆寺・一切経」の朱印を押した『根本説一切有部毗奈耶雑事』（巻第二十一）の天平写経は、泰澄の書写として知られるもので、奥書に「天平二年庚午六月七日、為上酬慈蔭、下救衆生、謹書写畢　泰澄」と自署している。これが越ノ大徳としての泰澄であることが挙証の上にて否定されない以上、泰澄の存在を架空視することはできないであろう。この天平二年は大徳四十八歳に当った。	注 15
高瀬重雄	1977	そこでもしこの泰澄が、『泰澄和尚伝』や『元亨釈書』に伝えるところの神融聖人泰澄大師その人であるとすれば、その仏教の教典に関する教養の一端を察知することができよう。もしまた「上は慈蔭に酬い、下は衆生を救わんがために謹写」したというこの写経が、写経生ではなく、泰澄自らの手になったとすれば、その文字の精確さ、その筆づかいの厳正さも、泰澄の教養と人となりの一端を示しているということになろう。つまり単なる在野の私度僧以上に、越の大徳とよばれるにふさわしい教養ある僧侶といわねばならない。	注 20
栗原治夫	1983	僧泰澄が弥勒菩薩の慈悲に報い、衆生を救わんがため書写したものである。僧泰澄を、白山開創の伝承を持ち、『元亨釈書』等にも記される越の大徳泰澄とする考もあり、年代的には合致するが、同名異人と考える方が妥当であろう。	注 28
村山修一	1992	ただ彼が平城京へ来てオーソドックスな南都仏教と接触したことだけはあながち否定できず、僅かな史料も存在している。それは宮内庁書陵部に所蔵される「根本説一切有部毘奈耶雑事」巻二十一の奥書に「天平二年庚午六月七日、上は慈蔭に酬い下は衆生を救わんが為、謹しんで書写し畢んぬ、泰澄」とあるもので、この経典は唐の初世、七世紀終り頃に活躍した義浄の翻訳にかかり、僧侶が日常様々の行為に関する制戒を集めたものである。どうして巻二十一だけに彼の奥書があるのか明かでないが、経典について勉学した一端は察せされる。行基や玄昉と接触したことについては確証はないが、南都まで足を延すことは無理でないから二人に会う機会がなかったともいい切れない。	注 16
本郷真紹	1993	「越の大徳」とよばれた泰澄について、彼が正式の手続きを経て僧の資格を与えられた官僧であったか否かについては判然としない。泰澄の伝記以外の史料で泰澄の名がうかがわれるのは、宮内庁書陵部所蔵の「根本説一切有部毘奈耶雑事巻第二十一」の奥書に「天平二年庚午六月七日、為上酬慈蔭、下救衆生、謹書写畢、泰澄」とあるのが唯一の例であるが、時代的に矛盾しないとはいえ、この泰澄が白山を開いた越前の泰澄と同一人物であるか否かは明らかでない。もし『伝記』のいうように、天皇の病気平癒の功などによって泰澄に「禅師」や「大和尚位」といった地位が与えられたのであれば、間違いなく国家の公認を受けた僧であったことになるが、先述のようにこれらの『伝記』の記述が非常に疑わしく、後世の潤色と思われる要素が色濃いものであることからすれば、証左にはならないであろう。ただ、奈良時代に実在した泰澄という名の一人の僧の経歴とはいえなくても、そのような性格を有する僧が越前に存在した可能性は、かなり高いといわねばならない。この場合、泰澄のような修行僧は、もとより中央の認可を受けた官僧であったと考える必要はない。中央との関係は後世泰澄の権威づけのためになされた作為とみなす見解があるが、その可能性も十分に考えられよう。そして、天皇の病という不測にして国家の重大事に際しては、官僧であるか否かにかかわらず、地方で効験高いと評判のある僧についてはこれを都へ招聘し、看病に従事させ、しかるべき地位・報奨を与えるといったことは往々にして存在したと考えられる。	注 21
本郷真紹	1996	泰澄の実在性については、にわかに判断を下すことは出来ない。現在宮内庁書陵部所蔵の『根本説一切有部毘奈耶雑事巻第二十一』の奥書に「天平二年庚午六月七日、為上酬慈蔭、下救衆生、謹書写畢、泰澄」とあり、天平二年（730）に泰澄なる人物が生存したことが認められる。年代的には泰澄伝記と齟齬しないとは言うものの、この奥書の泰澄が伝記の泰澄と同一人物であるか否かは、確かめる術がない。伝記の中にも泰澄が写経したという記録のないことから、恐らくは同名の別人である可能性が高いようにも思われる。ただ、泰澄という特定の僧が実在したか否かという問題は、山林修行の場としての白山の成立と、その背景に存する北陸地域の宗教文化の特質を考える場合には、さして重要な意味をもつものではない。むしろ、泰澄という一人の宗教的英雄の生涯に集約する形で、当時の北陸地域における山林修行の存在、或いはそれと山岳信仰との結び付きや、神仏混淆の実態が叙述されたと受け取る方が、妥当であるのではないだろうか。	注 22
本郷真紹	2001	天平二年といえば、藤原光明子が皇后の地位についた翌年にあたる。彼女はそれ以前から写経事業を推進していたことが認められるが、当時一般に、写経を通じて仏教思想の流布を図るとともに、それを功徳として現世・来世での利益を期待する傾向があった。あるいはこの仏典も、このような傾向にのっとって書写されたのかもしれない。ところが、『伝記』による限りでは、天平二年の段階で泰澄は白山山中にて苦行を修していることが知られるから、はたしてこの奥書に見える泰澄が越前の泰澄と同一人物であるか否かは、即断を許さぬものといわねばならない。	注 23
小林崇仁	2003	天平二年（730）に『根本説一切有部毘奈耶雑事』巻二一を書写し終わった泰澄なる人物が、白山を開いたとされる泰澄と同一人物であるかは不明である。	注 24
角鹿尚計	2012	これが自署とみられることから「泰澄」なる人物が実在したことを示す史料として注目されている。奥書の天平二年（730）は、『泰澄和尚伝記』が伝える白山を開山した僧・泰澄（682 ~ 767）の生存時期と一致し、筆跡も当時の書法をよく現しているから、この奥書は泰澄の現存する唯一の自署とみることもできよう。しかし、『泰澄和尚伝記』によると、初めて「泰澄」の名を用いたのは天平九年のことのように伝えられていることや、なお史料的な制約上の問題もあって、この史料だけでは同一人物と断定することはできない状況である。	注 25
藤川明宏	2013	文字は楷書体であるが、よく天平写経で見かける写経生の書いた均整な字体ではなく、やや癖のある文字である事が注目される。字体は経典全体でも波があり、中間部分ではかなり奔放な字体や、誤りそうになり無理やりに修正した字体も見られ、書写した人物の個性が現れているようである。また経典の本文部分と最後の奥書部分、「泰澄」の署名部分では字体が異なっており、これを書写した人物が書き分けたと見るか、あるいは別人のものと見るかによって、この経典の評価はまた変わってくる。私はこの経典の勢いのある字体から、泰澄大師が山野を跋渉し、神仏習合の思想を広めたパワフルさを犇犇と感じたのだが、展示をご覧になられた方はいかが思われたであろうか。	注 17
桑原祐子	2016	ただし、本識語の泰澄とこの白山信仰開創者の泰澄が同一人物かどうかは定かではない。この識語の泰澄を加賀白山の開創者であるとするならば、奈良時代の史料としては泰澄の存在を確認できる唯一の例となる。	注 26

第２表　『雑事』巻第二一に対する所見

二は、いくつかの理由で泰澄か否かは不明とし態度を保留するか、白山開創者ならばの条件付きでその論を展開する見解である。具体的には、何人か分からないとする田中塊堂[18]、最初は泰澄と同一人か否かは検討を要するとしたが[19]、もし泰澄ならば単なる在野の私度僧以上に、越の大徳と呼ばれるに相応しい教養ある僧侶とみる高瀬重雄[20]、同一人物か否かは明らかでなく[21]、また確かめる術がないことに加え[22]、その同定には即断を許さないものとする本郷真紹[23]、同一人物かは不明だとする小林崇仁[24]、『伝記』との齟齬や史料的な制約上の問題から同一人物とは断定できない状況とする角鹿尚計[25]、同一人物か定かではないが、白山の開創者ならば奈良時代の史料としてはその存在を確認できる唯一の例とする桑原祐子[26]がいる。

三は、同名異人とする見解である。具体的には、泰澄のような民間仏教徒の存在は認めながらも、伝記にある官僧としての経歴は作為されたものとみて、白山開創者の泰澄とは別人とする下出積與[27]、年代的には一致するが、同名異人と考える方が妥当だとする栗原治夫がいる[28]。

以上、『雑事』巻第二一の経典は天平二年（七三〇）の年紀が示すように奈良時代に書写されたもので、それに関与したのが「泰澄」という人物であることは誰もが認めるが、白山開創者か否かについては意見が分かれている。これらの見解を踏まえたうえで、次に『雑事』巻第二一そのものの書風について検討する。

第二節　事例の検討

一　同一人物による書写か否か

書写に従事した人物が複数か否かを特定するために『雑事』巻第二一を都合三つに分ける[29]。Aは内題から始まり尾題に終わる本文、Bは天平二年（七三〇）書写の年紀と写経の目的を記した奥書、Cは泰澄の署名部分である。ただし、Aについては一七紙目の界線の様式が異なり、あとから継いで書き足したことも想定される。都合一から一六紙までを

A1、一七紙をA2として、丹念に文字の観察をおこなっても一七紙の書風だけが異なることはないので、Aはすべて同一人物の筆とみられる。加えて、A・BとCの書風が異なることは分かるが、宮内庁書陵部の収蔵漢籍集覧には「尾題後隔一行（一七紙）低四格、本文別手後筆にて（中略）識語妄補」とあり、AとB・Cの違いも指摘されている。

まずはAとBが同一人物か否かである。内題を含んだ最初の行を1、通し番号を付して尾題までを426、行の上から数えた番号で文字を特定し、「天平二年庚午六月七日為／上酬慈蔭下救衆生謹書写畢」のなかで残りのよい文字で比較する。共通文字の詳細は注のなかで提示したので割愛する。[30] 両者は同じような癖や筆致の特徴や崩し方であり、同一人物の筆である可能性が高い。A・Bは同一人物と首肯できるが、厖大な文字量のA・Bとわずか二文字のCが同じ人物かが問題となる。藤川明宏が指摘したように書写した人物が書き分けたと見るか、あるいは別人のものと見るかでその評価は変わり、写経生か否かの問題にも波及してくる。[31] 藤川の観察によれば、よく天平写経で見かける写経生の書いた均整な字体ではなく、やや癖のある楷書体とし、また字体は経典全体でも波があり、中間部分ではかなり奔放な字体や、誤りそうになり無理やりに修正した字体も見られ、書写した人物の個性が現れているという。

他にも写経生とは考えにくい理由がある。一行に対する文字数は一七が基本であるが、一五・一六・一八・一九・二〇の箇所もあり（詳細は注に行番号を示した[32]）、厳密を期する写経生の筆とは考えにくい。原典の影響かもしれないが、『大正新脩大蔵経』所収のものと比較すると、宮内庁の方は脱字が九か所、[33] 誤字が一三か所確認できるので、[34] 写経生の筆とは考えにくい。また、宮内庁の方に文字数の多い場合が三か所あり、[35] 今後はそれぞれの典拠とした経典との比較検討が必要となる。加えて『雑事』巻第二一の内題は「根本説一切有部毘奈耶雑事巻第廿一」、尾題は「根本説一切有部毘奈耶雑事巻第二十一」とあり、前者の方は律を意味する「毘奈耶」の「耶」がなく、「二十一」が「廿一」と短く表記される。内題の下には「三蔵法師義浄奉制訳」と付されるため、文字量の多さから意図的に省略化したのか、脱字として抜け落ちたのか判断は難しい。本文中には脱字・誤字が多いので、単なる写し間違いともとらえられる。以上を踏まえても写経生による厳密な写経とはいえない。

次に、Cの署名を観察する。特に「泰澄」の文字の横棒は筆の最初と最後に力を入れ、途中に力を抜いた字体で、全体的に右上がりである。こうした書風は一貫してA・Bに認められる。また、「澄」の細部を観察すると、「氵」の崩し方や「口」の四画目の閉じ方など部分的ではあるが、A・Bの文字と酷似するものもある。つまり、A・B・Cは同一人物の筆の可能性が高く、A・Bは謹んで書写したとあるように楷書体を意識した丁寧さを反映したもので、CはA・Bの癖を残すことから、あくまでも署名とみられる。また、A・Bにみる誤字・脱字の多さや一行に対する文字数の多寡は写経生とするにはあまりに粗野であり、積極的に評すれば藤川が述べるように奔放で個性的ともいえる。したがって『雑事』巻第二一はすべて泰澄の筆であったと考えておきたい。

二　写経の目的一

『雑事』巻第二一の奥書を取り上げ、写経の目的について検討する。

天平二年庚午六月七日、為
上酬慈蔭、下救衆生、謹書写畢
泰澄
（『雑事』巻第二一）

「上は慈蔭に酬い、下は衆生を救う為」とする写経の目的が示されるが、まずは意味について検討する。

前半の「酬二慈蔭一」について『仏教語大辞典』によれば、慈蔭とは「大慈悲の蔭覆の意で、慈悲をこうむったこと」とある。[36]『雑事』巻第二一の識語に関して現代語訳が提示された事例は少ないが、本郷真紹は『白山信仰の源流』のなかで「仏の慈悲の恩徳に報い」と訳する。[37]『上代写経識語注釈』のなかで桑原祐子は「仏菩薩の慈悲に報いる」と訳し、「慈蔭」は「仏菩薩の慈悲をこうむったこと」と注解する。[38]仏・菩薩の慈悲と解するのが妥当であるが、「慈」を弥勒菩薩ととらえ、「弥勒菩薩の慈悲に報い」と訳した栗原治夫の見解は注目される。[39]後半は「救二衆生一」とあり、悟りを目指す存在（菩薩）として自分だけで満足するのではなく、衆生を悟らせるため積極的に働きかけるなど菩薩的行動が見て取れる。『上代写経識語注釈』をもとに調べたが、奈良朝写経中で明確に「救㆓衆生㆒」と記す事例はない[40]。とすれば「酬㆓慈蔭㆒」「救㆓衆生㆒」とするのは『雑事』巻第二一だけとなる。

奈良朝写経の目的に注目した石田茂作はその願意について、一は父母のため、二は師長のため、三は天朝のため、四は自己菩提のため、の四つにまとめた[41]。これを量的に考察すると、父母のためのものが最も多く、次に天朝のためにするものが多く、師長ならびに自己菩提のためとする例の少ないことは興味ある現象で、子として親の冥福を祈ることの多さは人情のなせることであるので不思議はないが、写経の功徳を廻して天朝のため、また国家のためを祈るものの多いことは国家意識の盛んな時代の所産として意味深いと述べる。それから天朝のためにのみ祈り、その願意をあらわさない経典の願文の二、三を引用し、父母を祈り師長を祈り、また自己の菩提のためにするものであっても、同時に国家天朝の福利を祈らないものは稀だとしている。

また廣岡義隆は、奈良朝写経に載る写経識語のほとんどは追善文の願文であり、追善追福でない生存中の人への福寿を祈願するものも、第二段落に追記する形で言及するのが通常だとし、その点でいえば石川年足願経は第一の願として長く利他行を続けたいという思いからか仏弟子としての自身の長寿を願うもので、個の長寿を祈る形となっている早い事例としてあげる。他に生存中の人物への福寿祈願を主目的とするものとして「聖朝恒延」（奈良朝写経三）、「奉為皇帝后」（奈良朝写経一二）をあげており、「下救衆生」（奈良朝写経九）もその対象となるものの自身の福寿を願うものではないとしている[42]。つまり『雑事』巻第二一の奥書にある「救㆓衆生㆒」とするのは生存中の人物への祈願を目的とするもので特異な事例だといえる。

稀な事例の点では、桑原祐子は写経の目的として「四恩」とするものに、奈良朝写経三〇・五〇・五二の三例をあげ、「酬㆓慈蔭㆒」とするのは奈良朝写経中にはないという[43]。四恩は経典により意味合いは異なるが、成立年代を踏まえると、北魏の熙平元年（五一六）に中国に至り訳経に従事した般若流支の『正法念処経』巻第六一にある「四種の恩」とみられる[44]。一は母、二は父、三は如来、四は説法法師とあり、四恩のなかに父母・説法法師を含むことは注目されるものの、「慈蔭」が稀な事例であることは強調される。

「救㆓衆生㆒」とするのも唯一で、祖先信仰や師などの個人的あるいは天朝などの国家的なものではなく、衆生を救うという行動は大乗仏教の教えで、唯識思想に根ざした菩薩行の考えともつながる。唯識とは、あらゆる存在はただ「識」すなわち「心」に過ぎないとする見解で、『般若経』の空の思想を受け継ぎながら、少なくともまず識はあるとの立場に立ち、自己の心のあり方をヨーガの実践を通して変革しようとする教えである。こうした思想を打ち出した学派が瑜伽行（唯識）学派であり、中国に入ると玄奘の『成唯識論』などの訳出を通じて基が法相宗を成立させる(45)。日本でいえば奈良時代の行基は民衆が貧弱と苦悩からの救済を望んでやまないので、伝道と社会事業を積極的におし進め救済の要求に応じたが、こうした民衆のために社会事業をおこなったことで知られる道昭や行基などは法相宗の僧であった。

行基は『続日本紀』天平勝宝元年（七四九）二月丁酉条に「初出家、読㆓瑜伽唯識論㆒、即了㆓其意㆒」とあり、瑜伽唯識を学んでいたとみられる(46)。この記事に注目した井上薫は、行基が出家してまもなく読了した『瑜伽師地論』には無量の衆生を教化し、苦を寂滅することが強調され、『成唯識論』には大乗戒にいう菩薩的行動が重んじられ、この教えは行基の民間活動に具体化、民衆が業を捨てて行基のもとに走り集まった勢いに政府は恐れ、その弾圧へとつながったと述べる(47)。近年では、角田洋子が『行基論』のなかで、その思想背景に瑜伽行唯識派の教義の影響を認めている(48)。写経の目的からの推測にはなるが、泰澄の思想や信仰を考えるうえで唯識思想や法相宗は重要である。

三　写経の目的二

次に「上―、下―」の対句表現である。『大正新脩大蔵経』では「酬㆓慈蔭㆒」という表現は確認できなかったが、「下救㆓衆生㆒」については五書・八か所に出てくる。宋の天禧五年（一〇二一）に成立した智円の『仏説阿弥陀経疏』〔No.一七六〇〕(49)、南宋の紹興十三年（一一四三）に成立した法雲の『翻訳名義集』〔No.二一三一〕のような成立年代の新しいものを除けば三つに限定できる(50)。

第一は、唐の法蔵が『摩訶般若波羅蜜多心経』を注釈した『般若波羅蜜多心経略疏』（七〇二年成立）〔No.一七一二〕の一か所で、「謂此人以智上求菩提、用悲下救衆生、」とある。[51] 第二は、法蔵が智儼の『大方広仏華厳経捜玄分斉通智方軌』に倣い『大方広仏華厳経』を注釈した『華厳経探玄記』（以下、『探玄記』と略する）（六九五年成立）〔No.一七三三〕の四か所で、「上念二諸仏一、（中略）二下救二衆生一、」[52]、「二為レ求二菩提一由二上求菩提下救衆生一」[53]、「先上供二八相諸仏一、二若有衆生下明三下救二衆生一、」[54]、「謂上供二諸仏一下救二衆生一、」[55]とある。第三は、澄観が華厳経を随文解釈した『大方広仏華厳経疏』（七八七年成立）〔No.一七三五〕の一か所で、「一上求菩提行、二応化下下救衆生行、」とある。[56]

このように上・下の対句表現は三書で確認される。下の方は「救二衆生一」ですべて共通するが、上の方は「上念二諸仏一」「上求二菩提一」「上供二諸仏一」の三種がある。著者に注目すると、唐代の法蔵（六四三—七一二）は第三祖とされる中国華厳宗派の大成者で、その流れを汲む澄観（七三八—八三九）は同宗派の第四祖と目される人物である。[57] つまり、華厳経典には出てこないが、中国の華厳宗派が記した注釈書にのみ出てくる表現といえる。仮にこれらの影響を受けたとすれば、どの書がふさわしいだろうか。成立年代でいえば『般若波羅蜜多心経略疏』と『探玄記』が該当するが、六九五年と年代的に成立が古く『華厳経』の注釈書として重要で、四か所も出てくる『探玄記』が有力視される。とすれば『探玄記』が日本に伝来していたかが問題となる。

まず『華厳経』の書写については『続日本紀』養老六年（七二二）十一月丙戌（十九日）条の詔が初見で、元明天皇一周忌の追善を目的として『大集経』六〇巻・『涅槃経』四〇巻・『大菩薩蔵経』二〇巻・『観世音経』二〇〇巻とともに『華厳経』八〇巻の書写と京・畿内の大寺での斎会を命じたとある。[58] 漢訳には東晋の仏駄跋陀羅訳の六〇巻本（『六十華厳』）、唐の実叉難陀訳の八〇巻本（『八十華厳』）、唐の般若訳の四〇巻本（『四十華厳』）の三種があるが、[59] 八〇巻とあるのは『八十華厳』で、聖暦二年（六九九）に漢訳、さほど経過しないうちに日本に将来したという。[60]

一方、『六十華厳』は正史にはあらわれず受容の時期は明らかでないが、『正倉院文書』では天平三年（七三一）八月十日とみられる「皇后宮職移」に「花厳経五巻 紙七十九張」「花厳経三巻 紙六十張」、同四年（七三二）八月の「皇后宮職解」に「花厳経四巻」などとあり、皇后宮職直轄下の写経所の写経事業に際して両経典は書写されていた。[61]『六十華厳』の漢訳は東晋の元熙二年（四二〇）とみられるので、早くから日本に伝来し得る条件があった。かなり早い時点に日本に伝わり、正史に記録する必要がないほど社会的に流布していたとみられている。[62]

次に『六十華厳』の注釈書『探玄記』の日本将来については宮﨑健司の研究成果にもとづいて整理する。[63]『東大寺要録』所収の「東大寺華厳別供縁起」には「講二六十経并疏廿巻一了」[64]、凝然が著し応長元年（一三一一）成立とされる『三国仏法伝通縁起』巻中には「乃是旧訳六十華厳。（中略）三年之中終二六十巻一。以二探玄記一講二六十経一」[65]とあり、『六十華厳』の注釈書が『探玄記』で、二〇巻だと分かる。また、『正倉院文書』「律論疏集伝等本収納并返送帳」が初見で、天平十六年（七四四）閏正月の項に「十四日納花厳経疏第二帙十巻／（中略）廿日納花厳経疏第一帙十巻」、五月の項に「十日納花厳経疏一部廿巻」とあり、光明皇后発願一切経（五月一日経）の一具として書写し奉請した事例として知られる。[66]ここには「本主審祥師」とあり、『三国仏法伝通縁起』にも審祥所蔵の『探玄記』が天平十二〜十四年（七四〇〜二）の華厳経の講説に参照されるので、天平十二年（七四〇）以前に伝来したとみられる。

以上、泰澄は『探玄記』にある上下の対句表現を知ったうえで、奥書の文言として採用した可能性が指摘できる。しかも「酬二慈蔭一」としたのは、のちほど詳しく触れるが、自身が弥勒信仰者であったこともさることながら、『雑事』巻第二一自体に弥勒信仰の要素を含むことからも裏付けられる。つまり奥書は泰澄が『探玄記』の文言にアレンジを加え、独自に意味を持たせた造語とみておきたい。次に、『雑事』巻第二一にみる弥勒信仰について検討する。

第三節　事例の検討二

一　『根本説一切有部毘奈耶雑事』の概要

『雑事』について概観する。経典名の「根本説一切有部」とは部派仏教の一派の名称で、[67]また「毘奈耶」とあるのは戒律・教団の規律のことである。八世紀に唐の義浄が「根本説一切有部毘奈耶」五〇巻の仏典を翻訳したが、これらは説一切有部の一派で誦された戒律（毘奈耶＝律蔵）である。[68]なかでも『雑事』は四〇巻からなる諸律の雑犍度で、修道の資具に関する規定を説いた篇章に相当するものである。パーリ・四分・五分の雑犍度の他に比丘尼犍度・威儀犍度の二犍度を含めたものが『十誦律』の「雑法」で、『雑事』は第三七から四七巻までの雑誦、五六巻以後の比丘誦・諸種行法の雑小事を増広して、その律行上に様々な阿波陀那（アヴァダーナ）本生を挿入するなど如法所作を指示し、これに仏陀の涅槃前の遊行行化のことや仏滅後の「五百結集」と「七百結集」を加え大部を成したものである。『雑事』を含めた根本説一切有部の律は阿波陀那が多いこと、大乗的な思想が多いこととで重要な意味をもつという。

また、根本説一切有部の律に豊富な説話を含むことは従来知られ、律の性格からみて不自然なことではないが、他の律文献との連続性のみによって説明しきれないのは、説話内容がしばしば教理・仏伝から大きく逸脱し世俗的伝記を含む点にあるとされ、なかでもウダヤナ王（出光王）物語はこの特徴の観察に有効な手がかりを提供している。[69]ウダヤナ王（出光王）は釈迦と同時代のウッジャイニーを支配した歴史上の人物であり、漢訳仏典には優塡王・優陀延王として登場する。根本説一切有部の律では二か所に分かれており、ひとつが『根本説一切有部毘那耶』巻第四六・四八で、[70]ひとつが『雑事』巻第二〇〜二四にある。[71]巻第二一を含む後者について取り上げるが、長くなるので巻第二〇から二一までの要約を次に述べる。

巻第二〇では浄飯王の妃・摩耶夫人が釈迦を生むのと同じ時刻に、大蓮花王に影勝、梵授王に勝光、大輪王に燈光、百軍王に出光という四人の太子が生まれた。王となった燈光太子は不眠におちいり凶暴となり、猛暴燈光王（猛光王）と呼ばれる。そして大輪王の妃がサソリの精と通じて猛光王を生んだことが明らかになる。巻第二一では猛光王の不眠は名医の侍縛迦により癒やされる。侍縛迦は王からの下賜品を仏にささげるが、そこで医羅鉢龍の前世譚が挿話として説かれる。ウッジャイニーの疫病が仏弟子の大迦多演那と五〇〇人の僧の力でおさまり、猛光王により大供養がおこなわれる。大迦多演那は美女の妙髪が髪を売って自分たちを供養したことを語ると、猛光王は妙髪を妃とし安楽夫人と名づけた。

その後も猛光王の伝は巻第二四まで続き、詳細で規模の大きい説話へと発展しているが、事実上の主人公は猛光王であり、出光王は非業の死をとげる。『雑事』では仏教と関係する説話はわずかで、仏と迦多演那は語り手あるいは狂言回しとして登場するに過ぎず、猛光王・出光王の伝がそのまま律に取り込まれたと理解されている。[72] その少ない仏教伝道説話のなかで、泰澄との関係でいえば巻第二一の医羅鉢龍（エーラパトラ）譚が注目される。[73]

二　医羅鉢龍譚

医羅鉢龍譚について少し長くなるが、書き下し文を以下に提示する。[74]

復次に応に医羅鉢龍が因縁の事を知るべきなり。昔、覩史多天宮殿の上に於て仏語を書せるありき。問答の詞を頌して曰はく、「何処の王を上と為し　染に於て而し染著し　無染にも而し染あり　何者が是れ愚夫　何処に愚者は憂ひ　何処に智者は喜び　誰か和合に別離し　説いて名けて安楽と為す」。若し仏世尊が世に出でたまはざるには、此の頌義は人の能く受くるなく、亦解く者もなきなり。若し仏出現したまはんには、能く受持し及び能く義を解するあるなり。時に北方多聞薬叉天王は縁ありて須らく覩史天宮に至るべかりしに、斯の間頌を見て心に希有を生じ、便ち其文を記せるも義を解する能はざりければ、持して本宮に至り書して版上に在きぬ。爾の時、得叉尸羅国に旧住せる龍王ありて医羅鉢と名け、長夜に希望すらく、「何の時にか世尊の出世を見まつるを得べき」。時に彼龍王に一親友薬叉あり名けて金光と曰へるが、因みて北方多聞天所に至りしに、彼の版上に於ても此の書頌を見、因りて即ち憶持せるも義を解する能はざりき。時に此の薬叉は持して得叉尸羅国に往き、医羅鉢龍王に与へて彼に告げて曰はく、「親友、此は是れ仏説なり、深義にして人の能く解するなし、汝可しく此の法頌を記すべく、并に金篋の、中に満して金を盛れるを持し、遍く諸国の聚落城邑に遊びて是の如きの言を唱へよ、「若し能く此の頌義を解する者あらんに、我は金篋を与へて而し供養を為さん」。若し処として人の能く解了する者なからんには、即ち可しく告言すべし、「此処に人なければ国邑とは名けじ」と」。是唱を作し已るに復余処に往けり。龍王は聞き已るに経頌を敬受し、即ち自ら身を化して摩納婆形と為り、并に金篋を持して遍く諸国の城邑聚落に遊び、漸次に行いて婆羅痆斯国に至り、其城内の四衢道中に於て是の如きの語を作さく、「城中に現在せる諸の人衆等及以外来四遠の商客よ、当に我語を聴くべし……即ち其頌を説きて……此の問頌は是れ我が将来せるもの、若し能く解せんには即ち金篋を与へて而し供養を為さん」と。乃し無量百千の人衆ありて悉く皆雲集せるに、其中には聡明博識にして情に貢高を起せるあり、亦聞き已るに心に希慕を生じ驚き怪しむこと常に非ざるありしも、能く解釈を為す者あることなかりければ、龍王唱へて言はく、「婆羅痆斯には既にして智人なければ此れ城邑なるには非じ」と。時に諸の婆羅門居士等は咸く摩納婆に報じて曰はく、「斯の唱を為すこと勿れ、「此れ城邑なるには非じ」と。我が此城中には上智の人の阿蘭若に住せるあれば、且らく彼の来るを待て、当に斯義を解すべけん」。問うて曰はく、「彼が名字は何」。答へて曰はく、「那剌陀と名く」。「若し是の如からんには、我れ今且らく待たん」。時に那剌陀は静林中より、信を得て来り至れり。時に彼の化龍は前に当りて住して白して言さく、「大仙、我れ今此の問頌の詞句を将りて此に来至せり、若し人解せんには我れ金篋を与へて而し供養を為さんとす」。時に那剌陀は聞き已るに記憶し、摩納婆に告げて曰はく、「当に汝が為に釈くべけん」。問うて曰はく、「何の時なる」。答へて曰はく、「十二年の後に」。白して言さく、「大仙、時太だ長久なり」。復言はく、「六年なり」。答へて言はく、「太だ久し」。……三年・一年・六月・三月・一月・半月……乃し七日に至れるに、白して言さく、「大仙、我れ七日を待たん」。化龍報じて曰さく、「大仙、意に随ひたまはんことを。我れ且らく虔誠せん」。時に那剌陀は五苾芻と先に親友たりければ、彼に往いて告げて曰はく、「摩納婆あり此の句頌を将り、及び金篋を持して我が所に来至して是の如きの言を作さく、「人あり能く此何頌を解せんには、当に金篋を与へて而し供養を為さん」と。然れども彼の句頌は文少くして義多く、甚深にして解し難し、今如何せんと欲すべき」。苾芻告げて曰はく、「那羅陀、応に仏所に往いて而し諮問を為すべし」。那羅陀曰はく、「仁者、仏出世したまへりや」。答へて曰はく、「已に出でたまへり」。問うて曰はく、「何処に住在したまへりや」。答へて曰はく、「仙人堕処施鹿林中に在せり」。時に彼れ聞き已るに心大に歓喜し、即ち馳せて往いて薄伽梵所に詣りしに、三十二相は炳として其身に著し、八十随好は荘厳して赫奕たり、円光一尋にして以て映佩を為し、明は千日に逾ぎ形は宝山の若くにして色相殊妙に、心神寂怕たること十二年を過ぎて禅定を修せる者の（如きを）見、既にして親しく覩るを得て希有心を生ぜること、子なき人の忽ちに子を得たるが如く、貧窮人の大宝蔵を得たるが如く、猶し太子の王位を紹ぐを得たるが如く、久しく善根を積集せる有情の初めて仏に見ゆるを得たるが如くなりき。時に那剌陀は深心に歓喜せること亦復是の如くなりき。漸く仏所に至り双足を礼し已りて退いて一面に坐せるに、世尊は彼が音楽・随眠・根性の差別に随ひて、機に当りて為に四聖諦法を説いて彼をして悟解せしめたまへり。既にして法要を聞くや、金剛の智杵を以て二十薩伽耶見の山を摧破して預流果を証し、実諦を見已るに仏足を頂礼して白して言さく、「世尊、我れ願はくは仏の善法律中に於てして出家と為り、苾芻の性を成じて梵行を堅修せんことを」。仏言はく、「汝先に摩納婆の為に頌義を解釈せんことを許へり、応に先に彼に往いて其が為に説き已り、然る後に出家すべし」。仏に白して言さく、「我れ是の如きの智見を獲得せりと雖、然も頌義に於ては宣陳せんを解せず、既にして弁才なし、設ひ往かんとも何か益せん」。仏言はく、「汝可しく彼に往いて是の如きの語を作すべし、「汝可しく我が為に其の問頌を説くべし」と。彼れ若し説き已らんに応に是の如くに答ふべし、「第六王を上と為す　染処に即ち著を生じ　無染にも而し染を起す　此を是れ愚夫なりと説く。愚者は此に於て憂へんも　智人は此に於て喜び　愛処に能く別離す　此を則ち安楽と名く」。彼れ若し告げて「我れ解する能はず」と言はんに更に為に頌を説くべし、「若し人、妙語を聞いて　解し已らんに勝定を修せん　若し聞くも義を了せざるは　彼人、放逸なるに　由りてなり」。彼れ若し頌を聞いて更に是語を作さん、「汝今仏語を説けるも我れ未だ其義を閑はず、情に迷ひて了する能はじ　疾く可しく為に疑を除くべし」。此語を説かん時汝可しく彼に対ひて爪を以て葉を截るべし　若し更に問うて「世尊は世に出でたまへりや」と言はんに、報じて言へ、「已に出でたまへり」。若し「何処に」と言はんに、答へて曰へ、「施鹿林中に」と」。那剌陀は仏の教を受け已るに摩納婆の所に至りて是の如きの語を作さく、「汝可しく頌を説くべし」。即ち頌を以て答へしに、具さに其事を告げ……乃至、報ずらく、「仏、鹿林中に在せり」。時に医羅鉢は便ち是念を作さく、「我れ若し那刺陀の前に於て本の龍身を現ぜんには彼れ便ち我を軽んぜん、若し婆羅門身を為して世尊所に往かんに、此の婆羅痆斯には大婆羅門の三明書及び四明論を解せるあれば、彼れ若し我の摩納婆形を為せるを見んに共に嫌議を生ぜん、「諸の婆羅門は高貴の族に生ぜるに、何の故にか自ら卑うして喬答摩処に向ふなる」と」。復是念を作さく、「本龍身を作して世尊所に往かんに、龍には多く怨あれば恐らくは障礙を為さん、我れ今応に可しく転輪王と作りて世尊所に詣るべし」。即ち便ち化して転輪聖王と作り、七宝は前に導き、并に九十九倶胝の兵旗扈従し、千子囲繞して牛月形の如くし、各種々宝物を以てして荘厳を作し、復無量種々の外道沙門梵志・百千の人衆ありて而し輔翊を為し、王頭上に於て百支傘蓋を持し、威光赫奕として猶し日月の如くして世尊所に往きぬ。爾の時世尊は無量百千大衆の前に於て而し説法を為したまへるに、時に諸大衆は遙に輪王の無量百千軍衆に囲繞せらるるを見て希有心を生じ、共に相謂ひて曰はく、「此の輪王は何処よりか来れる、世の未だ見ざる所、豈に梵天王等の来りて供養せんとするには非ざらんや」。時に諸人等は或は愛楽して心に貪著を生ぜるあり、此の王身を顧みて各異念を生ぜり。王は仏所に至りて双足を頂礼し、却いて一面に坐せるに、爾の時世尊告げて言はく、「汝、愚痴人、迦葉波仏の時に於て仏の禁戒を受けつゝも護持する能はず、遂に便ち戒を破りて此の下劣長寿の龍身を感ぜるに、今者何の故に還詐心を起して我が徒衆を誑するなる。汝今還可しく其の本形に復すべし」。龍王白して言さく、「世尊、我は是れ龍身にして諸の怨悪多ければ、衆生ありて共に相損害せんを恐れてなり」。爾の時世尊は金剛手に告げて曰はく、「汝可しく此の龍王を護りて損悩せしむる勿れ」。時に金剛手は世尊の語を受け已るに、便ち為に守護して後に随うて行きぬ。是時龍王は坐よりして起ち、別に一処に至りて遂に本形に復せるに、身に七頭ありて広長無量に、頭は婆羅痆斯城に枕して尾は得叉尸羅国（相去ること二百駅あり）に在り、先の悪業に由りて一々頭上に各一医羅大樹を生じ、風に揺動せられて膿血皆流れ、形骸を霑汚して臭穢悪むべく、常に諸蟲蠅蛆の類ありて其身上に遍くして昼夜に唼食し、他をして嫌恥せしめて観見せんを楽はざらしめき。是時龍王は即ち本身を以て世尊所に詣り、双足を頂礼して却いて一面に住せり。時に諸大衆は此の龍身の恐怖畏るべきを見て……貪欲を離れたる人すら尚ほ恐怖を生じぬれば、況んや未だ（貪欲を）離れざる者にして此の龍身の鹿澀なる鱗甲の皆悉く劈裂し、瘡潰え膿流れて種々色を異にし、身体凹凸し高下不平にして其形の広大なるを見ては能く驚懼せざらんや……皆仏に白して言さく、「此は是れ何の物にして世尊の前に来れるなる」。爾の時世尊は諸大衆に告げたまはく、「此は是れ前に来れる転輪王身なり、汝等は彼が生死栄華に於て心に愛楽を生ぜるも、此は是れ本形にして彼は是れ化作なるのみ、先の悪業に由りて報として斯苦を受けたるなり」。彼諸人等は仏説を聞き已るに、各憂悩を懐きて黙然して住せるに、龍王白して言さく、「唯願はくは世尊、我が為に当に何の日に於て此の龍身を捨すべきかを授記したまはんことを」。仏、龍王に告げたまはく、「当来の人寿八万歳の時、仏あり世に出で、号して慈氏と曰ひ、十号具足したまへるが汝の為に、「当に龍身を免るべし」と授記したまはん」。是時龍王は即ち仏前に於て悲号啼哭して諸頭の眼中一時に涙を出せるに、十四河を成じて駃流驚注せりき。仏復告げて言はく、「汝且らく裁止して大啼哭すること莫れ、流涙止めざらんに国をして破亡せしむれば」。龍、仏に白して言さく、「而し我が本心に小命をも害せじ、何に況んや国を損せんをや」。是語を作し已るに仏足を頂礼して忽然として現ぜざりき。是時大衆は咸く皆疑ありければ而し仏に白して言さく、「此龍は宿世に何の悪業を作してか、頭上に樹を生じ身よりは膿血を出し……広説せること上の如し」。……仏、諸大衆に告げたまはく、「此龍が宿世の因縁にて報として苦身を得たるを知らんと欲せんに……自ら作し自ら当けて余に代受するなきなり」。……広く上に説けるが如し……頌に曰はく、「仮令百劫を経んとも　所作の業は亡びじ　因縁会遇はん時　果報は還りて自に受けん」。汝等苾芻、応に当に一心に我が所説を聴くべし。「乃往過去に賢劫中に於て人寿二万歳の時、仏あり世に出で、名けて迦摂波と曰ひ十号具足したまひ、婆羅痆斯施鹿林中に在りて依止して住したまへり。此龍は時に仏の法中に於て出家修行し、善く三蔵を閑ひて習定門を具し、寂静処の医羅樹下に於て、而し経行を作して以て自ら策励せりければ、時に医羅樹葉は打ちて其額に著せるも即ち便ち忍受せりき。後に一時に於て繫心疲惓して定よりして起ち、策念して経行せるに、葉還額を打ちて極めて痛苦を生じければ、瞋怒心を発し、即ち両手を以て其樹葉を折り、之を地に擲げて是の如きの語を作さく、「迦摂波仏は無情物の上に、何の過咎を見たまひてか、而し学処を制して斯苦を受けしめたまふなる」。彼が猛毒の瞋心もて戒を毀てるに由り、命終の後に此龍中に堕し、医羅大樹は頭上に生じて膿血流出し、多く諸蟲ありて蠅蛆唼食し臭穢常に非ざるなり。汝、諸苾芻、意に於て云何。善く三蔵を閑へる習定苾芻にして医羅葉を壊せる者とは、豈に異人ならんや、今の此龍なりしなり。苾芻、当に知るべし、黒業には黒報あり、白業には白報あり、雑業には雑報あるを。是故に汝等応に黒・雑を捨して純白の業を修すべし……乃至頌を説きたまへること前の如し……」。

（『根本説一切有部毘奈耶雑事』巻第二一）

三　若干の考察

巻第二一には、宿世の悪業により醜い姿となってしまった医羅鉢（エーラパトラ）龍王が悩み苦しみ世尊に相談すると、世尊は自ら作ったものは自分が受けるもので、自分は引き受けられないと答えるなどの譚が挿話される。なかには「供養を為さん」、「龍王は（中略）本形に復せるに、身に七頭ありて」、「本の龍身を現ぜん」、「当に龍身を免るべし」などの文言があり、『伝記』をはじめ『古事談』の「白山御厨池住龍王の事」、『大法師浄蔵伝』の毒龍を刈り籠めた話とどこか似ている。(75)

加えて四〇巻の「龍王」の記述を調べると、巻第二〇が二か所、巻第二一が一二か所、巻第二六が一か所、巻第三九が一か所であり、巻第二一が圧倒的に多い。(76) つまり、龍王譚を重視すると、泰澄は巻第二一を意識的に書写した可能性が高い。泰澄といえば龍にまつわる譚が多い。『伝記』でも九頭龍王から十一面観音への変化が語られている。泰澄が龍王の宿世譚を知り本経典だけを選んだとすれば、後世の史料や伝承で語られるような人物像が浮かび上がり、九頭龍王の要素も古くから存在してもいいことになる。

注目するのは『雑事』にみる医羅鉢（エーラパトラ）龍王と「慈氏」のかかわりである。[77] 以下に要約する。覩史多天（兜率天）の宮殿に仏の言葉の偈頌が掛けられていたが、誰もその意味を理解するものがいなかった。医羅鉢龍王はこの言葉を伝え聞いて、その意味を理解する人を捜して諸国を遍歴する。婆羅痆斯施（ヴァーラナシー）国の那刺陀（ナラダ）は、この偈頌を聞いて七日の猶予をもらい親友の比丘を訪ねる。比丘より仏が世に出たことを聞くと、那刺陀は仏を訪ね、親しく偈頌の意味を聞く。そして龍王のところに行って偈頌の意味を答え、また仏が世に出たことを述べる。これを聞いた龍王は転輪聖王の姿に化して釈尊のところに行こうとし、もとの姿に戻ったが、龍王には七つの頭があり、その大きさは婆羅痆斯施国から得叉尸羅（タクシャシラー）国まであり、その姿は醜かった。醜い姿のままの龍王は世尊に「どうぞ世尊、私のために、いつこの龍身を捨てることができるかを授記してください」と言った。仏は龍王に対して「当来の人寿八万歳の時に仏がいて世に出て、号して慈氏（弥勒菩薩）と言うが、十号を満ち備えた汝のために「当然、龍身を免るべきであろう」と授記を与えよう」と述べた。そして大衆にはその龍王が前世の因縁によって龍として生まれたことを説いた。

医羅鉢龍王譚では、偈頌が掛けられたのは覩史多天（兜率天）の宮殿で、前世の因縁により醜い姿となった龍王は未来に現れる弥勒により龍身を免れることができ、その授記を世尊が与えた形になっている。のちほど触れるが、龍王に対する救いは現世ではなく未来となるので、弥勒の下生信仰を示している。とすれば『雑事』巻第二一奥書にある「慈」とは弥勒菩薩のことを指し、「慈蔭」という奈良朝写経中にない表現が生まれ、かつ弥勒による救いが語られた内容を知ったうえで巻第二一のみを書写したとすれば、泰澄は弥勒信仰者だった可能性が高い。

第四節　若干の考察

一　第三節の概要

『雑事』巻第二一の奥書を分析した結果、推測の域は出ないが、泰澄は行基の菩薩行の根拠ともなった経典『瑜伽師地論』などで唯識を学び、法相宗僧と交流し、菩薩行を実践していた可能性、また上・下の対句表現と『六十華厳』の注釈書『探玄記』との文言の類似から華厳教学を学んでいた可能性についても触れた。学問体系をそなえた奈良時代の学派仏教は、写経によって得た経典を通じて各教理を学ぶために学衆という小グループを形成し、指導者としての学頭職を置いて研究の指導にあたるなど、中国唐の寺院のように一宗一派に偏るような形をとらず、大寺院は大きな仏教の研究所や大学の組織に近い形を備えていたので、『雑事』巻第二一から推測した泰澄は学派にとらわれないあり方ともとらえられる[78]。ただ、『伝記』にある法相宗僧との関わりの深さやその生年が中国法相宗の開祖である基の没年であることを考えると、少なくとも法相宗系の人物か、あるいはのちに法相宗派のなかで語られた人物とみることはできるだろう[79]。

それから『雑事』四〇巻中で龍王の記述が巻第二一に多いことは、泰澄が『伝記』に描かれた九頭龍王など何かと龍とのつながりが深い人物とすれば、その巻だけを選んで書写した可能性が高い。『雑事』巻第二一の内容についても自らが生み出した業を自身が引き受けるという救いのないかに思える医羅鉢龍王譚であったが、釈迦による授記という形で未来に現れる弥勒菩薩（慈氏）のことが語られている。とすれば奥書の「酬二慈蔭一」の「慈」は弥勒菩薩と解釈するのが妥当であり、その救いを含んだ巻第二一を意図的に書写したことが首肯できる。したがって、『雑事』巻第二一を書写した泰澄は弥勒信仰者であり、『伝記』に記された白山開創者と考えておきたい。もう少し見解を深めるために㈠伝承のあり方と中央との交流、㈡法相宗・興福寺とのつながり、㈢泰澄と弥勒信仰の三点から検討する。

二　伝承のあり方と中央との交流

『伝記』によると、泰澄は元正天皇の病を治癒し、十一面法により天然痘の鎮撫につとめるなど都を訪れたことが記されている。しかし『続日本紀』には泰澄の記録はないので架空論に発展しているが、実際に越前国で活動していた泰澄のような人物が都に出むいていたことも否定できない。

本郷真紹は、天皇の病という不測にして国家の重大事に際して官僧であるか否かにかかわらず、地方で効験高いと評判のある僧を都へ招聘し看病に従事させ、しかるべき地位・報奨を与えるといったことは往々にして存在したと述べる[80]。平安初期に実在した興福寺僧の玄賓は官僧であるが、地方の山林修行僧が看病のために都へ召された典型的な例であり、地方で山林修行をおこない治病能力を有したという僧の例は紀伊国牟婁郡熊野の永興など、平安初期成立の仏教説話集『日本霊異記』のなかに多く見受けられ、泰澄と相通ずる性格が認められるという。また本郷は、観音信仰の変遷の画期となった天平年間に泰澄が玄昉より十一面経を授けられ、十一面法を修し天然痘の鎮撫を祈ったとあるが、これは当時の状況と矛盾せず、逆に玄昉将来の経典が契機となり十一面観音の密教的な信仰が盛んとなったという知識なくしては書けない内容を有しているとも述べる[81]。したがって『伝記』の内容が『続日本紀』をもとに創作されたものではなく、独自の伝であったことを教えてくれる。

泰澄の伝承を探ると、近江や都周辺にも分布することに気づく[82]。中央僧が都周辺や地方に伝承を残すことはあっても、越前国生まれで越知山・白山を拠点としていたはずの泰澄の伝承が、近江をはじめ都周辺に残ることは理解し難い。仮に近江国の寺院がのちに開基の人物をつくりあげるにしても、行基・空海・最澄などの都やその付近で活動した人物を採用するのが当然であり、わざわざ他国の泰澄を引っ張り出す必要はない。泰澄であることに意味があり、実際に都を往復していた証とはならないだろうか。

そこで、高梨純次の見解にもとづき、湖北にある己高山（標高九二三メートル）の事例をみてみる[83]。湖北は越前と都を結ぶ中間地点に位置し、泰澄が開いた伝承をもち、山頂からは白山が遥拝できるなど山林修行に関わる霊山である。山中や山麓には堂・坊跡や寺院が残り、滋賀県下でも奈良・平安前期の彫像が集中する場所であり、己高山寺と呼ぶべき山岳寺院の様相を呈している。高梨によると、鶏足寺の木造薬師如来立像は唐招提寺木彫群の伝薬師如来立像、木心乾漆造十二神将像（国重要文化財）は興福寺北円堂の四天王像と親和的で、制作は奈良時代末頃とみられる。湖北の両像と極めて親しい作例が南都にあり、その技法も初期の木彫や木心乾漆造で、作品論の観点からも完成度の高さがうかがわれるという。こうした尊像のあり方は数人の僧が本地に至り、突発的に思い立って草庵を営んだというような素朴な事象とは考えられず、本格的な木心乾漆像や木像を造像しうる工房を伴い、しかもこれらの制作には南都の伝統的な作者や工房が介在したと推察されている(84)。

これらの背景には近江南部における官営工房の存在が関係し、八世紀後半における石山寺造営などに関わる積極的な近江への官営寺院の進出、南都寺院の布教活動や庄園の獲得などが前提にあり、その官営工房の活動には国内の僧などが密接に関わり、寺院の建立などについて相即的な関係にあったとみられ、南都の寺院勢力を引込んだのは伊香の地に勢力を張った伊香連氏としている。また、和銅二年（七〇九）七月二十五日の年紀のある『新見文書』「弘福寺田畑流記帳」によると弘福寺の田が近江国伊香郡に所在するなど南都寺院の経済基盤があり、秦氏の拠点である依智郡にも所在することは併せて注目される(85)。さらに越前との関係でいえば、八世紀後半には東大寺の庄園が越前やのちに越中へと進出していくが、湖北の浅井・伊香郡における南都寺院の拠点形成は、北陸方面への進出とも関わる事象とも憶測されており、それは単に寺領の獲得や『日本霊異記』に記載される楢磐嶋が大安寺修多羅分の銭を用いて越前の敦賀で交易をしていたというような経済的な理由のみならず、泰澄によって開かれたとされる白山などを代表とする北陸の山林修行の霊地への巡礼など、布教や修行に関わる交通の問題などもあったという(86)。

他にも都の周辺には滋賀県大津市の岩間寺をはじめ京都盆地の北方に位置する愛宕山（標高九二四メートル）、南山城に位置する鷲峰山（標高六八二メートル）など泰澄伝承が認められる。都周辺に残る伝について本郷真紹は、中央で栄えた仏教文化が地方にも伝播した結果、地方寺院の建立や特定の信仰がおこなわれたという中央から地方への一方向のとらえ方をするのであれば、行基・空海の伝承や『伝記』の道昭・行基というように、中央で活躍した著名な僧の伝承が地方に残されるものであるが、逆に越前の地方僧である泰澄の足跡が都近辺の地域に多数残されていることは、各地に勧請された白山神社と合わせて重要な意味を含むとしている[87]。

確かに、本郷が述べるように越前における山林修行や十一面観音の信仰がすべて都からの伝播で、中央の影響を受けたとすれば、同じ系統の越前の寺院に道昭・行基・玄昉開基が多いはずだが、実際はほとんど見られず、逆に近江や都周辺に地方出身の泰澄伝が点在することは、越前に盛行した信仰の影響が中央にまで波及し重視されたことも想定される。したがって、今に残る伝承の数々は実際の痕跡を示すものとして評価したい。『伝記』における泰澄が法相宗僧と関わる点を積極的に評価し、『雑事』巻第二一が法隆寺に来歴をもつことも踏まえると、『伝記』に描かれた都とのつながりの要素を一部に兼ね備えている。『伝記』のような人物であるかまでは特定できないが、中央寺院に赴き中央僧と交流するなど、越前と都を頻繁に往復していた可能性は高い。

加えて、泰澄のことが平安時代の都での記録やその周辺で語られた要因として白山が見えることが大きい[88]。実際に白山は愛知県からも遥拝でき、太平洋沿岸と日本海沿岸の両方から拝められる希有な山といえるので、のちの白山信仰の広がりについても遥拝の視点で問い直す必要があるだろう。都の周辺から遠くに白山を見た時、北東方向に展開する白い聖なる地は観音の住む補陀落浄土さながらに映じ、こうした地理的条件のなかで白山・泰澄の名が中央に知られるきっかけとなったのではないだろうか。白山と泰澄に関わる伝が都まで及び、白山神社が勧請されていくなかで、宮廷あるいは中央寺院などにその伝が流布していたことも充分に考えられる。

三　法相宗・興福寺とのつながり

『雑事』巻第二一の泰澄は中央との交流が想定でき、特に法相宗との関係性について考えてきたが、『伝記』の成立についても一〇世紀の原伝を想定するならば、筆記者は法相宗系の人物であった可能性が高い。それは『伝記』で泰澄と触れ合う僧が南都六宗のひとつである法相宗の人物だからである。[89]

南都六宗の成立については石田茂作の研究に始まり、[90]それを継承発展させた井上光貞は天平勝宝年間（七四九～五六）に東大寺に華厳宗が成立した時に一枚加わったと述べる。[91]つまり華厳・法相・三論・成実・倶舎・律の各宗が最初に成立し、六宗という概念が明確になるのは天平勝宝年間とみられるが、学派に関する早い時期の史料は『続日本紀』養老二年（七一八）十月庚午条の僧綱あて太政官符に「五宗の学」という語がある。[92]宗とは公的な制度で各寺院に置かれた学団を指し、これ以前にも宗に似た学団はいくつか存在し宗とも呼ばれていたかも知れないが、この頃になるとその組織の充実がはかられ、以後は宗といえば政府の公認した五つの宗に限られたという。[93]

先の五宗の内容は明らかでないが、日本法相宗の流れを追うと、法相宗は凝然の『三国仏法伝通縁起』によると、第一伝が道昭、第二伝が智通・智達、第三伝が智鳳・智鸞・智雄、第四伝が玄昉とあるが、[94]石田茂作は奈良時代の法性（相）教学は玄奘以後の法相学とそれ以前の唯識学と新羅系の法相宗の三系が合入したと考えたが、末木文美士の検討ではそれを裏付けるような見解が提示されている。[95]

第一伝については、道昭が玄奘門下でどれだけ教学的な研鑽を積んだかを問題視し、『続日本紀』の卒伝にもとづき道昭は玄奘の勧めで教学よりも実践的な禅定を学び、帰国後の道昭の活動も各地で社会的活動に従事、あるいは禅院で坐禅を専らにするなど教学より実践活動を主としているので、直ちに組織的な法相学の伝来者とは考えられていない。第二伝については智通・智達は新羅との関係性の深さから摂論宗の色彩が強いとみて、のちの法相教学とは同一視できない多面性ももっていた。第三伝については智鳳が新羅人で、その学問も新羅系の法相教学を基礎していたとみれば、基系の法相とはかなり相違していた。第四伝については玄昉が入唐し智周に学んだことを考え、善珠が玄昉に師事し基系の法相学を中心としていることも踏まえると、日本法相宗は玄昉が画期になるが、これも多面的で自由な研究態度が活き続けているという。

『伝記』では、一一歳のとき泰澄のことを神童と称したのが道昭で、四四歳のとき泰澄と語り合い極楽での再会の約束したのが行基、五五歳のとき経論五〇〇〇巻を見せ、特に十一面経を授けたのが玄昉である。[96] 道昭はのちの法相宗の流れと直接には結びつかないかもしれないが、玄奘門下にはのちの法相宗の正統とされる基以外にも様々な系統の弟子たちがいて、道昭ものちの法相宗の閉鎖的な学問ではなく、より広い玄奘門下の動向を学んだことは充分に考えられる。何より道昭の流れは行基につながる。また、新羅系の法相の智鳳についても『僧綱補任』などによると慶雲三年（七〇六）に維摩会の講師となっており、藤原氏との関係からのちの法相宗の北伝たる興福寺への系譜が考えられる。[97]

第四伝たる玄昉から基系の法相教学の定着とみたとしても、泰澄と中国法相宗には意外なつながりが認められる。それは中国唐代の仏教家で、法相宗の初祖たる基（六三八～八二）が入定したのが永淳元年（六八二）という点である。[98]『伝記』によると、泰澄の生年は天武天皇十一年（六八二）とあるので、基の没年に生まれたことになる。つまり泰澄伝の作者が基の没後を意識して泰澄の生年を設定し、道昭・玄昉・行基との接触も含めて考えると、泰澄の生涯が暗黙のうちに法相宗の人物と関わるように設定された可能性が高い。いずれにせよ泰澄は法相宗とつながりがあり、泰澄伝の筆記者がそれを強く意識していることは確かであろう。

また、『伝記』の内容には天台宗の影響が強く、その成立過程について法相宗→真言宗→天台宗という幾派の手による段階説を筆者は唱えた。[99] 宗祖たる最澄は大乗戒壇の設立をめぐり南都の諸宗と対立しその学僧とも論争しているため、天台宗の立場で一から『伝記』が筆記されたとすれば、法相宗のみを宣揚する内容にはなりにくい。本郷真紹も、特に関東における法相宗の中心的な存在であった徳一との三乗一乗をめぐる論争は有名で、こうした法相宗との確執の経緯を後世の天台宗の高僧が知らなかったとは考えられず、仮に天台宗僧が泰澄と法相宗の高僧とを結びつけた伝記を著述したとすれば、それは一体いかなる意図のもとでなされた作為になるかと述べ、[100] 一〇世紀に成立した『伝記』の原伝が存在し、それ以後段階的に付加されて原伝となった段階成立説の根拠ともなるとしている。

なお、由谷裕哉は『伝記』にある法相宗僧との関係に注目し、白山修験道を十一面法と法相宗との関係から言及する。[101]

南都仏教は東密小野流の祖、聖宝（八三二～九〇九）が南都で修行したことから九世紀頃に著しく密教へ傾斜していき、法相宗僧が密教事相を修した可能性があり、また密教事相としての十一面観音法ではなく、奈良時代以来鎮護国家の修法として行なわれた十一面悔過法要が「十一面法」と記録された可能性も考えられるので、どこからか白山にやって来て山頂をきわめ、白山修験道を開いたらしい宗教者の系譜は南都法相系の寺院に属し、十一面観音に関する宗教儀礼（密教事相あるいは悔過）を得意とし、また護法を使う修法によってその治病能力が期待されていた修験者と考えると最も妥当ではないかという。

そこで、泰澄関係寺院のなかで法相宗の要素を探すと、白山平泉寺の縁起は以下のように記されている。(102)

当往開山大師自然法爾而雖二密乗発得一、御年五十五歳、大平八丙子年、因二権現告命一遇二玄昉僧正一、従二唐朝一将来十一面経及顕密経論授二五千余巻一、其経意一偈一句不レ違二感得之旨一、故師奇歎、発得之立二法流一、屢授二與諸第《弟》子一、自レ夫以来専伝二師遺法一、傍又湛二南都流一学二法相一、爰延暦十五年丙子夏、伝教大師遊二化当山一、後者天台鑽仰之衆徒漸多、各々任二意業一、学二法相一面々随所求、稽二古一乗一、玄昉授経、最澄施化、同二支干一奇哉妙乎、

（『霊応山平泉寺大縁起』）

泰澄はあるがままに身を任せ密乗を感得していたが、五五歳のとき玄昉に会い十一面経などを授かり、その経典の内容は自らが感得したものと違わないと感嘆し、その法流を立て諸弟子とともに授かると、それからは南都流をたたえ法相を学ぶ者が出て、延暦十五年（七九六）伝教大師が遊行したあと天台宗の宗徒の多くが泰澄の残された教えを学んだとある。また、白山長瀧寺の縁起には以下のように記されている。(103)

天長五年　（一四八八）

淳和天皇ノ御宇年命ニ依テ当寺法相宗ノ流儀ヲ改メ、天台宗ノ法脈ヲ継ギ、六谷（葦原院谷 本院谷 中院谷 上院谷 須川院谷 蓮原院谷）六院（開厳院 普明院 補陀落院 仙洞院 十禅院 浄土院）ニ区画シ、神社仏閣三十余宇衆徒三百六十坊ヲ置キ、若干ノ禄ヲ賜ハリ、参詣ノ男女踵ヲ接シテ集リ、長瀧ノ法水遠近ニ溢レ石ニ花咲ク時ハ至レリ

（『長瀧寺真鏡正編 上巻』）

白山長瀧寺は天長五年（八二八）、淳和天皇の命により当時の法相宗の流儀を改め、天台宗の法脈を受け継ぎ、六谷六院に区画し、神社仏閣三十余宇、衆徒三百六十坊を置いたとある。白山関係寺院の縁起は室町・江戸時代の成立とみられるので、奈良・平安前期の実情を反映したものかは分からないが、元々は法相宗系の寺院であった可能性は指摘できる。ちなみに『白山之記』[104]にある「禅定道」の禅定という語は、霊山に登って禅定に入り修行を積むことから日本では霊山の頂上を指すが、そもそもの意味はサンスクリット語 dhyāna の音写である「禅」と、その意訳である「定」との合成語で、心静かに瞑想し真理を観察すること、またそれによって心身ともに動揺することがなくなり、安定した状態になることである[105]。大乗仏教の菩薩が実践すべき修行徳目である六波羅蜜の第五に配されるものであり、中国では禅定を専らとする禅宗が成立している。禅定については弥勒信仰と『瑜伽師地論』との関係をのちほど検討する。

以上、白山関係寺院に法相宗の要素をみたが、『伝記』における泰澄の都での事蹟や泰澄伝承がその道筋に色濃く残ることは、南都寺院と越前国とのつながりのなかでとらえるべきで、興福寺や藤原氏による北陸進出が背景にあり、泰澄のような僧たちの活動や交流があったとみている。興福寺はその成立の当初から国の大寺であり、同時に藤原鎌足の病気平癒のため山背国山科に建てられたことから山階寺とも称せられた[106]。国の大寺と藤原氏の氏寺としての側面が相互に作用し発展しており、それらの支持をうけて栄え多くの学僧を輩出し、法相宗が盛んであった。なかでも義淵（六四四〜七二八）は興福寺に住し学徳一世に高く、『三国仏法伝通縁起』によればその弟子に玄昉・行基・隆尊・良弁などがおり、道慈・道鏡なども門下生であったという[107]。

そこで越前・若狭における興福寺の展開に着目すると、その関係史料が散見される。『日本三代実録』元慶五年（八八一）七月十七日条には、天平勝宝元年（七四九）四月一日詔により丹生・大野・坂井郡の田地六〇一町余を興福寺に施入したが、天平勝宝元年以前に公田であった地は、たとえ興福寺領の四至の内にあってもその領とはせず公田とするとの措置がとられたとある[108]。また、同年九月二十六日条には若狭国の稲二〇〇〇束をはじめ一〇か国の稲を興福寺に施入し、鐘楼・僧房造営料にあてる財源には三宝施料稲穀を用いたとある[109]。『同』元慶七年（八八三）十二月二十五日条によると、結局のところ越前国の田地一一二町余は天平勝宝元年（七四九）四月一日詔により興福寺に返入されてしまう[110]。これは興福寺との関係が奈良時代から越前・若狭国にはあり、特に泰澄伝の色濃い丹生・大野・坂井郡のあたりに興福寺領の田地が展開したことを物語る。由谷裕哉は、古代・中世における寺院の本末関係とは荘園の支配関係であったといい、平安中期頃に越前側で成立したと考えられる草創期の白山修験道が南都法相系の密教・修験道勢力の影響下にあったとするのも突飛な仮説ともいえまいと述べる[111]。

他にも『扶桑略記』養老七年（七二三）条に「同年、興福寺内、建二施薬院悲田院一、施二入封戸五十烟、伊与国水田一百町、越前国稲十三万束一」とあり[112]、両院の設置は光明子の影響下において藤原不比等の供養目的とみられており[113]、その設置とともに封戸五〇烟・伊予国の水田一〇〇町・越前国の一三万束が施入されている。また、『続日本紀』天平二年（七三〇）四月辛未条に「始置二皇后宮職施薬院一。令下諸国以二職封并大臣家封戸庸物一充レ価、買二取草薬一、毎年進上レ之」とあり[114]、諸国に命じて皇后宮職の封戸と太政大臣（藤原不比等）家の封戸のうち、庸の品物を代価として薬草を買い取り、毎年これを進上させることとしている。

興福寺と皇后宮職のものが同一施設かについては議論があり、『続日本紀』天平宝字元年（七五七）十二月辛亥条に「勅、普為救二養疾病及貧乏之徒一、以二越前国墾田一百町一、永施二山階寺施薬院一」[115]、『新抄格勅符抄』所引の宝亀十一年（七八〇）十二月十日謄勅符の「山階寺千二百戸」の記載に「但天平勝宝五年入二悲田口分百戸一」の注が付される[116]。天平勝宝五年（七五三）の悲田活動が継続し皇后宮職下に設置された後も山階寺施薬院の存在が確認できるので、両施設は別々に存在したとみられている[117]。山階寺施薬院への墾田一〇〇町の施入は興福寺の財源が越前国にあったことを示している。

法相宗の拠点である興福寺の田地が丹生・大野・坂井郡、おそらく越知山麓や白山麓に分布したこと、興福寺領の田地が藤原氏の氏寺である興福寺に設置された施薬院などに墾田を施入したこと、越前国といえば奈良時代以来、歴代の国司をつとめた藤原氏との関係性が強いことを勘案すると、天台宗による本格的な伝記の付加が一二世紀になされる以前に、興福寺をはじめとする法相宗派のなかで原伝が語られていたことも想定される。

四　泰澄と弥勒信仰

『雑事』の内容と奥書から泰澄が弥勒信仰者であった可能性が高いので、もう少し深めてみる。

まず、いわゆる弥勒経には㈠『仏説弥勒下生経』〔竺法護訳 No.四五三〕、㈡『弥勒来時経』〔失訳 No.四五七〕、㈢『仏説弥勒大成仏経』〔鳩摩羅什訳 No.四五六〕、㈣『仏説弥勒下生成仏経』（以下、『成仏経』と略する）〔鳩摩羅什訳 No.四五四〕、㈤『仏説観弥勒菩薩上生兜率天経』（以下、『上生経』と略する）〔沮渠京声訳 No.四五二〕、㈥『仏説弥勒下生成仏経』〔義浄訳 No.四五五〕がある(118)。一般的に㈠もしくは㈣と㈢・㈤を弥勒三部経と呼ぶ。

『成仏経』では、人間の寿命が八四〇〇〇歳となる未来に弥勒が兜率天から地上世界に下り婆羅門に生まれるが、無常を観じて出家し即日に成道して龍華樹の下で三会の説法をおこない、衆生を救うと説かれる。『上生経』では、すでに修行を成就した弥勒菩薩が命終ののちに兜率天の内院に住し、また弥勒に帰依し供養礼拝する者は命終の後に兜率天に迎えられることを説き、弥勒浄土の荘厳のさまが描かれている(119)。つまり、経典から読み取れる弥勒菩薩への信仰は、弥勒が未来世において下生して成仏し説法することを待望する下生信仰と、現在世に弥勒が説法をしているという兜率天に往生し弥勒の教化にあずかろうとする上生信仰に分けられる。

文献上では『日本書紀』敏達天皇十三年（五八四）九月条に鹿深臣が百済から弥勒石像一躯を仏像とともにもたらし、蘇我馬子邸宅の東に仏殿を建てて安置したのが始まりとされる(120)。『家伝』上によると、天智天皇八年（六六九）に没した藤原鎌足に対して天皇が「如二汝誓願一、従二観音菩薩之後一、到二兜率陀天之上一、日日夜夜、聴二弥勒之妙説一、朝朝暮暮、転二真如之法輪一」とあり(121)、兜率天上生を求める上生信仰がうかがえる。『続日本紀』養老六年（七二二）十二月庚戌条によると、元正天皇は亡き天武天皇のために弥勒像、持統天皇のために釈迦像を造らせている(122)。なお、白鳳期から奈良時代にかけての遺品としては、大阪府羽曳野市の野中寺にある金銅造の弥勒菩薩半跏思惟像（六六六年）をはじめ、奈良県葛城市の当麻寺にある塑造の弥勒如来坐像、奈良県斑鳩町の中宮寺にある木造の弥勒菩薩半跏思惟像、京都府京都市の広隆寺にある木造の弥勒菩薩半跏思惟像、京都府笠置町の笠置寺にある弥勒如来磨崖仏、法隆寺金堂北壁に描かれた弥勒浄土変相図や弥勒浄土相などが知られる。(123)

写経でいえば天平二年（七三〇）八月九日書写になる亡父・石川石足一周忌供養（石川卿願経）の『成仏経』［東京国立博物館所蔵］、天平十年（七三八）六月二十九日の年紀をもつ『上生経』［高山寺所蔵］があり、下生・上生信仰はともに知られる。また、経典の奥書から弥勒信仰を示すものには神亀五年（七二八）九月二十三日書写の長屋王の発願にかかる『大般若経』巻第二六七［根津美術館所蔵］、天平二年（七三〇）二月十日書写の『瑜伽師地論』巻第二一［石山寺所蔵］、天平三年（七三一）八月八日書写の『法華経玄賛』巻第三［知恩院所蔵］、天平十五年（七四三）五月十一日書写の『別訳雑阿含経』巻第一〇［宝厳寺所蔵］などがある。(124)

『瑜伽師地論』と弥勒信仰との関係が知れる例として、「慈姓知識経」と呼ばれる天平七年（七三五）書写の『瑜伽師地論』があり、奥書には以下のように記される。(125)

天平七年歳次乙亥八月十四日写了
書写師慈氏弟子三宅人成本名
今受慈氏弟子慈霊　檀越慈氏弟子慈姓　（巻第八［知恩院所蔵］）

天平七年歳次乙亥八月十四日写了
書写師慈氏弟子慈照本名建部木万呂
檀越慈氏弟子慈姓本名三神智麻呂　（巻第五二［知恩院所蔵］）

天平七年歳次乙亥八月十四日写了
書写師慈氏弟子慈泰本名建マ古町

檀越慈氏弟子慈姓本名三神智万呂
天平七年歳次乙亥八月十四日写了
書写師慈氏弟子慈勧本名荒城臣多都乎
（巻第六〇［知恩院所蔵］）

檀越慈氏弟子慈姓本名三神智万呂
天平七年歳次乙亥八月十四日写了
書写師慈氏弟子慈通本名難波首益人
（巻第六〇［五島美術館所蔵］）

檀越慈氏弟子慈姓本名三神智万呂
天平七年歳次乙亥八月
（巻第六六［知恩院所蔵］）

書写師慈氏弟子優婆塞慈法本名大石主寸豊国
檀越慈氏弟子優婆塞慈姓本名三神智万呂
天平七年歳次乙亥八月
（巻第九一［知恩院所蔵］）

書写師慈氏弟子優婆塞慈信本名赤染乎麻呂
檀越慈氏弟子優婆塞慈姓本名三神智万呂
（巻第九六［知恩院所蔵］）

また、唐招提寺所蔵の『瑜伽師地論』巻第二一の奥書には以下のように記されている。(126)

天平十七年歳次乙酉四月中旬願主万瑜井
書写法師信瑜井
（『瑜伽師地論』巻第二一［唐招提寺所蔵］）

万瑜・信瑜は自ら菩薩号を著名し、「瑜」の一字を法名に付すことから『瑜伽師地論』への信仰を示している。(127)慈氏とは弥勒菩薩のことを指し、「慈氏弟子」あるいは「慈」という一字を法名にするのは弥勒菩薩の信仰者のあらわれである。これらを整理した松本信道は、檀越の慈姓を中心とする上層階級や写経生などの知識階級が弥勒信仰を受容し一種の信仰集団を形成したとみている。(128)なお、檀越として度々あらわれる三神智万（麻）呂は、泰澄の俗性が三神、父が三神安角であるので注目される。

また、「近事瑜行知識経」と呼ばれる『解深密経』巻第五の奥書には以下のように記されている。[129]

願主近事瑜行知識並弐拾壱人 近事九人 那十二人

近恩明　深満　解行　道内　足広　法道　解満

恩沢　近那　瑜成　主近　深恵　深福

深妙　深法　報貴　深行　深智　道精

恩信　深満

天平勝宝元年十月廿一日書写観法

（『解深密経』巻第五〔益田氏旧蔵〕）

願主の近事（優婆塞）である瑜行から恩沢までの九人、近那（優婆夷）も瑜成から深満までの一二人がいるが、『解深密経』の一字を法名とするので、経典への帰依や知識としての連帯感をあらわしたとみられている。[130]

二つの経典は唯識学派における最古の文献であり、その開祖は弥勒菩薩（マイトレーヤ）といわれ、その教説あるいは著作に帰せられる数種の論が現存している。[131] そのなかで最も早く成立したと推定されるのが『瑜伽師地論』である。唯識学派の別名は瑜伽行派といい、瑜伽師地とはヨーガ行（瑜伽師）の実践階梯（地）という意味であるので、創唱的文献とみられている。そして『解深密経』は仏の深密の教えを解き明かした経典という意味であり、この学派の成立を規定するような新しい教義を提唱したものであるという。

『解深密経』はほぼ全文が『瑜伽師地論』に引用されているように密接な関係を有する。両書には教義概念（法相、法数ともいう）に共通したものが多いが、異なった趣きも感ぜられるという。『瑜伽師地論』は阿毘達磨（アビダルマ論）文献のなかに多く説かれる教義概念（法相）あるいは大乗諸経典中に説かれる諸々の教義概念を広く収集してそれらを綜合し、かつ新方針のもとに編成し直すことで大乗教義の形式的な体系を樹立することを意図した大部（玄奘の漢訳で一〇〇巻に及ぶ）であるのに対して、『解深密経』は新しい大乗の理論を打ち出すことを意図し、むしろ唯識説の哲学的な理論書というべきものになっている。

次に、弥勒菩薩との関係について袴谷憲昭はマイトレーヤ（弥勒菩薩）に帰せられる論典として『大乗荘厳経論』『中辺分別論』『法法性分別論』『究竟一乗宝性論』をあげるが、伝承では『瑜伽師地論』は無著が三昧の最中に現れた信仰上の弥勒菩薩により説かれ、それが無著により事実上文字にあらわされたと述べる。(132) 日本においても東大寺所蔵の『瑜伽師地論』巻第一二には以下のように記されている。(133)

瑜伽師地論巻第十二　弥勒菩薩説　三蔵法師玄奘奉　詔訳

本地分　中三摩呬多地第六之二

『瑜伽師地論』は弥勒菩薩が説いたと経典のうえでも認識されているので、唯識思想と弥勒信仰との関係が指摘できる。また、『解深密経』巻第三の「分別瑜伽品第六」（「弥勒菩薩品」とも呼ぶ）は弥勒菩薩と世尊との問答形式であるが、有影像の三昧である「毘鉢舎那」（心の動きを起こす因としての対象である心相を作意すること）と無影像の三昧である「奢摩他」（対象と直面している心である無間心を作意すること）という止と観の双運によって、止観の対象となる影像は唯識に他ならないと知り、真如を作意するのを心一境性の作意（心が対象とひとつであるような作意）といい、これがのちの「唯識性への悟入」で瑜伽行の中核になるのだという。(134)

止観の所縁、すなわち禅定にあって瞑想の対象とするものは世尊所説の一切の法である。この所縁は経中で、㈠分別影像、㈡無分別影像、㈢事の辺際性、㈣所作の成弁の四つに分けられ、このうち㈠は毘舎那の対象、㈡は奢摩他の対象、㈢は法のあるかぎり（尽所有性）とそのありのままの真実（如所有性）の二面を四種道理によって知り（＝見道）、㈣は止観の実践（修道）によって道の次第を上り究竟の果に至ることをいい、こうした四種所縁の説は『瑜伽師地論』「声聞地」にもあるという。

少し長くなったが、経典名やその作者を法名の一部とするのは天平年間（七二九～四九）に特徴的のあらわれ、瑜伽行派の経典やその作者とみられる慈氏（弥勒菩薩）に対する特別な信仰心が読み取れ、『雑事』巻第二一にみられる弥勒信仰者たる泰澄の姿とどこか親和性がある。何より瑜伽行とは意を制御し心の統一をはかる修行法であり、禅行（止観）がその一方法として重視されている。そこで次に禅行との関連をみてみる。『日本国現報善悪霊異記』（以下、『日本霊異記』と略する）下巻の第一七「未二作畢一捻摂像生二呻音一示二奇表一縁」には以下のように記されている。[135]

沙弥信行者、紀伊国那賀郡弥気里人、俗姓大伴連祖是也、捨レ俗自度、剃二除鬢髪一、著二福田衣一、求レ福行レ因、其里有二一道場一、号曰二弥気山室堂一、其村人等、造二私之堂一、故以為レ字法名曰二慈氏禅定堂一者、未二作畢一有二捻摂像二体一、弥勒菩薩之脇士也、臂手折落、居二於鐘台一、檀越量曰、斯像隠二蔵乎山浄処一、信行沙弥、常住二其堂一、打レ鐘為レ宗

（『日本霊異記』下巻）

沙弥信行は紀伊国弥気里人の私度僧で、村人らが造立した弥気山室堂という道場に常住していた。道場は慈氏禅定堂とも称されていた。慈氏とは弥勒菩薩の別称で、禅定堂とは禅行修道のための道場を示している。弥勒菩薩像が本尊として安置されたことから信行は弥勒信仰者とみられる。また、『日本霊異記』下巻の第八「弥勒菩薩応二於所レ願示二奇形一縁」には以下のように記されている。[136]

近江国坂田郡遠江里、有二富人一、姓名未レ詳也、将レ写二瑜伽論一、発レ願未レ写、而淹歴レ年、家財漸衰、生活無レ便、離レ家捨二妻子一、修レ道求レ祐、猶睠二願果一、常愁二于懐一、帝姫阿陪天皇御世、天平神護二年丙午秋九月、至二一山寺一、累レ日止住、其山寺内、生二立一柴一、其柴皮上、忽然化二生弥勒菩薩像一、時彼行者、見之仰瞻、巡レ柴哀願、諸人伝聞、来見二彼像一、或献二俵稲一、或献二銭衣一、乃至供二上一切財物一、奉三繕二写瑜伽論百巻一、因設二斎会一、既而其像、奄然不レ現、誠知、弥勒高有二兜率天上一、応レ願所レ示、願主下在二苦縛凡地一、深信招レ祐、何更疑之也

（『日本霊異記』下巻）

近江国坂田郡遠江里に富人がいて『瑜伽師地論』を書写しようと発願したが、写さないまま長年が経過してしまった。願を果たせないまま求道修行の傍ら一山寺に住していた時、突如として弥勒菩薩が柴の枝上に化生したのを諸人が伝え聞いて、その像を見て銭衣や一切の財物を献上したので、『瑜伽師地論』一〇〇巻を書写することができた。彼ら

は私度僧であり、松本信道は『日本霊異記』下巻の縁第二八の「弥勒丈六仏像其頸蟻所レ嚼示二奇異表一」や下巻の縁第三〇の「沙門積レ功作二仏像一臨二命終時一示二異表一」をもとに私度僧と弥勒信仰との関係性について述べる(137)。

なお、紀伊国と近江国の事例は舞台が山寺で、山林修行とかかわるものとみられるが、前者は弥勒菩薩を信仰する禅定修道のための道場で、後者は『瑜伽師地論』と弥勒菩薩の関係を示している。特に禅定は瑜伽行が想定されるが、入唐して玄奘につき帰国後は日本に禅（瑜伽）を弘めた道昭が知られる。『続日本紀』文武天皇四年（七〇〇）三月己未条の道昭伝に「経論深妙、不レ能二究竟一、不レ如学レ禅流二伝東土一、和尚奉レ教、始習二禅定一」「於二元興寺東南隅一、別建二禅院一而住焉、于レ時天下行業之徒、従二和尚一学レ禅焉」とあり(138)、玄奘から禅を学んで日本に弘めることを勧められた道昭は、その教えを守り初めて禅定を学んで悟るところが次第に広くなると、帰国後は元興寺の東南隅に禅院を建てて住んだという。加えて天下を周遊し、路の傍に井戸を穿ち、諸の津済の処に船を設け橋を造るともある。

角田洋子によると、道昭は玄奘より大乗の勝義を説かれ、禅定修行と一体となった唯識観への確信から禅を教え、天下布教に乗り出し衆生救済をおこなったものとみられている(139)。また、道昭の禅院を道場と称する直接の史料はないというが、道場での修行の中心が禅行であることを考えると、禅院の成立と禅行の普及が「道場」という仏教施設の呼称を生み出し、「大宝僧尼令」にある「道場」や「僧尼令」禅定条にある山林での禅定修行の規制に対する歴史的背景には道昭に発する僧尼の現実的な活動があったともみられている。なお、『日本霊異記』の道場法師説話にある「道場法師」と「弥勒石」の分析から道昭の禅院を媒介とした関係性についても指摘されており(140)、『瑜伽師地論』や弥勒信仰をうかがわせるものである。

道昭の弟子とされる人物が行基であり、貧民救済・治水・架橋などの社会事業をおこなう。その事業の背景については『続日本紀』天平勝宝元年二月丁酉条に「初出家、読二瑜伽唯識論一即了二其意一」とあるのも、『瑜伽師地論』『成唯識論』で強調された大乗戒にいう菩薩行にもとづくとみられている(141)。さらに見解を深めた二葉憲香は、行基が瑜伽唯識論を読んだこと、その生涯が民衆の苦悩を救う利他的実践にささげられていること、天皇に菩薩戒をさずけていることは、行基の仏教が大乗菩薩道の本旨としての利他的人格的実践にもとづく菩薩戒の実践であり、具体的に『瑜伽師地論』巻第四一「本地分中菩薩地第十五初持瑜伽処戒品第十之二」、同巻第四〇「瑜伽処戒品第十之一」、同巻第三九「瑜伽処施品第九」にある増上宰官の暴悪を廃黜するという条などを取り上げ、「瑜伽戒」であったとも指摘している。(142)

加えて角田洋子は『瑜伽師地論』「菩薩地」に説く一切世間工業明論の影響を指摘する。(143) 一切世間工業明論とは、衆生の利益を実現するため、菩薩が学ぶべき必須学問五領域のひとつで、その教えをヒントとしたかと思われる道昭や行基の土木事業は難しい教義を説くよりも、自他ともに利益を蒙る作業に参加することで善を積み、心を浄化して悟りに至る実践的教化であり、最も分かりやすい唯識観による衆生救済とみている。さらに角田は行基の行動と『瑜伽師地論』の関係性について天平二年（七三〇）九月付の『瑜伽師地論』巻第二六［天理大学附属天理図書館所蔵］を取り上げる。一般に「和泉監知識経」と称される写経であり、奥書には以下のように記されている。(144)

瑜伽師地論巻第廿六

書写石津連大足

和泉監大鳥郡日下部郷天平二年歳次庚午九月書写奉

大檀越 優婆塞練信 従七位下領勲十二等日下部首名麻呂 惣知識七百九人 男二百七十六 女四百卅三

（『瑜伽師地論』巻第二六）

これについて井上光貞は、『大僧正舎利瓶記』にある行基の母が大鳥郡の蜂田氏であること、『続日本紀』に「初出家、読二瑜伽唯識論一即了二其意一。」とあること、『行基年譜』にある行基集団の施設が大鳥郡に多く、日下部には鶴田池が築かれたことなどを根拠に行基関係の写経とみている。(145) 角田洋子によると『瑜伽師地論』「声門地」中の巻第二六は様々な人間のあり方を明らかにするという唯識による衆生論の一巻であり、教化・救済の観点から人間を二八種のタイプに分類し、それぞれのタイプが何を縁として何を学び、どのように修行したらよいかを説いているという。(146) そのなかで観行（禅）の重要さが説かれ、経論の内容と所願が密接に結び付いておこなわれる場合としている。在家の領民に菩薩行を要求するのではなく、在家者にふさわしい応分な信仰を前提としているといい、ここから豪族層である大領を中心に領民を仏教の教えの力で結集していく行基集団のあり方を垣間見ている。

以上、『雑事』巻第二一の内容と奥書から泰澄の菩薩行の行動を読み取り弥勒菩薩に対する信仰についても考えたが、泰澄が『瑜伽師地論』を読了していれば泰澄が禅行を重視する山林修行者、かつ衆生を救う現実に根ざした菩薩行の実践者たる姿が見え、のちの法相宗派の関係性も首肯できるのだが、推測を重ねることになるのでここまでとしておく。

おわりに

最後に『雑事』巻第二一の書写のなされた天平二年（七三〇）頃を中心として政治情勢や弥勒信仰、藤原氏や興福寺の動向などの諸史料をもとに以下に時系列で整理する。

天武十一年（六八二）六月十一日　泰澄、麻生津で生まれた（『伝記』）
天武十一年（六八二）　行基は出家時に瑜伽唯識論を読み、その意を理解した（『続紀』）
永淳元年（六八二）十一月十三日　中国法相宗の始祖、基が入寂（『宋高僧伝』）
養老五年（七二一）八月　興福寺北円堂の弥勒像・中金堂内の弥勒浄土変の安置（『扶桑』・『流記』）
養老六年（七二二）十一月十九日　元明天皇一周忌の追善のため『華厳経』八〇巻の書写（『続紀』）
〃　（七二三）十二月十三日　元正天皇、天武天皇のために弥勒菩薩造立（『続紀』）
（養老六年十二月十三日＝ユリウス暦七二三年一月二十四日）
養老七年（七二三）　興福寺内の施薬院・悲田院のため越前国の稲一三万束を施入（『扶桑』）
神亀二年（七二五）　泰澄四四歳、行基と白山で出会う（『伝記』）
神亀五年（七二八）九月二十三日　『大般若経』巻第二六七（長屋王願経）の書写
神亀六年（七二九）二月十二日　長屋王の変（『続紀』）
天平元年（七二九）八月十日　光明子が皇后となる（『続紀』）

天平二年（七三〇）二月十日	『瑜伽師地論』巻第二一の書写	
〃　四月十七日	光明皇后が皇后宮職に施薬院を設ける	（『続紀』）
〃　六月七日	『根本説一切有部毘奈耶雑事』巻第二一の書写	
〃　八月九日	『仏説弥勒下生成仏経』（石川卿願経）の書写	
〃　九月	『瑜伽師地論』巻第二六（和泉監知識経）の書写	
〃　九月二十九日	国法に違反する二つの事例を禁断する詔	（『続紀』）
天平二年（七三〇）	興福寺五重塔の完成、北方弥勒の四浄土変の安置	（『流記』）
〃	行基、善源院・尼院・船息院・尼院・高瀬橋院・尼院・楊津院の建立	（『行基年譜』）
天平三年（七三一）八月七日	行基に従う優婆塞・優婆夷の一部の入道を許すなどの詔	（『続紀』）
〃　八月八日	『法華経玄賛』巻第三の書写	
〃　八月十日	皇后宮職下の写経所の写経事業にて華厳経五巻・三巻の書写	（『正倉』）
天平三年（七三一）	狭山池院・尼院・崑陽施院・法禅院・河原院・大井院・山崎院・隆福尼院の建立	（『行基年譜』）
天平四年（七三二）八月	皇后宮職下の写経所の写経事業にて華厳経四巻の書写	（『正倉』）
天平七年（七三五）八月十四日	『瑜伽師地論』（慈姓知識経）の書写	
天平十年（七三八）六月二十九日	『観弥勒菩薩上生兜率天経』（石川年足願経）の書写	
天平十二〜十四年（七四〇〜二）	審祥所蔵の『華厳経探玄記』参照	（『三国仏法』）
天平十五年（七四五）五月十一日	『別訳雑阿含経』巻第一〇（五月十一日経）の書写	
天平十六年（七四四）閏正月	五月一日経の一具として『華厳経探玄記』の書写	（『正倉』）

天平十七年（七四五）四月中旬　『瑜伽師地論』巻第二一の書写

天平勝宝元年（七四九）四月一日　丹生・大野・坂井郡の田地六〇一町余を興福寺に施入（『三代実録』）

天平宝字元年（七五八）十二月　山階寺施薬院に越前国墾田一〇〇町を施入（『三代実録』）

まず、写経に弥勒信仰のことが見えるのは神亀五年（七二八）九月二十三日の『大般若経』巻第二六七の奥書に「各随三本願往二生上天一、頂二礼弥勒一遊二戯浄域一面二奉弥陀一」とあるのが最初で、弥陀信仰と並んでおこなわれている。天平二年（七三〇）二月十日の『瑜伽師地論』巻第二一奥書の「三会」、同年六月七日の『雑事』巻第二一本文の「覩史多天宮殿」「慈氏」・奥書の「慈蔭」がある。同年八月九日の『成仏経』奥書には「弥勒経一十部」「往生覩史多天」「慈氏」とあり単独書写がおこなわれる。天平三年（七三一）八月八日の『法華経玄賛』巻第三奥書には「弥勒菩薩合一鋪」とある。つまり天平二年（七三〇）前後は弥勒信仰全盛期であり、『雑事』巻第二一の奥書と内容に齟齬はなく、泰澄が弥勒信仰者であった可能性も首肯できる。

次に、「下救二衆生一」にみる泰澄の菩薩行と弥勒信仰を兼ね備えた『瑜伽師地論』について整理する。行基は出家時に「瑜伽唯識論」を読みその意を理解し、『大僧正舎利瓶記』「行基墓誌」には「飛鳥の朝の壬午の歳、出家して道に帰し」とあるので、一五歳の年である天武天皇十一年（六八二）とみられる。瑜伽唯識論とは『瑜伽師地論』『成唯識論』のことで、行基は師である道昭を尊船大徳と呼び、その思想的な影響を受けていたとみられる。なお、その年に注目すると、『伝記』では泰澄の生年であるとともに、道昭の弟子行基の出家の年でもある。中国法相宗の初祖である基の入寂の年とも重なることも踏まえると、泰澄は法相宗との深い関係性を示している。

『瑜伽師地論』の書写については天平二年（七三〇）二月十日の巻第二一、同年九月の巻第二六、天平七年（七三五）八月十四日のもの、天平十七年（七四五）四月中旬の巻第二一などがあり、泰澄により『雑事』巻第二一の書写された天平二年（七三〇）から始まり、天平年間に集中してみられるので、泰澄が『瑜伽師地論』に触れていても不思議ではない。『瑜伽師地論』は菩薩行に関する教説が重要な構成要素をなしていた。加えて華厳経典についても『六十華厳』

の受容の時期は明らかでないが、天平三・四年（七三一・二）にかけて両経典の書写記録があり、元熙二年（四二〇）の漢訳本は早くから日本に伝わり、それ以前に流布していたとみられる。『雑事』巻第二一奥書にみる上・下の対句表現については『六十華厳』の注釈書『探玄記』と親和的で、天平十二年（七四〇）以前に伝来したとみられている。つまり泰澄は『六十華厳』を読み、奥書の書写に際して『探玄記』の影響を受けており、唯識だけでなく華厳教学も学んでいた可能性が指摘できる。

藤原氏との関係でいえば、『興福寺流記』所引の「宝字記」には養老五年（七二一）八月、藤原不比等の一周忌のために夫人の橘三千代は興福寺中金堂内に弥勒浄土変をつくり、『同』所引の「延暦記」には同年八月、元明・元正天皇が同寺北円堂に弥勒像を安置し、『同』所引の「宝字記」には天平二年（七三〇）に完成した五重塔には光明皇后発願により東方薬師・南方釈迦・西方阿弥陀・北方弥勒の四浄土変が安置されている(147)。興福寺における弥勒信仰の盛行がうかがえ、『雑事』巻第二一奥書から読み取った泰澄の弥勒信仰者としての姿とも時代的に重なる。養老七年（七二三）には光明子が興福寺内の施薬院・悲田院を設置した際に越前国の稲一三万束が施入された点では、藤原氏を介した越前国との関係性がうかがえる。光明子は天平元年（七二九）八月十日に皇后となり、翌年の二年（七三〇）四月十七日に皇后宮職に施薬院を設ける。約二か月後の六月七日に泰澄が『雑事』巻第二一を書写しており、その年の暮れには興福寺五重塔が完成するという流れになる。

さらに『雑事』巻第二一奥書の「下救二衆生一」の文言から泰澄を菩薩行の実践者とみたが、天平五年（七三三）から六年（七三四）の初めに書写が始められた光明皇后発願の一切経（五月一日経）の目的は父母が早く悟りへと至り着くことを願うとともに、あらゆる衆生の救済と仏法の流布を願う点で共通している。ほぼ同時期に始められた聖武天皇勅願一切経が国王としての仏法興隆を誓うのに対し、光明皇后は明らかに在俗の仏教者として大乗仏教の菩薩行の理念について語り(148)、悲田院・施薬院の設置も含めて考えると、単に時代背景としては片付けられない泰澄と触れ合う思想・信仰が感じ取れる。天平勝宝元年（七四九）四月一日には丹生・大野・坂井郡の田地六〇一町余を興福寺に施入し、また天平宝字元年（七五八）十二月には山階寺施薬院に越前国墾田一〇〇町を施入しているので、藤原氏や興福寺の財源としての越前国が重視されたことは確かである。

最後に、泰澄と行基との関係である。『伝記』によると、神亀二年（七二五）泰澄が四四歳の年に行基菩薩が白山を訪れ、禅定の妙理大菩薩に参詣して互いに顔を合わせると、行基は神融・三神の由緒や神仏習合のことを述べ、別れたあと極楽での再会を約束するというが、そのような証拠は残されていない。しかし『雑事』巻第二一が書写された天平二年（七三〇）とその翌年は『行基年譜』によれば、行基が四十九院中の一五院を集中して建てた時期である。天平二年（七三〇）には善源院・尼院・船息院・尼院・高瀬橋院・尼院・楊津院、天平三年（七三一）には狭山池院・尼院・崑陽施院・法禅院・河原院・大井院・山崎院・降福尼院がある。

この両年には『続日本紀』には二つの詔があり、二葉憲香の見解にもとづきみてみる[149]。まず、天平二年（七三〇）九月庚辰条の詔[150]には、京に近い左側の丘に多人数を集めて妖しげなことを言い、衆人を惑わす者がいるので、今後このような行為を禁断するとある。行基との直接的な関係性はわからないが、行基が罪福を説いて百姓を妖惑し四民は業を捨てるに至ったような事態の大規核な発展であれば、行基的運動の発展と政府の行基的立場への弾圧は続いていたとみられる。次に、天平三年（七三一）八月癸未条の詔では、行基につき従っている優婆塞・優婆夷らで法の定めに従って修行している者のうち、男は六一歳、女は五五歳以上の者はすべて入道することを許し、それ以外の路上で托鉢をおこなう者は所管の官司に連絡して捕まえよとしている[151]。これは行基の立場に対する政府の態度変換を示す最初のもので、行基の立場に対する弾圧がこの年まで続き、それ以降行基の運動を一部承認せざるを得なくなり妥協を企てていることがわかる。

つまり、行基は「妄説二罪福一」「妖言惑レ衆」といった拡大した不安との関係から弾圧の対象となっていたが、国家にとって利益のうすい年齢に属するものの出家を認め、行基に対する政治的妥協を試みて民心の鎮撫を考えたとみられている。こうした社会的背景のなかで、泰澄は『雑事』巻第二一を書写し、奥書の文言を深読みすれば行基による菩薩行の行動とつながるものが感じ取れる。

推論を重ねてきたが、これらが正しければ、泰澄は衆生教化の活動として『瑜伽師地論』「菩薩地」に説かれる大乗仏教の唯識思想を踏まえた菩薩行の実践者であり、『雑事』巻第二一を意図的に選び書写した点から熱狂的な弥勒信仰者ともとらえられる。弥勒をベースとした道場と禅行、清浄性と呪術性を求める山林修行との関係性も想定できるかもしれない。また、奥書の上下の対句表現から唯識だけではなく、華厳経典やその注釈書なども学んでいた可能性が高い。さらに『雑事』の医羅鉢龍王譚は巻第二一に特徴的なもので、白山開創者は何かと龍と関係性の深いので、それを書写した泰澄は『伝記』のモデルとなった人物と考えたい。以上のことから泰澄は越前国出身の越知山・白山などで修行しながらも、興福寺などの南都の寺院に出入りし藤原氏と交流をもつなど都で活動し、法相や華厳といった教学を学んだ人物であり、越前国にあっては劔神社の神宮寺の創建にも関与した人物とみておきたい(152)。

注

（1）宮内庁『宮内庁書陵部収蔵漢籍集覧―書誌書影・全文影像データベース―』http://db.sido.keio.ac.jp、越知山大谷寺所蔵の複写を参照した。
（2）田中塊堂「泰澄書写経」『古写経綜覧』鵤故郷舎出版部、一九四二年。
（3）奈良国立博物館『奈良朝写経』東京美術、一九八三年。
（4）上代文献を読む会『上代写経識語注釈』勉誠出版、二〇一六年。
（5）宮内庁前掲（1）。
（6）『根本説一切有部毘奈耶雑事』巻第二一（『大正新脩大蔵経第二四巻　律部三』大正新脩大蔵経刊行会、三〇一～三〇七頁所収）
（7）宮内庁書陵部『和漢図書分類目録』一九五二年。
（8）小倉慈司「宮内庁書陵部所蔵奈良朝写経の来歴」『正倉院文書論集』青史出版、二〇〇五年

(9) 平井芳雄・長澤孝三「明治二十四年宮内庁に移管した内閣文庫本について」『北の丸 国立公文書 館報』第一三号、国立公文書館、一九八〇年。長澤孝三「明治二十四年宮内庁に移管した内閣文庫本について（続の上）」『北の丸 国立公文書館報』第二五号、国立公文書館、一九九三年。
(10) 田中光顕編『古経題跋随見録』［早稲田大学図書館蔵］。
(11) 田中光顕編『古芸余香』五［国立国会図書館蔵］。
(12) 谷山貞夫「シマダバンコン 島田蕃根」『日本人名大事典（新撰大人名辞典）覆刻版』平凡社、一九七九年。
(13) 平泉澄『泰澄和尚伝記』白山神社蔵版、一九五三年。
(14) 宮内庁書陵部編『図書寮典籍解題 漢籍篇』大蔵省印刷局、一九六〇年。
(15) 近藤喜博「白山禅頂」『白山を中心とする文化財〈福井県〉』文化庁、一九七二年。
(16) 村山修一「泰澄と白山信仰」『修験の世界』人文書院、一九九二年。
(17) 藤川明宏「泰澄大師の文字」『越知山泰澄の道 三』越知山泰澄塾、二〇一三年。
(18) 田中前掲（2）文献。
(19) 高瀬重雄「第一編 古代山岳信仰の史的考察 第四章 山岳と中国思想の影響」『古代山岳信仰の史的考察』角川書店、一九六九年。
(20) 高瀬重雄「白山・立山と北陸修験道」『山岳宗教史研究叢書一〇 白山・立山と北陸修験道』名著出版、一九七七年。
(21) 本郷真紹「第七章 若越の文学と仏教 第三節 泰澄と白山信仰」『福井県史 通史編一 原始・古代』福井県、一九九三年。
(22) 本郷真紹「古代北陸の宗教文化と交流」『古代王権と交流三 越と古代の北陸』名著出版、一九九六年。
(23) 本郷真紹「エピローグ 泰澄は実在したか」『白山信仰の源流―泰澄の生涯と古代仏教』法蔵館、二〇〇一年。
(24) 小林崇仁「泰澄の人物像」『智山学報』第五二輯、智山勧学会、二〇〇三年。
(25) 角鹿尚計「一一 根本説一切有部毘奈耶雑事巻第二十一」『平成二十四年春季特別展「古代越前の文字」図録』福井市立郷土歴史博物館、二〇一二年。
(26) 桑原祐子「奈良朝写経九 根本説一切有部毘奈耶雑事巻第二十一」『上代写経識語注釈』上代文献を読む会、勉誠出版、二〇一六年。

(27) 下出積與「泰澄和尚伝説考」坂本太郎博士還暦記念会 編『日本古代史論集』上、吉川弘文館、一九六二年。

(28) 栗原治夫「各個解題 九 根本説一切有部毘奈耶雑事巻第二十一 一巻」奈良国立博物館 編『奈良朝写経』東京美術、一九八三年。

(29) 宮内庁前掲（1）の書誌書影・全文影像データベースをもとに分析をおこなった。ここでは『根本説一切有部毘奈耶雑事』巻第二一は「[平安] 写法隆寺一切経本、天平二年泰澄書写識語妄補」とある。識語が妄補とみて平安時代の写しと位置づけられている。

(30) 宮内庁所蔵の『根本説一切有部毘奈耶雑事』巻第二一は総文字数七一五一字（うち内題は二四字、本文は七〇八五字［一か所の割注の六字を含む］、尾題は一七字、奥書は二五字）を数える。「天」は84-6・84-14・89-3・253-6・275-11。「平」は185-11・380-8。「月」は114-10・114-12・114-14・114-16・159-9・162-6。「二」は77-3・113-3・124-16・127-5・133-12・177-16・205-6・231-2・237-2・264-12・237-2・356-17。「為」は9-16・24-12・25-4・30-8・80-4・81-18・94-8・96-17・101-11・104-2・106-3・111-10・112-10・117-10・119-17・121-14・132-8・135-10・136-9・137-4・139-17・141-4・143-10・146-18・152-11・154-8・156-17・161-4・163-8・175-6・191-13・193-15・229-12・232-6・237-5・237-15・248-8・264-3・264-7・289-14・296-5・320-9・325-11・332-17・367-2・368-17・392-6・393-3・406-6・409-6・413-13・414-5。「上」は37-8・56-11・72-16・73-15・77-1・79-5・80-5・86-5・89-8・106-15・141-5・161-10・178-9・180-10・200-5・200-15・202-9・213-1・215-3・247-15・262-10・318-17・370-4・397-7・401-8。「酬」は292-12・301-13・304-10・307-1。「慈」は193-9・279-6・310-14・368-7。「下」は56-13・77-2・170-14・185-9・208-12。「衆」は10-3・13-15・99-10・102-4・163-4・163-14・164-7・173-5・175-6・182-12・186-4・188-3・199-4・201-3・311-11・312-6・365-4・368-12・374-16・396-15・397-14・399-17・403-14。「生」は14-12・38-3・68-10・85-4・103-8・127-15・141-9・154-14・155-4・164-10・166-15・167-6・173-6・178-11・183-9・188-16・189-4・200-6・211-5・214-17・233-3・234-1・234-17・235-13・236-12・238-9・238-12・240-15・240-16・241-16・248-1・250-7・302-14・392-8・394-8。「書」は11-12・14-9・20-1・65-17・67-12・79-7・86-2・89-11・153-16・180-11・271-3・338-5・344-2。

（31）藤川前掲（17）文献。

（32）一五字は一か所で、184・315、一六字は二八か所で、12・13・20・28・46・49・55・58・177・217・218・219・222・224・261・290・291・298・311・314・317・321・351・355・374・378・395・408、一八字は二三か所で、14・29・30・47・50・103・185・187・226・263・268・288・305・318・324・356・375・376・377・396・410・411・423、一九字は二か所で、57・227、二〇字は一一か所で、3・80・81・141・142・144・146・203・277・278・279である。

（33）九か所は11-8・9間の「婆」、20-3・4間の「侍」、117-8・9間の「城」、290-12・13間の「髪」、298-3・4間の「今」、314-8・9間の「至」、351-8・9間の「彼」、388-11・12間の「我」、411-18～412-1間の「所適本求心暫憩息已詣婆羅門舎於其」である。

（34）一三か所は17-4の「時」（→侍）、38-8の「何」（→可）、113-6の「日」（→白）、118-4の「波」（→婆）、187-7の「悪」（→凸）、197-2の「王」（→亡）、231-7の「因」（→固）、250-13の「六」（→立）、262-2の「王」（→亡）、292-14の「真」（→直）、314-14の「林」（→床）、334-14の「定」（→災）、378-7の「知」（→欲）である。

（35）三か所は30-14の「馬」の一字、58-10・11の「汝者」の二字、186-2～187-1の「諸大衆此是前来懼」の八文字である。

（36）中村元「慈蔭」「慈氏」『仏教語大辞典』東京書籍、一九八一年。

（37）本郷真紹「エピローグ　泰澄は実在したか」『白山信仰の源流―泰澄の生涯と古代仏教』法蔵館、二〇〇一年。

（38）桑原前掲（26）文献。

（39）栗原前掲（28）文献。

（40）上代文献を読む会前掲（4）文献。

（41）石田茂作「奈良朝の写経に就いて」『日本仏教の歴史と理念』明治書院、一九四〇年。

（42）廣岡義隆「奈良朝写経二〇　大般若経巻第二百三十二（石川年足願経）」『上代写経識語注釈』上代文献を読む会、勉誠出版、二〇一六年。

（43）桑原前掲（26）文献。

（44）『正法念処経』巻第六一（『大正新脩大蔵経第一七巻　経集部四』大正新脩大蔵経刊行会、七二一頁所収）。

(45) 中村元・福永光司・田村芳朗・今野達・末木文美士 編『岩波仏教辞典 第二版』岩波書店、一九八九年。高橋直道「瑜伽行派の形成」『講座大乗仏教八 唯識思想』春秋社、一九八二年。
(46) 『続日本紀』天平勝宝元年二月丁酉（二日）条（青木和夫・稲岡耕二・笹山晴生・白藤禮幸 校注『新日本古典文学大系一四 続日本紀 三』岩波書店、一九九二年 所収）。
(47) 井上薫『人物叢書 新装版 行基』吉川弘文館、一九八七年。
(48) 角田洋子「第二章『瑜伽師地論』と行基集団」『行基論 大乗仏教自覚史の試み』専修大学出版局、二〇一六年。
(49) 『仏説阿弥陀経疏』（『大正新脩大蔵経第三七巻 経疏部一』大正新脩大蔵経刊行会、三五四頁 所収）。
(50) 『翻訳名義集』（『大正新脩大蔵経第五四巻 事彙部下・外教部全』大正新脩大蔵経刊行会、一〇六九頁 所収）。
(51) 『般若波羅蜜多心経略疏』（『大正新脩大蔵経第三三巻 経疏部一』大正新脩大蔵経刊行会、五五二頁 所収）。
(52) 『華厳経探玄記』巻第七（『大正新脩大蔵経第三五巻 経疏部三』大正新脩大蔵経刊行会、二四九頁 所収）。
(53) 『華厳経探玄記』巻第一〇（『大正新脩大蔵経第三五巻 経疏部三』大正新脩大蔵経刊行会、二九九頁 所収）。
(54) 『華厳経探玄記』巻第一九（『大正新脩大蔵経第三五巻 経疏部三』大正新脩大蔵経刊行会、四七〇頁 所収）。
(55) 『華厳経探玄記』巻第一九（『大正新脩大蔵経第三五巻 経疏部三』大正新脩大蔵経刊行会、四七二頁 所収）。
(56) 『大方広仏華厳経疏』巻第五九（『大正新脩大蔵経第三五巻 経疏部三』大正新脩大蔵経刊行会、九五五頁 所収）。
(57) 鎌田茂雄「第五節 華厳経」『中国仏教史第六巻 隋唐の仏教（下）』東京大学出版会、一九九九年。
(58) 『続日本紀』養老六年十一月丙戌（十九日）条（青木和夫・稲岡耕二・笹山晴生・白藤禮幸 校注『新日本古典文学大系一三 続日本紀 二』岩波書店、一九九〇年 所収）。
(59) 鎌田茂雄「〇二七八 大方広仏華厳経」「〇二七九 大方広仏華厳経」「〇二九三 大方広仏華厳経」『大蔵経全解説大辞典 新装版』雄山閣、二〇一六年。
(60) 宮﨑健司「東大寺の『華厳経』講説―テキストと経疏をめぐって―」『仏教大学総合研究所紀要一九九八（別冊）号』仏教大学総合研究所、一九九八年。
(61) 『正倉院文書』（続修一六）「皇后宮職移」、『同』（続修一六）「皇后宮職解」（『大日本古文書』〈編年文書〉所収）。

(62) 宮崎前掲(60)文献。
(63) 宮崎前掲(60)文献。
(64)『東大寺要録』「東大寺華厳別供縁起」(『続々群書類従第一一巻 宗教部』国書刊行会、一九〇七年 所収)。
(65)『三国仏法伝通縁起』巻中(『大日本仏教全書 第六二巻 史伝部一』鈴木学術財団、一九七二年 所収)。
(66)『正倉院文書』(正集第三三巻 裏)「律論疏集伝等本収納并返送帳」(宮内庁正倉院事務所 編『正倉院古文書印影集成四』八木書店、一九九〇年 所収)。
(67) 八尾史「「根本説一切有部」という名称について」『印度学仏教学研究』第五五巻第二号、二〇〇七年。八尾によると、「根本有部」は『根本有部律』伝持集団において「有部」と同義に用いられる名称であるとしたうえで、現在律蔵に関して客観的な立場から「有部」という語を使うとすれば、㈠『十誦律』を伝持した集団(有部を自称)、㈡『根本説有部律』を伝持した集団(有部、根本有部を併称)、㈢両者を含む説一切有部を自称した集団のすべて(それらの集団が互いを含めて「総称」したか否かとは別)の三通りの対象を指示しうるとし、「根本説一切有部」という名称が「説一切有部」と同義に用いられるのは「説一切有部」を自称する複数の集団の中の一部のみにおける用法である可能性が高く、「根本説一切有部」を自称する文献を考察する際には現段階では妥当で、むしろ『十誦律』を伝持した集団の呼称を「『十誦律』伝持集団」とするなど、「説一切有部」よりも限定された名称が必要と述べる。
(68) 笠井哲「一四五一 根本説一切有部毘奈耶雑事」『新装版 大蔵経解説大事典』雄山閣、二〇一六年。平川彰「解説 三 根本説一切有部律」『国訳一切経 印度撰術部 律部二六』大東出版社、一九七五年。
(69) 平田昌司「唐代小説史における根本説一切有部律」『中国文学報』第五〇冊、京都大学、一九九五年をもとに要約した。
(70)『根本説一切有部毘那耶』巻第四六(『大正新脩大蔵経第二三巻 律部二』大正新脩大蔵経刊行会、八七七〜八八三頁)。
(71)『同』巻第四八(同八八九〜八九三頁)。
『根本説一切有部毘奈耶雑事』巻第二〇〜二四(『大正新脩大蔵経第二四巻 律部三』大正新脩大蔵経刊行会、二九七〜三二四頁 所収)。
(72) 平田前掲(69)文献。

(73)『根本説一切有部毘奈耶雑事』巻第二一。
(74)『根本説一切有部毘奈耶雑事』(『国訳一切経 印度撰術部 律部二六』大東出版社、一九七五年 所収)。
(75)『古事談』巻第五「神社仏寺」(黒板勝美 編『新訂増補 国史大系第一八巻 宇治拾遺物語・古事談・十訓抄』国史大系刊行会、一九三二年 所収)。『大法師浄蔵伝』(国書刊行会『続々群書類従 第三』続々群書類従完成会、一九七〇年 所収)。
(76)『根本説一切有部毘奈耶雑事』巻第二〇(『大正新脩大蔵経第二四巻 律部二』大正新脩大蔵経刊行会、二九八、二九九頁の二か所)、巻第二一(『同』三〇三頁の五か所・三〇四頁の七か所)、巻第二六(『同』三三二頁)、巻第三九(『同』四〇二頁の一か所)。
(77)伊藤堯貫「根本説一切有部律にみられる龍について」『現代密教』第一四号、智山伝法院、二〇〇一年を参考とした。
(78)平岡定海「解説」『日本仏教宗史論集第二巻 南都六宗』吉川弘文館、一九八五年。
(79)堀大介「『泰澄和尚伝記』成立過程の基礎的研究」『越前町織田文化歴史館 研究紀要』第二集、越前町教育委員会、二〇一七年。〔本書第一編第一～四章〕。
(80)本郷前掲(21)文献。
(81)本郷前掲(21)文献。
(82)堀大介「低山から高山へ—古代白山信仰の成立—」『第一〇回記念 春日井シンポジウム資料集』春日井シンポジウム実行委員会、二〇〇二年。
(83)高梨純次「己高山寺の草創—湖北の観音像はなぜ素晴らしいのかを考えるために—」『湖北の観音—信仰文化の底流をさぐる—』長浜市長浜城歴史博物館、二〇一二年。
(84)高梨前掲(83)文献。高梨純次「滋賀・鶏足寺の木心乾漆造十二神将立像について—その制作年代の推定—」『MUSEUM』第四三七号、東京国立博物館、一九八七年。
(85)『新見文書』「弘福寺領田畠流記写」(東京大学史料編纂所『大日本古文書巻之七(追加一)〈編年文書〉』所収)。
(86)高梨前掲(83)文献。
(87)本郷前掲(21)文献。

(88) 堀前掲（79）文献。
(89) 由谷裕哉「『泰澄和尚伝記』と白山修験道」『金沢工業高等専門学校紀要』第一〇巻、金沢工業高等専門学校、一九八五年。
(90) 石田茂作「奈良時代の宗派組織」『奈良時代文化雑攷』創元社、一九四四年。
(91) 井上光貞「南都六宗の成立」『日本歴史』第一五六号、一九六一年（『日本古代思想史の研究』岩波書店、一九八二年所収）。
(92) 『続日本紀』養老二年十月庚午（十日）条。
(93) 井上前掲（91）文献。
(94) 『三国仏法伝通縁起』巻中。
(95) 末木文美士「日本法相宗の形成」『仏教学』第三二号、仏教思想学会、一九九二年。
(96) 『続日本紀』文武天皇四年三月己未（十日）条（青木和夫・稲岡耕二・笹山晴生・白藤禮幸校注『新日本古典文学大系一二　続日本紀一』岩波書店、一九九二年所収）。『続日本紀』天平勝宝元年二月丁酉（二日）条、『続日本紀』天平十八年六月己亥（十八日）条（青木和夫・稲岡耕二・笹山晴生・白藤禮幸校注『新日本古典文学大系一四　続日本紀三』岩波書店、一九九二年所収）。
(97) 末木前掲（95）文献。
(98) 『宋高僧伝』巻第四（『大正新脩大蔵経第五〇巻　史伝部二』所収）。『仏祖統記』巻第二九（『大正新脩大蔵経第四九巻　史伝部一』所収）。
(99) 堀前掲（79）文献。
(100) 本郷前掲（21）文献。
(101) 由谷前掲（89）文献。
(102) 『霊応山平泉寺大縁起』（福井県大野郡平泉寺村『平泉寺史要』一九三〇年所収）。
(103) 『宝幢坊文書』「長瀧寺真鏡正編上巻」（白鳥町教育委員会「四　長瀧寺真鏡正編上巻（抄）」『白鳥町史　史料編二』白鳥町、一九七三年所収）。
(104) 『白山之記』（尾口村史編纂専門委員会『石川県尾口村史　第一巻・資料編一』尾口村、一九七八年所収）。

(105) 中村ほか前掲（45）文献。
(106) 奈良六大寺大観刊行会 編『奈良六大寺大観 第七巻 興福寺一』岩波書店、一九六九年。泉谷康夫『興福寺』吉川弘文館、一九九七年。小林裕子『興福寺創建期の研究』中央公論美術出版、二〇一一年。
(107)『三国仏法伝通縁起』巻中。
(108)『日本三代実録』元慶五年七月十七日癸亥条（黒板勝美 編『新訂増補 国史大系第四巻 日本三代実録』吉川弘文館、一九三四年 所収）。
(109)『日本三代実録』元慶五年九月廿六日辛未条。
(110)『日本三代実録』元慶七年十二月廿五日丁巳条。
(111) 由谷前掲（89）文献。
(112)『扶桑略記』（黒板勝美 編『新訂増補 国史大系第一二巻 扶桑略記 帝王編年記』吉川弘文館、一九三二年 所収）。
(113) 新村拓「悲田院と施薬院」『日本医療社会史の研究』法政大学出版局、一九八五年。宮城洋一郎「光明皇后の悲田院・施薬院」『日本仏教救済事業史研究』永田文昌堂、一九九三年。
(114)『続日本紀』天平二年四月辛未（十七日）条。
(115)『続日本紀』天平宝字元年十二月辛亥（八日）条。
(116) 岩本健寿「奈良時代施薬院の変遷」『早稲田大学大学院文学研究科 紀要』第四分冊、早稲田大学大学院文学研究科、二〇〇八年。
(117)『新抄格勅符抄』第一〇巻抄 神事諸家封戸（神封部）延暦十七年十二月廿一日 太政官符 太宰府（黒板勝美 編『新訂増補 国史大系第二七巻 新抄格勅符抄 法曹類林 類従符宣抄 続左丞抄 別聚符宣抄』吉川弘文館、一九三三年 所収）。
(118)『仏説弥勒下生成仏経』〔No.四五五〕、『仏説弥勒下生経』〔No.四五三〕、『仏説観弥勒菩薩上生兜率天経』（No.四五二）、『仏説弥勒大成仏経』〔No.四五六〕、『弥勒来時経』〔No.四五七〕、『仏説弥勒下生成仏経』〔No.四五四〕（『大正新脩大蔵経第一四巻 経集部一』大正新脩大蔵経刊行会 所収）。
(119) 渡辺照宏『現代人の仏教八 愛と平和の象徴・弥勒経』筑摩書房、一九六六年。石田瑞麿「弥勒上生経」「弥勒下生経」

(120)『仏教経典選一二 民衆経典』筑摩書房、一九八六年。
(121)『日本書紀』敏達天皇十三年九月条（坂本太郎・家永三郎・井上光貞・大野晋 校注『日本古典文学大系六八 日本書紀 下』岩波書店、一九六五年 所収）。
(122)『家伝』上（塙保己一 編『群書類従』第五輯、続群書類従完成会、一九六〇年 所収）。
(123)『続日本紀』養老六年十二月庚戌（十三日）条。
(124)伊東史朗『日本の美術 第三一六号 弥勒像』至文堂、一九九二年。
(125)上代文献を読む会前掲（4）文献をもとにした。
(126)竹内理三編『寧楽遺文』中巻、東京堂、一九六二年。
(127)田中塊堂「瑜伽師地論巻第廿一」『日本写経綜鑒』三明社、一九五三年。
(128)松本信道「奈良時代の私度僧に関する歴史的考察」『駒沢史学』第二〇号、駒沢史学会、一九七三年。
(129)松本前掲（127）文献。
(130)田中塊堂「近事瑜行知識経」『日本写経綜鑒』三明社、一九五三年。
(131)角田前掲（48）文献。
(132)勝呂信静「唯識説の体系の成立―とくに『摂大乗論』を中心にして」『講座大乗仏教八 唯識思想』春秋社、一九八二年。
(133)袴谷憲昭「瑜伽行派の文献」『講座大乗仏教八 唯識思想』春秋社、一九八二年。
(134)奈良六大寺大観刊行会『奈良六大寺大観 第一一巻 東大寺三』岩波書店、一九七二年の一一七頁の影印より。
(135)高崎直道「瑜伽行派の形成」『講座大乗仏教八 唯識思想』春秋社、一九八二年。
(136)『日本国現報善悪霊異記』下巻 第一七（出雲路修 校注『新日本古典文学大系三〇 日本霊異記』岩波書店、一九九六年 所収）。
(137)『日本国現報善悪霊異記』下巻 第八。
(138)松本前掲（127）文献。『日本国現報善悪霊異記』下巻 第廿七。『同』下巻 第卅。
(139)『続日本紀』文武天皇四年三月己未（十日）条。
(140)角田洋子「第三章 初期道場と行基集団」『行基論―大乗仏教自覚史の試み―』専修大学出版局、二〇一六年。

(140) 角田前掲(139)文献。和田萃「飛鳥川の堰─弥勒石と道場法師─」『日本史研究』第一三〇号、日本史研究会、一九七三年。
(141) 井上前掲(47)文献。
(142) 二葉憲香「第四篇 行基の実践を通じてみた反律令仏教の成立 第二章 行基の生涯と反律令仏教の成立」『古代仏教思想史研究』永田文昌堂、一九六二年。
(143) 角田前掲(48)文献。
(144) 『瑜伽師地論』巻第二六の奥書〔天理大学附属天理図書館所蔵〕(角田洋子『行基論─大乗仏教自覚史の試み─』専修大学出版局、二〇一六年の口絵 所収)。角田洋子によると、竹内理三 編『寧楽遺文』中巻(東京堂、一九六二年)には知恩院所蔵として本写経分の跋文を載せるが、文の配置が異なり文字にも異同があり、解説によると出所は田中塊堂の『日本写経綜鑒』(三明社、一九五三年)と思われるが、それとも跋文とも異同があるという。
(145) 井上光貞「行基年譜、特に天平十三年記の研究」『律令国家と貴族社会』吉川弘文館、一九六九年 所収。
(146) 角田前掲(48)文献。
(147) 『興福寺流記』(『奈良六大寺大観第七巻 興福寺一』岩波書店、一九六九年 所収)。
(148) 遠藤慶太「奈良朝写経一四 七知経(聖武天皇勅願一切経)」『上代写経識語注釈』上代文献を読む会、勉誠出版、二〇一六年。
(149) 二葉前掲(142)文献。
(150) 『続日本紀』天平二年九月庚辰(二十九日)条。
(151) 『続日本紀』天平三年八月癸未(七日)条。
(152) 堀大介「越前・剣御子神宮寺の検討」『森浩一先生に学ぶ 森浩一先生追悼論集』同志社大学考古学シリーズ刊行会、二〇一五年。〔本書第三編第七章〕。

初出一覧

第一編　『泰澄和尚伝記』と関係諸伝の成立過程

第一章　研究史と諸本の検討
「『泰澄和尚伝記』成立過程の基礎的研究」（『越前町織田文化歴史館 研究紀要』第二集、越前町教育委員会、二〇一七年三月三十一日 所収）の第一章に「おわりに」を加えた。

第二章　『元亨釈書』『真言伝』所収 泰澄伝の検討
「『泰澄和尚伝記』成立過程の基礎的研究」（『越前町織田文化歴史館 研究紀要』第二集、越前町教育委員会、二〇一七年三月三十一日 所収）の第二章に「おわりに」を加えた。

第三章　泰澄諸伝の検討
「『泰澄和尚伝記』成立過程の基礎的研究」（『越前町織田文化歴史館 研究紀要』第二集、越前町教育委員会、二〇一七年三月三十一日 所収）の第三章に「おわりに」を加えた。

第四章　『泰澄和尚伝記』の成立過程
「『泰澄和尚伝記』成立過程の基礎的研究」（『越前町織田文化歴史館 研究紀要』第二集、越前町教育委員会、二〇一七年三月三十一日 所収）の第四章に「おわりに」を加えた。

第二編　古代越知山信仰の諸相

第五章　福井県大谷寺遺跡の成立に関する一考察

「福井県大谷寺遺跡の成立に関する一考察」（『文化史学』第五五号、文化史学会、一九九九年十一月三十日 所収）を部分的に書き直した。

第六章　越知山山岳信仰の遺跡群—大谷寺遺跡を中心に—
「越知山山岳信仰の遺跡群—大谷寺遺跡を中心に—（福井県）」（『仏教芸術　特集号 山岳寺院の考古学的調査（東日本編）』三一五号、仏教芸術学会、毎日新聞社、二〇一一年三月三十日 所収）を部分的に書き直した。

附論一　越知山山頂付近採集の須恵器について
「越知山山頂採集の須恵器について」（『越前町織田文化歴史館 館報』第六号、越前町教育委員会、二〇一一年三月三十一日 所収）。

附論二　越知山山頂採集の須恵器について
「特別寄稿二 越知山山頂採集の須恵器について」（『平成二十九年度 越前町織田文化歴史館 泰澄・白山開山一三〇〇年記念企画展覧会 異人探究 泰澄十一の疑問』越前町教育委員会、二〇一七年十月七日 所収）。

第三編　古代白山信仰の成立と展開

第七章　越知山・白山の一体観の信仰に関する一考察
「越知山・白山の一体観の信仰に関する一考察」（『同志社大学考古学シリーズⅫ 実証の考古学 松藤和人先生退職記念論文集』同志社大学考古学研究室、二〇一八年八月三十一日 所収）。

第八章　古代白山信仰の考古学的検討—『泰澄和尚伝記』の風景を求めて—
「附編 企画展覧会 異人探究 泰澄十一の疑問に寄せて　一　古代白山信仰の考古学的検討—『泰澄和尚伝記』の風景を求めて—」（『越前町織田文化歴史館 研究紀要』第三集、越前町教育委員会、二〇一八年三月三十一日 所収）。

終編　泰澄は実在したのか

第九章　泰澄の思想と信仰―『根本説一切有部毘奈耶雑事』巻第二一の検討を中心に―

「附編　企画展覧会　異人探究　泰澄十一の疑問に寄せて　二　泰澄の思想と信仰―『根本説一切有部毘奈耶雑事』巻第二一の検討を中心に―」（『越前町織田文化歴史館　研究紀要』第三集、越前町教育委員会、二〇一八年三月三十一日　所収）。

あとがき

本書は、これまで発表した泰澄和尚とその伝記および関係史料、越知山・白山信仰に関する論文・研究ノート・資料紹介をまとめたものである。各論考は公表の状況に応じて様式が異なり、その時々の関心にもとづき執筆したものであり、特に平成の市町村合併以前の論考は地名・用字・用語が不統一であった。その後の論考と内容的な重複もあったが、大幅に書き換えることはせず旧稿をそのまま収録した。旧稿と各編・附編・終編の関係は初出一覧に示した。なお、誤認・誤記や理解しにくい箇所については書き直し、訂正の度合いは末尾に付した。

さて思い返せば、私をはじめ同志社大学の学生たちで、泰澄について調べ始めたのが平成十年（一九九八）夏であるので、二〇年が経過したことになる。学生だけで組織した調査団とは名ばかりで、いま思えば頼りないものであったが、新たな展開という意味では楽しかった。越知山大谷寺の西山良忍住職と熱心な地元住民の協力、恩師である森浩一先生の後押しもあり、それなりの調査成果は得られた。すると発掘調査をおこないたいとの学的欲求はいっそう高まり、平成十三年（二〇〇一）から朝日町に奉職する。平成十四年（二〇〇二）年には大谷寺遺跡の発掘調査が開始し、平安前期に創建された山林寺院の様相がしだいに明らかになっていった。

しかし、当初からよく耳にしたのは泰澄の架空説・複数説、あくまで信仰・伝説の人物であるので、研究の土表にすら上がらないとの意見である。確かに考古資料が増えても決定打がなければ状況証拠が積み上がるばかりで、実在の証明とはならない。また、『泰澄和尚伝記』（以下、『伝記』と略する）の成立を考古学以外で一〇世紀に遡らせて考えるすべはなく、泰澄書写経についても本人か否か判断できる力量はなかった。そして平成十七年（二〇〇五）の市町村合併により越前町が誕生し、仕事のうえで調査対象が広域になると、番城谷山古墳群の調査、劒神社の初期神宮寺の研究などに関心は移り（結果的につながるが）、泰澄研究への情熱は沈静化していく。

こうした現状のなか平成二十九年（二〇一七）の泰澄・白山開山一三〇〇年記念事業がきっかけで、『伝記』を文献史学の立場で検討し、『根本説一切有部毘奈耶雑事』（以下『雑事』と略する）を読破してみる気になった。得手でない漢文の読解と仏教経典の解釈に難儀したが、段階的付加がなされたものの一〇世紀の原泰澄伝は存在し、『雑事』は泰澄が巻第二一を選んで書写した可能性を指摘した。これらの分野には門外漢なので、あるいは専門的な方法論を等閑視したものであったかもしれない。大方の忌憚のないご批判、ご意見を賜ることができれば幸いである。

本書の刊行で一段落と言いたいが、興味関心は尽きない。なぜ大規模な山林寺院が越知山・白山を結んだ線上に連綿と造られたのか、越前国府との関係も含め明らかにする必要がある。また、泰澄にみられる弥勒信仰と密教的要素に注目している。弥勒信仰と法相宗・唯識思想および禅定・山林修行との関係から、山麓に建てられた簡素な仏堂や山中に展開する山林寺院などの神宮寺的性格の抽出に至るまで、泰澄が後世に密教の先駆者と認識された点を含め、『雑事』や泰澄のもつ古密教的要素と十一面観音の意味論、密教と華厳教学との連関なども探っていく必要がある。

最後に、本書をまとめることができたのは森浩一先生のご指導の賜物である。本書をご覧いただくことができない無念さは筆舌に尽くしがたい。そして二〇年の間には越前町・越前町教育委員会をはじめ多くの方々のお世話になり、関係機関などの御協力をいただいた。この場を借りて心から感謝の気持ちを伝えたい。それから出版を快諾いただいた雄山閣と編集部の羽佐田真一氏に厚く御礼申し上げたい。

二〇一八年九月十一日

筆者記す

■著者紹介

堀　大介（ほり　だいすけ）

1973年、福井県鯖江市生まれ。2006年、同志社大学大学院文学研究科博士課程後期退学。博士（文化史学）。専門は日本古代史。現在、越前町織田文化歴史館 学芸員。著書に『地域政権の考古学的研究—古墳成立期の北陸を舞台として—』（雄山閣）、『海は語る　ふくいの歴史を足元から探る』（越前町教育委員会）、『神と仏　祈り・祟り・祀りの精神史』（越前町教育委員会）、共著に『東海学が歴史を変える　弥生から伊勢平氏まで』（五月書房）、『東海学と日本文化　地域学をめざして』（五月書房）、『講座日本考古学 第5巻 弥生時代（上）』（青木書店）、『神社の古代史』（KADOKAWA）、『古代史研究の最前線　古代豪族』（洋泉社）、『異人探究　泰澄十一の疑問』（越前町教育委員会）などがある。

2018年11月20日　初版発行　《検印省略》

泰澄和尚《たいちょうおしょう》と古代越知山《こだいおちさん》・白山信仰《はくさんしんこう》

著　者　堀　大介

発行者　宮田哲男

発行所　株式会社 雄山閣

東京都千代田区富士見2-6-9
ＴＥＬ　03-3262-3231／ＦＡＸ　03-3262-6938
ＵＲＬ　http://www.yuzankaku.co.jp
e-mail　info@yuzankaku.co.jp
振　替：00130-5-1685

印刷・製本　株式会社 ティーケー出版印刷

ISBN978-4-639-02594-8 C1021
N.D.C.210　352p　22cm